민족문학론에서
동아시아론까지

민족문학론에서 동아시아론까지

최원식 정년기념논총

백영서 · 김명인 엮음

창비

국내외를 막론하고 이른바 거대담론의 시대가 종막을 고한 지 꽤 오래되었다. 철학에서 사회과학에 이르기까지 넘쳐나던, 세상을 구하고자 한 기획들은 그 '본질주의'와 '전체성'으로 말미암아 근대비판의 도도한 흐름 속에서 여지없이 파산선고를 당했다. 그리고 이제 세상은 등대도 횃불도 없이 일찍이 칼 포퍼가 말한바 오직 자기 발치만을 비추는 전짓불들의 작고 여린 불빛으로 가득한 듯하다.

하지만 명멸하는 근대비판의 사유들 역시 또 하나의 거대담론이거나 또다른 근대기획이 아니라는 보장은 없다. 언제나 문제는 더 나은 세상을 만들어나가는 방법을 구하는 일이고, 그 방법들이란 건 더 많은 사람들에게 보편적 울림을 주기 위한 것인 한 불가피하게 (어떤 의미에서) '전체적'이고 '본질주의적'이지 않을 수 없기 때문이다. 그러므로 보기에 따라서는 거대담론에 대한 거부 혹은 비판의 내면에는 더 나은 세상을 만들어나가겠다는 의지의 현저한 약화 혹은 실종이라는 패배주의적

이거나 적어도 냉소주의적인 경향이 강력하게 자리하고 있다고 할 수도 있다. 그러한 경향이 지배적인 한, 갈수록 참경에 가까워지고 있는 이 세상을 구할 길은 점점 더 멀어질 수밖에 없는 것이다. 그렇다면 누가 봐도 형이상학적이고 전체주의적인 거대담론도 아니고, 자칫 패배주의나 냉소주의의 혐의를 받기 쉬운 각종의 근대비판적 사유들도 아닌, 그러면서도 부단하게 현재의 상황을 실천적으로 돌파하고자 노력하는, 말하자면 '실천적 중형담론'들이라 이름 붙일 수 있는 논의 혹은 이론들이 존재할 여지는 없는 것일까?

지난 40여년에 걸쳐 민족문학론이라는 논의가 있었고 또한 20여년 동안 동아시아론이라 불리는 논의들이 있어왔다. 이 논의들 역시 철지난 거대담론 혹은 그 아류에 불과한 것일까? 혹자는 이 논의들을 가장 대표적인 근대사유 중 하나인 내셔널리즘의 한반도적 혹은 동아시아적 변종 쯤으로 치부하겠지만, 이 논의들은 그 평가의 높낮이와는 무관하게 서구발 거대담론이나 냉소적 비판담론들과는 달리 기본적으로 한반도라는 작은 세계의 구체적 현실로부터 출발하여 동시대의 보편적 문제의식에까지 도달하고자 하는 구체적이고 실천적인 전형적 '중형담론'이라고 이름 붙일 수 있을 것이다.

분명히 민족주의적 기원을 가졌으되 민족주의적 사유 틀로는 결코 포섭되지 않는, 보편담론과의 깊고 다양한 연관을 가졌으되 어떤 특정한 보편담론에도 치우치지 않고 끝없이 유동하는 한반도와 그 주변의 객관적 상황 및 그곳에 사는 주민(민중, 인민)들의 주관적 상황과의 조응관계를 놓치지 않고자 노력하는 이 논의들은 언뜻 보기엔 불명료하고 덜 세련될지 모른다. 하지만 사실상 길게는 지난 40~50년간 명멸해간 수많은 담론이나 기획과의 경쟁 속에서 굳건하게 그 존재감과 영향

6

력을 지속적으로 유지해온 바 있는 것이다. 지금 '민족문학론에서 동아시아론까지'라는 제목으로 한권의 책을 묶는 일은 그러므로 민족문학론과 동아시아론의 이러한 존재의의를 재확인하고 한국사회의 구체적 현실에 맞닿은 담론적 모색이 적막하기 그지없는 오늘의 현실에 맞서 다시금 실천적 논의의 밑불을 지핀다는 의미가 담겨 있다.

한편 '최원식 정년기념논총'이라는 부제가 말해주는 대로 이 책은 인하대 한국어문학과에 30년 넘게 재직하다가 2015년 2월로 정년을 맞는 최원식 선생의 그간의 업적을 기리고 되돌아보는 책이기도 하다. 주지하다시피 최원식 선생은 한국문학 연구자이자 비평가로 입신한 1970년대 후반부터 2010년대 중반인 오늘에 이르기까지 바로 이 책의 주제인 민족문학론과 동아시아론을 자신의 학문과 비평의 가장 큰 화두로 삼아온 분이다. 그는 1990년대 중반에 들어 70년대 이래의 민족문학론과 민족문학운동이 사실상 형해화되어가는 상황에서 민족문학론의 내적 갱신을 통한 재구성을 모색하는 한편 그 문제의식의 연장선에서 동아시아론을 적극적으로 개진해왔다. 그러므로 그의 정년을 기려 발간하는 책에 민족문학론과 동아시아론의 이름을 내거는 것은 너무나 당연스러운 일이라고 할 수 있다.

일이십년 전 무렵까지는 저마다 회갑이다 정년이다 하여 기념논총을 내느라 부산스럽던 게 익숙한 대학 풍경 중의 하나였는데 근래에는 그것도 어지간히 드문 모습이 되었다. 이제는 회갑은 기념할 만한 고비로 잘 인정되지도 않게끔 되었고 덩달아 정년을 기념하는 일조차도 낡은 유습 정도로 치부되는 지경이 되지 않았나 싶다. 그러나 정년을 맞는 대학교수들의 학문의 크기가 다 비슷한 것은 아니며 학자로서 제자나 후학에게 남긴 학문적 영향 역시 다 같은 것은 아니다. 또한 최원식 선생은 회갑 언저리가 되면 읽고 쓰는 일과 멀어지고 설사 읽고 쓰더라도 동시대의 학문적·비평적 중심 주제와는 맥락이 닿지 않게 되는 여느 학자들과는 달리 지금도 부단히 새로운 자료에 근거한 새로운 문제의식을 제출해내는 왕성한 현역이다. 그러므로 지금 민족문학론과 동아시아론을 내걸고 그의 정년을 기념하는 책을 내는 것은 그저 퇴역하는 '노학자'에 대한 관례적인 기념사업으로서가 아니라, 그간의 논의를 정리하고 새로운 문제를 제기함으로써 정년이라는 인생의 한 고비를 맞은 그의 학문의 이력에 감히 새로운 동기와 자극을 제공하는 현재적이고 실천적인 작업으로서의 의미가 있는 것이다.

이 책의 제목을 '민족문학론에서 동아시아론까지'라고 정한 것은 최원식 선생의 총론 제목과도 다소 겹치는데 그만큼 그의 지적 편력을 압축적으로 보여주기 때문이다. 또한 그것은 20세기 후반 한국 사상사의 궤적과도 겹친다는 더 큰 의미도 드러내준다. 민족문학론에서 동아시아론으로 이어지는 사유의 형성 과정에는 다양한 지적 요소가 얽혀 상호작용해왔다는 점도 환기시켜줄 수 있을 것이다. 그런데 이 두가지 이론이 (각각의 정도의 차이는 있으나) 최초의 문제의식이나 맥락으로부터 변모를 거친 만큼 그것이 '실천적 중형담론'으로 앞으로도 활력을 유지하려면 부단한 이론적 갱신을 감당해야 한다. 이 제목에는 우리의 사상사적 맥락에 닿아 있는 이들 지적 자원이 여하히 새로운 맥락과 내용을 획득하여 당대적 적합성을 지닌 논의로 거듭날 것인가를 고민하자는 뜻도 담겨 있다.

'민족문학론'의 이름으로는 조정환·하정일·황종연·김명환·천정환·김명인 등 민족문학론과 민족문학론 이후를 오랫동안 고민해온 여섯명의 중견 연구자가 참여했고, 동아시아론의 이름으로는 백영서·이

욱연·이일영·류준필·임춘성·장 즈창·이정훈·윤여일 등 역시 동아시아론을 자신의 중심주제로 삼아온 여덟명의 중견 및 신진 연구자들이 참여했다. 그리고 책의 서두에는 정년을 맞은 최원식 선생 자신의 총론을 싣는다.

거듭 말하지만 우리는 이 책이 그저 행사용 기념논총이 아니라 민족문학론과 동아시아론의 현재와 미래에 관한 살아 있는 논쟁적 자료로 읽히기를 바란다. 이 책에 참여한 열다섯분의 필자들 역시 편자들의 이와 같은 생각에 공감하지 않았다면 애초부터 이러한 '정년기념논총'이라는 조금은 부담스러운 자리에 흔쾌히 참여하지 않았을 것이라 생각해본다. 이 자리를 빌어 편자들의 요청에 응해준 필자들 한분 한분께 각별한 고마움을 표하며, 이 책을 기꺼이 펴내준 창비에도 감사의 뜻을 전한다. 아무쪼록 이 책이 우리 지식인사회 전반에 새로운 생산적 논의를 촉발하는 매개가 되기를, 그리고 정년이라는 한 고비를 맞는 최원식 선생의 학문적 이력에 합당하며 유의미한 자극제가 되기를 바라마지 않는다.

2015년 3월
백영서, 김명인

차례

포스트 민족문학론

제2부

동아시아론

민족문학론에서 동아시아론으로*

최원식

아시아현대사상 청년학자포럼에 초청해주셔서 감사합니다. 제 글들을 미리 읽고 제출해주신 여러분의 질문지를 읽으면서 표변(豹變)이란 말이 생각났습니다. 표범은 가을이 되면 무늬가 변합니다. 여러분 같은 훌륭한 독자들이 제 못난 글을 표범의 아름다운 무늬로 바꿔주셨습니다.

우선 민족문학론과 동아시아론에 대해, 그 담론들이 어떻게 만들어졌는지 그 맥락을 간략하게 말씀드리고 싶습니다.

민족문학이란 말과 담론을 기초로 한 운동이 탄생하고 발전한 배경은 1970년대 남한 사회입니다. 이 시기는 현 대통령의 아버지인 박정희(朴正熙) 독재시대입니다. 박정희 독재는 이승만(李承晩) 민간독재를

● 이 글은 2013년 8월 28일 연세대 국학연구원과 MAT한국사무소가 공동 주관한 '아시아현대사상 청년학자포럼'(Modern Asian Thought Young Scholars Forum)의 패널 집중인터뷰를 정리한 것이다. 그때의 대화를 속기한 백지운 교수에게 감사를 전한다.

붕괴시킨 4월혁명을 다시 유린한 군사독재입니다. 민족문학론이 박정희 독재 후기, 즉 1960년대가 아닌 70년대에 나타났다는 점에 유의해주시기 바랍니다. 1960년대 박정희 군사독재는 그런대로 민간적인 형태를 취했습니다. 비록 부정선거일망정, 대통령 선거제도도 유지되었습니다.

1970년대 들어 박정희 독재는 대통령 직선제를 폐기한 유신체제로 악화됨으로써, 민주주의가 결정적으로 후퇴합니다. 강압적 군사독재에도 불구하고 유신체제가 지탱될 수 있었던 것은 박정희 정권의 경제적 성공 덕입니다. 민주주의의 유보와 경제적 성공이 제휴한 유신체제는 복합적입니다만, 이와 같은 반공 복합체제에 대한 민주주의적 요구가 민족문학론의 핵을 이루고 있습니다. 표현의 자유, 언론의 자유, 선거의 자유라는 민주주의적 욕구가 민족이라는 이름으로 표출되어 나온 것입니다.

그 이유는 첫째, 남한 민주주의 제약의 근원에 한반도의 분단이 있다는 인식과 관련되어 있습니다. 북한을 비롯한 중·소의 공산주의 위협이 남한 민주주의의 유보에 늘 좋은 핑곗거리가 되었습니다. 민주화운동의 발전은 남한 민주주의를 근본적으로 제약하는 통일문제를 해결해야 한다는 인식으로 진전되기 마련이기 때문에 민주주의에 대한 요구가 민족의 이름으로 나타나게 된 것입니다. 또 하나 주목할 점은, 그 당시 한국이 엄격한 반공 독재국가였기 때문에, 민중 대신 민족을 내세우게 된 면이 있습니다. 프롤레타리아가 연상되는 민중을 회피하려는 전술적 선택도 작용했다고 봅니다. 그래서 1970년대에 민주주의적 요구와 한반도의 평화적 통일이 결합된 인식 위에, 민족문학론이 탄생하게 된 것입니다.

14

민족문학론은 태어나자마자 당시의 지배담론인 순수문학론을 제치고 탄압에도 불구하고 중심으로 비약합니다만, 치열한 민주화운동의 와중에 발생한 10·26사태(1979년)를 겪으며 굴절합니다. 반유신투쟁은 결국 전두환 노태우를 비롯한 신군부의 대두, 곧 유신체제의 재편으로 귀결됩니다. 이로써 좁은 의미의 민족문학론은 끝났다고 봐도 좋습니다. 1980년대에는 민중문학/노동해방문학/민족해방문학 같은 보다 급진적 문학운동이 굴기함으로써 민족문학론은 일종의 유명론(唯名論) 상태였기 때문입니다.

이처럼 앞뒤로 곤경에 처한 민족문학론의 혈로를 찾기 위한, 새로운 상황에 대응하기 위한 모색이 진행되는데, 그중 하나가 동아시아론입니다. 이강국(李康國)이라는, 한국의 맑스주의 혁명가가 해방 직후 이런 말을 했습니다. "조선의 해방이 국제적으로 이루어졌기 때문에 통일 또한 국제적으로 이루어지지 않을 수 없다." 이 말이 제 동아시아론의 속셈입니다. 한반도를 둘러싸고 있는 주변 4강과의 대화, 이 대화야말로 핵심이라는 생각이 동아시아론의 초석입니다. 미국과 러시아도 중요하지만 중국과 일본은 더욱 중요하다, 왜? 한국사회의 가장 통탄할 결락 중 하나가 아시아에 대한 망각, 자기 안의 아시아에 대한 망각인데, 그중에서도 이웃 중일에 대한 무지와 무관심은 놀랄 정도였으니까요. 그래서 중일을 비롯하여 대만, 오끼나와 등 동아시아 지식인과의 대화를 빨리 복원하는 것이, 미래와의 대화도 더 잘할 수 있는 기초 중 기초가 된다는 점을 깨달았습니다. 이것이 동아시아론의 콘텍스트라 할 수 있습니다.

보내주신 질문지 중 함께 논의할 만한 것에 대해, 일종의 주석처럼 한

마디씩만 보태고자 합니다.

탈냉전 30여년이 경과했음에도 동아시아에서는 냉전이 오히려 강화되는 듯한 사태 앞에서 냉전시대, 특히 냉전 후기(1980년대)를 다시 파악해야 한다는 청 카이(程凱) 학형의 말씀에 동의하면서 냉전 후기에 대한 인식에 관해 조금 보충하고 싶습니다. 유럽에선 냉전이 해체되었는데 동아시아는 왜 냉전체제가 해체되지 않는가? 유럽에선 독일이 냉전 해체 후 바로 통일됐는데 왜 한반도는 통일이 안 되고 있는가? 이런 의문을 흔히 제기합니다. 우선 유럽에서는 미소의 주도권이 아주 뚜렷한 데 반해, 동아시아에서는 그 주도성이 상대적으로 약했다는 점을 지적할 수 있겠습니다. 소련 중국 북조선, 이 북방 공산주의 세계에서도 소련의 주도권은 상대적으로 약했습니다. 한국전쟁을 거치면서 소련은 중국 공산당에 동아시아를 맡길 수밖에 없었습니다만, 북조선도 소련은 물론 중국에 대해서도 독자성을 견지하고 있었습니다. 미국도 마찬가집니다. 일본이 경제적으로 셀 때는 미국을 위협할 정도였습니다. 2차대전 이후 '냉전체제'라고 하지만, 동아시아로 옮기면 이 말은 진실이 아닙니다. 냉전 후 동아시아에선 유례없는 열전이 폭발했습니다. 알다시피 한국전쟁에서 미국은 처음으로 승리하지 못했고 베트남에서는 처음으로 패했습니다. 동아시아에서 미소의 주도권이 유럽에서와 달리 약했다는 점은 동아시아의 내발적 복잡성과 연동됩니다. 그러니까 이것은 북한이 붕괴하지 않은 이유이기도 한 것입니다. 이 점에서 동아시아의 냉전 후기에 대한 재인식은 절실합니다.

저우 잔안(周展安) 학형의 질문 중에서 민족문학의 당성과 민족문학적 현실은 어떤 관계인가라는 데 대해 간단히 말씀드리겠습니다. 1970년대 한국 민족문학론 또는 민족문학운동의 가장 중요한 특징 중

하나는 당 없는 시대의 진실을 향한 모색이었다는 점입니다. 민족문학론은 왕년 조선공산당의 외곽담론이 아닙니다. 그렇기 때문에 민족문학론의 유일한 스승은 현실입니다. 이것이 1970년대 한국의 민족문학론이 해방 직후 당 있는 시대의 민족문학론과 구별되는 가장 중요한 지점입니다.

주 위(朱羽) 학형은 동아시아론이 유물주의적 정치경제학의 기초를 가지는가라고 물으셨습니다. 존재가 의식을 결정한다는 유물론을 저는 존중하지만, 동아시아론은 유물론은 아닙니다. 물론, 유심론도 아닙니다. 나 밖의 사람, 또는 사람 밖의 나를, 또는 사람들을 움직이는 어떤 힘, 에트바스(etwas)가 있음을 믿는다는 점에선 유물론 유심론을 다 넘어선다고 생각합니다. 자본주의가 역사의 종말이 아니라고 믿는 점에서는 자본주의가 아닙니다. 그러나 자본주의 이후가 현존 사회주의 또는 사회주의로의 자동 이행을 상정하지 않는다는 점에서, 보통 사회주의도 아닙니다. 자본주의든 사회주의든 서양에서 기원한 서도(西道)는 인류를 지도할 이념적 가치를 잃었다고 할 수 있습니다. 그 모든 경험을 존중하면서, 또 동아시아에서 이루어진 사회주의 실험 또는 자본주의 실험을 존중하면서, 무언가 동쪽에 기초한 새로운 무엇인가를 만드는 일이 동아시아론의 정치경제학이라 할 수 있습니다. 그것이 무엇이 될지는 모르겠지만요. 또한 그것은 유토피아혁명의 위대한 폭발에 의존하기보단 개혁의 축적에 기초한 '지루한 성공' 또는 영구혁명의 길이기도 할 것입니다.

제가 사용한 혁명수출론과 혁명보상론에 대한 리 다커(李大可) 학형의 궁금함에 보충설명하겠습니다. 한국이 어느 틈에 산업화와 민주화라는 두마리 토끼를 다 잡은 나라로 성공한 직후 이상한 경향들이 발생하기도 했습니다. 그 하나는 한국 민주화운동의 경험을 민주화되지 못한 아시아 여러 나라에 전파해야 한다는(웃음) '수출론'입니다. 제가 들은 이야기입니다만, 한국의 활동가들이 필리핀에서 열린 아시아 연대운동 모임에 참가해 제3세계 운운하며 열변을 토했답니다. 그에 대해 '한국이 무슨 제3세계냐 이젠 아(亞)제국이다'라는 응답이 나왔다고 하더군요. 운동수출론이 얼마나 우스운 것인지를 보여주는 일화입니다.

혁명보상론은 좀 까다로운 심리인데, 베트남·몽골 등 혁명에 성공했지만 그 이후 시장과 민주라는 새로운 도전에 직면한 나라들을 현장으로 삼는, 주로 2000년대 중반에 집중적으로 대두한 일련의 한국 소설들에서 나타난 현상입니다. 대체로 운동의 막다른 골목에서 한국을 떠나 그곳에서 운동을 반추하는 후일담 형식을 취한 이 작품들에는 이웃 아시아의 발견이라는 긍정적 의의 한편으로 혁명 이후 시대로 급속히 빨려들어간 남한사회에 대한 대상(代償)심리가 중첩되어 있기 십상이었습니다. 다시 말하면 남한혁명의 종언을 격동하는 아시아 다른 나라들에서 위로받는 복합심리입니다.

쉬 슈웨이(徐秀慧) 학형의 질문 중에는 민족주의에 대해서만 간단히 말씀드리겠습니다. 민족주의는 근본적으로는 끝이 아닙니다. 물론 민족이라는 말이 가지는 일정한 효용성을 잊지는 말되, 민족주의를 넘어서는 훈련을 일상적으로 하는 것이야말로 지식인들의 특히 중요한 책무가 아닌가 생각합니다. 개인적 경험으로 봐도, 제가 너무 편하게 생각하는 것인지는 모르지만 이런 모임, 아시아 여러 나라 지식인들이 모여 토론하는 모임들에서는 국적을 잊어버립니다. 어느 순간엔가 국경을 넘어섭니다. 물론 국적을 걸고 토론해야 할 때도 있지만, 그때에도 궁극의 목적은 나라-넘기일 것입니다.

린 리윈(林麗雲) 학형의 말씀 중 대만에 나타나는 일본에 대한 동일시가 한국에서는 어떻게 나타나느냐에 대해서는 잠깐 말씀드려야 할 것 같습니다. 한국에서는 일본에 대한 동일시가 약할 뿐 아니라 거의 없다고 해도 무방합니다. 이는 좋은 점이기도 하고 나쁜 점이기도 합니다. 더 생각해봐야겠지만, 그래서 일제시대 때 한국에서 계급문학운동이 그처럼 세지 않았나 합니다. 식민지해방운동이 민족운동이라기보다는 주로 계급문학운동 또는 사회주의운동으로 표출되었던 것입니다. 이 문제, 한국과 대만의 일본 식민지 경험은 앞으로 두고두고 따져봐야 할 화두입니다.

허 하오(何浩) 학형의 말씀 중엔, 동아시아론이라는 게 민족독립이라는 서양 프레임에 의거하는 것이 아니냐는 질문이 예리합니다. 저도 동아시아가 근본적으로 서양의 고안이라는 점을 인정합니다. 그러나 단순히 서양의 고안만은 아니라는 점에 주목합니다. 서양의 도착 이전에 동아시아는 중화체제라 할 수 있는 일종의 국제질서 속에 있었습니다. 서양에서 로마제국이 멸망함으로써 유럽 여러 나라의 공통 자산이 된 것과 달리, 동아시아에서는 중화제국이 장기지속했습니다. 이런 중화의 지속성이 각 나라들, 주변 나라들에 유사(類似)민족(semi-nation)을 일찍이 형성시키는 계기가 되었습니다. 한국으로 말하면, 중화체제의 모범생임에도 불구하고 중국의 동쪽에 있다는 '동국(東國)'임을 줄곧 의식했던 것입니다.

다음은 사또오 켄(佐藤賢) 학형의 말씀에 대해서입니다. 일본에는 민족문학의 전통이 존재하지 않은 데 대해, 한국엔 민족문학이 강고했던 데 대해 말씀드리겠습니다. 모두(冒頭)에 엄격한 의미의 민족문학은 1970년대에 탄생해서 1970년대에 끝났다고 말씀드렸는데, 사실 이런 관점에서 보면 한국의 민족문학도 그리 강한 것은 아닙니다. 사실 사또오 형의 지적처럼, 한국의 근대문학도 독자들과, 일본보다도 더 심하게 분리되어 있었습니다. 오히려 해방 후 대한민국의 건국, 조선민주주의 인민공화국 건국 이후, 교과서를 통해 독자대중과 분리되었던 한국의 근대문학이 정전화했다고 할 수 있습니다. 이점에서 1970년대 민족문학운동이야말로 기존의 정전을 탈정전화하고 재정전화하는 운동이었다고 생각합니다. 체제가 만들어낸 국민이 아닌 새로운 독자공동체, 새로운 네이션 형성이 1970년대 민족문학 운동의 핵심입니다. 최근 한국문학은 일제시대 문학처럼 다시 독자대중과 격심하게 분리되고 있습니다. 아주 자상하게 독해해야 할 매우 중요한 징후입니다.

신조오 이꾸오(新城郁夫) 학형의 질문에 대해 간단히 대답하겠습니다. 동아시아 각국의 민족의식과 민족주의의 성립이 2차대전 이후 미국의 패권과 어떻게 관련되어 있는가라는 매우 날카로운 지적입니다. 오끼나와의 민족의식을 만들어낸 것이 미군이라는 판단은 우리가 음미해야 할 중요한 대목입니다. 이런 점이 아마 일본·대만·중국·한국에도 일정하게 작동하고 있음을 망각해선 안 될 것입니다. 그러나 여기서 또 잊지 말아야 할 것이, 동아시아엔 중화제국의 장기지속이 주변 나라들에 유사 민족적 의식을 일찍이 육성했다는 것입니다. 그렇기 때문에, 오끼나와와 한국을 그대로 비교하는 건 또 곤란하지 않을까 하는 생각도 듭니다. 그러나 좋은 나라, 좋은 사회를 만들어나가는 일이 갖는 효용성을 인식하면서, 그 만들기가 근본적으로는 그것을 넘어서기 위한 길이라는 점을 명념해야 한다는 측면에서 신조오 형의 지적은 경청해 마땅하다고 생각합니다.

토론

하마가와 오끼나와 류우뀨우대학에서 온 하마가와라고 합니다. 오늘 재미있게 이야기를 듣고 여러가지를 생각했습니다. 질문이라기보다는 감상입니다만, 정치·경제 이야기는 일단 두고, 문학 이야기에 한정하고 싶습니다. 동아시아론을 생각할 때 문학이 어디까지 기여할 수 있을까, 그 가능성에 대해 생각했습니다만 그때 무라까미 하루끼(村上春樹)라는 작가가 하나의 가능성이 아닐까 생각합니다. 무라까미 하루끼를 읽는 동아시아의 젊은이들이 동아시아 문학의 가능성이 되리라 생각하기 때문입니다. 그런데 그것만으로는 위험하지 않을까요. 자본주의가 동아시아에 흘러가는 것과 같은 위험이라고 생각합니다만, 모든 사람이 무라까미처럼 쓰면 안 되지 않을까. 무국적, 어떤 나라 사람이 써도 다 통용하는 문학. 효과는 제쳐두더라도, 무라까미 같은 소설이 한국·대만·중국에 통용되는 것이 이상한 게 아닐까요.

그런 문학의 글로벌리제이션에 대항하는 수단으로서 민족문학이 소수자의 문학이 되는 게 아닐까요. 같은 것을 찾는 것보다 각각의 차이를 의식하면서 동아시아를 만들어내는 방법이 있지 않을까 생각했습니다. 그런 의미에서 최선생님이 말하신 '대화'라는 것이 매우 중요한 것이라 생각했습니다. 말씀을 듣자 마음에 남는다고 할까요. 앞으로 이 '대화'를 잘 새겨야겠다고 생각했습니다. 감사합니다.

허 하오 아주 작은 문제입니다. 고기 먹으면서 어제 한 이야기입니다. 최원식 선생님께서 말씀하신, 동아시아론이 제기된 한국의 맥락.

민족문학론이 제기된 한국사의 맥락은 잘 알겠습니다. 왜 민족에 대한 요구가 나왔는지에 대해서요. 그런데 박정희 정권 이후, 민족문학론이 1980년대에 역사적 의의를 상실했다고 했는데 어떤 과정인지 알고 싶습니다.

청 카이 두가지 문제입니다. 큰 문제, 이틀간 토론 중 많은 선생님들의 이야기를 들었는데 민족에 대한 이해들이 다 달랐습니다. 최선생님은 한국 내부에서도 서로 다른 역사적 단계에서 민족의 내용이 계속 변형된다고 하셨습니다. 민족문학론 내부에는 민족, 민주화, 완정(完整)한 민주제도 등에 대한 논의가 담겨 있습니다. 그런 점에서 민족이 지금 한국사회에서 어떤 위치, 자리에 있는가?

작은 문제, 민족문학론 후과 중 하나가 모든 문학 정전의 탈정전화이자 재정전화 과정이며 전후 건립된 체제 내 정전을 해체하는 것이라 하셨는데, 그것이 어떤 방식으로 진행되었는지요? 오늘날 독자 중, 중요한 징후가 정전을 보려고 하지 않는 것인데. 왜 그럴까요? 그 징후가 의미하는 게 뭘까요?

주 위 오전에 했던 질문과 관계된 것인데요, 백낙청 선생님의 분단체제론은 월러스틴의 세계체제론이라는 광의의 정치경제 배경을 가집니다. 백선생님은 동아시아론에 정치경제 틀이 없다면 추상적 문명론으로 갈 위험이 있다고 하셨습니다. 최선생님께서 2011년 상하이대학에서 소국주의 강연을 하셨는데. 소국주의 논술에 이상형, 유토피아적 가치는 있다고 생각하지만, 긴장된 전지구화 추세 아래 동아시아가 어떻게 생존할지, 구체적인 계기는 어디에 있는지 설명해주시기 바랍니다.

저우 잔안 자본주의라는 서도 극복에서 동아시아론이 출발했다는 이론 사유에 감탄합니다. 그러나 사회주의를 어떻게 초극할 수 있는지 알고 싶습니다. 그게 무슨 말인지 의미도 명확하게 해야 할 것 같습니다. 근대 극복이 유행이지만 사회주의는 미완의 상태입니다. 미완이라 함은 성숙하지 않았다는 뜻입니다. 성숙하지 않은 걸 어떻게 초극할 수 있을까요? 그리고 하나 더, 정전화의 문제는 창비 문학상과 어떤 관련이 있는지도 알고 싶습니다.

답변

질문한 순서대로 말씀드리겠습니다.

하마가와 학형의 무라까미 하루끼에 대한 질문에 저는 적절한 답변자가 되지 못합니다. 하루끼를 제대로 따라 읽지 못했기 때문입니다만, 카라따니 코오진(柄谷行人)의 방한 때 논평이 워낙 강렬했습니다. '하루끼란 학생운동 세대가 흘러들어간 패션에 불과하다.' 저 역시 솔직히 별로 재미가 없는데, 그럼에도 불구하고 하루끼가 동아시아 젊은이들의 공통언어와 같은 지위로 격상되었기 때문에, 그 문학에 동의하든 안 하든 그 현상만큼은 자상히 독해되어야 한다고 생각하고 있습니다. 본바닥인 일본에서도 하루끼에 대한 찬반은 갈라져 있고 한국 역시 칼처럼 갈립니다. 그런 점에서 여러분 특히 일본의 젊은 연구자들 중에서 양분법을 넘은 정확한 분석과 평가가 나와야 하지 않을까 생각합니다. 여기 계신 일본 분 중에서 누군가 그 작업을 해주신다면 기쁘겠습니다. 무라까미 하루끼 문제에 대한 분단상태를 극복하는 것도, 이 회의를 후원하는 아제서원(亞際書院: Inter-Asia School, 2012년에 창립된 아시아지식인언대운동기구)의 문학적 아젠다로 설정해봄 직합니다.

하마가와 형은 세계화에 대한 저항으로서 민족문학을, 차이를 중심으로 구성하는 게 좋지 않을까라고 말씀하셨습니다. 저도 일정하게 동의합니다. 그러나 차이를 축으로 민족문학을 조정하는 건 민족문학의 보편성 또는 세계문학으로의 상승가능성을 차단하는 것이 될지도 모르기 때문에, 재고해야 하지 않을까 생각합니다.

1970년대 민족문학 운동을 다시 돌아보건대, 그 운동의 저류에 이런 의식이 엿보입니다. 한국문학은 낙후되어 있다, 낙후된 한국문학을 우리의 민족·민중현실에 즉해 새로운 문학으로 재창조할 때 한국문학이 세계문학의 반열로 이동할 출구가 열릴 것이다. 민족문학운동은 결코 로컬 운동이 아닙니다. 실제로 민족문학운동이 활발하게 전개될 수 있었던 것은 1970년대에, 소설에서는 황석영(黃晳暎), 시에서는 김지하(金芝河)로 대표되는 새로운 문학이 집합적으로 생산되었기 때문입니다. 그런데 1970년대 민족문학운동은 체제의 강력한 탄압에도 불구하고 한편으로 박정희 체제와 조응하기도 합니다. 경제적 성공 또는 민주화운동의 발전이라는 한국사회의 자신감이 민족문학운동으로 발로되었다고도 볼 수 있기 때문입니다.

허 하오 학형에게는, 민족문학으로부터 동아시아론으로 가는 이행 과정에 대한 보충설명을 드리겠습니다. 1982년인가, 지금까지 민족문학운동을 점검하라는 백낙청 선생의 부탁이 있었습니다. 그때 쓴 글이 「민족문학론의 반성과 전망」인데, 그 글에서 저는 일제시대의 민족문학운동 즉 계급문학과 국민문학 대립기, 두번째 해방 직후 조선 공산당 즉 당이 존재하던 시기의 민족문학운동, 그리고 1970년대의 민족문학운동을 차례로 점검하면서 특히 70년대 민족문학 운동의 비연속성에 주목하게 되었습니다.

민족문학론이 전보다 정교한 이론체계를 가지고 등장한 것은 해방 직후입니다. 해방 직후 조선공산당은 해방 전 일제시대의 교조적 계급혁명론을 자기비판했습니다. 일본 맑스주의의 영향을 강력하게 받았던 일제시대와 달리, 해방 직후 조선공산당은 한국혁명의 현 목표를 부르주아민주주의 혁명단계로 재조정하고, 그에 입각한 통일민족국가의 건설, 그에 따른 민족문학을 지향했습니다. 해방 전의 계급문학으로부터 대전환이었습니다. 이 변화에는 마오 쩌둥(毛澤東)의 이론이 일정하게 영향을 미쳤습니다. 그러나 당시엔 당이 명확했기 때문에 문학운동은 어디까지나 당의 외곽조직으로서 그 종속을 면할 수 없었습니다. 더욱이 냉전의 대두와 함께 한반도의 상황이 악화되고 결국 분단이 현실화함으로써 해방 직후의 민족문학론은 유산되고 맙니다.

1970년대 민족문학론은 해방 직후 민족문학론을 아마도 모르는 채로 제출되었다고 생각됩니다. 이 비연속성이, 바로 70년대 민족문학론의 창조성입니다. 70년대 민족문학론은 당대 한국사회를 지배해온 얼치기 서구주의에 대한 저항으로 제출된 측면이 있습니다. 저는 1950년대에 국민학교를 다녔는데, 그때 한국이 얼마나 미국과 미국문화에 장악되어 있었는지 모릅니다. 바로 이와 같은 서구주의 문법에 대한 최초의 충격이 1960년 4월혁명입니다. 민족문학론이 그랬던 것처럼 민주주의에 대한 강력한 요구에 기초했지만, 혁명 성공 후 바로 통일을 지향하는 데서 드러났듯이 겉으로는 민주주의 속으로는 민족주의였습니다.

혁명은 사실 문화혁명, 즉 문화적 폭발입니다. 4월혁명을 담당했던 젊은이들이 4월혁명 이후 문단으로 진출하고 학계로 진출하여 그 성과가 1970년대 민족문학운동으로 나타난 것입니다. 4월혁명 세대가 10년을 숙성하여 드러난 것이라 할 수 있습니다. 1970년대 민족문학은 그런 점에서 네그리뛰드 운동과 유비될 수 있습니다. 파농이 지적했듯이, 하얀 것은 아름답고 검은 것은 추악하다는 서구주의에 사로잡혀 있던 흑인이 하얀 것이 추하고 검은 것은 아름답다는 의식의 대전환을 이룬 것이 네그리뛰드인데, 한국의 1970년대 민족문학운동도 이런 네그리뛰드 성격이 강합니다. 물론 한국의 민족문학운동이 이처럼 단순하진 않지만, 서구주의로부터 민족·농촌·전통으로의 대규모 회귀운동적 성격이 한편 뚜렷합니다. 그러므로 민족문학에는 바깥으로 열린 출구가 좀처럼 없었습니다.

1970년대 말에 제3세계론이 제기되었습니다. 민족문학론의 바깥이 열린 것입니다. 이 과정에서 기존의 서구주의와 맑스주의 전체를 부정하고 제3세계를 새로운 모델로 삼자는, 나중에 백낙청 선생이 '제3세계주의'라고 비판한 극단적 수용경향이 발생하기도 했습니다. 이러저러한 문맥들을 염두에 두고 1970년대 민족문학이 가진 네그리뛰드적 취향과 그 취향의 또 다른 표현인 제3세계주의를 넘어서는, 민족문학의 출구로서 "제3세계론의 동아시아적 양식"의 창출이란 명제에 이르게 된 것입니다.

그 당시 제3세계론이 유행하게 된 데는 아프리카, 남아메리카 문학이 계속 노벨상을 받은 것도 또 하나의 자극이었습니다. 조금 건방진 생각이지만, 아프리카는 물론이고 남아메리카도 아시아, 특히 동아시아와는 다르다는 생각입니다. 제3세계론과 짝을 이루고 유행한 종속이론에 대해서도 동아시아에서는 적용되기 어렵다고 여겼습니다. 단적으로 양극화가 극복 불가능할 정도로 고착된 남미와 신분이동이 그래도 유연한 동아시아를 대비할 때 더욱 그렇다는 판단입니다. 우익독재든 좌익독재든 동아시아는 양극화가 거의 없는 사회주의적 세계였기 때문입니다. 그리고 마술적 리얼리즘에 입각한 남미문학의 성과가 유럽 본토의 초현실주의의 남미판이 아닐까라는 엉뚱한 의심도 있습니다. 아프리카나 남미 문학은 대체로 옛 식민지 모국어로 쓰여졌습니다. 모국어문학의 전통이 강한 동아시아 각국 문학은 그 언어적 조건 때문에 세계문학으로 이동하기 어렵지만, 그러니까 더욱 해볼 만하다고 여겼습니다. '제3세계론의 동아시아적 양식'이라는 말의 속셈이 이 근처일 겁니다. 민족문학이 세계문학으로 이동하는 출구를 내 나름으로 발견한 셈인데, 이것이 동아시아론의 출발이기도 했습니다.

다음은 청 카이 형의 질문, 1970년대의 탈/재정전화에 대해 부연하겠습니다. 여기 계신 분들은 잘 실감하지 못할 텐데, 한반도는 분단된 땅입니다. 해방이 분단으로 귀결되고 그에 연계되어 발발한 국제적 내전인 한국전쟁을 겪으면서 남쪽 지식인들이 대규모로 월북하고 북쪽의 지식인도 상당수 월남했습니다. 그런데 월남과 월북 중, 월북 쪽이 특히 문인·지식인 사회에서 결정적으로 많았습니다. 김수영(金洙暎) 시인이 남은 건 쭉쟁이뿐이라 자조할 정도로, 남쪽의 문학계는 그야말로 쑥밭이 되었습니다. 그런데 월북한 문인들도 대체로 불행했고 임화(林和)처럼 북에서도 금기로 묶인 경우도 적지 않았습니다. 식민지 조선이 낳은 가장 뛰어난 문인들이 남에서도 북에서도 배척받고, 휴전선 근처를 떠도는 중음신 상태였던 것입니다. 바로 그 침묵당한 문인, 작품 들이 민족문학운동을 통해 현실로 귀환하기 시작했습니다. 민족문학의 발진 속에서 그들이 재발견됨으로써 체제에 의해 구축된 정전의 대규모 탈/

재정전화가 이 시기에 이루어졌습니다. 요컨대 이 탈/재정전화 작업은 1970년대 민족문학운동의 건설 과정이기도 한 바입니다.

그런 민족문학 운동이 엄격한 의미에서 1970년대로 끝났다고 말씀드렸습니다만, 그럼에도 민족문학의 핵심은 계승되고 있음을 잊어서는 안 됩니다. 민족문학운동을 비판하는, 심지어 부정하는 논의조차도, 민족문학의 핵심인 민주주의에 대한 요구와 평화적 분단극복의 염원이라는 핵심을 놓친 적은 없다고 생각합니다. 지금도 근본적으로는 그렇습니다. 물론 표면적으로는 젊은 문학은 민족문학론과 연속적인 면모가 거의 없습니다. 특히 최근, 한국의 젊은 문학은 근대문학의 집으로부터 일종의 가출 상태입니다. 어느 틈에 시는 외계어 시로 바뀌었고 소설역시 사실주의의 기율로부터 거의 완벽히 이탈했습니다. 현실이야말로 한국근대소설의 위대한 스승이었습니다만, 요즘 소설은 현실을 복제한 2차현실에 의존하고 있습니다. 전엔 창작의 원천이 자기 밖이었는데, 지금은 그 원천이 자기 안입니다. 자기복제의 문학, 독자와 소통하지 않는 문학이 되어버린 것입니다.

새로운 독서공동체의 창출을 통한 새로운 네이션 구축이라는 민족문학운동이 퇴조한 자리에 한국영화가 밀고 들어왔습니다. 한국영화는 최근 강력한 청중공동체를 만들고 있는 중입니다. 천만 관객을 넘는 영화가 줄을 이어서 나오고, 국산영화 점유율이 60%입니다. 저 어릴 땐 미국영화만 봤는데 지금은 국산영화만 봐요. 문학에서 증발한 사회성이 영화로 이동한 겁니다. 이 징후는 예의 검토해 마땅합니다만, 한편 한국문학이 현실로 귀환하려는 징조를 보이고 있기도 합니다. 개인적으로는 이 귀환의 징후를 계기로 한국문학이 범(汎)현실과 창조적으로 대응해서 민족문학 이후의 민족문학, 새 단계로 진입하기를 희망하고 있습니다. 그런데 민족문학이란 말을 포기하고 싶어도 포기할 수 없는 한국의 사정을 이해해주시기 바랍니다. 바로 북조선의 문제입니다. 남북작가회담을 평양에서 연 적이 있는데 그때 깨달은 것이, 민족이라는 말이 불가피한 매개라는 점입니다. 남과 북의 관계는 나라와 나라 사이의 관계인 동시에 그런 국제관계가 아닙니다. 그렇다고 그냥 국내도 아닙니다. 국제도 아니고 국내도 아닌 남북을 이을 도구적 용어가 현재로서는 민족뿐입니다. 외국에 나가면 한국의 진보적 지식인들이 민족문학이란 용어를 견지하는 데 의아해하는 경우가 많습니다. 이 용어를 우리도 빨리 폐기하고 싶습니다. 남북연합 단계만 가도 민족을 뗄 수도 있을 터인데, 그렇게 될 수 있도록 동아시아 지식인들이 도와주시기 바랍니다.

주 위 학형의 질문에 대해섭니다. 동아시아론에 정치경제학적 기초가 없다면 문명론으로 떨어진다는 지적은 정확합니다. 그러나 기존의 역사는 권력교체의 역사였다는 탈식민주의자들의 지적을 꼭 빌리지 않더라도, 왕년의 민중, 계급과 같은 정치경제학적 틀을 지금 그대로 사용할 수는 없다고 생각합니다. 민중도 아니고, 다중도 아니고. 참으로 고민입니다. 엘리뜨주의라는 비판을 감수할 수밖에 없지만, 현재로서는 공자가 꿈꾼 '군자'를 참조하고 있습니다. 아시겠지만, 공자는 엘리뜨주의자가 아닙니다. 그러나 온 인민이 하나같이 운동의 주체가 되는 것이 바람직하지만 이는 너무나 오래 걸리기 때문에, 대동사회의 출현을 인지하고 실천하는 하나의 전위집단으로서 군자를 상정한 것입니다. 군자는 계급집단이 아닙니다. 어떤 신분을 막론하고 유가적 이상사회의 실현을 위해 헌신할 새로운 인간형으로 군자가 제출되었던 것입니다. 군자의 엘리뜨주의화를 레닌주의적 전위당에 비추어 철저히 경계하면서 재창안할 수 없을까 생각하고 있습니다만, 현재로서는 이 근처가 지루한 성공으로 가는 길의 단초일 겁니다. 제게 여러분이야말로 순자입니다.

다음, 소국주의에 대해 말씀드리겠습니다. 지적하셨듯 지금으로선 이상입니다. 그러나 이상만은 아닙니다. 동아시아 각 나라들이 직면하고 있듯, 대국주의는 지금 전면적으로 재검토하지 않으면 안 될 시점에 도달했기 때문입니다. 후꾸시마 사태는 메이지 이후 일본이 추구해온 모델의 파탄입니다. 따라서 그 파탄으로부터의 전신이 이루어지지 않으면 일본의 미래는 없을지 모릅니다. 일본만의 문제는 아닙니다. 북조선도 강성대국-주의가 저런 파탄을 가져왔다 할 수 있습니다. 시모또마이 노부오(下斗米伸夫)의 『아시아 냉전사』라는 책에서 매우 중요한 사실을 인지하게 되었습니다. 핵과 기아의 관계입니다. 소련이 핵개발할 때 수십만의 기아가 있었답니다. 중국에서 핵개발할 때, 대약진운동으로 수백만의 기아가 일어났습니다. 북조선 역시 핵개발과 함께 기아사태가 있었습니다. 핵이야말로 대국주의의 징표입니다. 이 점에서 동아시아로 세계사의 기운이 이동하고 있는 지금이야말로 동아시아뿐 아니라 세계적 재앙이 될 대국주의에 대해 근본적 대처가 필요한 시점이라고 생각합니다. 소국주의를 당장 실천하자는 건 아닙니다. 소국주의라는 이상을 하늘의 별빛으로 간직하며, 각 나라의 현실 속에서 오늘날 동아시아의 현실 속에서, 나아가 세계의 현실 속에서 어떻게 능소능대하게 구체화하여 실현할 것인가? 이것이 문제입니다. 한국의 경우 대국과 소국을 연계하는 중형국가가 적절할 듯합니다. 대국도 아니고 소국도 아닌 중국 또는 중국주의라는 용어를 사용하고 싶었습니다만, 중국이 중화인민공화국을 바로 연상시키기 때문에 할 수 없이 고심 끝에 '중형

국가론'이란 말을 고안했습니다. 공자는 대동사회 앞에 소강사회(小康社會)를 두었습니다. 천하위공(天下爲公)의 대동사회는 너무 급진적이라, 천하위가(天下爲家), 천하를 집 또는 가족으로 삼는 소강사회를 두었는데, 말하자면 중형국가론이 그 비슷하다고 하겠습니다.

저우 잔안 학형의 질문에 대해서입니다. 먼저 답변하기 쉬운 정전화 문제부터 이야기하겠습니다. 창비의 문학상 중 가장 먼저 제정된 게 만해문학상입니다. 만해문학상은 독립운동가이자 불교혁신가이자 시인인 만해 한용운의 문학을 기린 것인데, 만해 시인은 1970년대 민족문학 운동 과정에서 백낙청 선생을 비롯한 평론가들이 재발견한 대표적인 시인입니다. 제1회 수상자는 신경림 시인입니다. 그의 시집『농무』는 한국 서정시의 물줄기를 민중시로 돌린 결정적 업적입니다. 이점에서 신경림의『농무』가 만해문학상 첫 수상자요 첫 수상시집임은 상징적입니다. 만해와 신경림, 상과 수상자 모두 체제적 정전화에 대한 탈/재정전화의 아이콘인 것입니다.

사회주의의 초극 문제는 정말 어려운 문제입니다. 제가 이 자리에서 자신있게 말하지 못하는 것은 제가 사회주의 나라에서 살아보지 못했기 때문입니다. 죄송하지만 그 문제는 사회주의 나라에 사는 지식인들이 감당해야 할 몫이 클 터인데, 그 귀중한 경험을 동아시아 다른 나라 지식인들에게 교시해줄 의무도 있다고 생각합니다. 우리가 이렇게 모인 것도 자신의 경험을 바탕으로 더 나은 사회를 구상하는 데 중지를 모으자는 것이니까요. 물론 경험주의에 빠지자는 건 아닙니다. 더구나 중국 사회주의의 운명은 중차대합니다. 이는 중국에 그치는 것이 아니고, 동아시아에 그치는 것도 아니고, 세계사적 운명과 직접적으로 연관되는 문제이므로, 중국뿐 아니라 동아시아 지식인들이 공동의 의제로 더 관찰하고 더 관여하여 함께 지혜를 모아보아야 합니다.

끝으로 한마디. 제 동아시아론은 어디까지나 문학연구자, 문학평론가라는 제 본업에서 자연스레 부풀어나온 것임을 이해해주시기 바랍니다. 한국문학을 더 잘 이해하기 위해서라는 실용적 방식에서 출발한 것입니다. 한국 현대문학을 흔히 서구 현대문학과 비교하는 경우가 많았는데, 물론 그 시야를 배제해선 안 되지만, 일본과 중국을 비롯한 이웃 아시아문학과 연계하여 보니 훨씬 환해지는 겁니다. 놀랍게도 겉으로는 단절된 시대에도 안으로는 깊숙이 손잡고 있는 풍경이 흥미롭습니다. 정말 동아시아는 무의식 가운데도 의식이라 할 수 있습니다. 새로운 것을 아는 기쁨이 공부하는 사람의 큰 도락 중 하나인데, 중국·일본·오끼나와·대만·베트남·몽골 등등을 새로이 알 때마다 내 마음도 생각도 성장합니다. 자기로부터 천하로 나아가는 '근사(近思)'처럼 가까운 동아시아로부터 시작하는 게 옳습니다. 즐거운 일이기도 하매 더욱이 좋습니다. 저에게 동아시아는 추상적 의제가 아닙니다. 감히 말하건대 나날의 생활 속, 공부길에 있다고 할 수 있습니다. 여러분을 만나 그런 공부길이 더욱 열리게 되어 기쁩니다. 감사합니다.

제1부

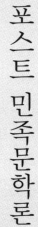

포스트 민족문학론

1장
제3세계 민중의 시각과 민족주의의 내적 극복[*]

하정일(원광대 국문과 교수)

1. 제3세계론과 1970년대 민족문학론

백낙청은 40여년간 문학비평가로 활동하면서 한국의 문학계와 지성계에 숱한 토픽들을 제공했다. 그가 내놓은 토픽들은 하나같이 커다란 반향을 불러일으켰고, 찬반양론이 불을 뿜곤 했다. 그만큼 한국의 문학계와 지성계에서 그가 차지하는 위상과 영향력은 독보적이다. 그의 위상과 영향력은 누군가의 말처럼 권력처럼 보일 수 있다. 그의 발언이 한국의 지성계에서 실제로 큰 위력을 발휘하기 때문이다. 하지만 그러한 위력은 백낙청의 발언이 갖고 있는 논리적 설득력과 현실정합성 때문이지 그가 권력자이기 때문은 아니다.

백낙청의 문학비평이나 사상에 담긴 논리적 설득력과 현실정합성은

---

[*] 이 글은 졸저 『탈근대주의를 넘어서: 탈식민의 미학 2』(역락 2014)에 실린 같은 제목의 논문을 수정·보완한 것이다.

무엇보다 그가 시대의 고비고비마다 그 시대가 필요로 하는 대안을 제시하고자 노력한 데서 발원(發源)한다. 시민문학론, 민족문학론, 리얼리즘론, 제3세계론, 분단모순론, 분단체제론, 근대극복론 등 그의 주요 이론들은 하나같이 시대의 요구에 대한 적극적 응답의 산물이다. 그리고 그 응답들은 작게는 민족문학, 넓게는 진보적 지성계가 당대의 위기를 돌파하는 데 있어 긴요한 나침반 노릇을 했다.

이와 관련해 민족문학(론)을 일종의 담론 권력으로 매도했던 저간의 비판들에 대해서도 한마디 짚고 넘어갈 필요가 있다. 민족문학(론)이 권력이라면 1990년대 민족문학의 침체는 어떻게 설명해야 할까. 민족문학(론)이라는 권력에 대한 저항의 결과인가 아니면 권력투쟁의 소산인가. 어느 것도 정확한 설명은 되지 못한다. 원인은 한마디로 민족문학(론)이 현실정합성을 상실했기 때문이다. 다시 말해 전지구적 자본주의라는 새로운 현실에 적절히 대응하지 못한 데서 민족문학(론)의 침체가 비롯된 것이다. 이처럼 담론이란 지배 이데올로기가 아닌 한, 현실정합적일 때 힘을 발휘하고 현실정합적이지 못할 때 힘을 잃는 법이다. 민족문학(론) 역시 마찬가지다. 1990년대 민족문학(론)의 침체는 현실정합성을 잃은 데서 기인한 결과이며, 따라서 민족문학(론)의 향후 운명도 권력을 재탈환하느냐 따위가 아니라 현실정합성을 다시금 확보하느냐 여부에 달려 있다.

다시 본론으로 돌아와 백낙청의 사상과 문학비평을 되돌아보면, 거기에는 시대와의 진지한 싸움의 흔적들이 짙게 새겨져 있다. 그중에서도 필자가 주목하는 부분이 제3세계론이다. 백낙청 문학비평의 도정에서 제3세계론은 결정적인 의미를 갖는다. 세가지 점에서 그러하다. 첫번째는 제3세계론이 민족주의를 내적으로 극복하는 데 핵심적인 역할을 했다는 점에서, 두번째는 제3세계론이 민족문학론이 반(半)국적 혹은 일국적 시야에서 벗어나 전지구적 전망을 확보하는 내적 발판이 됐다는 점에서, 세번째는 제3세계론이 새로운 탈식민 기획의 이론적 출발점을 이룬다는 점에서다.[1]

본고에서는 그 가운데 첫번째를 중점적으로 다루고자 한다. 제3세계론과 민족주의의 내적 극복이 맺고 있는 상호관계에 관심을 갖는 까닭은 일차적으로는 제3세계론이 백낙청이 민족주의와 결별하는 데서 어떤 역할을 했는지를 이해할 수 있기 때문이며, 나아가서는 민족문학(론)의 역사적 본질에 대한 새로운 인식을 얻을 수 있기 때문이다. 특히 후자와 관련해 제3세계론이 갖는 의미는 중차대하다. 왜냐하면 이에 대한 고찰을 통해 민족문학(론)이 민족주의의 포로라는 항간의 비판이 얼마나 잘못된 것인지를 확인할 수 있기 때문이다. 적어도 제3세계론 이후 민족주의는 민족문학(론)에게 언제나 극복의 대상이었다. 더구나 그 극복은 민족주의의 역사성에 대한 이해를 결여한 청산과 부정의 방식이 아니라 민족주의의 역사적 진보성을 인정하는 가운데 민족주의 내부로부터 민족주의를 극복하는 변증법적 방식이었다. 내적 극복의 방식이야말로 제3세계가 민족주의에 대해 취할 수 있는 가장 합당한 대응방식이었다는 점만은 자리에서는 지적해두고자 한다.

2. 1970년대 민족문학론과 민족주의

1970년대 백낙청의 민족문학론에서 민족주의가 중요한 사상적 근거로 작용했던 것은 분명하다. 물론 그렇다고 해서 그의 민족문학론이 민족주의에 전면 포섭되어 있었던 것은 아니다. 백낙청은 민족문학을 '철저히 역사적인 성격'을 갖는 문학이념으로 규정하면서, "민족문학의 주체가 되는 민족이 우선 있어야 하고 동시에 그 민족으로서 가능한 온갖 문학활동 가운데 특히 민족적 생존과 인간적 발전을 '민족문학'이라는 이름으로 구별시킬 필요가 현실적으로 존재해야 한다"고 부연설명한다. 여기서 주목할 것은 그가 민족적 생존과 인간적 발전을 민족문학을 통해 이룰 수밖에 없는 '현실'이 전제될 때에 한해서 민족문학의 타당성을 주장했다는 점이다. 이 주장은 몇몇 논자의 비판처럼 민족적 위기를 끝없이 반복함으로써 민족문학의 정당성을 얻어내려는 의도가 아니라 오히려 그러한 '초역사적 민족문학론'을 비판하기 위해 제기된 것이다. '초역사적 민족문학론'이란 해방 직후에 김동리가 제창했고 그후 보수적 반공문학 진영이 지속적으로 스스로를 정당화하는 이데올로기적 방편으로 이용해온 것으로, 피와 땅으로 상징되는 민족의 영원성에 기초한 문학론이다. 백낙청이 자신의 민족문학론을 "민족이라는 것을 어떤 영구불변의 실체나 지고의 가치로 규정해놓고 출발하는 국수주의적 문학론 내지는 문화론과는 근본적으로 다르다"라고 선을 긋고 있는 데서 이 점은 약여하게 드러난다. 백낙청이 민족적 위기라는 현실적 전제조건을 내세운 것은 '초역사적 민족문학론'과 구별되는 '역사적 민족문학론'을 제시하기 위해서였다. 백낙청은 민족문학의 역사적 성격을 설명한 뒤 곧바로 민족문학은 "그 개념에 내실을 부여하는 역사적 상황이 존재하는 한에서 의미있는 개념이고, 상황이 변하는 경우 그것은 부정되거나 보다 차원 높은 개념 속에 흡수될 운명에 놓여"[2] 있다고 밝히고 있다.

　이처럼 1970년대 백낙청의 민족문학론은 민족을 초역사적 실체로 상정하는 민족주의 일반의 민족관과는 단호하게 선을 긋는다. 하지만 그의 1970년대 민족문학론이 민족주의의 강한 영향력 아래 놓여 있던 것은 부인하기 힘든 사실이다. 그것은 가령 4·19를 "서구식 자유민주주의 사상의 승리일 뿐만 아니라 우리 자신의 민족주의가 이룩한 승리"[3]라고 설명하는 구절에서라든가 '참다운 민족주의'[4]에 대한 지속적인 강조에서 어렵지 않게 발견된다. 1970년대 백낙청의 민족문학론이 분단극복에 최우선적 가치를 부여하고 있는 것도 그가 민족주의의 자장에서 자유롭지 못함을 보여주는 대표적 사례라 할 수 있다. 분단극복을 가장 중요시하는 태도는 모든 사회적 모순들을 민족문제로 환원하려는 시각과 맞물려 있기 때문이다.[5] 따지고 보면, '민족적 위기'라는 발상에도 민족주의적 색채가 없지 않다. 여러 제한조건을 전제하긴 했지만, '민족적 위기'를 민족문학론의 중심에 놓는다는 것은 어쨌거나 민족환원론에 빠질 가능성이 많다.

하지만 1970년대 백낙청의 민족문학론이 보여주는 민족주의적 지향은 당대 현실의 역사적 조건 속에서 바라볼 필요가 있다. 전쟁세대가 사회의 대다수를 점하고 있던 시기에 분단극복은 제일 중요한 전략적 과제였다. 특히 당시 남한사회의 지배블록이 반(反)통일·분단고착 세력이었다는 점에서 분단극복은 당시로서는 가장 반체제적인 슬로건이었다. 요컨대 분단극복이라는 민족주의적 구호가 강력한 진보성을 가졌던 시대가 1970년대였다는 것이다. 당시 남한사회의 보수와 진보를 분단고착 대 분단극복, 반통일 대 통일로 정리할 수 있었던 것도 그래서거니와 분단고착 세력이 반민주와 친외세로, 분단극복 세력이 민주와 반외세로 곧바로 등치될 수 있었던 까닭이 여기에 있다. 말하자면 분단극복이 자동적으로 민주주의와 반외세를 담보할 수 있는 역사적 조건이

1970년대 남한사회에는 마련되어 있었던 셈이다. 이처럼 민족주의를 '전략적으로' 강조할 수밖에 없는 시대적 조건이 존재하던 시기에 민족문학(론)이 민족주의를 '전략적으로' 활용하는 것은 실천적 측면에서 불가피했다고 할 수 있다.

그럼에도 1970년대 백낙청의 민족문학론이 보여주는 민족주의적 성향은, 다른 이들과 비교해 정도가 훨씬 덜하기는 하나 역시 지나친 감이 있다. 특히 '분단극복' 자체에 방점이 찍힌 탓에 분단극복의 '경로와 방식'에 대한 치밀한 고구(考究)가 부족한 점은 아쉽기 그지없다. '경로와 방식'에 대한 관심이 부족하다는 것은 '어떤' 분단극복이냐에 대한 관심이 부족하다는 말이고, 이는 곧 분단극복의 '내용'에 대한 관심이 부족하다는 의미다. 민족주의의 관점에서 보자면 분단극복은 어떤 단서도 붙을 수 없는 지상과제다. 민족주의의 최대강령이 바로 민족국가의 건설이기 때문이다. 그러므로 '어떤' 민족국가를 '어떤 경로와 방식으로' 건설할 것인가는 부차적인 문제가 된다. 요컨대 민족주의의 입장에서 '모든 통일은 선이다'. 통일에 찬성하는 사람이면 그가 수구파든 재벌이든 문제가 되지 않는다.

민족문학(론)이 1990년대의 달라진 현실에 빠르게 적응하지 못한 것도 이와 관련이 깊다. 1970년대에는 수구파나 재벌이 분단극복의 편에 설 수 없었다. 분단극복을 위한 남북교류나 제반 제도적 변화가 그들에게 불리하게 작용할 수밖에 없었기 때문이다. 말하자면 적대적 분단 상태가 수구파나 재벌을 비롯한 지배블록에게는 가장 유리한 상황이었던 것이다. 하지만 냉전체제가 붕괴되고 현실사회주의 진영이 무너지고 전지구적 자본주의체제가 들어선 1990년대에는 상황이 달라진다. 1970~80년대의 '고도성장'을 통해 물적 기반을 갖춘 지배블록에게 세계사적 대변화는 분단문제에 대해 이전과는 다른 선택을 가능하게 해주었다. 분단고착보다 분단극복이 오히려 지배블록에게 더욱 유리한 결과를 제공할 수 있는 내외 환경이 조성된 것이다. 1990년대 들어 정권과 기업들이 다양한 방식으로 남북교류에 나선 것은 이러한 상황 변화를 반영한다. 이와 같은 내·외적 변화로 인해 1990년대의 민족문학(론)은 심각한 딜레마에 빠졌다. 분단극복이 진보를 상징하는 전략적 가치가 되기는커녕 이제 진보의 장애물이 되어버렸기 때문이다. 1990년대의 민족문학(론)이 방황하고 동요하면서 새로운 대안을 찾기 위해 고투한 것은 그런 연유에서였다.

이렇게 볼 때, 1990년대의 민족문학(론)이 침체에 빠지게 된 것은 민족주의의 잔재를 완전히 털어내지 못한 문제와 긴밀히 연관되어 있다. 이 점은 1980년대 말의 급진적(?) 민족문학(론)들 또한 사정이 비슷했다. 가령 민족해방문학이야 그 이념적 지향상 당연하다 치더라도 민족주의를 강력하게 비판하던 노동해방문학조차도 북한 얘기만 나오면 꼬리를 내리는 모습을 심심치 않게 보여주었다. 북한정권의 반민주성이나 북한체제의 반민중성에 대한 적극적 비판이나 대안 제시도 찾아보기 힘들었다. 이는 요즈음의 민족문학(론)에서도 여전한데, 이러한 현상은 통일 민족국가 건설을 최대의 과제로 생각하는 경향이 지금도 암암리에 퍼져 있기 때문이라고 짐작된다. 그런 점에서 민족국가라는 '형식'에 대한 집착을 어떻게 떨쳐버리느냐 하는 문제야말로 21세기 민족문학(론)이 민족주의의 마지막 잔재를 털어내는 데 성공할 것인가를 가늠하는 시금석이 될 것이다. 분단극복은 분명 중차대한 민족사적 과제다. 하지만 민족국가의 내용, 곧 '어떤'과 '어떻게', 다시 말해 주체와 경로 나아가 통일 이후의 체제에 대한 전망이 결여되어 있는 한 분단극복은 얼마든지 민중해방과 인간해방의 장애물이 될 수 있다. 민족주의의 극복이 민족문학(론)이 또 한번 도약하는 데 있어 반드시 거쳐야 할 통과의례인 *까닭*이 여기에 있다.

제3세계론이 백낙청 민족문학론의 도정에서 결정적 의미를 갖는 것은 그래서다. 1970년대 백낙청의 민족문학론은 분단극복을 모든 것의 중심에 둠으로써 일종의 민족환원론에 빠지곤 하는 이론적 편향을 보여준다. 가령 '우리 시의 미래는 기껏 남북통일에 머물러 있다'라는 김수영의 비판에 대해 왜 그런 말을 했을까를 세심하게 성찰하는 대신 '세계시민적인 상식에 안주하고 있다'며 격렬하게 성토하는 백낙청의 모습에서 그러한 편향이 발견된다.[6] 김수영의 지적은 통일을 반대하거나 우습게 알아서가 아니라 남북통일 '이후'를 준비해야 한다는 점을 강조하기 위한 것이다. 통일 이후에 대한 구상이 없는 한 민족주의의 자민족 중심적 한계를 극복할 수 없다는 것이 김수영이 말하고자 한 요지다. 이러한 김수영의 발언은 '어떤' 통일이냐가 관건이라는 필자의 생각과도 상통한다. 백낙청은 거기에 통일보다 중요한 것은 없다는 민족주의적 논리로 맞선 셈이다. '통일 다음에는 대저 무엇이 올 것이냐에 대한 차원 높은 비전'을 언급하고는 있지만, 기실 이에 대한 구체적 논의는 1970년대의 글들에서 찾아보기 힘들다. 백낙청을 포함한 당시의 민족문학론들을 살펴보면, 분단극복과 남북통일의 민족사적 혹은 세계사적 중요성을 강조하고 그 목적의 실현을 위해 문학이 이러저러하게 기여해야 한다고 주문하는 글은 많은 데 비해 통일 이후의 상에 대해 구상하는 글은 거의 보이지 않는다(김수영의 주문사항이 바로 이것이었다). '통일이 세계평화와 인간해방에 큰 기여를 할 것이라고 주장만' 해서는 안 된다. 앞에서도 지적했다시피 통일이 곧바로 세계평화나 인간해방으로 이어지는 것은 아니기 때문이다. 그래서 '어떤' 통일이냐가 중요한 것이고 통일 '이후'의 세상이 어떤 것이냐가 중요한 것이다. 그런 점에서 백낙청은 김수영 발언의 의도를 잘못 읽은 셈인데, 이러한 오독(誤讀)은 원천적으로 민족주의적 편향에서 비롯된 것으로 생각된다.

그렇다고 해서 이 시기의 백낙청이 민족주의에 사로잡혀 있었던 것은 아니다. 1970년대의 백낙청은 보수적이고 국수주의적인 민족주의를 대체할 일종의 급진적 민족주의를 상정하고 있었던 것으로 보인다. 당시의 글들을 두루 살펴보건대, 그 근저에 놓인 것은 반외세적이고 민중지향적인 성격을 강하게 띤 민족주의다. 이른바 저항적·민중적 민족주의라고 이름 붙일 수 있는 민족주의가 당시 백낙청이 구상했던 급진적 민족주의의 내용이다.[7] 민족주의운동의 역사를 보면, 신채호(申采浩)에게서 전형적으로 나타나듯 민족주의의 급진화는 대개 민족주의의 극복으로 이어진다. 백낙청의 민족문학론 또한 그러한 과정을 극적으로 보여준다. 백낙청은 당시의 민족문학론자들 가운데 가장 빠르게 그리고 가장 전면적으로 민족주의를 내부로부터 극복한 사례다. 그리고 그러한 내적 극복의 과정에서 결정적인 역할을 한 것이 바로 제3세계론이다.

3. 제3세계론과 민족주의의 내적 극복

백낙청이 제3세계론에 관심을 갖게 된 것은 민족주의의 한계에 대한 자각과 관련이 깊다. 그는 1970년대 말부터 민족주의의 한계에 대해 곳곳에서 강조하는 모습을 보여준다. 그렇다고 민족주의에 대한 백낙청의 시각이 일면적인 것은 아니다. 오히려 그는 민족주의의 역사성을 존중하는 편이다. 그는 "한반도의 분단은 제3세계로서도 다분히 예외적인 경험이지만, 동시에 제3세계 전역에 걸쳐 진행중인 '탈식민지화' 과정에서 부닥치는 보편적 과제의 일부"[8]라는 인식에서부터 제3세계에 관심을 기울이기 시작한다. 분단을 우리 민족만의 '특수한' 현상이 아니라 제3세계의 탈식민화 과정에서 겪을 수 있는 '보편적' 경험의 하나로 이해하고 있다는 것은 그가 분단문제를 전지구적 현실의 일부로 받아들이기 시작했다는 징표다. 탈식민화란 서구가 구축해놓은 제국주의적 세계질서로부터의 해방을 의미하기 때문이다. 따라서 제3세계의 탈식민화가 문제되는 순간 단순히 민족의 독립이나 민족국가의 건설에서 그치지 않고 '세계체제'의 변혁이 과제로 떠오르게 된다. 분단 역시 마찬가지다. 분단의 극복은 제3세계의 탈식민화, 곧 제국주의적 세계체제 변혁의 일환으로 자리잡게 된다.

민족주의의 한계가 부각되기 시작하는 것은 이 지점부터다. 백낙청은 제3세계론이 "후진국 및 피압박민족의 해방운동과 민족주의적 자기주장에 일단 절대적인 가치를 부여한다"[9]고 인정한다. 또한 그는 "세계경제가 자본주의적 경쟁의 원칙에 지배되는 한, 그리고 이 경쟁이 개인간의 경쟁뿐 아니라 민족국가를 주요 무기로 삼는 대규모 집단 간의 경쟁인 한, 민족주의는 단지 불가피한 현상일 뿐 아니라 현단계 세계사 발전의 없어서는 안 될 원동력이기도 하다"[10]라고 강조하기도 한다. 이러한 태도는 '제3세계의 민족주의도 서구의 민족주의와 똑같다'고 비난하는 일부의 몰역사적 시각과 분명 구별된다. 요컨대 제3세계 민족주의의 역사성을 중시하고 있는 것이다. 이 점이 중요한 것은 제3세계 민족주의의 역사성을 이해할 때 비로소 제3세계 민족주의의 저항적이고 민중적인 전통에 대한 합당한 인식이 가능해지기 때문이다. 제3세계의 민족주의는 하나가 아니다. 제3세계 민족주의의 주류는 부르주아 민족주의였지만, 그것과 다른 민족주의, 곧 급진적 민족주의의 전통 또한 다수 존재해왔다. 가령 비타협적 민족주의라든가 민중적 민족주의 같은 것들이 그것이다. 항일무장투쟁, 신간회운동, 좌우합작운동, 중도파 사회주의운동, 1970~80년대의 민주화운동 등에서 종종 볼 수 있는 이러한 전통은 분명 한국사회의 민주변혁과 탈식민운동에 적지 않은 기여를 했다. 민족주의의 역사성을 이해한다는 것은 바로 이 전통을 존중한다는 의미다. '피압박민족의 민족주의적 자기주장'에 대한 백낙청의 존중은 그가 부르주아 민족주의와는 다른, 민족주의의 저항적이고 민중적인 전통이 갖는 역사적 진보성을 인식하고 있다는 것을 말해준다.

1970년대 말로 가면 백낙청은 1970년대 초반과는 달리 민족주의의 양면성 가운데 부정적 측면을 보다 강조한다. 다음과 같은 대목에서 우리는 민족주의에 대한 백낙청의 달라진 시각을 극명하게 확인할 수 있다.

선진국에 대한 단순한 반발과 경쟁심은 민족국가 형성에 성공하는 순간 기왕의 선진국들과 똑같은 타락을 가져오기 쉽다. 아니, 무리하게 국가주의·국수주의·침략주의에 의존하게 마련이다. 명치유신 이후 일본이 그 가장 두드러지고 또 나름으로는 가장 성공적인 예일 것이며 장개석의 국민당 정부는 그나마 실패해버린 본보기일 것이다. 그러나 이런 선례를 보면서, 우리는 둘 중에 특등생 쪽을 열심히 본떠서 한걸음 늦은 우등생이라도 되어보자는 것은 위험하기 짝이 없는 발상이다. 낙제를 한 학생도 처음부터 우등을 안 바라다가 낙제생이 된 것도 아니려니와, 설혹 낙제를 면하고 우등까지 한다고 하더라도 후발 민족국가일수록 선진국 민족주의의 타락성을 더욱 혹심하게 재생산시킨다는 원칙이 우리에게도 적용될 것이기 때문이다. 안으로는 억압과 복고주의, 밖으로는 불의한 국제질서를 긍정하고 출발한 맹목적 이기주의, 그리고 국민성의 차원에서는 강자에게는 약하고 약자에게는 강한 인간적 비열성이 소위 우등을 한다는 민족의 사람됨을 좀먹게 마련인 것이다.[11]

백낙청은 여기서 민족주의의 '본원적' 한계를 지적하고 있다. 말하자면 민족주의는 어떤 경우에도 궁극적으로 서구의 민족주의가 보여주었던 문제점과 한계를 '재생산'하게 되어 있다는 것이다. 특히 "후발민족국가일수록 선진국 민족주의의 타락성을 더욱 혹심하게 재생산시킨다"라는 단정은 "국수주의를 두려워한 나머지 민족주의 자체를 경계하는 것은 본말이 뒤집힌 꼴"[12]이라고 말하던 것과 비교하면 참으로 과격(?)하기조차 한 변화다. 이러한 급진적 비판은 제3세계론의 수용과 밀접히 관련되어 있다. 백낙청에게 제3세계는 전지구적 현실의 일부다. 요컨대 제1세계 따로 제2세계 따로 제3세계 따로인 것이 아니라, 서로 얽히고설켜 움직이고 있는 것이다. 이렇게 제3세계가 전지구적 현실의 한 부분이기 때문에 제3세계만 따로 떼어내 논하는 것은 제3세계를 특권화하는 변형된 민족주의로 떨어지기 십상이다.

백낙청은 이 점을 특히 경계한다. 제3세계에서는 독자성에의 요구와 세계성에의 요구가 팽팽한 긴장관계를 이루고 있는데, 이 긴장을 이기지 못하고 독자성에의 요구로 기울 때 "제3세계주의라고도 부름직한 새로운 허위의식을 낳을 위험이 크다"는 것이다. 백낙청이 말하는 '제3세계주의'가 "세계의 나머지로부터 특정 지역을 고립시켜 어떤 '제3의 세계'를 실체화하는"[13] 변형된 민족주의인 것은 물론이다. 백낙청은 그 예의 하나로 '국가나 민족을 절대시하여 민중 위에 군림하는 문학'을 드는데, 이것이 전형적인 민족주의문학을 가리키는 것임은 쉽게 알 수 있다. 그를 통해 우리는 백낙청의 제3세계론이 제3세계라는 확장된 지역 개념을 명분으로 민족주의를 재(再)정당화하는 것과 거리가 멀다는 사실을 분명히 확인할 수 있다. 백낙청의 제3세계론의 핵심 의도는 독자성과 세계성의 긴장을 견뎌냄으로써 전지구적 시야를 확보하는 데 있다.

　　제3세계의 개념을 두고 논란을 벌이는 국제정치학자·경제학자들은 각기 그들대로의 입장이 있을 것이다. 그러나 민중의 입장에서 볼 때—예컨대 한국 민중의 입장에서 볼 때—스스로가 제3세계의 일원이라는 말은 무엇보다도 그들의 당면한 문제들이 전세계·전인류의 문제라는 말로서 중요성을 띠는 것이다. 곧 세계를 셋으로 갈라놓는 말이라기보다 오히려 하나로 묶어서 보는 데 그 참뜻이 있는 것이며, 하나로 묶어서 보되 제1세계 또는 제2세계의 강자와 부자의 입장에서 보지 말고 민중의 입장에서 보자는 것이다.[14]

백낙청의 제3세계론은 세계를 하나로 묶어서 보는 것, 즉 전지구적 시야를 갖는 것을 목적으로 한다. 어째서 제3세계가 세계를 하나로 묶어볼 수 있는 시야를 제공해주는가. 백낙청은 제1세계와 제2세계가 세계를 하나로 묶겠다고 공언했지만 오히려 세계를 분열시키고 말았다고 비판한다. 제1세계 자본주의는 제국주의와 식민주의로 세계를 분열시켰고, 제2세계 사회주의 역시 패권주의로 세계를 분열시키기는 마찬가지였다는 것이다. 그런 점에서 제3세계는 세계를 하나로 묶을 수 있는 마지막 가능성이다. 물론 제3세계가 곧바로 세계를 하나로 묶어 보는 시야를 제공해주지는 않는다. 앞에서 지적했다시피 그것은 언제든지 제3세계주의와 같은 변형된 민족주의로 떨어져 세계를 분열시킬 수 있다. 그럼에도 백낙청은 제3세계가 민족주의와 국제주의, 독자성과 세계성, 독자적 발전과 인류의 하나됨을 동시에 실현할 수 있는 가능성을 지니고 있다고 믿는다. 여기서 유명한 '제3세계 민중의 시각'이라는 명제가 등장한다.

제1세계의 자본주의적 실험과 제2세계의 사회주의적 실험은 실패로 끝났다는 것이 백낙청의 판단이다. 두 실험은 결국 부자와 강자가 지배하는 세계로 귀결되었는데, 그 결과 세계는 부자와 강자 대 가난하고 힘없는 민중의 대립으로 분열됐다. 제1세계에서 소외되고 제2세계에서 배제된 제3세계에도 그 분열상은 더욱 악화된 형태로 반영되어 있지만, 동시에 그곳은 민중의 자기해방을 위한 실천이 가장 가열차게 벌어지고 있는 현장이기도 하다. 말하자면 제3세계는 "우리 시대의 민중적 체험을 가장 생생하게 담고 있는 마당"인 것이다. 백낙청은 거기서 벌어지는 자기해방의 실천과 운동에 주목한다. 이렇게 보면 백낙청이 제3세계에 주목하는 까닭은 제3세계를 특권적 지역으로 여겨서가 아니라 제3세계가 민중해방과 인간해방 운동의 중심을 이루고 있기 때문이다. 그런 점에서 "제3세계적 자기인식이란 바로 그러한 마당에 스스로 서 있다는 깨달음이며, 그렇기 때문에 그것은 자신의 인간적 권리를 찾겠다는 부르짖음만이 아니고 바로 자본주의 세계경제의 본질에 대해 세계사의 현단계에서 획득할 수 있는 가장 과학적인 인식을 겸하고 있는 것이다."[15]

여기서 먼저 주목할 것은 백낙청의 제3세계론이 세계체제론과 만나고 있다는 점이다. 제3세계론이 자본주의 세계경제에 대한 가장 과학적 인식이라는 그의 주장은 제3세계주의적 강변이 아니라 바로 세계체제론을 바탕으로 하고 있다. 백낙청은 사회주의 제2세계 역시 자본주의 세계경제의 일부라고 본다. 말하자면 백낙청은 세계를 자본주의 경제에 기반한 체제로 파악하고 있는 것이다. 같은 맥락에서 '제3세계 민중의 시각'이란 곧 자본주의 세계경제에 대한 급진적 비판의 인식론적 거점이 된다. 자본주의 세계체제 자체가 중심부 자본 대 주변부, 즉 제3세계 민중의 대립관계로 구성되어 있기 때문이다. 왜 제3세계만도 아니고 민중만도 아닌, 굳이 '제3세계 민중의 시각'이어야 하는지도 이로써 분명해진다. 제1세계 민중의 시각이나 제3세계 지배층의 시각으로는 과학적 인식과 급진적 비판을 겸비하기 어렵기 때문이다. 이를 갖추기에는 이들은 자본주의 세계체제의 대립관계와 반체제운동의 중심에서 비껴나 있다. 제1세계 민중의 시각을 대변하는 서구 (신)좌파들이 서구 중심주의를 끝내 극복하지 못하는 모습이나 제3세계라는 지역성을 특권화하는 제3세계주의자들이 결국 새로운 지배세력으로 전락하는 모습에서 우리는 백낙청의 생각이 타당하다는 것을 어렵지 않게 확인할 수 있다.

'제3세계 민중의 시각'이 민족주의의 극복과 관련해 갖는 결정적 의의는 제3세계의 민족 또한 계급적으로 분할되어 있음을 지적함으로써 민족을 동질적 단일체로 설정하는 민족주의의 환상을 폭로했다는 점에 있다. 민족주의는 언제나 민족을 동질적 집단으로 호도함으로써 민중을 자본주의 근대화를 위한 동력으로 동원한다. 하지만 자본주의 근대화의 과실은 언제나 부르주아에게 집중되고 민중은 그 과정에서 철저히 소외되어왔다. 하지만 민족주의는 '민족'의 이름으로 다른 민족을 타자화하거나 민중의 소외감을 봉합함으로써 자본주의의 체제적 안정성을 지속적으로 도모하려 한다. 민족주의가 자민족 중심주의나 국가주의 혹은 인종주의와 결합하곤 하는 것도 그래서거니와 민족주의가 궁극적으로 자본의 이데올로기일 수밖에 없는 것은 그런 연유에서다. '제3세계 민중의 시각'은 민족이 동질적 단일체가 아니라 계급적으로 분할된 이질적 공동체임을 분명히 함으로써 민족주의가 만들어놓은 이러한 허상에 결정적 균열을 낸다.

그렇다고 해서 '제3세계 민중의 시각'이 민족이라는 존재 자체를 부정하는 것은 아니다. '제3세계 민중의 시각'에 내재한 변증법적 성격은 민족의 이질성과 민족의 공동체성을 동시에 통찰한다는 점에 있다. 민족주의에 대한 신좌파나 탈근대주의의 비판은 제3세계 민족의 이러한 역사적 성격을 올바로 인식하고 있지 못한 문제점을 보여준다. 그리하여 민족 자체를 전면 부정하는 것이 가장 급진적인 비판이라는 어처구니없는 결론으로 쉽사리 빠져든다. 최근 각광받고 있는 해체론적 후기식민론 또한 마찬가지다. 이들의 비판에 공통적으로 결여되어 있는 것이 제3세계 민족의 형성 과정이 갖는 역사적 특수성이다. 임화가 일찍이 간파했듯이, 제3세계의 민족은 서구의 민족과는 다른 형성 과정을 보여준다. 제3세계 민족은 서구 제국주의의 침략과 그에 맞선 저항의 과정에서 형성된 것이다. 그래서 제3세계의 민족은 서구의 그것과는 달리 끈끈한 결속력을 특징으로 한다. 요컨대 저항의 공동체라고 이름붙일 수 있는 어떤 결속력 혹은 연대감이 존재한다는 것이다. 이것이 제3세계의 민족이 이질적이면서도 공동체적인, 곧 이질성과 공동체성을 모순적으로 겸비한 집단인 역사적 연유다.

백낙청이 "민중의 입장에 충실한 '하나의 세계'는 기성 강대국·부국들의 이념에 따른 획일화를 거부하고 수많은 약소민족들의 자결권과 자주성을 일단 존중하는 바탕 위에서 이룩되어야 한다"거나 "민중의 입장에서 하나의 세계를 바라보는 제3세계론은 무엇보다도 각 민족문화의 존엄성과 주체적 발전능력을 인정하고 출발"[16]해야 한다고 강조하는 것 또한 같은 맥락에서다. 자결권·자주성·주체성은 민족의 공동체성을 전제할 때 나올 수 있는 원리들이거니와 백낙청은 이것들을 단순한 민족주의적 감정에서가 아니라 제3세계 민족의 역사적 특수성에 대한 통찰을 바탕으로 하여 제시하고 있는 것이다. 따라서 '민족적이면서 민족주의적이지는 않은' 백낙청 특유의 민족 인식은 제3세계 민족의 양면성에 대한 변증법적 인식이 낳은 소산(所産)이라 할 수 있다.

4. 결론을 대신하여: 제3세계론의 탈식민적 의미

백낙청은 제3세계론을 통해 민족주의의 일국적 한계를 극복하고 분단문제를 제3세계적 현실의 일부로 바라보는 전지구적 시야를 획득해냈다. 또한 제3세계론은 백낙청으로 하여금 제3세계 민족의 양면성을 통찰하는 것을 가능하게 해주었으며, 그것은 '제3세계 민중의 시각'이라는 명제로 정식화됐다. 나아가 백낙청과 제3세계론의 만남은 민족문학을 민족국가의 건설이라는 단기적 과제를 넘어 자본주의 세계체제의 극복이라는 거시적 흐름 속에 자리매김시킴으로써 민족문학의 세계문학적 의의를 새로이 이해하도록 만들어주었다. 이러한 새로운 인식은 민족문학론의 역사에서 결정적인 의미를 갖는다. 제3세계론을 기점으로 민족문학론이 일국적이고 민족주의적인 단계에서 전지구적이고 세계체제론적인 단계로 넘어가게 되었기 때문이다. 그런 점에서 제3세계론은 민족문학론이 질적으로 변화하게 되는 이론적 계기라 할 수 있다.

결론을 대신해 필자는 백낙청의 제3세계론이 지닌 탈식민적 의의를 강조하면서 글을 마무리하고자 한다. 탈식민화를 대하는 관점은 대표적으로 두가지가 있다. 하나는 탈식민화를 자주적 민족국가의 수립과 동일시하는 민족주의적 관점이다. 하지만 민족주의는 민족국가라는 형식에만 집착한 나머지 분단극복의 주체와 경로, 곧 민족국가의 내용에 대해서는 무관심하다는 문제점을 보여준다. 그에 따라 분단극복 혹은 통일민족국가의 건설이 전지구적 탈식민화에 어떤 기여를 할 수 있는지에 대해 당위론 이외의 별다른 대답을 내놓지 못한다. 그 대신 제3세계를 특권화하거나 '모든 통일은 선'이라고 일방적으로 주장하는 통일지상주의를 답습한다. 다른 하나는 탈식민화를 민족국가 체제의 극복과 연결지어 사고하는 후기식민론적 관점이다. 그러나 해체론적 후기식민론은 현실적으로 엄존하는 민족적 갈등과 대립을 외면함으로써 제국주의적 세계질서에 무기력한 한계를 보여준다. 그에 따라 해체론적 후기식민론은 문화적 탈식민화나 다문화주의에서 탈출구를 찾곤 하는데, 정치적·경제적·군사적 탈식민화가 수반되지 않는 문화적 탈식민화란 현실적으로 불가능하다. 해체론적 후기식민론의 이러한 무기력은 제3세계에서 가열차게 벌어지고 있는 다양한 탈식민운동을 외면한 데서 비롯된 결과라 할 수 있다.

주목할 것은 민족주의든 해체론적 후기식민론이든 하나같이 민족국가를 '형식'의 측면에서만 바라보고 있다는 사실이다. 민족주의가 민족국가라는 형식을 절대화한 이데올로기인 데 비해 해체론적 후기식민론은 민족국가라는 형식 자체를 부정하는 담론이라는 차이에도 불구하고 양자 공히 민족국가의 '내용'에는 무관심하다. 하지만 탈식민화와 관련해 중요한 것은 정작 민족국가의 '내용'이다. 민족국가의 내용을 문제삼는다는 것은 민족국가의 역사적 현실성은 인정하되 내용의 변혁을 통해 민족국가의 실질을 변화시킴으로써 세계체제의 변혁에 이바지하겠다는 의도의 표현이다. 민족국가의 내용에 무관심하다는 것은 민족국가들로 구성되는 국가 간 체제에 무관심하다는 것이고, 이는 다시 국가 간 체제라는 정치적 상부구조의 토대인 자본주의 세계경제에 무관심하다는 것이다. 요컨대 민족국가의 내용을 외면하는 한 현실적으로 국가 간 체제와 자본주의 세계경제, 곧 근대세계체제에 개입할 여지가 없다. 이는 달리 말하면 근대 내부로부터의 근대극복은 불가능하다는 뜻이다. 그래서 민족주의처럼 근대에 순응하는 근대주의로 나가거나 해체론적 후기식민론처럼 근대 '바깥'에 탈근대의 거점을 설정할 수밖에 없게 된다. 양쪽 모두 근대 내부로부터 근대를 극복하려는 노력과는 무관하거니와 민족주의가 결국에는 근대화론으로 귀결되고 해체론적 후기식민론이 항상 탈근대주의와 결합하게 되는 것은 그런 점에서 당연한 수순이라 할 수 있다.

이에 반해 백낙청의 제3세계론은 '제3세계 민중의 시각'을 인식론적 거점으로 삼아 민족문제 혹은 분단문제를 전지구적 현실, 구체적으로 말하면 자본주의 세계체제의 일부로 바라본다. 그럼으로써 그것은 한편으로는 세계를 중심부 대 (반)주변부의 대립관계로 설명하는 세계체제론에 기반한 분단체제론으로 나아가고, 다른 한편으로는 근대주의와 탈근대주의의 한계를 동시에 뛰어넘어 근대 내부로부터 근대극복의 가능성을 모색하는 근대극복론으로 나아간다. 즉 제3세계론은 분단체제론과 근대극복론의 이론적 단초를 이룬다. 분단체제론과 근대극복론이 지향하는 궁극적 목표가 자본주의 세계체제의 극복임을 감안할 때 제3세계론, 특히 '제3세계 민중의 시각'론에 담긴 근본 의도가 무엇인지는 자명하다. 그것은 분단체제를 세계체제의 한 부분으로 규정함으로써 분단체제의 극복이라는 근대적 계기를 통해 자본주의 세계체제, 곧 근대 세계체제의 극복을 이루어내고자 하는 것이다. 요컨대 근대주의에 함몰된 민족주의와도 구별되고 근대 '바깥'이라는 가상공간에 사로잡힌 해체론적 후기식민론과도 구별되는, 제3세계의 현실에 밀착해 있으면서도 제3세계라는 지역적 제한에 얽매이지 않는 독특한 민족문학론을 구상하는 데 제3세계론의 문제의식은 실로 결정적 역할을 한 셈이다.

민족국가의 내용, 곧 분단체제 극복의 주체와 경로에 대해 1980년대 중반 이후 끈질긴 모색을 계속해온 것 또한 제3세계론의 문제의식과 무관하지 않다. '제3세계 민중의 시각'에서 민족국가를 바라볼 때 민족국가의 건설이라는 문제는 더 이상 형식문제가 아니게 된다. 분단극복의 과정에서 민중이 어떤 역할을 해야 하는지, 민중이 주체가 되는 통일을 이루려면 분단극복이 어떤 방식으로 진행되어야 하는지, 장차 건설될 통일 민족국가에서 민중이 어떤 위상을 차지해야 하는지, 통일이 민중의 자기해방에 기여하려면 어떤 민족국가가 들어서야 하는지, 나아가 자본주의 세계체제의 극복에 분단극복이 실질적으로 이바지하려면 통일 이후의 체제가 어떠해야 하는지 등이 실로 시급하고도 긴요한 문제가 되기 때문이다. 그런 점에서 백낙청이 1980년대 중반 이후 분단체제론을 통해 분단극복의 주체와 경로를 엄정하게 따지고 근대극복론을 통해 분단체제의 극복과 자본주의 세계체제의 극복 간의 연관관계에 천착한 것은 '제3세계 민중의 시각'론의 연장이라고 보아야 할 것이다.

이처럼 백낙청의 제3세계론은 한마디로 월러스틴이 말한 진정한 의

미에서의 탈식민화, 즉 자본주의 세계체제의 극복을 지향하는 탈식민화와 맞닿아 있다. 전지구적 자본주의가 민중의 삶을 끝모를 도탄에 빠뜨리고 있는 오늘날 백낙청의 제3세계론을 새롭게 읽어야 할 당위성이 여기에 있거니와 민족문학(론)이 현실정합적인 문학(론)으로 거듭나기 위해 제3세계론에 다시금 주목해야 하는 까닭 또한 이 때문이다.

2장

한국문학과 세계문학:
탈근대를 향한 근대 한국문학 연구

김명환(서울대 영문과 교수)

1. 들어가며

한국문학 연구자로서 최원식의 문학연구와 비평에는 처음부터 외국문학에 대한 진지한 관심과 이해가 짙게 배어 있다. 젊은 시절 서양문학에 깊이 빠져 있었다고 술회하기도 했지만,[1] 근대 서구문학의 흐름과 성과에 견주어 자신의 연구 대상을 음미하고 분석하는 일은 그에게 몸에 익은 습관이다. 실제 그의 학문활동은 한국문학과 외국문학, 우리의 고전문학과 현대문학, 한문학(漢文學)과 한글문학의 경계와 장벽을 넘나드는 노력으로 시종하고 있다. 박사학위 논문으로 제출된 「이해조 문학연구」에서부터 우리 문학의 근대 이전과 이후의 경계를 파고들어 근대문학의 성립 과정을 새로이 밝혀내는 최원식의 학문세계가 드러난다.[2]

개인적인 경험을 앞세우자면, 영문학을 공부하며 대학원을 다니던 시절에 문학공부는 이렇게 하는 거구나 생각하게 만든 평문 중에 최원

식의 첫 평론집『민족문학의 논리』에 실린 「은세계 연구」(1978), 「장한
몽과 위안으로서의 문학」(1982) 등이 있었다. 특히 후자의 글은 이수일
과 심순애의 이야기로 유명한 조중환의 번안소설『장한몽』(1913)을 원
작인 오자끼 코오요오(尾崎紅葉, 1867~1903)의『콘지끼야샤(金色夜叉)』
(1897~1903)까지 파고들어 해명했는데, 그럼으로써『장한몽』이 당시의
신소설과 구소설을 모두 압도하고 "신문학 최초의 베스트셀러"[3](69면)
가 되는 역사적 맥락을 명쾌하게 분석한 성과에 크게 감명받았다. 더
구나 미국의 통속 작가 버사 클레이(Bertha M. Clay)의『종이 울릴 때』
(*When the Bell is Ringing*)라는 작품을『콘지끼야샤』의 모태로 추정하는
견해까지 소개함으로써 국제적인 영향관계를 항상 염두에 두는 자세를
보여주었다.

　이처럼 최원식은 우리 문학을 항상 이웃나라 일본과 중국의 문학, 서
구문학과의 연관관계 속에서 탐구하는 자세를 견지해왔다. 그러한 관
점이 잘 드러나는 사례가 스땅달의『적과 흑』에 관한 잦은 언급이다.
『적과 흑』은 '1830년 연대기'라는 작품 부제가 드러내듯이 프랑스의 왕
정복고체제를 배경으로 쥘리앙 쏘렐(Julian Sorel)이라는 탁월한 젊은
이의 치열한 사회적 상승욕을 그린 걸작이다. 최원식은 송기원의 장편
소설『너에게 가마 나에게 오라』에 대한 서평 제목을 「문제는 다시 쥘
리앙 쏘렐이다」로 하면서, 우리 소설문학이 "쏘렐형의 인간을 부정의
대상으로만 삼았지 본격적 탐구의 대상으로 설정하지 않았던 것"[4]을 약
점으로 꼬집고 있다. 「80년대 문학운동의 비판적 점검」에서 "가난한 농
민의 아들에서 대통령에 올라 무소불위의 독재권력을 휘둘렀던 박정희
시대는 이 땅에 수많은 쏘렐을 양산했다"[5]라고 한 발언 또한 주목할 만
하다. 또 쥘리앙 쏘렐의 문제 못지않게 플로베르의『마담 보바리』에서

비롯하는 "보바리슴은 근대소설이 거쳐야 할 필수적인 관문의 하나"인데, 우리 문학에서 제대로 다루어지지 못하고 "한갓『자유부인』또는 그 아류들의 통속적 영역에 방출되어 있는 형편"[6]이라고 갈파한다.

『춘향전』을 유사한 모티프를 지닌 셰익스피어의『루크리스의 겁탈』, 레씽의『에밀리아 갈로티』, 보마르셰의『세빌랴의 이발사』와『피가로의 결혼』등과 비교하는 대목도 흥미롭지만,[7] 우리 문단에서 '순수문학'을 목청 높이 외치는 경우가 많음에도 불구하고 "삶과 문학 양면에서 자기의 순수성을 치열하게 지켜나간 순수문인"[8]이 부재함을 프랑스 작가인 말라르메와 플로베르의 존재에 빗대어 환기시키기도 한다. 고은의『전원시편』을 분석하는 자리에서는 서구의 패스토럴(pastoral)과 도연명이 상징하는 동양 전원시의 뚜렷한 차이에 주목함으로써 우리의 시야를 넓혀준다.[9] 우리 근대 국문학 연구의 태두 중 하나인 가람 이병기를 논하는 글에서는 '교양'(culture)을 "세상에서 생각되고 말해진 최선의 것을 아는 것"(to know the best that has been thought and said in the world)이라고 한 영국 빅토리아 시대의 평론가 매슈 아놀드(Matthew Arnold)를 인용하면서 가람을 "우리 시대 최고의 실천적 교양인"으로 꼽는다.[10]

영문학 전공자로서 스스로가 창피해지는 대목마저 있다. 최원식은 베트남 전쟁을 그린 이원규의『훈장과 굴레』를 평하면서 그레이엄 그린의『말없는 미국인』을 언급하고,[11] 시작품에 대한 월평을 하면서 영국 시인 에드워드 피쯔제랄드(Edward Fitzgerald)가 영역한 것으로 유명한 페르시아의 시인 오마르 하이얌의『루바이야트』를 자신의 애장서로 꼽는데,[12] 사실 나는 이 두 작품을 아직 제대로 읽지 못했다. 사소한 일화지만, 소설가 한남철을 문병한 자리에서 어린 시절 영어 공부할 때 보던

'The Ladder Series'의 책들을 오랜만에 접하고 반가워하는 대목에서 최원식의 서구문학에 대한 집념이 생생히 드러난다.[13]

사회주의문예의 역사와 실상에 대해서도 예민한 국제적 감각이 번득인다. 가령 그는 해방 직후 북한에서 합창단원으로 활동한 적 있는 소설가 이호철이 기억하는 노래가 모두 소련 노래들이라는 점에서 북한문학이 소련식의 혁명적 낭만주의에 깊이 침윤되어 있음을 지적한다. 그런가 하면 북한에서 불후의 3대 명작 중 으뜸으로 꼽히는 『꽃 파는 처녀』가 일제강점기에 크게 유행한 『눈먼 제로니모와 그의 형』이라는 서양 번안 신파에서 유래되었다는 소설가 황석영의 주장을 상기시키기도 한다.[14] 이러한 국제적 감각에 더하여 우리 고전문학에 대한 깊은 조예가 있기 때문에 벽초 홍명희의 손자인 북한 소설가 홍석중의 뛰어난 장편 『황진이』에 대한 적확한 평가가 가능했음은 두말할 나위도 없다.[15]

「봉이형 건달의 문학사적 의의」에서는 서구 피카레스크의 전통을 자세히 논하며 근대성과 관련하여 우리 문학의 보편적 차원을 규명하려고 애쓴다.[16] 그는 서구 근대 초기의 『데까메론』『돈 끼호떼』 등을 거론하며 "어찌된 셈인지 우리 소설사에는 로맨스 해체 작업이 거의 눈에 띄지 않는다"[17]고 하면서, 근대를 맞이하는 도정에서 우리 문학의 중세 해체 작업이 충실하지 못함을 지적한다. 뒤에 더 논의하겠지만, 이는 우리 근대소설의 발전과 관련하여 매우 중요한 문제의식이라고 생각된다.

『안과밖: 영미문학연구』 창간 10주년을 축하하는 짧은 글에서도 촌철살인의 흥미로운 대목이 나온다.[18] 『안과밖』 8호에 김명렬 교수가 포스터(E. M. Foster)의 『인도로 가는 길』에 대해 쓴 '새로 읽는 고전'을 흥미롭게 읽었음을 밝히면서 왜 일본은 조선에 대해 이 정도의 문학작품을 낳지 못했는지 물으며, 역으로 왜 우리는 식민지배자 일본을 다룬 수준 높은 작품을 생산하지 못했느냐는 흥미롭고도 중요한 질문을 던진다. 영미문학의 식민지 체험에 대한 한층 심층적인 분석이 나온다면 '한일문학 협동 프로젝트'에 대해 좋은 구상을 얻을 수 있을 것이라는 제안은 한국 영문학계가 아직 제대로 응하지 못한 조언으로서 귀담아 들어야 한다. 우리 근대문학의 형성과 발전 과정을 항상 서구문학에 비추어 고민하는 국문학자의 긴장된 탐구 자세가 약여한 것이다.

이처럼 우리 근대문학을 언제나 서구문학에 견주어 구체적으로 사고하는 최원식의 태도를 혹자는 당연하고 상식적인 것이라고 말할지도 모른다. 그러나 식민지시대와 남북분단, 한국전쟁을 겪으면서 우리에게 강요된 타율적 체질과 사상적 억압 가운데 우리 역사와 문학에 대한 정당한 연구가 위축되고 왜곡되어왔음을 생각한다면 그렇게 쉽게 말할 수 없다. 이와 관련하여 최원식은 전쟁 이후 숱한 인재를 잃은 국문학계가 실증주의에 기대어 연명했음을 거듭 강조해왔다. 또 1950년대를 프랑스 비교문학이나 미국 신비평 등 서구의 방법론이 국문학 연구에서 압도적인 우위를 차지했던 시기라고 규정하면서, 초기 비교문학의 도입 과정에서 도남 조윤제 등의 민족주의적 입장이 부당하게 비판당한 사실이나 이 당시의 비교문학이 일본의 유행을 무비판적으로 수용한 것임을 지적하기도 했다.[19] 서구문학이라는 참조 틀을 추수하는 것은 아니되 그 존재를 항상 의식하는 자세는 오늘의 국문학 연구에서 드문 동시에 소중한 것이다.

이하에서는 평소에 내가 가지고 있던 문제의식에 비추어 최원식의 학문과 비평을 세계문학이라는 화두를 중심으로 살펴보고자 한다. 그의 학문세계에 대한 이해 부족을 무릅쓴 이 시도가 우리 근대문학 연구가 나아가야 할 방향을 밝히는 데 작은 보탬이라도 될 수 있기를 희망한다.

2. 탈근대를 향한 '동아시아 서사학'

세계문학의 관점에서 최원식의 학문과 비평에 접근한다는 것은 단순히 외국문학과의 비교가 중요한 비중을 차지한다는 의미에 머물지 않는다. 이때의 세계문학은 괴테가 사용한 의미에서 "각 민족이나 국가의 문학과 작가들이 경계를 넘어서 서로 소통하고 교류하면서 문학을 통해 인류의 보편적 가치를 지키고 세워나가야 한다는 일종의 국제운동적 성격"[20]을 가진다. 또한 한 세대 후의 카를 맑스(Karl Marx)가 『공산당 선언』(*The Communist Manifesto*, 1848)에서 부르주아지들이 창조해내는 전지구적 근대의 진전에 따라 "일국적 일방성과 편협성"을 넘어 새로운 창조적 능력의 가능성을 가진 것으로서 언급한 세계문학을 뜻하기도 한다.

그러나 냉정하게 말해 세계문학의 이념은 현시점에서 아직 막연한 점이 있을뿐더러 서구 중심의 문학 유통망이라는 틀에 맥없이 휘말릴 위험조차 없지 않다. 그 점에서 최원식이 세계문학의 한층 구체적인 장으로서 동아시아 문학을 고민하면서 동아시아론을 펼쳐온 것은 지극히 타당하고 설득력 있는 방향이라고 하겠다. 그의 동아시아론은 스스로도 밝힌 바 있듯이 「민족문학론의 반성과 전망」(1982)에 맹아를 두고 있다. 즉 문학비평가로서 활동을 시작한 초기부터 동아시아적 시각을 가지고 있었던 것이지 1990년대에 들어 갑자기 동아시아론을 펼친 것이 아니다. 해당 대목을 다시 살펴보자.

더구나 동아시아 삼국은 풍부한 사상적 재화를 가진 곳이다. 그 오래

묵은 사상적 재화가 거꾸로 이 지역의 역사적 진보를 질곡하는 제약이 되기도 했지만 그것이 동아시아 사람들의 생활 속에서 아직도 생명적 가치를 보존한 채 깊숙이 배어 있다는 사실 하나만 보더라도, 새로운 관점이 절실히 요청된다. 제3세계란 무엇인가? 그것은 구라파에서 창조된 이념 중 어느 하나를 배격하고 다른 하나를 따르려는 것이 아니라, 냉전체제를 유지하는 데 동원된 일체의 구라파적 이념을 새롭게 보려는 주체적 정열에 기초한 것인데, 동아시아 삼국에 풍부한 사상적 재화를 제3세계 민중의 관점에서 비판적으로 재해석하는 적극적 방향이 요망된다.[21]

당시 활발하게 논의되었던 제3세계론의 관점을 담고 있는 이 대목은 이후 전개된 동아시아론의 단초를 이루었다. 특히 1980년대 초의 시점에서 최원식은 우리 근대문학의 형성이 일본을 매개로 한 서구 근대의 수입에 의존했다는 단선적 사고방식을 극복하는 것을 중요로운 과제로 여겼던 것으로 생각된다. 개화기에 중국과 일본의 정치소설을 번역 또는 번안하여 우리 신문학이 성숙하는 과정에서 중국통로가 더욱 압도적이었다고 안확이 『조선문학사』(1922)에서 주장했음을 지적하는 대목이나,[22] 이해조와 이인직을 비교하면서 전자는 소설 제목의 특징에서부터 "우리나라와 중국의 소설 전통에 깊이 연결된 반면" 이인직은 여러 가지로 "일본의 신파조 복수담의 요소가 강하다"[23]는 점을 드러내는 대목에서 그 점이 확인된다. 요컨대 최원식은 동아시아 삼국의 문학적 상호 영향관계에 대해 한층 복합적이고 입체적인 시각이 강조하고 있는 것이다.

그런데 동아시아 근대소설의 형성이라는 관점에서 본다면 아직 동아시아문학론은 결정적인 진전을 이루지는 못하고 있는 듯하다. 최원식은 평론가 서영채와의 대담에서 동아시아적 서사의 가능성을 다음과 같이 말한 바 있다.

한가지 더 욕심을 내자면, 동아시아 서사의 가능성에 주목할 필요가 있다는 거죠. (중략) 우리도 서구에서 기원한 서사형태만이 유일한 모델이라고 생각하지 말고 근대 이전의 우리 서사나 중국 서사의 풍요로운 전통에 주목해야 합니다. 중국의 전통서사는 동아시아 공통의 문명적 자산에 가깝거든요. 홍명희의 『임꺽정』이나 심훈의 『직녀성』이 그 맹아입니다. 서구소설에 중독된 임화는 『임꺽정』을 세태소설로 비판했는데 그 눈에는 이 소설이 지리멸렬한 서사의 해체로 보이겠죠. 그런데 다른 눈으로 보면 이 소설은 리얼리즘과 모더니즘이라는 서양손님들 너머 오히려 새로운 서사의 가능성으로 우뚝합니다.[24]

이 대담에 앞서서 발표된 글에서 그는 대표작 『상록수』에 가려져 최근의 우리 문학연구에서 별로 주목받지 못한 심훈(沈熏)의 작품 가운데 『직녀성』을 발굴해내며 그 소설사적 의의를 다음과 같이 말한다.

그런데 개화파의 궁극적 승리라는 아이디얼리즘에 지핀 신소설의 개화파/수구파 이항대립을 분해하면서, 이인숙의 친정 이한림(李翰林) 가문과 그녀의 시집 윤자작(尹子爵) 가문의 붕괴, 즉 식민지 근대와 부딪쳐 파열하는 중세지배체제의 말로를 그 어떤 애도 없이 냉엄하게 추적함으로써 이 장편은 신소설 이후 망각된 중세와의 대결을 새로운 차원에서 성취했던 것이다.[25]

중세 로맨스의 해체라는 문학적 과업을『직녀성』이 훌륭하게 수행하는 동시에, 한걸음 더 나아가 윤봉희와 박세철이라는 청춘남녀의 사랑을 통해『장한몽』류의 '돈이냐 사랑이냐'는 이분법을 단숨에 뛰어넘음으로써 "구소설과 신소설을 반추하면서 해체한 이 작품은 1910년대에 정착한, 일본 기원의 신파소설마저 접수"하는 성과가 있음을 지적한다. 또 하층 내지 소외된 출신의 다양한 인물들이 살아 있다는 점에서 이 작품이 "지배층뿐 아니라 민중영역도 포용"하는 미덕이 있음도 잊지 않는다. 결론적으로 "『직녀성』은 서구주의 또는 근대주의에 함몰된 1930년대 문학의 일반적 경향을 거슬러 구소설과 신소설과 신파소설의 이야기 전통에 기반하되"[26] 그 전통의 한계와 싸우면서 일구어낸 독특한 심훈 서사의 핵심이라는 것이다.

심훈 문학세계에 어두운 문외한의 눈으로 봐도 이러한 평가는『직녀성』의 독서실감과 대체로 일치하는 탁견이다. 선비로서 훼절은 피했을망정 역사의 급박함에 둔감했던 보수적인 양반 집안과 그와는 대조적으로 일제에 협력하는 길을 택해 자작이라는 귀족 칭호까지 얻은 부요한 양반 집안이 모두 처절하게 몰락하는 이야기는 우리 근대문학의 탄생을 위해 생략할 수 없는 작업이었다고 생각된다. 이 와중에 일제 지배와 타협한 양반가의 며느리에서 각성한 근대적 개인으로 변모하는 이인숙의 이야기는 살아 숨쉰다.

그러나 최원식이 "모더니즘의 세례로부터 거의 안전한 너무나 건강한 심훈의 소설적 체질이 한계"[27]임을 지적했듯이, 이 작품이 심각한 약점을 안고 있는 것 또한 부정할 수 없다. 우선 장발이 봉희에게 보낸 편지로 인해 인숙이 불륜이라는 엉뚱한 누명을 쓰고 집에서 쫓겨나는 작품 후반부는 느슨하다. 시댁 식구들이 인숙의 행실을 곡해하고 막무가 내로 몰아내지만, 정작 당사자는 나중에야 전후사정을 알게 되는 플롯은 다분히 구소설적인 잔재로서 근대소설과 어울리지 않는다.[28] 또 신파소설의 틀을 활용하면서도 그 틀을 넘어서는 데 성공했다는 봉희와 세철의 이야기에도 상당한 약점이 도사리고 있다. 세철은 가난과 함께 일제의 검속에 시달리면서도 새로운 삶을 꾸리려 노력하는 꿋꿋한 젊은이지만, 절망적일 정도로 어려운 현실에 비해 그가 겪는 내면의 고뇌가 너무 없다. 진보적인 사상을 가진 세철의 인간적 매력과 가능성이 다분히 낙관주의적이고 계몽주의적인 분위기에 휩싸여 있는 것이다.

이는 세철과 이념을 같이 하는 여성인 복희의 경우도 마찬가지다. 인숙의 남편 봉환의 가정교사 노릇을 한때 했던 복희는 미천한 출신의 불우한 인물이지만, "나이가 사십이나 먹은 팔난봉의 후취노릇도 해보았구 이래 뵈두 한참 당년엔 죽여주 살려주 하면서 따라다니는 남학생하구 연애께나 해봐서 남자들의 심사를 대강이라두 짐작"[29]할 정도로 세상물정을 깨친 젊은 신여성이다. 그녀는 봉환과 인숙을 잘 화해시켜 두 부부가 삼년의 짧지 않은 기간을 원앙처럼 지낼 수 있도록 하는 결정적인 역할을 한다. 그러나 남녀관계에 대해 상담을 해주던 복희에게 봉환이 일순간 육욕을 느껴 덤벼든 순간 공교롭게 인숙이 이를 목격하고 큰 충격을 받았다가 곧바로 복희의 설명을 듣고 오해를 푸는 장면은 아무래도 작위적이다. 더 심각한 문제는 복희가 그런 우스운 꼴을 당하면서도 못난 남자들과 그들을 떠받치는 썩은 사회적 기풍에 대해 냉정하고 이성적인 판단만을 주로 보여주지 자신의 인간적 고뇌를 별로 드러내지 않는다는 점이다.[30]

그런데, 다음 절에서 더 구체적으로 살피겠지만, 이렇게 복희와 세철의 형상화에서 발견되는 약점을 뿌리깊은 동아시아의 불교 내지 유교문화로부터 연원하는 해탈 혹은 자기수련에 대한 전통적인 강조라는 각도에서 볼 여지는 전혀 없을까. 그런 각도에서도 결함은 여전하리라고 판단하지만, 적어도 작품과 작가에 대한 논의 방향을 달리하면서 최원식이 주장한대로 동아시아의 오래된 사상적·문화적 재화를 고민하는 차원과 맥이 닿을 수 있지 않을까 한다. 최원식은 "편협한 비교문학적 시각을 넘어 세 나라(중국, 일본, 한국—필자) 문화를 세계사적 시야에서 고구하는 것을 앞으로의 중요 과제의 하나로 삼고 싶다"[31]고 강조해왔지만, 동아시아의 전통문화가 탈근대를 향한 노력에 어떻게 활용될 수 있을지에 대한 구체적인 공감대는 우리 학계에 더 탄탄히 구축되어야 하는 것 같다. 그럴 때만이 동아시아 문학이 탈근대 지향의 세계문학 건설에 풍부하게 기여할 수 있을 터이다. 이와 관련하여, 지금의 시점에서는 벽초의 『임꺽정』이 우리의 정신적 유산과 전통을 깊이 소화했을 뿐 아니라 근대성의 가혹한 단련 또한 이겨낸 탁월한 근대소설의 성과임을 (과거의 임화처럼) 부정할 이는 적어도 휴전선 이남에는 없는 것 같다. 하지만 구체적으로 어떤 점에서 이 대하역사소설이 '동아시아 서사학'의 뛰어난 성취인지에 대한 자상한 논의는 아직 많이 부족하다고 생각된다. 우리의 학문 공동체가 더욱 분발하여 협업을 함으로써 일반 독자대중에게까지 설득력을 발휘해야 할 시점이다.

3. 서구중심적 근대 이해의 극복과 동아시아 문학

임형택(林熒澤) 교수는 동아시아 서사학에 관해 중국 전통을 중심으로 좀더 직접적인 논의를 펼친다. 그는 중국의 경우 오늘날까지 회자되는 『삼국지』 『수호전』 등이 이미 15~16세기경에 완성된 형태로 출현했고 개인이 창작해낸 탁월한 소설인 『홍루몽』이 18세기에 나왔던 뛰어난 소설 전통이 있었음에도 불구하고, 이 전통이 "외형상으로는 무화되고 서구적 소설이 '이식'되어 새판이 짜여진 사태는 또 어떻게 이론적으로 설명할 것인가?"[32]라는 핵심적인 질문을 던진다.

문제는 이미 서구의 근대가 동아시아에 직간접적으로 영향을 끼친 17~19세기의 동아시아 사회와 그 문학을 어떻게 이해할 것인가다. 임형택(林熒澤)이 '흔들린 조공질서'라는 개념으로 누누이 강조했듯이, 동아시아에서 명청의 교체와 일본 에도시대의 출범은 서구 근대의 흐름과 결코 무관하지 않았다.[33] 중국사회는 자본주의를 출산할 가능성이 원천적으로 없다는 막스 베버(Max Weber)의 잘 알려진 견해를 거론하면서, 임형택은 최근 중국사 연구의 성과에 기대어 황종희·고염무 등으로 대표되는 명말 청초의 "개신유학적 사상의 풍부하고도 고뇌에 찬 전개"와 장편소설의 선구인 『삼국지』 『수호전』 『서유기』 『금병매』의 소위 '4대 기서'를 바탕으로 18세기 말에 꽃핀 고전소설의 최고봉 『홍루몽』의 예술적 성취를 베버의 오류에 대한 물증으로 삼는다.

그러나 이러한 관점은 이전의 '자본주의적 맹아론' 내지 '내재적 발전론'의 난점으로부터 시원하게 벗어나기 어려운 듯하다. 여기서 서구중심적인 근대관을 분명하게 극복할 필요를 절실하게 느낀다. 통상적인 이해에 따를 때, 1840년대 초 아편전쟁으로 청제국이 영국에 굴복하여 불평등조약을 체결한 이후 중국 안팎에서 전개된 어지러운 역사적 사건들은 중화문명의 자존심을 여지없이 짓밟고 심각한 위기를 불러일으켰다. 이 과정에서 중국·일본·조선은 차례로 서구가 주도하는 세계체제의 직접적 영향권에 들어갔다. 능동적으로 서구적 근대화의 길로 나선 일본은 예외지만, 중국과 조선은 문명국인 자신이 야만국으로 떨어지고 오랑캐로 간주한 서양열강이 오히려 선진문명이 되는 상상하지 못했던 역전을 겪어야 했다.

이처럼 한세기 이상 지속된 뼈아픈 역사적 경험 탓에 서양과 동양을 선진문명과 낙후된 문명으로 구분해 받아들이는 이분법은 아직도 우리를 비롯한 동아시아인의 잠재의식에 깊이 박혀 있다. 그리고 그 배후에 우리에게 익숙한 서구중심적인 근대관이 여전히 버티고 있는 것이다. 이 주류적인 근대관에 따르면 서유럽을 중심으로 르네쌍스·종교개혁·과학혁명과 근대시민혁명 등을 통해 탄생한 근대는 그 부정적인 측면, 즉 비(非)유럽에 대한 억압과 착취 및 그것을 뒷받침하는 인종차별주의·성차별주의 등 온갖 어두운 역사에도 불구하고 지구상의 모든 곳으로 확산되어 완성되어야 할 이상이요, 모델이다.

그러나 '서구중심적 근대'(the Eurocentric modernity)와 '지구적 근대'(the planetary modernity)를 구별하는 남미의 철학자 엔리께 두셀(Enrique Dussel)과 같은 시각도 있다. 이것이야말로 서구중심주의와 반(反)서구중심적 서구중심주의를 동시에 넘어섬으로써 진정한 탈근대를 모색할 수 있는 관점이라고 생각된다.[34] 두셀은 '서구중심적 근대'의 패러다임은 "근대를 순전히 유럽적인 것으로서, 중세에 발달하여 이후 전세계로 퍼져나간 것으로서 설정"하지만, '지구적 근대'의 패러다임은 "전지구적 지평에서 근대성을 '세계체제'—아메리카대륙 원주민의 통합을 통해 이룩된 사상 최초의 세계체제—의 중심의 문화로, 이 '중심성'을 경영한 결과로서 개념화한다. 즉 유럽의 근대성은 독립적이고 자기생산적이며 자기지시적인 체제가 아니라, 세계체제의 일부이며 사실은 그 중심"[35]인 것이다.

쉽게 풀어 말하자면, 근대는 서유럽이 남북 아메리카대륙을 정복하고 착취하지 않았더라면 오늘 우리가 아는 모습으로 발전할 수 없었다는 점을 분명히 하는 것이 '지구적 근대'의 관점이다. 널리 알려진 것이지만, 신대륙에서 유입된 엄청난 양의 금은이 결제수단의 문제를 해결해주지 못했다면 서유럽 초기 자본주의의 상품화폐 경제는 비약적으로 발전할 수 없었을 것이다. 또한 아프리카와 아메리카, 서유럽을 연결하는 대서양 삼각무역을 구축함으로써 유럽 백인들이 엄청난 부를 축적할 수 있었던 것도 주지의 사실이다. 근대의 폭발적인 경제성장을 뒷받침한 삼각무역을 통해 엄청난 수의 아프리카 흑인들이 납치되거나 구매되어 카리브해 지역, 브라질 북동부, 미국 남부 등에서 설탕·면화 등을 생산하는 노예로서 비참한 삶을 영위해야 했다. "남북 아메리카대륙은 이미 존재하는 자본주의 세계체제에 통합된 것이 아니었다. 남북 아메리카대륙이 없었더라면 자본주의 세계경제는 존재할 수 없었을 것"[36]이라는 아니발 끼하노(Aníbal Quijano)와 이매뉴얼 월러스틴(Immanuel Wallerstein)의 발언 역시 이러한 역사적 사실을 뒷받침해준다.

그런데 '전지구적 근대'의 문제의식을 동아시아 지역에 적용하면 어떻게 될까? 우선 남북 아메리카대륙이 처음부터 서구가 주도하는 근대의 국제분업 구도에 포섭되었던 것과 달리 동아시아 지역은 자본주의 세계체제의 분업 구도에 가장 뒤늦게 편입되었다는 점이 두드러진다. 물론 이 말이 아편전쟁을 기점으로 서구열강이 우수한 무기와 군함을 앞세워 침략해오기 전까지 근대 세계체제와 청제국을 비롯한 동아시아 지역이 절연되어 있었다는 뜻은 결코 아니다. 임형택의 '흔들린 조공질서'가 지칭하고 있듯이, 이미 '서세동점(西勢東漸)'은 동아시아 내부에서 작동하고 있었다. 16세기에도 명나라와 스페인제국 간 교역이 활발하게 이루어졌으며, 비슷한 시기에 나가사키 교역을 통해 일본에서 유럽으로 유입된 막대한 양의 은이 아메리카대륙에서 유입된 금은과 함께 상업혁명을 일으키는 데 기여했다는 사실이 알려져 있다. 무엇보다 아편전쟁 자체가 영국과 중국 사이의 심각한 무역역조를 해결하기 위해 영국이 불법으로 아편을 중국에 수출한 데서 비롯된 일이었다. 아편의 본격적인 유입 이전에는 영국-중국 간 무역은 중국에 훨씬 유리하여 큰 경제적 호황을 가져다주었고, 영국은 전쟁을 도발할 만큼 무역역조로 곤경에 시달렸던 것이다.[37]

근대 자본주의 세계체제는 동아시아 각국에게 그저 외부적인 충격이 아니었다. 두드러진 예로, (벼농사에서 이루어진 이앙법이라는 기술적 진보와 함께) 신대륙에서 전래된 감자와 옥수수는 동아시아 각 지역에 전파되어 17~18세기에 현저한 인구 증가·경지 확대 등 생산력 증대와 사회 변화에 큰 역할을 했다.[38] 요컨대 동아시아 지역은 근대세계의 성립 과정에서 아메리카대륙처럼 처음부터 직접적으로 자본주의 세계체제에 편입되지 않았을망정 심대한 영향을 받았던 것이다. 그리고 자신의 전통에 입각하여 근대(성)에 대한 나름의 응전이 이루어지면서 그 결과가 사회적·문화적으로 어디엔가 축적되고 있었다고 보는 것이 마땅하지 않을까.

물론 우리는 아편전쟁 이전 중국이 정치사회 질서를 근본적으로 변혁함으로써 근대적 발전을 가져올 가능성이 적었고, 실제로도 그런 변화가 없었음을 알고 있다. 문제는 임형택이 지적한 17~19세기 동아시아의 문화적 발전과 유산 가운데 우리가 근대에 적응하는 동시에 이를 극복하기 위해 활용할 수 있는 것이 무엇인지를 정확히 판별해내는 일일 것이다. 그러기 위해서는 청이 천하통일을 이룬 후 동아시아 지역이 장기간 상대적으로 평화를 누렸던 시기, 즉 17~19세기에 근대의 영향을 받으며 벌어진 사회적·문화적 변화를 정확히 평가하는 것이 선행되어야 한다고 본다. 그것은 문학의 영역에서 중국 고전소설의 최고봉인 조설근의 『홍루몽』을 제대로 이해하는 작업이라고 바꿔 말할 수 있을 듯하다.

『홍루몽』에 관해 아는 바가 거의 없는 문외한이 이 대목에서 어떤 주장을 내세울 길은 없다. 그러나 임형택이 『홍루몽』의 "반봉건성은 치열한 반면 근대성은 선명하지 못하다"[39]고 한 평가가 정곡을 찔렀다는 것이 한 사람의 문학연구자로서 이 장편소설을 통독한 인상이다. 내가 읽은 수준으로는 물론 그 진가를 깊이 이해할 수 없는 대작이지만, 그럼에도 강하게 고개를 드는 물음이 하나 있다. 심훈의 『직녀성』과 관련해서도 제기했듯이, 『홍루몽』에 근대 중심부인 서구의 문화와 이념에는 없거나 부족한 정신적 자산, 달리 말해 근대의 온갖 부정적인 면을 중화하거나 그런 부정적 요소에 저항할 근거가 되는 어떤 것이 담겨 있느냐는 궁금증이다. 『홍루몽』의 결말에는 유교적인 은둔사상도 없지 않지만 그보다 중국 특유의 불교와 도교의 융합이라고 할 세계관이 짙게 배어 있다는 것이 통설일 터인데, 그것이 자본의 무한한 자기증식을 근본원리로 하는 근대 중심부의 서구문화와 도저히 섞일 수 없는 어떤 긍정적 요소를 포함함으로써 우리의 탈근대적 지향에 시사점을 던져줄 수는 없을까? 물론 이런 모색이 '서양=물질문명/동양=정신문화'의 천박한 이분법으로 떨어질 위험을 마땅히 경계해야 할뿐더러, 근대의 부정적 측면을 규명하고 극복하려는 모색은 서양의 사상가들에게서도 부단히 이루어져왔다.

탈근대를 모색한 대표적인 사상가인 카를 맑스에 대해서도 이런 맥락에서 따져볼 점이 있다. 영국의 맑스주의 역사가 톰슨(E. P. Thompson)은 윌리엄 모리스(William Morris) 평전에서 '욕망의 교육'을 거론하면서 "맑스가 초기의 『1844년 초고』 이후로 되돌아가서 더 따져볼 여유가 없었던 문제인 인간의 도덕적 본성의 진화에 대한 역사적 이해에 모리스가 큰 공헌을 했다"[40]고 평가한다. 이 역시 17~19세기 동아시아의 사상적 성찰과 문학적 모색 속에서 건져올릴 것이 많음을 시사하는 발언으로 받아들일 수 있지 않을까 한다.

마셜 버먼(Marshall Berman)은 맑스의 『공산당 선언』을 논하는 글에서 마르쿠제(Herbert Marcuse)와 한나 아렌트(Hannah Arendt)의 맑스 비판이 적실성을 얻고 있다고 주장하는데,[41] 그의 주장 역시 같은 맥락에서 시사점이 풍부하다고 본다. 버먼은 마르쿠제가 『에로스와 문명』(*Eros and Civilization*)에서 프로메테우스와 대비하여 오르페우스와 디오니소스를 강조하는 가운데 프로메테우스적인 측면에 경사된 맑스를 은연중에 비판하고 있다고 해석한다. 마르쿠제를 실마리로 삼아 버먼은 어떤 개념에 대해 맑스가 물신적인 태도를 보인다면 그것은 흔히 생각하듯이 "노동이나 생산이 아니라 훨씬 더 복잡하고 포괄적인 이상인 발전"(146면)이라는 견해를 전개한다. 그만큼 '발전'이라는 말은 맑스가 자주 사용함에도 불구하고 충분히 해명된 개념은 아닌 것이다. 달리 표현하자면, 맑스가 낡은 부르주아사회 대신에 들어서리라고 확신한 "각 개인의 자유로운 발전이 모든 이의 자유로운 발전의 조건이 되는 연합"은 정확히 말하자면 『공산당 선언』의 결론이 아니라 토론의 출발점이라고 보아야 옳다. 그 점에서 개인의 수양과 경세(經世)를 일치시켜온 동아시아의 사상적 전통은 '발전'이라는, 어찌보면 모호하기 짝이 없는 개념에 살아 있는 내용을 불어넣을 가능성이 충분히 있다고 본다.

이어서 버먼은 한나 아렌트가 『인간의 조건』(*The Human Condition*)에서 자유주의자들이 늘상 비판하듯이 맑스의 한계는 권위주의적인 성향이 결코 아니며 정반대되는 것, 즉 권위의 부재와 극단적인 개인주의야말로 그의 한계임을 정확히 짚어냈다고 본다. 각 개인의 자유로운 발전이 모든 이의 자유로운 발전의 조건이 되는 공산주의사회에서 도대체 누가 어떤 권위를 가지고 이 자유롭게 발전하는 개인들을 하나로 묶을 것인가 하는 물음에 대한 답이 맑스에게 부재하다는 것이다. 이 중차대하고 어려운 질문을 풀어내는 일에서도 동아시아의 사상적 모색이 도움이 될 여지는 많지 않을까. 앞서 말한 욕망의 교육에 관한 톰슨의 다음과 같은 발언은 권위의 문제와 관련한 아렌트의 맑스 비판, 그리고 동아시아론의 사상적 고뇌와 관련하여 우리에게 풍부한 생각거리를 던져준다.

이것은 정해진 목적을 향한 '도덕교육'과 같은 것이 아니다. 그것은 오히려 열망을 향한 길을 여는 것, "욕망이 욕망하도록 가르치는 것, 더 잘 욕망하도록, 더 많이 욕망하도록, 그리고 무엇보다도 다른 방식으로 욕망하도록 가르치는 것"이다. 모리스의 유토피아주의는 그것이 성공할 때, 욕망을 해방시켜서 우리의 가치들을 방해받지 않고 심문하도록 이끄는 동시에 욕망이 자기 스스로를 심문할 수 있도록 한다.[42]

한국의 경우 17~19세기의 연암 박지원, 다산 정약용, 추사 김정희 등 '실학파'로 묶이는 이들의 다양한 사상적 모색과 새로운 문학적 움직임이 근대에 대한 간접적인 응전임을 유념하면서 이를 '전지구적 근대'의 문제의식 속에서 새로이 해석해내는 큰 과업이 주어져 있는 듯하다.

4. 농민문학 논의에 담긴 탈근대의 문제의식

최원식은 1980년대 초부터 농촌과 농민문학에 대해 꾸준히 문제제기를 해왔다. 그의 발언들은 산업자본주의의 발전 과정에서 소외된 집단과 지역으로서의 농촌·농민문학의 중요성을 강조하는 관점과는 사뭇 달랐다. 그의 견해는 근대 자본주의의 모순에 대한 대안을 모색하는 과정에서, 1990년대 초 현실사회주의권이 몰락하기 전까지 큰 위력을 발휘했던 교조적이고 공식적인 혁명이론을 극복할 방안을 묻는 한층 높은 차원의 고민을 담고 있었다. 첫 평론집에 실린 「토지와 평화와 빵」에서 이미 이런 시각은 분명하게 드러난다. 소설가 송기숙의 『암태도』를 다룬 이 글에서 "농민 대중에 깊은 뿌리를 가지고 있었던 사회혁명당이 혁명 성공 후 볼셰비키에 의해 괴멸되면서 소비에트 정권은 오히려 농민 대중과 유리되고 그것이 농민의 의사와는 반하여 20년대 말 강제적 농업 집단화 정책으로 귀결"[43]되었다고 하면서 최원식은 농민과 농민운동에 대한 상투적인 발상을 전환해야 한다고 강조했다.

이와 관련하여 논란이 많았던 평론은 박노해와 김용택의 시를 다룬 「노동자와 농민」(1985)이다. 그는 박노해의 첫 시집 『노동의 새벽』(1984)을 식민지시대의 작가 최서해, 소련 초기의 노동자 시인 브라고프와 비교하여 그 뛰어난 성과와 잠재력을 상찬한다. 그러면서도 박노해의 시에 "전통적 형식이 거의 사용되지 않은 점"에 주목하여 약점을 짚으면서 향후의 문학적 과제를 제기한다. 그 한 대목은 다시 인용할 만하다.

현실적으로도 오늘날 한국 노동자의 대부분은 농민의 아들·딸이다.

한국의 노동운동이 더 깊이 뿌리내리기 위해서는 노동자의 몸과 마음속에 숨어 있는 농민적 기억을 단지 극복해야 할 장애로 규정하기보다는 싱싱한 힘의 원천으로 감싸안고 넘어서는 적극적인 태도가 요청된다. 이런 점에서 일터의 현실을 탁월하게 반영하고 있는 박노해의 작품에 농촌과 농민에 대한 관심이 매우 희박하다는 사실은 이미 언급했듯이 그의 시에 전통적 형식이 거의 살아 있지 않다는 것과 긴밀히 호응한다.[44]

이 대목에서 강조하는 차원의 노력이 부재할 때 노동운동이 농민운동과 단절됨으로써 자칫 러시아혁명의 오류로 이어질 수 있음을 최원식은 거듭 강조한다. 「한국문학의 근대성을 다시 생각한다」(1994)에서 일본 역사학자 와다 하루끼(和田春樹)의 연구에 힘입어, 러시아의 예세닌(S. A. Esenin, 1895~1925)이 그의 자살을 예감케 하는 시 「나는 최후의 농촌시인」을 쓴 시점이 우끄라이나 농민혁명의 지도자 마흐노(Makhno)가 동맹군이었던 적군과의 전투에 돌입하여 패배의 길을 걸어간 때와 동일하다는 사실을 상기시키는 것이 좋은 사례다.[45]
이 문제를 좀더 깊숙이 파고들기 위해서는 근대성 분석의 고전적 문헌이자 세계문학이라는 단어가 등장하는 카를 맑스의 『공산당 선언』을 다시 한번 살펴볼 필요가 있다.

자국의 산물로 충족되던 낡은 욕구 대신에 머나먼 나라와 풍토의 생산품이라야 충족되는 새로운 욕구가 등장한다. 지난날의 지역적·일국적 자급자족과 폐쇄성 대신에 모든 방면에서의 상호교류, 민족들의 전면적인 상호의존이 등장한다. 그리고 물질적 생산에서 그러하듯이 정신적 생산에서도 마찬가지다. 개별 민족들의 정신적 산물은 공동의 재산이 된다. 일국적 일방성과 편협성은 점점 더 불가능해지며, 수많은 국민문학·지역문학들로부터 하나의 세계문학이 형성된다. (…) 한마디로, 부르주아지는 자기 자신의 이미지에 따라 세계를 창조해낸다.

부르주아지는 농촌을 도시의 지배 아래 복속시켰다. 부르주아지는 거대한 도시들을 만들고, 도시 인구를 농촌 인구에 비해 크게 증가시켰으며, 그리하여 인구의 현저한 부분을 농촌생활의 우매함으로부터 떼어내었다. 부르주아지는 농촌을 도시에 의존하게 만든 것과 마찬가지로 야만적 및 반(半)야만적 나라들을 문명국들에, 농업 민족들을 부르주아 민족들에, 동양을 서양에 의존하게 만들었다.[46]

많은 논자들이 지적하듯이, 위의 대목에서 맑스의 논조는 근대 자본주의의 철폐를 앞세우기보다는 그 눈부신 성과를 정확히 서술하는 데 초점을 두고 있어 자본주의에 대한 찬가로 읽힐 정도다.

에릭 홉스봄(Eric Hobsbawm)은 『공산당 선언』 150주년을 맞이하며 쓴 글에서 "농촌생활의 우매함"이라는 표현에 대해 중요한 지적을 한다.[47] 그에 따르면, 맑스가 농민들이 처한 삶에 대한 당대 도시민의 무지와 경멸을 공유하기는 했지만, 독일어 원문의 'Idiotismus'는 영어 번역어인 'stupidity'와는 뜻이 많이 달랐다. 그것은 희랍어 'idiotes' 즉 "더 큰 공동체의 일보다는 자신의 사적인 일에만 관심이 있는 사람"이라는 뜻에서 유래된 것이며 우매함이 아니라 "좁은 시야" 혹은 "더 넓은 사회로부터의 고립"을 뜻한다. 그러나 1848년 이후 맑스주의운동 과정에서 희랍어의 뜻은 망각되어 결과적으로 부정확한 독해가 통용되었다는 것이다.

이 점에서 본다면, 가령 1945년 해방 직후의 한국 농촌사회는 『공산당 선언』에 나오는 의미에서 농촌의 편협함과는 거리가 멀었다고 하겠다. 브루스 커밍스(Bruce Cumings)가 말하듯이, 해방 직후 한반도의 농촌에는 일제의 강제징용으로 자신의 촌락을 떠났다가 귀환하는 사람들이 많았다. 이들은 인식과 경험에서 외부세계에 무지하거나 무관심한 전통적 농촌인구와는 전혀 달랐으며, 예컨대 똑같이 일본 식민지였지만 자기 촌락을 벗어나야 했던 이들이 상대적으로 적었던 대만의 농촌 주민들과도 큰 차이가 있었다.[48] 최원식도 이미 「토지와 평화와 빵」에서 "우리나라 인구의 대부분을 점유하고 있던 농민은 1920년대에 이르러 소생산자가 아니라 거의 대부분 무산화했고 그 때문에 농민운동은 단순히 다른 운동의 동반자가 아니라 오히려 더 중요한 운동 형태였던 것이 그속에서야말로 창조적 이론이 구성될 수 있는 중대한 터전"[49]이었다고 말했다. 『공산당 선언』의 해당 구절에서 묘사하는 농촌과 농민은 우리 역사의 실상과는 상당한 거리가 있는 것이다.

더구나 21세기 두번째 십년에 이른 오늘 한국의 농촌은 그야말로 상전벽해라 할 만큼 질적으로 달라졌다. 무엇보다도 전체 인구 대비 농민의 비중이 현저히 줄었다. 농업과 농민의 희생 위에 국민경제를 운용하는 씨스템은 여전할 뿐만 아니라 악화되었으며, 이제 농수산물 완전 개방마저 현실이 되고 말았다. 농민의 고령화 및 이주여성과 이주노동자 증가는 이전에는 상상하지 못했던 차원에 이르러 있다. 또 교통과 통신의 발달, 특히 디지털시대의 통신수단 변혁으로 말미암아 도농 구별은 대체로 무의미해졌으며 설령 농촌에 거주하는 농민이라고 하더라도 과거와는 전혀 다른 삶을 살고 있다.

그렇다면 농촌과 농민은 이제 사회운동의 차원에서나 문학의 차원에서 무의미해진 것일까? 그렇지는 않을 것이다. 우리 농촌은 탈근대를 향한 생태적 사유나 지구화시대의 다문화적 현실과 대결해야만 하며, 그에 상응하는 문학적 과제 역시 엄연히 주어져 있다. 따라서 "농민적 기억"이나 "전통적 형식"을 감싸안고 살려내는 것은 비현실적인 복고적 입장이 아니라 모든 단단한 것을 연기처럼 사라지게 만드는 근대의 가공할 파괴력에 맞서서 과거와 현재, 미래를 잇는 탈근대의 문학적 노력이 될 가능성이 높다.

5. 더 높은 단계의 학술운동을 위하여

이 글을 쓰기 위해 최원식의 학문세계 및 그와 관련된 문헌들을 살피는 과정에서 안타까운 사실 하나를 발견했다. 그가 선구적으로 내놓은 문제의식과 연구과제가 국문학계이든 외국문학계이든 학문 공동체의 집단적 노력에 의해 뒷받침되지 못하는 경우가 많다는 것이었다. 앞서 다룬 '동아시아 서사학'만 하더라도 국문학자들의 활발한 비판과 토론, 내실있는 후속연구가 기대에 크게 못 미친다는 인상이다. 최원식 자신이 "개혁의 씨도 먹히지 않는 곳으로 대학·언론·종교를 드는 우스갯소리는 결코 농담이 아니다. 솔직히 말해서 대학의 양적인 팽창에도 불구하고 대가는커녕 각 분야의 쓸만한 전문가를 찾기도 쉽지 않다는 실감"[50]을 이미 토로하기도 했지만, 나로서도 지난 20여년간 대학에 도입된 시장논리나 경쟁체제의 부정적 결과를 뼈저리게 느낄 수밖에 없었다.

「문학의 정치」(2011)는 민족문학사연구소 창립 20주년을 맞이하여 쓴 글로서, 국문학계만이 아니라 문학연구자 일반에게도 유효한 발언들을 담고 있다.[51] 이 글은 "고전문학과 현대문학 양자를 아우르는 '한국문학 통사 다시 쓰기'"를 최소한의 목표로 하면서 "더 멀리는 통일문학사를 준비하는 전망" 아래 1990년 민족문학사연구소(문사연)가 창립되었음을 되돌아보며 출발한다. 연구소 활동 20년의 미흡한 활동을 자성하는 가운데 최원식은 경계를 넘나드는 상상력과 학문적 노력을 강조한다. 그가 내린 결론은 다음과 같다. 첫째, "고전문학도는 현대문학의 연속성에 유의하고 현대문학도는 고전문학의 현재성을 자각"하면서 두 문학을 아우르는 노력을 기울여야 한다. 둘째, 연구소 창립 바로 다음 해에 북한문학사를 비판적으로 검토한 『북한의 우리 문학사 인식』(1991)을 내놓은 학문적 활력을 되살려 통일에 기여할 길을 찾아야 한다. 마지막으로, "우리 문학을 동아시아 나아가 지구적 문맥 속에서 다시 파악하는 훈련이 일상이 되어야" 한다. 고전문학과 현대문학, 남한문학과 북한문학 사이에 존재하는 단절을 극복해내는 과업과 동아시아와 세계문학의 문맥에서 우리 문학을 항상적으로 점검하며 나아가는 일은 단일한 과제인 동시에 탈근대를 향한 세계문학의 이념을 한반도에서 실현하는 최원식 특유의 전략인 것이다.

3장
한국문학의 근대성과 탈근대성•

조정환('다중지성의 정원' 대표)

1. 서론

약 8년 전인 2006년 여름, '세계인과 함께 읽는 아시아문예 계간지'라
는 설명을 달고 창간된 문예지 『아시아』가 한국의 민중·민족문학의 연
장으로서 발간됐다는 점은 주목할 만하다.[1] '아시아문학'이라는 말이,
근대 한국사 속에서 (나아가 동아시아 역사 전체에서도) 불편한 용어로
취급되어 '친일문학'이라는 이름 아래에 감추어놓았던, '대동아문학'
이라는 말을 상기시키기 때문이다. 이 잡지의 창간이 근년 신자유주의
적 지구화의 하위 흐름으로 활성화된 동아시아 지역화 담론과 같은 궤
에 놓여 있음을 능히 짐작할 수 있지만, 1930년대 말과는 다른 맥락에서
민중·민족문학의 지양과 재구성이라는 취지로 뜻있는 문인들에 의해

• 이 글은 『상허학보』 제19집(상허학회 2007년 2월)에 실린 같은 제목의 논문을 수정·
  보완한 것이다.

의미부여된 용어인 '아시아문학'이 왜 '대동아문학'이라는 지난날의 저 불편한 용어를 떠올리게 하는 것일까?

일단 '아시아문학'은 1930년대의 '대동아문학'이 결코 아니다, 라는 것에서 시작해야 할 것이다. 그렇지만 우리는 1930년대와 1990년대 사이에서 유사성을 발견해온 적지 않은 담론들을 또한 의식해야 할 것이다. 대동아문학은 1920년대 프로문학(및 민족주의문학)의 해체와 국민문학으로의 전향을 수반한 사건이었는데 공교롭게도 아시아문학도 민중·민족문학의 해체와 한국문학으로의 전향을 수반하면서 나타나고 있다. 넓게 보면 둘 모두 '계급'이나 '민족'이라는 외투를 벗어버리고자 하는 욕망에 이끌린다.[2] 『아시아』지는 일제 말 대동아주의가 남긴 상처를 의식한 듯, "언제라도 아시아의 패권지역으로 둔갑할 가능성이 있는 '동북아시아'가 아니라 36억 인구가 살아가고 있는, 존재하는 그대로의 아시아"가 자신의 지평임을 밝히며, "『아시아』는 어떤 힘의 중심을 추구하지 않아야 한다. 굳이 중심이란 소리를 듣게 된다면 아시아의 다양성이 동등하게 만나고 섞이는 '소통의 중심'이란 평가를 가장 영광스럽게 받아들일 자세를 갖춰야 한다"고 말하고 있다.[3]

일본 제국주의를 강력한 후원자로 삼아 나타났던 20세기 초반(1930~40년)의 대동아문학과 한국의 대자본을 후원자로 하여 출현하고 있는 21세기 초(2006년)의 아시아문학, 이 두가지를 비교하는 것이 무슨 의미를 가질 수 있는가? 한국 근대문학사에서 일제 말기인 1938~45년은 통념상 암흑기, 즉 근대문학의 정상적 발전이 가로막혔던 일종의 예외적 시기로 규정된다. 이 시기는 한국 근대문학 전체가 어떤 내적 갈등도 없이 순연하게 황국 국민문학으로, 대동아문학으로, 신체제문학으로 나타났던 비본질적인 시기라는 것이다. 그런데 바로 이 '예외시기',

이전의 국민문학자들은 말할 것도 없고 카프의 프로문학자들까지도 대동아문학으로 이끌렸던 이른바 이 '암흑기'야말로 근대문학의 무의식이, 아니 그것의 국민문학적 본질이 백일하에 밝게 드러났던 시기가 아닐까? 황국 국민문학이 우리에게 보여주는 바 그대로, 우리는 근대문학 자체를 배제와 차별을 통해 통합을 꾀한 일종의 국민적 총력전의 문학으로, 신체제적 총동원의 문학으로 읽어야 하지 않을까?

이 문제는 이 시기의 문학을 암흑의 보자기에 싸놓은 상태에서는, 혹은 일종의 치부처럼 덮어 가려놓은 상태에서는 결코 풀 수 없다. 그것과 정면으로 대면하는 것이 필수적인데, 그것이 많은 경우 비밀에 부쳐져 있거나 수사로 가려져 있거나, 혹은 내면 깊숙이에서 움직인다는 점에서 대면이 쉽지 않다. 게다가 이것은, 연구자 자신의 잠재의식과의 대면을 동시에 요구한다는 점에서 더욱 어렵다. 이 문제에 실증주의적 방법으로 접근하는 것이 갖는 한계는, '친일문학'에 대한 최초의 본격적 비판을 시도했던 임종국이 국민문학론의 틀 내에서 이 문제를 바라보고 있다는 사실로 입증된다.

우리는 서구 개인주의 문학을 비판하는 그들의 이론을 취사선택해야 할 것이다. 따라서 친일문학은 막연한 은폐의 대상이 되어서는 안된다. 밝힐 것은 밝히고 비판할 것은 비판하고 버릴 것은 버리고 취할 것은 취함으로써 우리는 우리의 문학을 살찌게 해야 할 것이다. 이러기 위해서 주목할 점의 하나가 문학에 국가의식을 강조한 그들의 이론이었다. 앞으로 한국의 국민정신에 입각해서, 한국의 국민생활을 선양하는, 한국의 국민문학을 수립하려는 사람들을 위해서 그들의 식민지적 국민문학은 좋은 참고자료가 될 것이다.[4]

여기서 친일문학은 앞으로의 한국 국민문학이 참고해야 할 하나의 국민문학적 모델로 제시된다. 이런 방식으로 국가의식을 강조한 친일문학(식민지 국민문학)의 정신은 한국의 국민문학 속으로 인입된다.

나는 이 글에서 지난 100년에 걸친 근대문학의 역사를 어떤 예외시기도 갖지 않는 총체적 국민문학사로서 파악하면서 주요한 문학흐름들의 내적 경향, 상호 간의 융합과 분열, 그리고 그것이 드러내는 한계를 정식화해 보고자 한다. 여기서 나는 수사를 최대한 자제하였는데, 그것은 이 글을 읽는 사람을 납득시키는 것보다 나 자신의 생각을 정리하고 나 자신을 납득시키는 것에 더 큰 역점을 두었기 때문이다. 주로 한국문학에서의 근대성을 분석하는 데 역점을 두었지만 나는 이를 통해 한국문학에서의 탈근대성의 자리가 좀더 분명히 드러나기를 희망한다. 나는 탈근대성을 근대성의 내부에서 근대성을 추동하면서도 그것에 궁극적인 한계를 부여하고 근대성을 넘어서 나아가는 힘으로 이해했다.

2. 식민지 조선에서의 국민문학의 발전

한국 근대문학사에서 '친일문학'은 1938년에서 1945년까지의 7년 동안 나타났던 문학의 지배적 경향을 일컫는 용어로 사용된다. 당대에는 국민문학·대동아문학·신체제문학 등으로 불렸고 '친일문학' '암흑기 문학'이라는 이름은 이후의 문학 및 문학사 연구자들에 의해 붙여진 것이다.[5] 여기서 '친일'은 조선을 포섭한 제국 일본이 아니라 패전 후 민족국가로 축소된 일본 국민국가의 외부, 특히 조선민족 입장에서의 명명이다. 다시 말해 그것은 조선(한국) 민족주의를 전제한 위에서, 그것이 비판하고 배제하고 싶은 역사적 행위와 사상을 명명하는 방식이다. 그런데 우리는 정작 민족주의적 정서가 가장 고조되었던 해방 직후에는 좌우파 문학 모두에서 '친일문학'이라는 이 비판과 배제의 개념이 나타나지 않았음을 주목할 수 있다. 그 이유가 무엇일까? 해방공간 좌우파 문인들의 경우 해방을 갑작스럽게('도둑처럼') 맞이해야 했고, 불과 수개월 이내에 황국 국민문학으로부터 민족문학 혹은 민주주의민족문학 혹은 인민문학으로 입장을 재정리해야 했다. 이들은 1938~1945년 사이에 전개했던 대동아문학가·국민문학가로서의 자신의 활동을, 당대의 거세어진 민족주의 경향이 자신들을 민족반역자로 보는 분위기 속에서 돌아보아야 하는 상황에 직면했다. 다시 말해 해방공간은 한국의 국민문학가들에게는, 해방으로서보다 우선 자기비판의 문제로 다가왔던 셈이다. 바로 이러한 사정이 식민지시대 말기의 활동들을 공식적 담론 아래로 잠복하게 만들고 친일문학이라는 개념의 발생을 지체시키는 요인이었을 것이다.

'친일문학'이라는 용어는 그로부터 20여년 뒤 4·19혁명에 힘입어 씌어진 임종국의 『친일문학론』(1966) 이후에 공식적으로 사용된다. 이 용어는 참여문학(1960년대)–민족문학(1970년대)–민중·민족문학(1980년대)으로 이어져온 좌파적 문학흐름 속에서 1938~45년의 지배적 문학을 지칭하는 용어로 관행적으로 사용됐다. 이 사실은 전후 남한에서의 좌파적 문예운동이 민족주의적 개념에 무의식적으로 동화되어왔음을 반증한다. 다시금 문학이 한국문학이라는 이름으로 '국민적' 방향전환을 수행하고 있는 지금, 우리는 이 역사적 무의식 내부를 좀더 자세히 들여다보고 그 내부에서 움직이는 에너지의 가닥들을 살펴볼 필요가 있다.

1938~45년의 이른바 '친일문학'에 대한 태도는 크게 비호와 비난의 두가지로 구분된다. 비호의 몸짓은 다양하다. 첫째는 침묵을 통해 이 시기의 활동을 문제삼지 않는 태도다. 둘째는 당시의 문학활동이 강요된 것이므로 친일문인은 희생자와 다름 없다고 주장하는 것이다. 셋째는 거의 모든 문인이 친일을 했으므로 친일문학가를 단죄할 수 있는 사람은 없다는 주장이다. 이와 같은 비호의 몸짓을 통해 당대의 문학현상은 탐구의 치외지대에 놓인다. 비난의 태도는 대체로 민족주의가 절대선이며 친일은 절대악이라는 등식에 기초해 있다. 후자는 남한의 민족주의적 사회주의 좌파가 취한 태도이며 거듭된 과거청산론들의 지배적 관념이기도 하다. 이 두가지 태도의 변증법이 '친일문학'을 논쟁적 문제로, 그러면서도 건드리기 어려운 뜨거운 감자로 만들어놓았다. 특히 과거사 청산 논의들이 흑백논리와 정파적 이해타산에 의해 오염되어온 이전의 과정을 반복함으로써, '친일문학'에 창조적으로 접근하려는 노력은 경직된 회로에 갇혀 길을 잃게 됐다.

1990년대 이후의 문학연구, 특히 탈식민주의 담론의 문학사 연구에의 응용은 이 문제에 접근하는 완전히 다른 경로를 개척했다. 민족주의 담론 비판과 서발턴 관점의 적용은 '친일문학'이라는 개념 자체의 근거를 허무는 것이었다. 탈식민주의 관점은 친일문학 비판이 친일문학의 거울 이미지를 갖고 있음을 올바르게 비판한다. 예컨대 윤대석은, 임종국의 『친일문학론』이 문학에 국가관념을 도입한 국가주의 문학론을 긍정하면서 일본 군국주의 파시즘의 논리를 앵무새처럼 반복하고 있다고 비판한다.[6]

탈식민주의론이 파악하는 친일문학의 본질은 국민문학이다. 국민문학 사상은 문학이 국민국가의 건설과 강화에 복무해야 한다는 관념이다. 여기서 우리는 국민문학 개념과 민족문학 개념이 상통함을 쉽게 짐작할 수 있다. 상상된 공동체인 민족이 국민 형성을 위한 토대로 기능하는 한에서, 국가는 민족의 특정한 정치적 전유 형태다. 문학이 민족의 이익을 위해 복무해야 한다는 민족문학론들의 공통관념은 문학이 국가를 위해 복무해야 한다는 생각과 일시적으로 상충할 수는 있지만 근본적으로는 상통한다. 반일이라는 민족적 입장에서 제시된 임종국의 친일문학 비판이 새로운 국민문학을 주장하는 것으로 귀결된 것은 따라서 필연적인 것이다. 단적으로 말하면, 민족문학은 국민문학의 잠재태다.

이런 의미에서 친일문학 비판은, 그 첨예한 대립의 외양에도 불구하고, 친일문학과 공통의 지반 위에 서 있다. 친일문학은 '식민지 국민문학'[7]이라기보다 황국 국민문학 그 자체였으며 이와 동시에 황국 국민문학의 하위범주로서의 식민지 조선의 민족문학이었다. 해방 이후의 친일문학 비판과 다양한 색깔의 민족문학론들, 그리고 그 내부에서의 논쟁은 이제 확연해진 것이지만 한국의 근대 국민문학을 위한 잠재력이었다. 한국 근대문학사는 국민문학의 길이 근대문학의 경향이자 운명임을 보여준다. 이런 맥락에서 볼 때 친일문학은 예외가 아니라 정상이며 우연이 아니라 필연이다.

이러한 탈식민주의적 비판을 통해 오히려 친일문학이 정상화되며 필연화된다는 점은 역설적이다. 탈식민주의적 비판은 친일문학을 국민문학으로, 근대문학의 정상 형태로 식별함과 아울러 식민지시대 당시의 민족주의문학 그리고 전후의 친일문학 비판과 이후의 민족문학까지를 새로운 국민문학 및 새로운 근대문학의 맹아이자 그 계기로 파악하게 된다. 비판은 발본적이다. 그러나 다른 한편에서 그것은, 일제 말의 친일문학을 정상화하는 것에서 나아가 근대문학에서 저항의 가능성 자체를 봉쇄하는 논리적 효과를 가져온다. 민족문학론의 입장에서 친일문학 비판의 유효성을 주장해온 김재용(金在湧)은 탈식민주의적 비판의 이 논리적 역설을 다음처럼 반비판한다.

> 이러한 비판은 언뜻 보면 친일문학을 비판하는 것처럼 보이지만 잘 들여다보면 거기에는 심각한 옹호가 깔려 있음을 확인할 수 있다. 왜냐하면 이 논리 속에는 당시 일본 제국주의의 식민주의에 대한 저항을 했던 문학인들의 활동이 들어설 여지가 없는 것이다. 이들은 일본 제국주의에 맞서 싸웠던 문학인들 역시 국민국가와 내셔널리즘의 틀 속에 갇혀 있다고 보기 때문에, 저항의 가능성을 일체 인정하지 않게 된다. 나아가 제국 속에서의 모든 글쓰기는 제국에 포섭되어 있다는 것을 전제하고 제국 내에서의 다른 가능성을 열어놓지 않는 것이다.[8]

그는 저항의 불가능성을 은밀히 유도하는 '단절 속의 반복'(스피박)론을 비판하면서, 절필과 침묵(김기림), 우회적 글쓰기(한설야, 김사량), 최후의 선택으로서의 망명(김사량) 등의 사례를 식민지문학에서 출현했던 실제적 저항의 사례로 제시한다.[9]

그런데 이러한 주장은 다음과 같은 세가지 문제점을 갖는다. 우선 탈식민주의론 전체가 저항의 불가능성이라는 담론에 함몰한 것은 아니라는 점이다. 예컨대 권명아(權明娥)는 젠더론과 탈식민주의론을 결합함으로써 파시즘하에서 서발턴 수준에서 전개되었던 '골칫덩어리들'의 넌센스적 저항을 식별하기 위해 노력한다.[10] 둘째로 저항의 실재성이 저항의 유효성을 증명하는 것은 아니라는 점이다. 3·1운동에 놀란 이후, 그리고 중일전쟁에서 승리한 이후 일본의 포섭방식은 형식적인 것에서 실질적인 것으로, 강제적인 것에서 헤게모니적인 것으로, 제국주의적인 것에서 제국적인 것으로 전화되어갔다. 저항의 실재를 입증하기 위한 노력은 강압과 저항의 변증법에 현혹된 나머지 이러한 지배에 대한 유효한 투쟁의 양식이 무엇일까라는 문제에 대한 사유를 접게 만든다. 그리고 가장 중요한 셋째는 저항의 가능성에 대한 주장이 '어떤 저항인가?'라는 문제를 은폐하면서 일본 제국주의=절대악, 반제국주의적 저항=절대선이라는 민족주의 에피스테메를 부당전제하고 있다는 점이다. 삶 속에는 권력에 맞서는 저항의 형태가 다양하게 존재한다. 이러한 힘들은 충돌, 밀침, 당김, 혼합 등의 역학을 지닌다. 그러므로 저항이 있었다는 사실 자체가 근대문학은 국민문학을 내적 경향으로 삼는다는 탈식민주의의 핵심주장을 논박하지 못한다.

탈식민주의적 근대비판이 직면하는 어려운 문제가 있다. 그것은 '당시의 민족주의 우파 문학뿐 아니라[11] 사회주의적 좌파 문학까지 국민문학의 흐름에 자발적으로 합류해간 이유가 무엇인가?'를 밝히는 문제다. 만약 사회주의가 민족주의로 쉽게 환원될 수 있다면 이 문제는 독자적 의미를 지니지 않는다. 하지만 사회주의는 왜 민족주의로 환원될 수 있는가가 문제로 남을 것이다. 사회주의를 민족주의로 환원하는 것은 쉽지 않다. 사회주의 자체가 국제주의 개념을 통해 민족주의와 긴장된 관계 속에서 발전해왔으며 한국사에서 그것은 부단히 민족주의와 진영적으로 대결해왔기 때문이다.

그렇다면 한국의 사회주의는 내셔널리즘과 구별되는 독자성을 보여주었는가? 조선의 사회주의운동은 볼셰비끼 주도하에 일국사회주의로 방향을 전환한 소련사회주의의 영향 속에서 성장했다. 그것은 소비에

뜨와 같은 평의회민주주의의 요소들이 이미 청산된 뒤의 당 주도의 사회주의였고 국민국가의 강화 논리로 순화된 뒤의 사회주의였다. 역사는 우리에게 당 형태가 국가 형태의 맹아 혹은 맹아적 국가 형태임을 보여준다. 식민지 조선의 프로문학이 일본의 프로문학과 마찬가지로 황국 국민문학에 쉽게 흡수되었던 것은 아마도 이와 무관하지 않을 것이다.

실제로 프롤레타리아 문학의 특이성은 조선에서는 자립적 형태를 획득하기도 전에 사라졌다. 그것은 소련사회주의의 국가주의화 외에 두 가지 주요한 요인에 의해 규정됐다. 하나는 파시즘의 득세와 반파시즘 인민전선론의 대두이며 또 하나는 제2차 제국주의 전쟁의 임박함이라는 정세다. 전자는 파시즘에 대한 반대라는 기치하에서 노동계급이 부르주아지와 협력하는 것을 정당화했고 프로문학의 독자적 구축을 부정했다. 후자는 '서구 제국주의에 맞서는 동아시아'라는 기치하에서 일본 천황제와 파시즘, 일본 제국주의에의 협력을 유도했다. 일본의 사회주의자들은 제국주의 전쟁에서 자국 부르주아지에 협력했던 제1차 제국주의 전쟁기의 사회민주주의 우파 및 중도파의 태도를 반복했다. 이처럼 조선에 유입되어 프롤레타리아 문학이 형성되는 데 영향력을 행사한 것은 사회애국주의와 대립하면서 혁명적이고 국제적인 사회주의를 전개하던 초기 레닌주의의 볼셰비즘이 아니라 당독재와 일국사회주의 노선을 따라 민족주의화되어가던 스탈린주의였다.

이것은 식민지 조선의 사회주의자들이 제국주의 일본에 협력했던 이유, 이들이 황국 국민문학을 받아들였던 이유의 일단을 설명해준다. 1920년대 조선에서 국민문학과의 긴장과 갈등 속에서 성장한 조선 프로문학은 식민지 민족해방운동의 일부로서 출현했고 독립적 민족국가 건설을 목표로 삼았다. 조선 프로문학은 식민지라는 특성상 조선에서는 부르주아 국민문학이 불가능하며 프롤레타리아가 주도하는 국민문학만이 가능하다고 보았다. 프롤레타리아가 주도한다고 해도 그것이 잠재적 국민문학이라는 사실은 변치 않는다. 이 잠재적 국민문학이 지향했던 반제반봉건의 과제는 황국 국민문학의 대동아주의가 내건 반서구 모토에 의해 쉽게 흡수되고 또 해소됐다. '서구=제국주의'라는 인식 하에서 천황제는 반제의 보루로 여겨졌고 대동아의 구축을 통한 자본주의 발전이 반봉건의 전망을 실현할 것으로 보였기 때문이다. 또한 문학을 정치의 수단으로 파악하는 국민문학적 미학관은 문학을 전쟁의 수단으로 파악하는 대동아문학관과 아무런 마찰 없이 융합됐다.

가령 이번 태평양 전쟁에 만일 일본이 지지 않고 승리를 한다──이렇게 생각해볼 순간에 우리는 무엇을 생각했고 어떻게 살아가려고 생각했느냐고 묻는 것이 자기비판의 근원이 되어야 한다고 생각합니다. 이때 만일 내가 한명의 초부로 평생을 두메에 묻혀 끝내자는 한줄기 양심이 있었는가? 아니면 내 마음속 어느 한 귀퉁이에 강렬히 숨어 있는 생명욕이 승리한 일본과 타협하고 싶지는 않았던가? 이것은 내 스스로도 느끼기 두려웠던 것이기 때문에 물론 입 밖에 내어 말로나 글로나 행동으로 표시되었을 리 만무할 것이고 남이 알 리도 없을 것이나, 그러나 나만은 이것을 덮어두고 넘어갈 수 없을 겁니다. 이것이 자기비판의 양심이 아닌가 하고 생각합니다.[12]

임화 자신은 '그럴 리도 없고 사실 그렇지도 않았지만'이라고 유보하고 있지만, 여기서 '내 마음속 어느 한 귀퉁이에 강렬히 숨어 있는 생명욕'이라는 것은 사회주의적 의욕과 배치되는 것이라기보다 그것까지를 포함하는 것이 아니었을까? 사회주의운동이 부르주아지와 드물지 않게 협력해왔음을 상기할 때, 황국 내부에서 국가 부르주아지와의 협력이 사회주의운동과 배치된다고 딱히 말하기도 어렵지 않을까? 그럼에도 황국 국민문학에 가담한 사회주의자들이, 혁명적 사회주의 전통이 강조해온 '아래로부터의 민중'에 의지하는 관점, 즉 실질적 민주주의의 관점에서 보았을 때 크게 후퇴하고 있음은 분명하다. 황국은 이미 구축된 국가에 민중을 동원하는 하향적 국가로서, 민중으로부터 올라오는 상향적 민주주의와는 거리가 멀었기 때문이다. 이런 의미에서 프롤레타리아 문학의 황국 파시즘과의 타협은 사회주의의 쇠락, 형식화, 그 독자성의 상실을 보여준다. 즉 황국 국민문학은 프롤레타리아 문학이 총동원의 국가주의에 흡수되었음을 보여주는 역사적 사건이다.

그렇다면 이 흡수는 무엇에 의해 규정되었는가? 그것은 (흔히 주장되듯) 사회주의자, 프롤레타리아의 나약함 혹은 배신에 의해 설명될 수 있는가? 다르게 말해 그것은 일본 제국주의의 폭력적 강대함의 효과인가? 이 문제는 황국 국민문학이 대동아문학으로서 등장했고 또 신체제 문학으로서 방향지워져 있음을 통해 그 해답을 찾을 수 있다. 대동아공영의 논리는 위로부터 동아시아의 제 민족을 공영의 관계로 편성하겠다는 제국의 논리다. 일본이 만주전쟁에서 승리하고 이어 중일전쟁에서 승리한 후 태평양전쟁으로 나아가는 상황은 조선민족의 문제를 단순히 조선-일본의 대립관계 속에서 사고할 수 없도록 만들었다. 다시 말해 민족 문제를 동아시아 지역문제의 유기적 일부로, 나아가 세계 문제의 유기적 일부로 파악하지 않을 수 없도록 강제했다. 동아시아가 하나의 통합된 단위로서 서구문명과 대결해야 한다는 대동아 논리는 민족주의적 사고를 해오던 사람에게는 중대한 도전이었다. 이것은 신체제의 개념에 의해 구체화된다. 민족 대 민족의 대립(민족주의)보다 서양 대 동양의 대립(전도된 오리엔탈리즘)이 문제로 부각됐다. 민족주의적 관점은 폐기되는 것이 아니라 지구 전체를 무대로 확대된다.

대동아문학은 대외적으로는 서구에 대항하는 동양문학, 동아시아문학으로서 공영의 문학으로 제시되었지만 실제로 그것은 일본-조선-만주/남방으로 이어지는 피라미드 이미지를 내장하고 있었다. 대동아적 구상 속에서 조선은 일본의 식민지로서 대일본의 하위에 놓였지만 이와 동시에 조선은 만주/남방의 상위에 놓였다. 이것은 조선인들로 하여금 일종의 아제국주의적 심성을 갖도록 만들었다. 또 신체제문학은 이 위계적 권력배치를 통해 일본의 좌우파와 조선의 좌우파 모두를 흡수하려는 탈계급적인 체제통합의 전략이었다. 전쟁은 계급의 체제 내적 통합에 가장 효과적인 방법인 바, 만주전쟁·중일전쟁·태평양전쟁은 바로 그 체제통합과 탈계급화의 지렛대로 활용됐다. 특히 태평양전쟁은 서구에 대항하여 아시아인 전체를 동원하고 아시아 모든 지역의 모든 계급을 동원하는 총력전의 표상으로 제시됐다.

사회주의적 프로문학은 이 총력전의 상황 속에서 파시즘적 국민문학에 흡수되었고 이로써 그것의 민주주의적 생명력, 혁명적 생명력은 끝이 났다. 그것은 민족주의·국가주의에 대항할 수 없으며 실제로는 그 내부에도 국가주의적 욕망이 "강잉(强仍)"하게 숨겨져 있었음이 드러났기 때문이다. 그것은 국민문학으로서의 근대문학을 넘어서기 위한 보편문학의 관념으로 등장했지만 근대문학의 내부로 수렴되면서 그 탈근대적 약속을 지키지 못하게 된다. 그것은 천황제 절대주의국가에 흡수됨을 통해 민주주의적 절대성, 절대적 민주주의로부터 아득히 멀어지게 된다. 프로문학이 좌절되고 국민문학에 흡수되자, 근대문학의 국민문학적 본질이 적나라하게 드러났다. 그것은 민중을 전쟁에 동원함으로써 국가를 강화하는 문학이었다.

3. 해방 이후 분단상황에서의 국민문학의 발전

일본의 패전과 조선의 해방은 황국의 신민들을 자연상태의 다중으로 되돌려놓았다. 하지만 다른 한편 해방공간에서는 점령군으로서 한반도에 들어온 미군·소련군 등 거대 제국주의 군대들, 일본제국에 협력하거나 침묵하거나 저항했던 민족주의적 엘리뜨 및 사회주의적 엘리뜨가 다중을 새로운 시민·국민·인민으로 재조직하려 경합하기도 했다.

이 경합관계는 문학에도 즉각적으로 투영됐다. 문단의 우파는 조선문화협회(1945년 9월 8일), 중앙문화협회(1945년 9월 18일), 전조선문필가협회(1946년 3월 13일), 조선청년문학가협회(1946년 4월 4일)로 결집했고, 문단의 좌파는 문학건설총본부(임화, 김남천; 1945년 8월 18일, 이후 문화건설중앙협의회로 확대), 프로예술연맹(이기영, 송영; 9월 17일)과 그 통합단체로서의 조선문학가동맹(1945년 12월 16일)으로 결집했다. 분단 이후 남한 문단의 헤게모니를 장악하게 되는 전자가 민족문학에서 순수문학으로 나아가면서 반공주의적 국민문학으로 발전했고, 후자는 민주주의민족문학으로 출발했으나 이승만에 의한 남한만의 단정 수립을 전후하여 월북한 후 일련의 숙청 과정을 거쳐 주체문학이라는 이름의 민족주의적 국민문학으로 발전했다.

이 문학사적 상식을, 그리고 그것이 감추고 있는 내면을 조금 더 자세히 들여다보기로 하자. 우선 해방공간에서 민주주의민족문학은 조선공산당의 지도하에 민주주의민족전선을 옹호하고 발전시키는 문학강령이었다. 이것은 코민테른에서 1935년을 전후하여 정립된 인민전선 전술의 문학적 적용이다. 식민지 조선에서 일본에 협력했던 이른바 '대동아문학가'들은 전쟁에서 승리한 소련의 영향하에서 불과 며칠만에 '민주주의민족문학론자' '인민문학론자'로 변신하거나, 미국의 영향하에서 반정치를 내건 전도된 정치문학으로서의 민족문학가-순수문학가로 변신한다. 그런데 이 두 흐름의 공통어가 '민족문학'에서 주어진다는 사실이 주목된다. 식민지 시기 '애국계몽문학'이 프로문학, 국민문학을 거쳐 황국 국민문학으로 이어진 해방 이전 국민문학의 모태였다면, '민족문학'은 민족문학, 순수문학에서 한국문학으로 이어진 우파 문학의 흐름이나 민주주의민족문학에서 주체문학으로 이어진 전통적 좌파 흐름은 물론이고 참여문학, 민족문학, 민중·민족문학을 거쳐 마침내 '통일시대 한국문학'으로 나아간 남한 내 자생적 좌파 흐름에서까지 국민문학으로 나아가는 모태가 되기 때문이다.

　해방공간에서 문학적 쟁점은 '어떤 국가'를 건설할 것인가의 문제를 둘러싸고 발전한다. 민주주의민족문학이 노동당에 의해 지도되는 민주주의적인 통일민족국가 건설을 위한 문학을 지향했다면 우파의 민족문학은 소련과 공산당/노동당에 의해 지도되는 '공산주의' 국가에 대한 거부를 전제로 통일민족국가를 건설하려는 문학이었다. 이처럼 식민지 시대에 우파의 국민문학론이 좌파에 대한 반작용에서 탄생했듯이 해방 이후에도 우파의 문학론은 좌파의 문학운동에 대한 반응구도 속에서 탄생한다. 좌파가 문학가의 행동과 문학창작을 민주주의적 민족국가 건설이라는 정치적 과제와 결부하는 것과는 달리, 우파는 외관상으로는 문학을 공식적인 현실정치로부터 분리하고 문학의 자율성을 주장하면서도 좌파의 공산주의 정치에는 단호히 반대한다는 네거티브 정치학과 문학을 결합하는 방식으로 좌파에 대항했다.[13] 이 순수문학 전략은, 한편에서는 민족적 전통의 순수미학화를 통해, 다른 한편에서는 문학가들의 반공 행동을 통해 적나라한 정치 기능을 수행했다. 이른바 근대 초극을 내세운 순수문학 전략은 지배적인 것(독재-파시즘-자본주의)을 적극적으로 옹호하는 정치주의의 도구였고 근대적 국민문학의 다른 실현이었다.

4·19혁명의 여파로 탄생한 참여문학은 문학의 자율성 신화를 파괴함으로써, 다시 말해 문학을 민족적 현실에 연루시킴으로써 순수문학의 지배를 파열하려는 문학적 표현 욕구의 분출을 보여준다. 이것은 1960년대 후반에 시민문학론(1966)으로, 다시 1970년대에는 민족문학론(1974)으로 재정립된다. 재정립된 민족문학론은 "민족의 주체적 생존과 인간적 발전이 요구하는 문학" "민족의 주체적 생존과 그 대다수 구성원의 복지가 심각한 위협에 직면해 있다는 위기의식의 소산이며 이러한 민족적 위기에 임하는 올바른 자세가 바로 국민문학 자체의 건강한 발전을 결정적으로 좌우하는 요인이 됐다는 판단에 입각한"[14] 문학으로 정의된다. 이것은, 전쟁으로 단절된 민족문학론 이념이 분단 상황에서의 통일 이념으로, 한반도 차원에서의 국민국가 건설의 욕망으로 부활했음을 의미한다. 주목해야 할 것은 재정립된 민족문학론에서 민주주의 개념이 취약하다는 것이다. 4·19혁명 이후 활성화된 지식인운동을 기초로 발전한 민족문학론은, 해방공간에서 발흥한 민중의 직접 민주주의적 열망을 고려하지 않을 수 없었던 민주주의민족문학론보다도 더 민주주의의 문제를 민족국가 형성이라는 문제의식에 종속시키는 경향이 있었다. 이것은 이후 민족문학 개념이 위로는 반공적 순수주의

국민문학과 대결하면서 아래로는 민중적 민족문학·노동해방문학 등의 탈민족주의적이고 민주주의적인 계급문학 경향과도 대결하도록 만들며 결국 그 스스로 좌파로서보다 중도로서 정체성을 부여하게 되는 요인으로 작용한다.

사북-고한 항쟁, 부마항쟁, YH노동자투쟁에서 광주민중항쟁으로 이어지는 박정희 정권의 해체와 신군부 권력의 등장기에 문학가들 중 급진적 부분은 1960년 이후의 급속한 근대화 속에서 형성되고 성장해온 저항적 민중을 발견하면서 민족문학의 민중적 재편을 시도한다. 그 시도는 민중에게 분단을 넘어 통일된 민족국가를 수립하자고 호소하는 것에서부터, 민중권력(민주주의민중공화국)의 수립을 통해 자본주의를 사회주의로 대체하는 데 민중(특히 노동자)이 앞장설 것을 호소하는 것에 이르는 넓은 스펙트럼을 가진 운동이었다. 민족문학의 민중적 재편을 위한 이 시도는 민중에 의한 권력장악이나 권력수립을 통한 사회변혁의 대안을, 다시 말해 새로운 국민국가의 수립을 통한 사회변혁의 대안을 넘어서는 것이 아니었다. 이 점에서 그것은 근대성, 특히 근대적 주권의 민중적 재합성을 추구하는 운동의 일부였다. 그러나 1980년대에 활성화된 이 운동에서도 주권의 민중적 재합성이 민중 자신의 자율과 자치라는 방식으로 사고되었던 것은 아니다. 권력을 장악한 볼셰비즘과 스딸린주의의 영향에 직접적으로 노출되어 있었고 소련사회주의의 일국적이고 제국주의적인 발전 과정과 직접적으로 연루되어 있었던, 그래서 제국주의와의 협력으로 손쉽게 넘어가버린 식민지시대 및 해방공간에서의 사회주의운동에 비해 1980년대의 사회주의운동은 강한 자발성을 갖고 있었고 비타협적인 혁명적 사회주의, 즉 권력을 장악하기 이전의 레닌주의 쪽으로 더 강하게 이끌렸다.

권력 장악 이전의 레닌주의는 두개의 경향으로 구분될 수 있다. 하나는 당을 중심으로 운동과 권력을 재편하려는 당 건설기의 레닌주의로, 『무엇을 할 것인가』로 대표되는 경향이다. 또 하나는 기존 국가기구를 해체하면서 소비에뜨를 중심으로 운동과 권력을 재구성하려는 혁명기의 레닌주의로, 『국가와 혁명』으로 대표되는 경향이다. 1980년대 한국의 사회주의운동은 후자보다 전자로 강하게 이끌렸다. 이것은 그 운동에 깊은 대의주의의 흔적을 남긴다. 민중권력 수립이라는 그것의 공통강령이 민중을 동력으로 설정하면서 궁극적으로는 혁명정당의 건설과 그 정당에 의한 국가권력 장악으로 이해되었던 것이 그것이다. 이 점에서 사회주의운동은, 우파민족주의나 좌파민족주의와 마찬가지로 자신 내부에 국민국가의 이미지를 깊이 간직하고 있었다고 해야 할 것이다.

　이러한 에피스테메 속에서 전개된 민족문학의 민중적 재편 노력이 리얼리즘을 재현(대의)을 중심으로 이해하게 된 것은 자연스럽다고 해야 할 것이다. 여기서 강조해두어야 할 것은 정치에서의 대의주의가 민중의 자율, 자기통치가 가져올 권력의 공포에서 비롯된 근대 국민주권의 정치적 안전장치였듯이, 문학적 재현도 '객관적 현실'을 문학활동의 중심에 놓음으로써 한편에서는 사회적 갈등의 현실을 드러내지만 다른 한편에서는 민중이 능동적으로 자신의 잠재력을 표현하지 못하도록 억제하는 미학적 이접(disjunction)의 장치로 기능했다는 점이다.

　민족문학의 민중적 재편노력은 1990년대에 새로운 정세가 전개되자 급속히 좌절됐다. 그 정세적 요인의 첫번째는 사회주의권의 해체와 붕괴, 즉 국가자본주의권에 대한 미국을 중심으로 하는 시장자본주의권의 승리였다. 사회주의가 민중의 국가라는 환상은, 민중문학을 지향한 지식인 문학가들로 하여금 현실 권력으로서의 사회주의의 붕괴를 '더 이상 대안이 없다'는 신자유주의 정서에 젖어들 변명으로 만드는 데 일조했다. 그들은 혁명적 문학에 필요한 것으로 간주해온 민중성·당파성·총체성과 같은 미적 범주들을 비판하고 혁명적으로 전화하기보다 그것들을 일거에 부정하고 폐기하는 쪽으로 나아갔다. 이에 따라 현실사회주의의 붕괴를 자본주의의 영원성으로, 다시 말해 저항과 혁명의 불가능성으로 인식하는 문학적 에피스테메가 빠르게 유입되고 확산됐다. 회고담문학과 자기반성 문학의 성행, 그리고 비평의 주례사화는 그 여파였다.

이런 상황은 1990년대를 압도적으로 규정한 신자유주의적 지구화 드라이브와 새로운 세계질서(신자유주의적 '신체제')에 의해 다시 규정됐다. 지금까지 근대적 국민국가 건설과 직간접적으로 연결되었던 문학의 위상이 급격하게 변화됐다. 신자유주의적 지구화는 문학에 이중의 영향을 미쳤다. 첫째로 국민국가들 자체가 전지구적 권력 네트워크의 마디로 편입되어가면서, 근대문학이 추구해온 근대적 과제(근대적 국민국가의 건설과 완성) 자체로부터 미학적 위엄을 박탈하기 시작했다. 둘째로 자본이 공장노동에 대한 착취를 넘어 사회체 자체를 포획하는 방향으로 나아가면서 문학을 자본축적의 바탕이자 수단으로 이용하려는 압력이 강해졌다.

포스트모더니즘 문학은 현실의 이러한 변화 혹은 자본의 요구에 대한 문학적 부응형태로서 나타났다. 그것은 현실의 변화 경향을 실증적으로 추인하면서 근대문학을 거대서사, 계몽이성, 목적론이라고 비판했다. 이러한 비판은 근대문학의 현실태에 대한 거부로 등장했지만 실제로는 근대문학 속에 내장되어 있는 혁명적 실천, 이성적 사유, 존재론적 가능성에 대한 부정으로까지 나아갔다. 재현에 대한 포스트모더니즘의 비판은 재현을 그 계기로 삼는 표현(즉 지각과 상상의 역동운동)에 대한 탐구가 아니라 시뮬레이션적 조작에 대한 예찬으로 나아갔다. 현실성에 편향된 리얼리즘에 대한 비판은 실재성 자체로부터의 이탈로 이어졌다. 그 결과 판타지는 실재하는 잠재성의 표현으로서가 아니라 비실재적인 것의 조작적 제시로 나타났다. 이리하여 포스트모더니즘은 다중의 삶에 대한 시뮬레이션적 조작을 통해 구축되는 제국의 네트워크 권력의 영혼으로 기능하기 시작한다. 포스트모더니즘 문학은 제국의 원리와 메커니즘, 그리고 그 실상에 대한 미적 재현이며 이런 의미에서 근대문학을 국민국가 수준을 넘어 제국적 수준으로 확장하는 것이다. 그것은 국민국가보다 더 거대한 주권인 제국에 복무하는 문학이다.

이처럼 포스트모더니즘은 한편에서는 근대문학의 제국적 확장을 보여주지만 다른 한편에서는 민족에 기초한 국민문학의 종언을, 즉 고유한 의미에서의 근대문학의 종언을 보여준다. 이 점에서 포스트모더니즘은 하나의 징후다. 그것은 문학적 탈근대성을 포착하지만 다시 그것을 신비화시킨다. 이러한 포스트모더니즘에 대한 일차적 반대는 1987년을 거치면서 근대문학의 주류로 부상한 민족문학파에서 나왔다. 하지만 이 비판의 와중에서도, 민족문학파는 일정하게는 상황의 변화를 인정하며 그것을 자신의 문학정신 속에 반영한다. 우선 민족문학파는 국민문학과 민족문학의 분리라는 기존 입장을 약화시키고 민족문학을 국민문학(한국문학)과 등가의 것으로 재조정한다. 여전히 국민문학의 완성(통일문학)은 과제로 남아 있지만 통일문학을 복합국가의 문학으로 간주한다면 민족문학이 남한의 국민문학으로서의 한국문학이 될 수 있다는 생각인 것이다.『창작과비평』과『문학과지성』의 경쟁기에 『문학과지성』(김현)이 취했던 '한국문학' 개념이 이제 포스트모더니즘

문학에 대항하는 공통언어가 된다. 포스트모더니즘 문학을 신자유주의적 지구화의 문학논리로 이해하는 이들은 국민문학으로서의 한국문학을 기축으로 통일문학을 구축하고 이를 바탕으로 동아시아 문학을 구축한다는 국가단위 레고블록(legoblock) 쌓기 논리를 전개한다. 이러한 사유의 저변에서 움직이는 것은 근대문학의 모태인 국가, 그리고 그것을 뒷받침하는 국민이라는 상상의 괴물이다.

동아시아 문학 혹은 아시아문학은 부활한 대동아문학인가? 그렇지는 않다. 일본이라는 헤게모니 국가를 가졌던 대동아문학과는 달리 아직은 그 헤게모니적 중심을 갖고 있지 않기 때문이다. 그러나 현재의 헤게모니 부재 상황은 치열한 헤게모니 경합이 현상하는 형태다. 한중일 간의 치열해지는 역사논쟁, 영토분쟁은 헤게모니 경합이 지역블록화 움직임 내부에서 내연하고 있음을 보여준다. 다시 말해 지금의 동아시아 문학론 혹은 아시아문학론 속에는 대동아문학의 혼령이 따라붙고 있다. 또 『아시아』지가 아시아 공통언어를 발견하지 못한 채 영어라는 국제적 헤게모니 언어를 대용 공통어로 내세운 것도 간과할 수 없는 문제다. 아시아가 미국 헤게모니하에서 지역블록화할 것임을 보여주는 불길한 징후처럼 느껴진다. 이 사실은 (아시아공동체를 네트워크로 받아들이려는 김지하의 희망에도 불구하고[15]) 근대문학 그 자체의 국민문학적 본질에 대한 발본적 성찰이 없는 한에서, 아시아문학 개념에 입각한다 할지라도 그 문학장이 수평적이고 민주적인 것으로 혹은 다중의 삶에 충실한 것으로 되기는 어려울 것임을 예고하는 듯 보인다.

그렇다면 무엇이 동아시아 문학, 아시아문학, 나아가 세계문학을 탈국민화하고 민주화할 수 있을 것인가? 이 물음은 '무엇이 근대문학의 확장과 동시에 종언을 가져오고 있는가?'라는 물음에 기초해야 한다.

포스트모더니즘은 도래한 현실을 무비판적으로 실증하는 방식을 취함으로써 이 물음을 묻어버렸고 국민문학론은 근대문학의 지구적 확장과 근대문학의 종언이라는 생각 자체를 환상적인 것으로 치부해버렸다. 포스트모더니즘 문학의 현실 긍정이나 국민문학론의 현실 거부는 외관상 대립하는 것처럼 보이지만 권력이 역사를 규정한다고 보는 점에서는 공통적이다. 그것이 제국 권력인가 국가 권력인가에서만 차이가 날 뿐이다.

하지만 권력이 역사를 규정한다는 통념은 일면적이며 실제로는 잘못된 것이다. 사회적 삶의 현실성, 그 표면에서 권력이 규정적인 것으로 보일 때조차 그것은 우리의 지각이 낳는 환각일 뿐이다. 현실적인 것이 이성적인 것일 수 있다. 하지만 현실적인 것에 사로잡힌 이성은 현실적인 것을 규정하는 잠재적이거나 상상적인 것을 파악하지 못한다. 현실적인 것은 다양한 존재들의 활력, 욕망, 상상, 행위에 의해 규정되는 것이다. 현실적인 것은 잠재적인 것에서 가능적인 것으로, 다시 가능적인 것에서 현실적인 것으로 나아가는 팽창적 나선운동에서의 한 계기이자 잠재적인 것과 가능적인 것의 운동에 의해 규정되는 계기일 뿐이다.

돌아보면 근대문학은 잠재적인 것을 국민국가라는 현실태로 전환하고 포섭하는 매개의 역할을 담당해왔다. 그것은 삶의 활력을 국가의 권력으로 전환하는 매개체였다. 그것은 국가적 삶을 강조하면서 국가적 삶과 자연적 삶의 이원화를 재생산해왔다. 국가공동체가 강해질수록 국민 대다수의 삶이 국가상태를 통해 지양하고자 한 자연상태보다 더 열악해지는 역설이 전개되어왔다.[16] 자신들의 권리를 국가에 양도하면서 국가공동체가 언젠가는 더 나은 삶을 가져올 수 있으리라고 보았던 국민들의 믿음은 번번이 환상으로 판명되었다. 전쟁, 억압, 빈곤, 경쟁은 국가의 내재적 논리인 동시에 국민문학의 논리이기도 했다. 국민국가는 약속과는 달리 안전과 자유를 가져다주지 못했다. 이러한 약속 위반에 대한 실망은 그때그때의 국가상태로부터의 이탈과 비판을 가져왔지만 그때조차도 그 비판이 새로운 국가상태에 대한 상상속에서 이루어지곤 했다. 민족·민중·시민에 대한 호명은 국가를 다르게 구성할 국민적 주체성에 대한 호명이었으며 근대문학은 그것을 위한 주요한 장치였다.

20세기 말 이후 근대문학은 이중의 도전에 직면했다. 그 하나는 권력관계의 지구화 혹은 권력관계의 신자유주의적 재편으로 인해 국가적·국민적 관계가 외부로부터 해체되기 시작한 것이다. 또 하나는 국가적·국민적 관계가 포섭할 수 없고 오직 배제할 뿐인 비국민적·소수자적 삶의 무한 증식이다. 소수자들은 내부로부터 국가적·국민적 관계를 냉소하면서 근대문학의 토대인 국가에 도전하기 시작한다. 이 양면적 도전으로 인해 국민국가의 실질은 점차 취약해지고 있으며 허구적인 것으로 되고 있다. 국민국가는 더 이상 다중의 삶의 안전을 보장해주지 못하며 (혹은 그럴 수 있으리라고 기대되지도 못하며) 오히려 그것을 위험으로 몰아넣는 조직으로 되고 또 그렇게 인식되기 시작하고 있다. 이 탈근대적 상황에서 이제 문학은, 국민국가를 마디로 삼으면서 발전하는 지구제국이 다중의 삶을 포섭하는 것을 정당화하는 시뮬레이션 장치가 될 것을 요구받고 있다.

그렇다면 21세기에 들어 동아시아에서, 나아가 전세계에서 강화되고 있는 민족주의의 목소리는 무엇을 의미하는가? 그것은 성질을 달리하는 요소들의 복합이다. 한편에서 그것은 취약해진 그리고 이전과는 다른 기능을 맡게 된 국민국가가 자신의 권력을 유지하고 재생산하기 위해 행사하는 국민주의 시뮬레이션이다. 다른 한편에서 그것은 신자유주의적 탈국민화가 가져오는 극단적 삶의 위기로부터 자신을 지키려는 다중의 자구책이다. 후자의 민족주의 목소리에서 국가는 더 이상 확고한 중심에 놓여 있지 않다. 그것은 근대적 현상이기보다 탈근대적 현상이다. 와해되는 삶, 삶의 자연상태로의 복귀 속에서 새로운 시민상태 또는 새로운 공동체의 모색을 통해 삶을 지키려는 노력의 카오스적 표현이다. 개인의 권리의 어떠한 양도도 없이 국민국가를 넘는 방식으로 이루어질 인류적 협력과 그 가능성에 대한 갈망의 표현이다.

주목해야 할 것은 신자유주의적 시민상태에서는 삶의 자연상태와 시민상태의 경계가 사라진다는 것이다. 신자유주의적 시민상태는 인류를 적나라한 자연상태로 몰아넣는 것처럼 보인다. 국가로부터 시장으로의 권력이동이라는 표현이 그것을 드러낸다. 이것이 국민국가의 지위 후퇴를 동반하는 것임은 앞서 말했다. 자연상태와 시민상태의 경계소실, 혹은 양자의 융합은 마치 더 이상의 사회적 대안이 없는 듯한 인상을 남긴다. 그러나 이 양자의 융합은 개인들이 자신의 자연권의 어떠한 양도도 없이 스스로 자기 권리 아래에서 새로운 시민상태를 구축할 수 있는 가능성의 장이 아닐까? 국가적 권리의 강화가 자연적 권리의 약화를 가져왔던 근대적 모순을 끝내고 국가적 삶의 자연권적 재구축을 가능케 하는 것이 아닐까? 다중의 절대적 자치, 절대적으로 민주적인 삶을 향한 전제들의 구축이 아닐까?

문학은 국민국가의 정신적 동학으로 남아 있을 수도 있고, 또 삶을 포획하는 제국의 시뮬레이터로 남아 있을 수도 있다. 하지만 문학은 이제 자연상태와 시민상태의 경계가 사라지는 삶의 평면에서 다중의 절대적으로 민주적인 삶의 자기표현 장치일 수 있게 된다. 지구적 삶의 현재적 배치는 이 절대적으로 민주적인 삶문학에 가능성을 제공한다. 그것은 문학이 현실적 삶의 제 양상들을 무시하지 않으면서도 그것들을 단지 지각하는 데 머무르지 않고, 그것들을 잠재적 삶의 무궁한 기억들과 상상들이 펼쳐내는 창조적 드라마의 계기로서 형상화해나갈 가능성이다.

4. 문학적 탈근대성과 삶문학의 가능성

근대문학은 근대적 국민국가 건설의 계몽적·통합적 장치로 등장했다. 근대문학을 둘러싼 많은 논쟁들은 그 근대적 국민국가가 어떤 국가일 것인가, 즉 군주국가일 것인가 귀족국가일 것인가 민주국가일 것인가를 둘러싸고 전개됐다. 전근대적 국민국가가 군주적이었던 데 대한 반발로, 근대적 국민국가는 군주 한 사람에게 귀속된 권력을 좀더 넓은 다수에게 분산시키려 노력한다. 이 노력은 비록 국가 수준에서 직접적으로 모습을 드러내지는 않지만, 점점 더 강하게 자신의 권리를 의식해가면서 자연적 삶속에서 더 직접적으로 협력해가고 있는 다중에 의해 이루어져왔다. 모든 국가는 마치 하나의 정신에 따라 움직이는 것처럼 결합된 이 다중의 자연권이었다.

근대문학은 주로 지식인에 의해 발전됐다. 하지만 근대문학은 다중을 국민으로 전환시켜야 했으므로 다중을 고려하지 않을 수 없었고 다중에 의해 구속됐다. 처음에 그것은 계몽의 방식으로 다중과 관계했지만 점차 다중의 삶의 욕구를 반영하는 것으로 나아갔고 나아가서는 다중 자신의 삶의 표현으로 발전하게 된다.

민족주의자들은 민족을 국가의 토대로 설정함으로써 다중 주체성을 신비화한다. 다중이 아니라 다양한 방식으로 상상된 민족실체, 민족전통, 민족정신 등을 주체성으로 설정하는 것이다. 다중은 이 신비화된 주체 개념에 의해 배제되거나 기껏해야 동원되는 위치에 놓인다. 뿐만 아니라 다중은 실체화된 민족의 경계를 따라 나뉘어져 서로 경합하는 위치에 놓이게 된다. 다중의 연합 가능성은 그만큼 저지된다. 사회주의자들은 국가가 민중, 특히 프롤레타리아에 구속되어야 한다는 생각을 명시적으로 표현했다는 점에서 민족주의보다는 더 많은 민주주의를 표현한다. 그것은 다중을 배제나 동원의 대상으로 사고하는 것을 넘어 실제적 주체성으로 파악하는 방향으로 한 발 다가선다. 물론 사회주의 속에는 다양한 편차가 있고 다채로운 환상이 숨어 있다. 우선 사회민주주의자들은 자유로운 대의의 방식을 선택함으로써 프롤레타리아의 구속으로부터 좀더 자유로워지고자 했다. 둘째로 혁명적 사회주의자들은 프롤레타리아에 의한 구속을 관념적으로는 받아들였지만 계급 외부에 있는 당의 지도라는 개념을 통해 프롤레타리아의 구속권과 통제권을 평가절하하고 실질적으로는 그것에서 자유로워지고자 했다. 때로는 혁명적 사회주의자들이 사회민주주의자들보다도 프롤레타리아의 구속에서 더 자유로워져버린 것은, 다시 말해 덜 민주적으로 된 것은 이 때문이다. 당이 권력을 더 많이 가질수록 다중은 더 적은 활력을 갖게 되었다. 이런 방식으로 사회주의에서 다중은 주체성으로서 이접(disjunction)되며, 내부 위계에 의해 분할된다.

식민지 문학은 그 출발기에 민족의 독립과 민족에 기초한 국민국가의 건설을 지향했다. 식민지의 프로문학도 이 점에서는 예외가 아니었다. 차이가 있다면 국민국가 건설의 과제를 부르주아지 대신 프롤레타리아가 맡아야 한다고 본 점뿐이다. 하지만 조선에서 보이듯이 식민지 프로문학은 제국에 복무하는 국민문학으로 발전하기도 했다. 물론 이 것은 억압적인 성격의 제국주의가 아래로부터의 저항에 직면해 헤게모니적인 성격의 제국(황국)으로 전환됨으로써 더욱 가속되었던 현상이다. 이때 군주제와 귀족제의 일정한 혼합이 이루어지지만 프로문학의 민주적 가능성은 제한된다. 왜냐하면 제국의 국민문학은 국가(대일본제국)를 위한 전쟁과 동원의 문학으로 나타나기 때문이다.

황국 국민문학을 '암흑기 문학'으로 명명하면서 해방 이후의 문학과 단절하는 통념과는 달리 이 두 시기 사이에 문학의 국민문학적 본질은 연속된다. 남한에서만 민주주의민족문학이 미국 제국주의로부터 나라를 지키려는 구국문학으로 나아간 것이 아니다.[17] 북한의 주체문학도 제국주의 침략의 위기로부터 민족을 지키고 구원하기 위한 구국문학의 다른 형태다. 우파 문학인 순수문학은 반공의 기치하에서 민중의 삶의 요구를 억압하는 미학적 힘으로서, 민중의 희생을 요구하는 권위주의 국가를 구원하는 문학이었다. 이에 대항하여 나타난 참여문학, 민족문학, 민중·민족문학은 위로부터 주도되는 것이었다 할지라도 본질적으로는 민족주의적이었던 박정희 정권을 반민족적·매판적 권력으로 오인하거나 비난함으로써만 자신의 민족적 색채를 부각시킬 수 있었다.[18] 지금까지의 민족주의 담론은 아래로부터의 민주주의적 열망을 흡수하는 블랙홀 혹은 민중의 민주주의적 요구가 사회에 가하는 충격을 완화하는 완충장치였다. 전후 한국에서 아니 한반도의 남과 북 모두에서 민족주의는 위로부터의 권력 이데올로기이건 아래로부터의 저항 이데올로기이건 간에 다중의 해방과 자유의 욕망을 민족적·국민적 자기보호의 욕망으로 전환함으로써 권력으로 기능할 수 있었다. 이러한 과정이 근대 한반도 역사의 전 시기를 관통하고 있다는 점에서, 한반도에서 근대문학의 국민문학적 정신은 모자라기는커녕 넘칠 정도로 발전되어왔다고 볼 수 있다. 한국문학, 통일문학, 아시아문학 등의 담론은 그 정신을 담아내려는 최근의 그릇으로 이해될 수 있다.

그렇다면 우리가 한국문학에서의 탈근대성에 대해 이야기하는 것이 과연 가능한가? 우리가 탈근대성을 크로노스적 시간의 역사(history)의 시기를 구분하는 용어로 사용하고자 한다면 한국문학에서의 탈근대성을 말하기는 쉽지 않거나 매우 최근에 등장한 특정한 현상들에 국한하는 어떤 것으로 정의할 수밖에 없을 것이다. 그렇지만 생성과 열림의 시간인 카이로스의 지평에서, 다시 말해 '발생적 역사'(Geschichte) 속에서 사고할 때 우리는 근대 속에서 그것을 규정하고 근대와의 대항을 통해 근대를 밀어붙이며 궁극적으로는 근대의 시간을 넘어서 나아가는 반근대성의 경향 속에서 이미 탈근대성의 잠재력을 확인할 수 있다고 말할 수 있을 것이다.

첫째로 탈근대성은 근대문학에 운명을 부여하며 그것의 이행을 규정하는 힘으로 실재한다. 애국계몽문학에서 국민문학/프로문학으로의 이행을, 그것에서 황국 국민문학으로의 이행을 규정한 것은, 그리고 해방 이후 문학의 이행을 규정한 것은 근대문학의 자기운동, 그것의 자율적 힘이 아니다. 이 이행은 문학이 더 나은 삶을 구축하려는 다중의 욕망과 부딪혀 그것을 절합하고 굴절하고 변형하는 지점에서 비로소 이루어지기 때문이다.

둘째로 탈근대성은 국민문학의 더 민주적인 재구성을 강제하는 힘으로 작용한다. 그때그때 구축된 지배적인 것에 대항하여 이루어지는 저항은, 설령 그것이 국민국가의 재구축으로 귀착된다 할지라도 민주적인 가능성을 확대하는 것으로 작용한다. 그러므로 식민지자본주의에 대항한 프로문학, 황국 국민문학 속에서 조선문학가들이 행한 풍자·변형·비틀기, 그리고 해방공간에서 민중의 요구에 더 폭넓게 응답하고자 한 민주주의민족문학가들의 노력, 전후 참여문학과 민족문학이 독재와 외세가 가하는 압박에 대해 행한 투쟁들은 그 자체가 근대의 한계 속에 머물러 있다고 할지라도 그것에 탈근대성의 힘을 함축하고 있다.

셋째로 탈근대성은 끊임없이 국민문학을 넘어서는 외부의 힘으로 나타난다. 국민문학이 황국을 위한 민중의 희생을 요구할 때 민중들이 그것에 보낸 조롱과 냉소, 싸보타주가 그것이다. 우리가 주목해야 할 것은 신자유주의적 지구화의 과정에서 국민문학의 동원력이 급격하게 하락하고 있다는 것이다. 회의와 냉소가 다중의 삶의 전략으로 확산되고 있다. 동원을 위해 작동하는 공식적 언어보다는 그것을 무력하게 만드는 웅성거림과 수다가 부상하고 있으며 그속에서 은연중에 산출되어 나오는 공명하는 별자리들이 문학을 통해 확인된다. 탈근대성의 잠재력이 뚜렷한 가능성으로 구축되고 있는 것이다. 개개인들이 더 이상 하늘의 별의 안내에 따라 살려고 하지 않고 각자 마음속의 별을 따라 살아가려는 노력이 표현된다. 그럼에도 전지구적 전쟁에 다중들을 동원하려는 자본의 노력은 중단되지 않고 있다. 그래서 이제 문학적 갈등은 '우리 국가인가 적의 국가인가'라는 국민문학적 전선을 넘어 '전지구적 영구전쟁인가 전쟁에 대항하는 전쟁인가' 사이에서, 죽임의 문학인가 삶문학인가 사이에서 결정되고 있다.[19]

4장
동양적 숭고: 일본 제국 풍경 중의 석굴암*

황종연(동국대 국문과 교수)

최원식의 『제국 이후의 동아시아』는 동아시아라는 지역을 관심의 대상으로 삼고 있음에도 불구하고 동아시아 지역주의(regionailsm) 주장으로 간단하게 귀속되지 않는다. 그 책의 어느 페이지에도 지리문화적으로 경계가 분명하고, 현존하는 국민국가 관계를 넘어선 정치적 공동체의 가능성을 지닌 지역으로서의 동아시아에 대한 확신이 보이지 않는다. 최원식은 오히려 공동체 성립의 심리적·문화적 조건이 동아시아 지역에는 성숙하지 않았다고 생각하는 듯하다. "한국인이면서, 일본인이면서, 중국인이면서 동시에 동아시아인이라는 공감각(共感覺)을 어떻게 계발하는가, 이것이 문제다"라고 그는 쓰고 있다.[1] 동아시아인이라는 지역적 아이덴티티가 미결의 과제라는 그의 판단은 내가 보기에

• 이 글은 필자가 *Acta Koreana* 2014년 6월호(제17권 1호)에 "Oriental Sublime: Sŏkkuram in the Japanese Imperial Landscape"라는 제목으로 발표한 논문을 필자 스스로 번역하고 수정한 것이다.

한국인의 특수한 역사적 경험을 반영한 지혜로운 판단이다. 과거에 중국 중화주의와 일본 아시아주의가 한국인에게 박탈과 예속의 논리로 작용했다는 것, 동아시아 지역 내부의 갈등과 환란의 요인이 됐다는 것은 엄연한 사실이다. 그러므로 당연하게도 최원식은 종전의 지역주의, 특히 일본의 아시아주의에 대한 비판을 그의 동아시아론의 중요한 부분으로 삼는다. 그는 메이지 시기 오까꾸라 텐신(岡倉天心)이 창도한 바와 같은 아시아주의가 얼마나 아시아로서의 일본이라는 의식과 거리가 있는가, 오히려 어떻게 서구 오리엔탈리즘과 공모하고 있는가를 상기시킨다. 전전(戰前) 일본의 아시아주의는 근대 한국의 정치와 문화에 많은 영향을 미친 만큼 그것에 대한 비판적 검토는 한국발(發) 새로운 동아시아 비전 창출에 불가결한 작업이다. 특히 그것이 근대 한국인의 자기인식에 어떻게 관여했는가, 한국의 문화적 아이덴티티 구축에 어떻게 관여했는가는 빠뜨릴 수 없는 과제다. 아시아주의 비판은 한국의 근대 비판과 별개일 수 없다. 이 글에서 다루고자 하는 일제시대의 석굴암 표상은 근대 한국을 구성하는 힘으로서의 미와 정치에 관여한 아시아주의의 대표적인 증거일지 모른다.

1. 석굴이 있는 풍경

제국주의 시대 일본인에게 조선은 그들의 정치적·경제적·군사적 활동을 위한 영토였을 뿐 아니라 그들의 심미적 향락을 위한 자원이었다. 조선에서 거주하거나 여행한, 조선을 통치하거나 조사한 일본인들에게 그곳의 토지(land)는 주거와 노동의 장소라는 관념에서 분리되어 감상의 대상이 되는 자연, 즉 풍경(landscape)으로 변용되곤 했다. 역사적 토지-국가로서의 조선에 대하여 이인(異人)일 수밖에 없는 일본인들은 바로 그러한 차이 덕분에 조선 특유의 풍경을 발견하기에 유리했다. 특히 미학적으로 훈련된 부류의 일본인들은 그들에게 친숙한 풍경의 관념이나 경험을 개입시켜 조선의 자연세계를 관찰했으며 그들이 풍경의 형태라고 이해한 바에 근접하도록 그 세계를 재현하거나 개조하기를 원했다. 예컨대 1922년 총독부에서 주최한 제1회 조선미술전람회 심사위원이었던 일본화단의 거물 카와이 교꾸도오(川合玉堂)는 심사를 마치고 행한 강연 중에서, 진작부터 접하고 싶었던 "조선의 풍물"을 접하고 감동을 받았다고 고백하면서 그 "풍속의 우미한 자리"에 전람회라는 제도가 수립됨으로써 앞으로 나타날 조선 그림에 대한 기대를 표명했다. 그 조선 그림은 서양과 일본의 문물이라는 조건하에 그려지는 만큼 재래 조선 그림과 다르고, 또한 "재래 조선의 문명 속에" 전람회가 생겨난 만큼 일본 그림과 다르다. 교꾸도오는 조선이라는 "지방색"의 출현은 조선 그림의 불가피한 운명이라고 보았으며 조선의 "그 토지에 상응한 미술"을 조선의 화가들에게 주문했다. 이것은 다르게 말하면 조선이라는 토지를 풍경으로 변형하는 일이 조선 화가들의 당면 과제라는 주장이었다. 교꾸도오가 심사를 맡은 부문인 동양화는 물론 그러한 풍경 창출의 한 기술이다. 그는 전람회 2등상 수상작인 허백련(許百鍊)의 남화가 중국이나 일본의 남화에는 보이지 않는, 조선 특유의 지방색을 나타냈다고 칭찬했다.[2] 이처럼 총독부 주최 조선미술전람회가 처음부터 조선의 향토적 특색의 묘출을 장려했다는 사실은 주목할 만하다. 풍경이라는 개념이나 풍경화라는 실천이 제국주의가 그 자신의 목적에 맞게 세계를 해방하고 통제하기 위한 매체라는, 요컨대 "제국주의의 꿈

후지시마 타께지 작 「꽃바구니」 (1913)

작업(dreamwork)"이라는 한 문화이론가의 유명한 주장은 일제시대 한국의 풍경 미학에도 들어맞는 것 같다.[3]

제국주의의 꿈 작업 중 하나는 제국의 중심에서 존중되고 통용되는 표상 예술의 스타일, 기법, 관습 속으로 제국 주변의 낯선 토지를 흡수함으로써 "완전한 제국 경치라는 유토피아적 환상"을 창출하는 것이다. 19세기 유럽미술이 보통 오리엔탈리즘·원시주의·이국정취 등으로 불리는 조류 속에서 식민지의 차이를 조종하는 제국주의의 풍경 미학을 실현했다면, 그것과 유사한 사태가 일본인이 주도한 조선 향토주의 미술에서 벌어졌다고 해도 무방하다. 사실 조선의 풍물과 경색은 일본 근대미술의 초기부터 회화적 기예의 발휘에 유용한 소재가 됐다. 1913년에 조선을 여행한, 당시 서양화단의 총아 후지시마 타께지(藤島武二)는 조선 전통 복식의 여성을 소재로 그의 외광파(外光派) 아카데미즘을 대표하는 걸작 중 하나인 「꽃바구니(花籠)」를 그렸다. 그는 조선의 자연 경관에 감동한 나머지 "일본의 풍경을 스위스에 비할 수 있다면 조선의 풍경은 이딸리아에 필적할 수 있을 것이다"라고 적기도 했다.[4] 조선미술전람회에 출품한 화가들은 동양화와 서양화 양쪽의 양식에서 일본인이 발전시킨 재현의 관습을 많든 적든 습득했고 일본 제국주의의 유토피아적 환상에 복무하는 방식으로 그 관습을 활용했다. 전람회 출품작에서 조선 특유의 풍물로 흔히 취급된 고가(古家), 농촌, 여성, 아이 등은 조선이라는 토지로부터 일본에 대해 불쾌하고 교란적이고 위협적인 양상을 제거하고 대신에 그 토지를 문명화된, 도시적이고, 남성적이며, 성숙한 일본에 대한 타자의 이미지로 고정시켰다.[5] 그 조선 토지의 표상 중에는 일본의 근대적 자아와 대조를 이루는 전근대적 타자의 이미지가 뚜렷하다. 그렇게 일본제국의 환상이 투영된 조선 풍경의 예를 찾기란 전혀 어렵지 않다. 그 전형적인 예의 하나가 1935년 전람회 창덕궁상을 받은 이인성(李仁星)의 그림 「경주의 산곡에서」다.

이인성이 그 향토 감각 농후한 유채화를 발표할 무렵 경주는 조선반도의 유람자라면 누구나 입에 올리는 명소 중 하나였다. 경주의 식민지적 개발이 그곳의 고적 발굴과 관리에 집중됨에 따라 경주는 유교 조선의 향촌에서 탈각하여 신라의 구도(舊都)로 정의되기 시작했고 조선사의 영화로운 고대를 대표하게 됐다. 이인성이 그린 경주 산골에는 당대의 많은 조선인과 일본인이 조선에 특유하다고 간주한 이미지들이 조합되어 있다.[6] 우선, 20세기 전반에 조선의 자연 경관의 미에 주목한 외국인이라면 누구나 깊은 인상을 받았던 푸른 하늘과 붉은 땅. 이인성은 화면 상하에 하늘과 땅을 배치하고 그 색채를 한껏 강렬하게 대비시키고 있다. 화면 중앙의 좌우에 각각 배치된 작은 원형 머리에 짙은 색조의 피부를 가진, 반쯤 벌거벗고 있어 천연의 아이처럼 보이는 두 소년 역시 향토 조선 또는 농촌 조선을 상기시키기에 충분하다. 특히 아이를 등에 업고 있는 소년은, 1929년 조선미술전람회 동양화 부문 특선작인 이영일(李英一)의 「농촌의 아이」 중 비슷한 모양으로 아이를 돌보고 있는 소녀와 마찬가지로, 조선 풍경의 전형적인 시각적 클리셰였다. 이인

이인성 작 「경주의 산곡에서」 (1935)

성이 그린 경주 산골은 천연성·원시성·궁벽함이 두드러진 국면의 조선 풍경처럼 보인다. 그것은 특히 조선의 고대를 환기시키는 풍경이다. 화면 왼쪽 소년의 시선이 미치는 원경에 솟아오른 첨성대와 오른쪽 소년의 시선이 닿는 근경에 뒹구는 와전(瓦甎) 조각은 그 일대에 도읍하여 번성하다 몰락한 왕국에 대한 상념을 저절로 부추긴다. 왼손에 피리로 짐작되는 물건을 들고 있는 소년의 얼굴——좌우 옆으로 길게 뻗다 치켜 올라간 두 눈을 감은 듯이 뜨고 있는, 마치 명상에 잠긴 듯한 그 얼굴에서 혹자는 산속의 폐허에 버려진 석불(石佛)의 얼굴을 연상할지도 모른다. 어쩌면 토함산 석굴암 본존석가상의 얼굴을 떠올릴지도 모른다.[7] 그 경주 산골은 역사의 진보를 모르는 원시의 풍경이다. 그것은 타야마 카따이(田山花袋) 같은 일본인 경주 여행자에게 "후지와라 조, 헤이안 조의 에마키" 속으로 들어간 듯한 착각을 불러일으켰던 그 광경의 일면을 선렬하게 만든 것처럼 보인다.[8]

경주가 그처럼 고대의 풍경이 됐던 데는 신라에 대한 일본인들의 관심이 중요한 역할을 했다. 『일본서기』의 진구황후편 같은 일본인의 기록에 의하면 신라는 고대 일본 조정이 정복한 조선반도 남부 지역의 일부였고 그런 만큼 신라 유산의 발굴과 보존은 일본의 제국주의적 이익에 부합했다. 그 고고학적 작업은 일본인들의 식민지 확장에 역사적 근거를 부여하고 반도의 통치자로서의 권위를 과시하는 데 도움이 되는 일이었다. 그 작업의 대표 사례가 데라우찌 마사따께(寺內正毅) 총독의 지시에 따라 1913년부터 약 2년간 진행된 석굴암 보수공사다. 과거에 양반문인에게는 탐방의 대상이자 음영의 소재였고 평민에게는 산유(山遊)를 겸한 참배의 장소였던 석굴암은 총독부 촉탁 일본인 엔지니어의 설계와 감독하에 폐잔한 상태로부터 구출되면서 새로운 기능을 하게 됐다.[9] 고대 예술의 왕국 신라라는 관념을 정착시켰으며 일본제국의 패권을 보증하는 지리적·문화적 권역, 즉 동양의 구축에 기여했다. 조선도자기 수집과 연구로 유명한 아사가와 노리따까(淺川伯敎)는 1921년 겨울 아침 동해의 햇빛을 받아 금색으로 빛나는 석굴암 내부를 보고 감동한 순간을 장시풍으로 회상한 산문에서 석굴암이 동양에 대한 감각을 일깨운다는 생각을 개진했다. 아사가와는 동해를 접한 산정에 석굴암을 세운 신라인의 마음에서 나라와 신라 사이의 무사한 항해에 대한 염원을 읽고 나아가 "대당 신라 백제 나라"가 "한 흐름"의 미(美)를 이루었던 자취를 본다. 그에게 석굴암의 존재는 위대한 동양의 소생에 대한 요청이다. 그래서 그는 "신(神)의 말을 하는 석굴암이여 영원하라/ 동양의 사람들이여 깊이 너희 마음의 고향으로 돌아가라"라고 외친다.[10] 동양은 이른바 서양의 충격이 아시아 지역 국가 간에 갈등을 초래한 결과로, 일본의 지역 패권을 신장시키는 방식으로 그 갈등을 해결하려는 일본인들의 시도 속에서 발명된 개념이지만[11] 그것은 또한 머나먼 과거의 아시아문화에 원천을 두고 있는, 그 문화에 대한 근대적 이해 속에서 구성된 아이덴티티였다. 그것은 개념일 뿐만 아니라 환상이었고, 영토일 뿐만 아니라 풍경이었다. 지금부터 말하고자 하는 바의 요지는 식민지 조선에서 석굴암은 그 공상적이고 심미화된 동양의 주요 성분이었다는 것, 일본 제국주의의 환상과 통하는 동양주의 미학에 영감의 원천이 됐다는 것이다. 석굴암이 산출한 미적 효과를 깊이있게 논의하려면 그 효과가 일본제국의 통치 이데올로기에 연루된 방식을 고찰하는 작업이 불가피하다.

2. 블레이크적 예술가의 마음: 야나기 무네요시의 석굴암론

식민지 정부에 의해 그 존재가 알려지기 시작한 이후 석굴암은 일본인에게 의의가 있었다면 그보다 못하지 않은 정도로, 어쩌면 그보다 훨씬 높은 정도로 조선인에게 의의가 있었다. 세끼노 타다시(關野貞) 같은 조선반도의 역사 유물에 대한 권위자들을 시작으로 일본인 통치자 계층이 석굴암의 예술품적 가치와 신라의 발달된 문명을 인정했으니 당대 조선인은 위대한 민족의 후손이라는 공증을 얻은 셈이었다.『매일신보』는 석굴암 중수공사 완료로부터 한달가량 지난 1915년 9월 20일에「신라구도의 고적」이라는 기사를 석굴암 불상 사진과 함께 내보내면서 "동양 무비(無比)의 예술적 정화(精華)를 수집한 석굴암"이라는 찬사를 바쳤다. 1923년 6월 30일 '세계의 경이'라는 연재물 첫회에 석굴암을 다룬『동아일보』는 그곳의 불상이 "동양 최고의 예술작품으로 가

장 위대한 것"이라고 칭송
하며 조선인의 민족적 자긍
심을 고취했다. 그러나 석굴
암이 조선어 공론에 등장하
기 시작했을 무렵 그것과 같
은 불교 유적을 예술이라는
범주로 지칭하는 것은 조선
어의 관행이 아니었다. 예술
이라는 조선어의 원조인 일
본어 '게이주쯔'조차 메이
지 30년대 종반, 즉 어림잡
아 1905년 무렵에야 서양어

1873년 빈 만국박람회 일본관 내부 그림

의 아트(art)에 상응하는 의미를 가지기 시작했다. 서양 개념의 도입이
왕성했던 메이지시대 초기에 서양의 예술 개념을 표시하는 단어로 가
장 널리 쓰인 것은 게이주쯔(예술)가 아니라 비주쯔(미술)였다. 그것은
영어의 파인 아츠(fine arts), 독일어의 쇠네 쿤스트(Schöne Kunst)의 역
어로 처음 출현했으며 그 최초의 용례에서부터 음악, 회화, 조각, 시 등
을 포함하는 예술의 의미를 담지했다.[12] 좀더 중요한 것은 전통적으로
불교 의례를 위한 도구로 제작된 불상과 같은 조형물이 미술품으로 인
정된 경위다. 한 미술사가에 의하면 에도막부 말기에 서양의 수도를 방
문한 일본인들이 그곳의 고관 관저나 박물관에 진열된 조각을 접한 이
후 서양 조각에 해당되는 일본 재래의 조형물로 불상을 생각하기 시작
했다. 이어서 미술전시와 미술학교라는 서양식 제도가 도입되자 불상
의 명공(名工)이 조각과 교수가 되거나, 1873년 빈 만국박람회에 일본관

이 마련되자 서양의 기념비적 조각과 경쟁이라도 하듯이 카마꾸라 대불(大佛)의 머리가 전시되거나 하는 일이 벌어졌다.[13] 요컨대 경주 석굴암이 위대한 예술품이라는 발언이 1910년대와 그 이후 조선인 논단에 출현한 것은 서양 예술 개념이 일본어를 매개로 조선어에 이입된 결과다.

석굴암을 예술작품으로 보려고 처음 시도한 사람은 주지하다시피 야나기 무네요시(柳宗悅)다. 그가 1919년 『게이주쯔』라는 잡지 6월호에 발표한 「석불사의 조각에 대하여」는 그 논제와 관련한 미학적 감상 및 비평의 한 표준을 수립했다. 석굴암이 "단지 한 나라의 제작(製作)이 아니라 실로 수당(隋唐) 불교의 결정이며 나아가서는 동양의 종교와 예술의 귀결이었다"라는 그의 주장은 이후에 동양미술론 혹은 불교미술론의 관점에서 나온 모든 석굴암 예찬의 중심 관념을 담고 있다고 해도 무방하다.[14] 그는 불상을 내실의 중앙에 놓고 조성된 그 석굴이 인도 마하라시트라의 아잔타 동굴로 소급되는 아시아 석굴사원 양식임을 알아보고 그것이 어떻게 관람자에게 종교적이면서 동시에 심미적인 경험을 하게 만드는가를 밝히려 했다.[15] 그의 석굴암론의 클라이맥스는 그 석굴의 공간구조와 조상(彫像)들의 배치가 관람자에게 유발하는 시선의 이동을 관람자의 마음속에 일어날 법한 종교적 상념들의 연속──그의 표현을 빌리면 "조용한 사색과 깊은 명상의 지극한 황홀(靜慮と沈思との三昧)"을 향한 "영(靈)의 율동"──과 결합하여 기술한 대목이다. 그는 그렇게 석굴암의 예술품적 자질과 그 의의를 설명하는 도중에 제국의 변방의 역사와 문화를 놓고 그것을 재현할 특권을 자임하는 제국의 중심에 속한 미적 엘리뜨의 태도를, 그의 겸손한 어조에도 불구하고, 감추지 못한다. 석굴암이 당시까지 조선인에게 경험되고 이해된 방식에 대

해 전혀 관심이 없는 논법에서, 그리고 자신의 석굴암 감상을 조선인을 동정하는 마음에서 비롯된, 조선의 잃어버린 "영예"를 회복하려는 시도로 자평하는 대목에서 특히 그렇다. 한 미국인 학자는 야나기 무네요시·아사가와 노리따까 같은 일본 지식인들이 동양적 물품들을 감식할 수 있는, 심지어는 그것들 고유의 의미와 용도를 창조할 수 있는 힘을

석굴암 본존불상 앞의 야나기 무네요시
(세 사람 중 중앙, 1916년경)

자신들이 가지고 있다고 주장함으로써 그들의 상대가 되는 서양인들과 나란한 위치에서 제국의 권위자로 자처했다고 말한 적이 있다.[16] 비록 이것이 야나기의 석굴암론의 진실 전부는 아닐지라도 그 석굴암론이 유럽 오리엔탈리즘의 일본적 형태임은 부정하기 어렵다.

야나기가 석굴암을 처음 방문한 것은 1916년 9월 1일이다. 조선에 대한 그의 관심은 그로부터 약 2년 전 당시 경성의 한 소학교 교원이었던 아사가와 노리따까가 아비꼬에 있는 그의 우거를 드나들며 그로 하여금 조선공예에 흥미를 가지게 하면서 시작됐다고 한다.[17] 1910년대 전반에 야나기는 로댕과 인상주의 화가들의 열광적인 찬미자였으며 또한 블레이크의 충성스러운 연구가였다. 『시라까바』 동인들이 대개 그렇듯이 스스로를 주장하고 확대하는 개인이라는 관념을 신봉하고 있던 야

나기는 예술의 목적이 예술가 개인의 자기표현에 있다고 보았으며 그 자기표현은 자기와 자연, 인격과 물상이 합일된 경지에서 최상에 달한 다고 생각했다. 그가 보기에 세잔을 위시한 후기인상파 화가들이 위대 한 것은 그들이 그렇게 "개성의 전적(全的) 존재의 표현"에 성공했기 때 문이다.[18] 야나기의 예술가 개성론은 동시대 서양사상의 관점에서 보면 그리 유별나지 않다. 18세기 이래 영국과 독일의 예술철학에는 좀더 정 교하게, 좀더 체계적으로 그것을 표현한 예가 적지 않다. 그의 개성론은 유럽 낭만주의의 기저를 이룬 인간과 자연에 대한 관념, 찰스 테일러의 명명에 따르면 표출주의(expressivism)와 대체로 상통한다. 표출주의에 서 인간 각자의 독자적 존재는 인간에 내재하는 자연에 그 근원을 두며 또한 그 존재보다 광대한 생명 또는 존재와 연결되어 있다고 가정된다. 예술 창작은 예술가 개인 내부에 감추어져 있는, 그 무한정하고 무형(無 形)적인 자연=본성을 명확하게 한정하고 유형(有形)화하여 현현시키는 작업을 뜻한다.[19] 야나기가 블레이크에게서 보았던 것은 그러한 표출 주의적 예술 창작의 원리들이다. 그는 블레이크의 상상력 개념을 풀이 하는 가운데 그것은 "자아와 자연, 마음과 사물이 서로 접촉하여 양자 가 혼연히 하나가 되는" 경지를 지어내며, 그러한 경지에는 "실재의 세 계, 바꿔 말하면 신의 세계가 부여된다"고 말했다. 그 신의 세계 속에서 예술가는 "자아적멸(自我寂滅)"을 겪지만 그것은 자아의 부정이 아니라 자아의 확충을 가져오는 경험이다. 야나기는 예술적 성취와 종교적 법 열 양자를 결부시켜 파악하기를 주저치 않았다. 그는 블레이크의 예술 을 "상상의 종교"라고 특징짓기까지 했다.[20]

「석불사의 조각에 대하여」에는 야나기의 낭만적, 블레이크적 예술관 이 얼마간 투영되어 있다. 그는 석굴암이 인도와 중국에 선례가 있는 사원 양식임을 알았지만 그 양식사나 그것에 관련된 불교사에 주의를 기울이지 않았다. 석굴암 예술의 이해를 위한 참조 기준으로 그에게는 그 조형물의 제작자로 간주되는 김대성(金大城)이라는 인물이 훨씬 중요했다. 그는 석굴암의 예술품적 특징에 대해 말하기에 앞서서 그것의 사적에 관한 자료의 하나로 일연(一然)의 「신라국동토함산화엄종불국사사적(新羅國東吐含山華嚴宗佛國寺事蹟)」의 후반부를 논평을 곁들여 소개하고 이어 거기에 석굴암의 창건자로 서술된 김대성에 관심을 집중했다.[21] 서양적·낭만적이라고 불릴 만한 석굴암 해석은 바로 석굴암을 김대성의 "작품"으로, 석굴암의 예술적 구조와 의장을 그의 "마음의 발현"으로 보는 데서 나타난다. "실로 굴원은 분명히 하나의 마음에 의해 통일된 계획의 표현이다. 아잔타나 용문 같이 일정하게 계획된 통일을 가질 수 없는 역대 작품들의 집합이 아니다. 하나의 마음을 도처에서 찾아볼 수 있는 정연한 구성이다"라고 그는 쓰고 있다.[22] 그렇다면 석굴암을 마치 한개의 조각처럼 만든 하나의 마음이란 어떤 것인가. 그것은 무엇보다도 종교적인 것이다. 석굴암에 보이는 바와 같은 "통일은 오직 위대한 종교적인 마음만이 낳을 수 있는 힘이다". 야나기는 김대성의 종교적인 마음의 정체를 확인하지는 않았다. 그러나 그것이 야나기가 반복해서 말하고 있는 영(靈)의 경험과 불가분의 관계가 있음은 명백하다. 그의 어휘를 빌리면 그 종교적인 마음의 특징은 "영의 역사" 속에 침잠하여 정화된 김대성 개인 "내면의 깊이와 신비"라고 말할 수 있을지 모른다. 김대성의 경우 그 영의 역사는 물론 불교의 교리 속에 살아 있다. 야나기는 석굴암 전실(前室) 양쪽 벽에 부조된 금강신의 "아훔(阿吽)"——입을 열며 내는 최초의 소리와 입을 닫으며 내는 최후의 소리, 그래서 비유적으로 우주의 시작과 끝——모양에서 "둘이면서도 둘이 아닌 불지(佛智)의 상징"을 읽는다. 그런가 하면 굴원 중앙에 이르러 부처의 좌상을 보고 깊이 감동한 순간에는 "일체를 품은 무(無)의 경지"를 떠올린다.[23]

　야나기의 석굴암론은 불교미술연구에 관심이 있는 일본인은 물론 조선인에게도 영향을 미쳤다. 고유섭(高裕燮)이나 박종홍(朴鍾鴻)의 글을 보면 그것이 그들의 학문에 중요한 영감을 주었음이 확인된다. 그러나 그것이 석굴암을 이해하는 방식으로서 여전히 모범적이라고 말하기는 어렵다. 야나기는 석굴암이 불교 의례와 수행 공간임을 알아보았으나 그 의례가 조선인의 역사 속에서 어떤 의미를 띠는지에 대해 관심이 없었다. 그가 참고한 일연의 기록 중에는 석굴암 창건이 신라왕실의 통치와 관련이 있었음을 알려주는 구절이 있지만 불사의 정치적 차원은 그의 주의를 끌지 못했다.[24] 또한 그는 오꾸다 야스시 같은 경주 거주 일본인에게 의존해 석굴암에 관한 정보를 얻었으므로 그곳이 지역 주민의 기복(祈福) 의례의 장소였음을 알았을 공산이 크지만 그러한 민중신앙과의 연관을 고려한 흔적은 전혀 보이지 않는다.[25] 그가 석굴암에 표현됐다고 가정한 종교 경험이 조선인이 과거에 실제로 가졌던 종교 경험과 얼마나 정확하게 일치하는가는 논란거리다. 여기서 우리는 그가 구사한 종교가 실은 서양적 개념임에 유의할 필요가 있다. '슈우꾜오(宗敎)'라는 일본어 단어는, 비주쯔나 게이주쯔라는 일본어 단어와 마찬가지로 서양이 지배하는 지구세계 속으로 진입한 이후 자기 나라가 서양의 국가들과 동등한 국가라는 인정을 받고자 했던 일본인들이 서양문화를 수용하려고 시도하는 가운데 출현했다. 그것은 무엇보다도 기독교교회를 포함한 서양식 제도가 일본 내의 유력한 세력으로 부상함에 따라 서양의 릴리전(religion)

개념을 일본문화에 도입하려는 의도로 고안됐다.[26] 릴리전 개념의 도입은 일본과 조선에서 전통적으로 교(敎)나 도(道), 법(法) 같은 단어로 지칭되던 일정한 신념, 수행, 제도에 당연히 심오한 변화를 초래했다. 그 결과의 하나가 정치와 종교의 분리라는 근대 국민국가의 원칙에 따라 국가의 공적 영역에서 분리된 개인의 사적 영역에서만 종교의 자유를 인정하는 제도가 확립된 것이다. 이 종교의 사영화(私營化)는 영적 경험을 단지 개인 내면의 일로, 고독한 명상과 수련의 효과로 이해하고 추구하도록 장려한다. 김대성의 불심에 대한 야나기의 묘사는 그것의 신라 왕권과의 연관 같은 역사적 성격을 홀시하고 대신에 영(靈)이라는 이름의 "영원한 마음"에 그것을 소속시킨다는 점에서 릴리전 개념의 영향하에 있는 것으로 보인다.

야나기와 같은 일본 지식인들이 서양의 종교 개념을 수용한 이후 당면한 중대한 과제의 하나는 그 개념을 기반으로 자신들의 전통적 교법과 신앙의 체계를 기술하는 일이었고, 그리하여 서양 종교형식에 상응하는 일본 종교형식 또는 동양 종교형식을 발명하는 일이었다. 기독교의 동양적 대응물이라고 간주된 전통적인 신불(神佛) 설교와 숭배 관행 가운데 그들이 가장 의의있게 생각한 것은 불교였다. 예컨대 일본 종교학의 제일세대 석학이자 비교종교학의 선구인 이노우에 테쯔지로오(井上哲次郎)는 서양 종교 및 철학이 보편적임은 의심할 나위가 없다는 전제하에 일본적 형식의 종교 및 철학을 정립하고자 노력하면서 인도·중국·일본의 불교를 기독교만큼 위대하고 보편적인 종교로 만든 특질이 무엇인가에 주목했다. 그는 특히 그 대승 전통 속에서 불교는 기독교에 상응할 뿐만 아니라 그보다 우월하다고 믿었다.[27] 예술 못지않게 종교에 조예가 깊었던 야나기 역시 불교를 근본으로 하는 동양 아이덴티티의 창안에 열성적이었다. 그가 석굴암론 중에 활용한 무의 관념은 실은 그가 기독교에 대한 대응관계 속에 불교를 놓고 그 종교적 의의를 역설한 그의 최초 저서의 주요 주제였다. 그는 무라는 개념이 신 또는 실재를 부정적으로 표시하는 서양어의 개념과 동일하다는 논증으로 나아가기에 앞서 불교가 동양인에게 "마음의 고향"인 고유의 종교 중 하나이며 "'무'의 진리야말로 특히 동양의 색채로 선연하다"는 주장을 폈다.[28] 이렇게 보면 그는 석굴암이라는 재료를 가지고 그가 종교학의 영역에서 했던 종류의 작업을 미술비평의 영역에서 하지 않았는가 하는 생각이 든다. 흥미롭게도 그는 오랜 세월 동안 제작된 석굴암 조각에서는 시간의 흐름과 함께 발전하는 수법이 관찰된다고 말하면서 그와 같은 특징이 미켈란젤로가 오년에 걸쳐 그린 시스티나성당 벽화에서도 발견된다고 주장했다. 야나기의 석굴암론은 블레이크에 상응하는 김대성, 기독교미술에 상응하는 불교미술, 궁극적으로는 서양에 상응하는 동양을 발명했다. 석굴암은, 그가 좋아했던 "불이(不二)"의 논리에 따르자면, 서양과 다르면서 또한 서양과 같은 동양의 불멸의 상징이 됐다.

3. 무의 에피파니: 이태준의 석굴암 표상[29]

조선총독부의 석굴암 중수사업은 어쩌면, 1910년 한일병합 무렵에 시작된 경주 시가정리와 함께, 경주의 역사에 근대를 도입한 사건일지 모른다. 석굴암의 존재는 그 조형물을 '신라구도의 고적' 중 하나로 찬양한 신문기사의 예가 말해주듯이 어쩌면 그저 황량한 고도였을지 모르는 경주에 대중 저널리즘이 주목한 주요 이유 중 하나였다. 경주에 잔존하는 신라 유적에 관한 얼마간의 정보는 『동경잡지』류의 전래 읍지와 세끼노 타다시의 경주조사보고 같은 문헌 덕분에 취득하기가 불가능하지 않았지만 신라구도로서의 경주라는 관념은 석굴암 보존이 신생조선어 활자 매체를 통해 식민통치의 업적으로 선전된 이후 조선인 대중의 통념이 되기 시작했다. 주목할 사실은 경주 지역 관민이 1911년에 설립한 경주고적보존회가 석굴암 중수 지원활동을 담당하면서 그 조직을 정비하고 총독부의 후원하에 여러 사업을 개시했다는 것이다.[30] 경주 고적에 대한 조사·보존·전시 권리를 획득한 이 단체는 신라와의 연관을 중심화하는, 그래서 결과적으로 천년에 걸친 신라 이후 왕국들의 유산을 주변화하는 경주 표상 방식을 정착시켰으며 아울러 경주박물관의 전신(前身)인 진열관 운영을 비롯한 여러 사업을 통해 경주고적이 관광자원으로 개발되도록 도왔다. 미술품으로서의 석굴암 발견 이후 경주는 철도를 이용한 조선과 만주 관광이 일본인 사회에서 대중화되는 추세 속에 금강산과 함께 조선반도의 관광명소로 확고한 위치를 차지했다. 그런 만큼 일제시대 일본인과 한국인 작가의 작품에서 경주 경험이 대체로 관광여행의 형식을 띠고 있는 것은 전혀 이상한 일이 아니다. 이태준(李泰俊)의 단편소설 「석양」의 경우에도 매헌이라는 남성 인물의 경주 탐방은 식민통치와 관광산업의 목적에 따라 개발된 교통체계와 유람행로에 의존하는 양상을 보인다. 매헌은 일본인 주도의 상품화한 상고심미(尙古審美)의 순례에 참가하고 있음을 마치 무의식 중에 자인하기라도 하듯이 우선 "박물관," 그 식민지화된, 심미화된 경주의 중심으로 유람의 발을 내딛으며 이어 박물관 부근의 골동품점, 즉 관광지화된 경주의 미니어처 같은 장소에 들렀다가 우연히, 나중에 그에게 "영원의 여인"으로 비치게 되는 타옥이라는 여자를 만난다.[31]

카또오 쇼오린진 작「오릉 부근」(『朝鮮の美しさ』, 1957)

　직업, 취미, 그밖의 여러 면에서 저자 이태준을 연상시키는 매헌은 작
가로서 성공적인 삶을 살아왔으나 이제 늙기 시작했다고 느끼는 중년
남자다. 도회풍의 젊은 미인 타옥은 그에게 연애에 대한 욕구를 자극하
는 동시에 그의 나이에 대한 서글픈 각성을 유발한다. 그와 타옥의 교제
가 시작된 것은 오릉에서다. 오릉이라면 신라왕족의 무덤이니 그곳이
모종의 로맨스의 장소라는 설정은 현대 한국의 독자에게 어이없게 보
일지 모른다. 그러나 이태준 시대의 미의 순례자들은 오릉을 경주의 다
른 어떤 명소 못지않게 인상적인 곳으로 여기곤 했다. 예를 들면 조선
미술전람회에서 출중한 입선 경력을 쌓아 나중에 심사위원으로 일했고
한때 대한제국 황족 부처의 그림 지도를 했던 조선 동양화단의 중심 인
물 카또오 쇼오린진(加藤松林人)은 오릉을 회상하여 "신라의 꿈을 불러
일으키는, 경주에서가 아니면 얻을 수 없는 화재(畵材)"라고 썼다.[32] 오
릉의 독특한 아름다움은 매헌과 타옥에게 상호 소통의 촉매 역할을 한
다. 매헌이 다섯개의 거대한 봉분이 조화롭게 한자리에 모여 있는 "초

현실적인 기이한 광경"에 넋을 잃고 있을 때 타옥은 그 풍경을 가리켜 "니힐"하다고 함으로써 그의 마음을 움직인다. 그 서양적이고 문학적인 뉘앙스가 다분한 어휘는 인생의 덧없음을 통감하기 시작한 그의 심정과, 그리고 그 광경 속 죽음의 압도적 현존이 그의 마음에 일어나게 했을 법한 무(無)에 대한 상념과 호응하는 것이다. 오릉 장면 이후 니힐은 그가 정겹게 느낀 경주의 경관과 고적의 인상을 묘사하는 키워드로 쓰인다. 그는 경주 여행 중에 오릉과 느낌이 다른 고적, 예컨대 "희랍의 인체"보다 "자연스럽고 장엄한" 불국사의 탑들, "정력적인 미의 압도"를 느끼게 하는 석굴암 불상 등과 접하지만 그에게 경주의 정취를 대표하는 것은 오릉, 그리고 그의 눈앞에 오릉과 유사한 이미지로 다가온 영지(影池)다. 그러므로 경주는 자신의 몸의 쇠락을 의식하고 있는, 궁극적으로는 자신의 죽음을 부지불식 간에 예감하고 있는 그의 심경의 거울처럼 보인다.(130, 135면)

매헌에 따르면 오릉과 영지가 풍기는 "니힐"이라는 인상은 그 경관을 지배하고 있는 선의 형태에서 연유한다. 초현실적인 것처럼 보이던 오릉이 "볼수록 그윽함에 사무치게 한다"고 감탄하고 나서 그는 그것이 환기한 미감을 이렇게 평한다. "능이라 하기엔 너무 소박한 그냥 흙의 모음이다. 무덤이라 하기엔 선에 너무 애착이 간다. 무지개가 솟듯 땅에서 일어 땅으로 가 잠긴 선들이면서 무궁한 공간으로 흘러간 맛이다."(123면) 이처럼 선의 형태를 음미하며 오릉과 같은 조선의 조형물을 관상하는 것은 식민지 조선의 지식인과 예술가 사이에서 미적 태도로서 그리 별스러운 것이 아니었다. 이태준과 우애가 깊었던 동양화가 김용준(金瑢俊)은 "조선예술"은 음악, 무용, 미술을 막론하고 "모두 선에서 출발하고 선에서 그치는 감각을 가졌다"고 보고 그러한 선 감각을

가장 농후하게 나타낸 작품으로 석굴암 조각들을 꼽았다.[33] 조선예술
이 선의 예술이라는 생각을 정식화한 최초의 인물은 널리 알려져 있다
시피 야나기 무네요시다. 1922년의 유명한 에세이에서, 그는 한옥의 지
붕으로부터 도자기의 문양에 이르는 조선의 갖가지 조형물에서 곡선의
형상이 두드러진다는 점에 주목하고 선의 미야말로 조선예술의 특징이
라고 주장했다.[34] 그런데 야나기가 선의 미를 비애의 미라고 풀이하고
나아가 조선인의 불우한 역사와 연관지은 반면에 이태준은 매헌으로
하여금 특수한 민족의 특수한 경험보다 형이상학의 보편적 진리로서
의 궁극적 무(無)를 직면하게 한다. 매헌은 "오(릉)의 신비한 곡선"에서
"신비한 안식"을 얻는다.(124면) 매헌의 미적 발상은 역사상으로 보면
공 또는 무의 교의를 공유한 아시아 종교와 예술의 전통을 따르고 있다.
여기서 1930년대의 이태준이 미학상 동양주의의 옹호자였다는 사실을
상기할 필요가 있을 것이다. 「동방정취」라는 글에서 그는 이백의 시, 선
불교, 사비의 미학 등과 여러 종교적·예술적 표현들을 동양적이라고 범
주화한 적이 있다. 그의 주장에 따르면 동양은 미학에 있어서 고유의 전
통을 가지고 있을 뿐만 아니라 서양과 대립을 이루고 있다. 그리고 그
동서대립은 아(雅)와 속(俗), 명상과 욕망의 대립으로 요약된다. 경주에
서 매헌이 니힐의 정조에 심취한 것은 이태준의 용어로 말하면 동양문
화에 독특하게 유전되고 있는 "비관적 명상의 천재"가 발현된 것인지도
모른다.[35]

　「석양」의 경주는 지리상으로만이 아니라 문화상으로도 조선이라는
지역에 존재한다. 그러나 그곳이 조선 민족주의자들의 상상 속에서 그
러했던 것처럼 어떤 순수한 조선적 아이덴티티의 장소인 것은 아니다.
매헌에게 경주의 중심이 오릉과 영지라는 것은 암시적이다. 왜냐하면

그 역사 유적들은 신라가 종족적으로나 문화적으로나 복합적인 국가였다는, 한개의 동질적인 민족 공동체의 원형은 아니었다는 증거일 공산이 적지 않기 때문이다. 오릉은 신라의 시조 왕과 왕비, 그리고 세명의 왕의 능묘인 만큼 신라의 기원을 나타내는 곳이면서 또한 신라와 일본 사이의 논란 많은 관계를 상기시키는 곳이기도 하다. 박혁거세의 성은 신라 초기의 중신(重臣)이었던 왜인 호공(瓠公)의 호와 통하는 글자라든가 하는 여러 이유에서 그의 종족적 신원은 논쟁거리였다. 그의 씨족은 조선반도의 토착 종족이 아니라 호공과 같은 왜인이거나 아니면 적어도 남방인일지 모른다는 주장이 식민지 조선사회 일각에서는 지지를 얻고 있었다.[36] 영지는 어떤가 하면, 아사녀라는 여자가 불국사 경내의 탑 공사를 하고 있던 석공을 만나러 왔으나 완성된 탑의 그림자가 연못에 비치지 않아 그와 재회할 희망이 사라졌다는 생각이 들자 스스로 몸을 던져 목숨을 끊었다는 고사가 얽혀 있는 연못이다. 현진건(玄鎭健)이 그 석공과 아사녀를 백제인 부부로 설정하고 창작한 『무영탑』이 그 설화의 전승 역할을 도맡다시피 하는 바람에 잊혀지고 말았지만 18세기 중엽의 『불국사고금역대기(佛國寺古今歷代記)』를 비롯한, 역사 자료라는 면에서 그 로맨스보다 믿을 만한 문헌들에서는 석공과 아사녀 모두 본래 당나라 사람이며 아사녀는 석공의 누이동생 또는 아내라고 기록되어 있다.[37] 요컨대, 「석양」의 경주 표상에서 가장 중요한 두 장소는 경주를 조선의 일부가 아니라 조선이 그 안에서 중국 및 일본과 일정한 종교적·문화적 전통을 공유하는 한 광대한 권역의 일부로 만든다. 「석양」이 발표된 당시에 그 권역이 주로 동양이라고 불렸음은 말할 것도 없다. 경주는 조선의 경주라기보다 동양의 경주라는 일본인의 생각에 대한 한 반향처럼 이 소설은 들린다.

매헌이 경주 유람 첫날 우연히 만난 타옥은 그 동양의 고도와 의미상으로 밀접한 연관을 맺고 있다. 그녀는 니힐 같은 말을 쓰는 것이 그리 엉뚱하지 않아 보이는 젊은 영문학도이지만 무(無), 공(空), 정(靜)을 선호하는 동양미학의 어떤 경향에 동조하고 있다. 그녀가 임시로 영업을 돕고 있는 골동품 가게에서 매헌이 신라토기를 골라들고 "딴은 실과라도 담어놓으면 훌륭한 정물 그릇이 되겠군!"이라고 말하자 그녀는 "빈 대루 놓구 봄 더 정물이죠"라고 대답한다. 경주의 고적 중에서 그녀가 가장 좋아하는 곳은 그녀 스스로 니힐하다고 형용한 오릉이다. 그곳이 유발하는 "무서운 맛", 아마도 죽음의 공포와 무관하지 않을 감정을 그녀는 오히려 그곳 특유의 정취라고 찬미한다. "만발한 청춘"답게, 쌀쌀한 기후임에도 "검은 사지치마" 휘날리며 바람 부는 해변을 걷다가 문득 파도소리를 들으면 "타고르의 명상이 일어나곤" 한다고 말하는 그녀다. 그렇다면 그녀는 경주의 동양적 매혹을 대표한다고 보아도 좋지 않을까. 그녀는 처음에 미목이 수려하고 교양이 있는 도회 여성의 풍모 때문에 매헌의 주의를 끌었지만 오릉의 정취를 함께 느낀 이후에는 점점 매헌에게 생기있는 동양의 화신으로 보이게 된다. 매헌과 함께 오릉 구경을 마치고 폭염을 견디던 그녀가 어느 강변에 다다르자 수영을 하려고 거침없이 옷을 벗은 순간에 매헌은 그녀의 몸에서 "오릉 속에서 뛰어나온 요정"을 본다. 매헌은 경주의 매혹이 그녀의 정신과 육체 속에 생동하고 있음을 깨달은 이후 그녀에게 모종의 연정을 느낀다. 하지만 그녀의 동양적 미는 이태준이 말한 동방정취가 그렇듯이 그를 비속한 애욕에 붙잡히게 두지 않는다. 그녀와의 첫 만남 이후 일년여가 지난 가을 매헌은 다시 경주를 찾아가 그녀와 함께 석굴암을 구경한다. 그곳은 그에게 "예술의 황홀경"과 함께 그녀의 신비한 성격에 대한, 의미가 풍부하게 내장된 비유를 제공한다. 그는 "십일면관음" 조각을 감상하던 중에 그녀가 그 보살과 비슷하다는 생각에 도달한다. 그리고 자신을 사악한 애욕에서 풀어놓았음을 깨닫는 동시에 그녀를 그 보살이 대표하는 바와 같은 "숭고한 영원의 여성"이라고 생각한다. 그녀에 대한 매헌의 인상에 일어난 이러한 변화는 어쩌면 타옥이라는 이름에 진작부터 예고되어 있었던 것인지도 모른다. 그 이름은 붓다[陀]의 구슬[玉], 즉 깨달은 사람의 빛나는 표지(標識)를 지칭하기 때문이다.(122, 126, 135면)

타옥은 오릉의 니힐한 정취를 좋아한다고 밝힌 그녀답게 죽음에 대한 상념에 사로잡힌 마음을 때때로 매헌에게 드러낸다. 불국사호텔에서 매헌과 함께 영지의 풍경을 감상하면서는 그곳에 스스로 빠져 죽은 아사녀의 전설을 떠올리고, 오후 호텔의 객실에서 꿈 없는 잠을 자고나서는 죽음이란 그러한 잠과 같은 것일지 모른다는 직감을 토로한다. 작중 이야기에 따르면 근래에 그녀는 죽음을 둘러싼 명상에 때때로 몰입하지 않는다면 오히려 이상할 개인적 상황에 처해 있다. 매헌이 그녀를 만나기 만 이년 전에 그녀는 어머니와 사별했던 것이다. 쿄오또 도시샤대학에 재학하고 있던 그녀는 어머니의 사망을 계기로 평소에 쿄오또보다 좋다고 여기던 그녀 부모의 주거지 경주를 찾아와 머물고 있다. 작품 내에 근거가 충분치 않은 추리이지만 경주에 대한, 더욱 특수하게는 오릉에 대한 그녀의 애착은 그녀가 인간 존재의 무상성이나 필멸성과 비상하게 대면했기에 고조되고 정연해진, 미적일 뿐만 아니라 윤리적인 그녀의 자아의식과 관련이 있을지 모른다. 그녀가 자발적으로 학력 엘리뜨의 경력을 중단하고 아버지와 가족에게 유리하게 골동품점 관리를 맡고 있다는 사실에서 어떤 세속화된 형태의 사신(捨身)을 감지하지 못하기는 어렵다. 이런 맥락에서 눈길을 끄는 것은 그녀가 매헌에게 자신의 약혼 소식과 함께 작별의 편지를 남기고 떠나기 전, 자신의 체온으로 덮혀놓은 이부자리에서 매헌으로 하여금 잠을 자게 하는 행위이다. 그가 그녀를 곁에 두고도 번번이 어쩌지 못하고 빠지는 잠은 나이 오십을 앞둔 그의 육체적 쇠약을 나타내지만 좀더 깊은 차원에서는, 수면과 죽음의 유사성에 대한 타옥의 언급이 일깨우는 바대로, 언제인가는 죽도록 정해져 있는 그의 운명을 나타낸다. 그래서 그녀가 한밤중까지 일한 그를 자기가 자던 방으로 이끌어 자기의 남은 체온과 체취 속에 잠자게 하는 것은 작별의 의례를 몰래 치르기 위한 술수로만 보이지는 않는다. 매헌이라는 서글픈 운명의 인간에 대한 깊은 동정에서 우러나온 배려로도 이해된다. 매헌이 그녀를 십일면관음에 견주고 그녀의 여성성을 "숭고"라는 말로 칭송한 것은 바로 삶에 대한 니힐리즘적 관점으로부터 자라나오는 자비의 마음을 그녀에게서 진작부터 느낀 까닭일 것이다.

　십일면관음은 주지하다시피 관음보살의 한 형태다. 관음보살은 세상의 구제를 자기 존재의 목적으로 삼는 불교의 이상적 인격인 보살의 한 형태로, 세상의 중생을 어여쁘게, 가련하게 여기는 마음을 주요 특징으로 한다. 이 자비의 성자는 중생 각각이 가지고 있는 근기의 차이, 즉 성불을 위한 정신적 조건의 차이에 응해 형체를 달리하여 나타난다. 관음에 대해 설한 가장 오래되고 가장 유명한 경전인『법화경』에서는 그러한 변신을 '보문시현(普門示現)'이라고 명명하고 서른세 종류로 관음의 현신을 구분한다. 십일면관음보살은 중생의 선악에 대하여 열한가지로 구분되는 표정을 짓고 있기에 그렇게 불린다. 매헌에 대한 타옥의 관계가 중생에 대한 관음보살의 관계와 같다는 것은 결국 존재의 고통으로부터 매헌을 구제하는 역할을 타옥이 행하고 있다는 뜻이다. 매헌이 겪고 있는 고통은 표면적으로는 그가 늙어가는 데서 기인하지만 근본적으로는 그의 존재를 지배하는 무상의 법칙에서 기인한다. 타옥은 그에게 욕망의 요동을 겪게 만든 다음 체념의 지혜를 주었다고, 존재로 인한 번뇌를 유발한 다음 존재의 너머에 대한 향념을 고무했다고 보아도 된다. 그녀가 그에게 보여주는 서로 다른 모습, 천진한 아이와 조숙한 명상가, 발랄한 처녀와 슬기로운 성모 등의 모습은 자비롭고 다정다감한 관음보살의 십일면 얼굴과 같은 종류라는 해석도 가능하다. 타옥과 관음의 여성성을 지칭하기 위해 매헌이 "숭고"라는 용어를 쓰고 있는 것은 실로 적절하다. '숭(崇)'이라는 한자는 '숭(嵩)' '숭(崧)'이라는 그 다른 형태와 마찬가지로 모두 산이라는 글자를 성분으로 포함하고 있으며, 한문의 고전적 전통에서 산은 거룩한 것, 신령한 것, 고귀한 것의 영역을 대표하는 이미지다. 숭고한 것의 경험은 바로 그러한 영역 속으로 인간 영혼이 고양되는 경험, 즉 인간 존재가 그 범속한 한계를 초월하여 정화되고 확대되는 경험이다. 「석양」은 그 플롯의 절정에 석굴암 탐방을 놓고 "숭고한 영원의 여성"이 현현해 매헌에게 법열(法悅)을 안겨준 전말을 기록한다. 그 법열의 순간을 묘사한 대목에서 소설의 화자는 마치 말의 한계에 봉착한 듯이 간소하게 "한결 엄숙한 정적이었다"라고 말한다. 그 정적은 소설 속에서 경주 특유의 인상으로 이야기된 "유구한 니힐"이 압도적으로 팽만한 상태를 나타낸다 해도 좋을 것이다. 석굴암의 미적 본질을 일러 "일체를 품은 무의 경지"라고 했던 야나기의 발언은 이 니힐의 에피파니에 바쳐진 소설에서 미묘한 반향을 일으키고 있는 듯하다.

4. 보살도와 파시즘

이도영 작「석굴암의 관음상」(1929)

십일면관음상은 석굴암이 미술품으로서 발견된 이후 본존불상에 버금가는 주목을 받곤 했다. 경주고적 홍보를 목적으로 간행된 일본어 서적을 보면 십일면관음상의 위상이 두드러진다. 경주고적보존회에서 편찬한『신라구도 경주고적도휘』에는 석굴 내의 조각 사진이 세장 실려 있는데 그중 한장이 이 관음상 사진이다. '석굴암석굴관세음상'이라는 캡션이 달린 이 사진에는 "조각이 우아하고 정려(精麗)하며 교묘하니 굴 가운데에서 가장 걸출한 것"이라는 찬사가 딸려

있다. 식민지 역사학과 고고학의 기념비적 총서『조선고적도보』의 일부로 출판된『불국사와 석굴암』에서도 십일면관음상은 특별한 주목의 대상이다. 그 조각의 세목을 살린 대형사진에 붙여진 논평 중에는 "가장 세심한 기술과 정치한 조각도가 가해져 이 한개의 상(像)만으로도 신라의 불교예술을 말할 수 있다"는 일절이 있다.[38] 십일면관음상은 조선인 예술가들, 특히 조선과 동양의 시각적 이미지 제조에 열성적인 예술가들에게 유용한 것으로 판명되었다. 19세기 조선 회화의 전통을 계승한 화가로서 1920년대 초반 한때 조선미술전람회 심사위원으로 일한 이도영(李道榮)은 그 조각을 묘사한 작품을 1929년 제9회 서화협회전에 출

품했다.[39] 현재 남아 있는 조악한 작품 사진만 보더라도 그 작품은 인상적이다. 대상의 선에 높은 강도의 우아함과 균제성(均齊性)을 부여한 필치로 대상의 성모(聖母)적 위엄을 환기하는 데 성공했고, 그런 점에서 재래 남화의 관례에서 탈피한 사실적 동양화 노선을 예시했다는 평가가 가능하다. 관음보살상을 모방한 조선인의 예술작품으로 보다 유명한 것은 최승희(崔承喜)의 춤이다. 최승희가 무용가로서 세계적 명성을 얻

최승희의 보살춤 (1937년경)

는 계기가 되었던 공연 중 하나인 1939년 1월 파리 공연 프로그램 상에는 '보살'이라는 제목의 춤이 있었다. 그녀의 남편 안막(安漠)이 그 파리 공연의 성공에 감격하여 지은 시가 알려주듯이, 그 춤은 석굴암 내벽 조각의 시각 이미지를 차용한 것이었다.[40] 프랑스와 그밖의 유럽 여러 나라에서의 공연을 계기로 동양무용이라는 장르의 가능성을 깨닫기 시작한 것으로 보이는 최승희는 이후 소재의 범위를 일본과 중국으로 확대하여 풍부한 레퍼토리를 개발했으며, 보살춤을 자신의 주요 공연 작품으로 정착시켰다. 그녀가 고안한 독무(獨舞)의 초(超)대형 발표회였던 1942년 12월 토오꾜오 공연에서는 조선과 일본의 시각예술을 참조한 여러 스타일의 보살춤을 내놓기도 했다.[41]

최승희가 동양무용예술을 창시하는 데에 보살이라는 불교적 모티프

를 중요하게 사용한 것은 조금도 우연한 일이 아니다. 야나기 무네요시에 관한 앞에서의 논의 중에 말했듯이, 서양과 대등한 동양의 문화적 구축에 열의를 가진 근대 일본의 지식인들은 기독교에 대응되는 동양의 종교를 바로 불교에서 찾았기 때문이다. 원래 세계지리를 보는 유럽인의 방식에서 유래한, 서양과 대칭되는 동양은 일본인의 연구를 통해 불교와 결부되면서 비로소 문화적 정의를 가지기 시작했다고 말할 수 있다. 동양의 문화적 실체화가 일본인의 자기정의 과정에 중요한 절차가 됨에 따라, 그리고 아시아주의가 일본제국의 헤게모니 강화에 유리한 비전으로 부상함에 따라, 불교를 정신적 본질로 하는 동양이라는 관념은 강한 매력를 얻었다. 서양의 존재를 의식한 일본인 불교 법사들은 동양제국을 통일하는 수단으로 불교를 선양하기를 주저하지 않았다. 스즈끼 다이세쯔(鈴木大拙)는 이렇게 썼다. "만일 동양이 하나이고 동양을 서양과 구별짓는 것이 있다면 그 차이는 불교 속에 육화된 사상 속에서 찾아야 한다. 동양을 대표하는 인도, 중국, 일본이 하나로 합쳐질 수 있는 것은 오직 불교사상 속에서이기 때문이다. 그 나라 각각은 불교사상을 그 환경의 필요에 적합하게 만드는 고유의 방식을 가지고 있지만 동양이 연합해서 서양과 대면해야 하는 경우에는 불교가 그 기반을 제공한다."[42] 스즈끼가 상상한 동양의 일체화는 1937년 중일전쟁 발발 이후 일본제국의 정치와 문화에서 실제로 중요한 의제였다. 일본인은 물론 조선인도 나락에 빠진 유럽 개인주의와 자유주의를 대체할 동아시아 공동체의 비전에 유인을 당했다. 일본제국의 아시아 지역 패권 추구와 결합되었던 아시아주의 프로퍼갠더는 서양과의 접촉 이전의 동양이 아니라 접촉 이후의 동양, 서양적 근대를 극복하고 세계사의 새로운 시작을 개시할 동양이라는 비전을 내놓았다. 그 신생 동양의 이미지는 이태준의 인물 타옥에게서도 약간 엿보인다. 그녀는 매헌을 처음 만나고 일 년여가 지나서, 상징적이게도 이번에는 경주가 아니라 해운대에서, 매 헌을 만나 작별을 고하는 시점에 보살의 인상이 그녀의 전부가 아님을 보여준다.[43] 쿄오또 도시샤대 영문과를 휴학 중인 그녀는 현재 토오꾜 오에 거주하고 있는 어떤 남자와 최근에 약혼했다고 알리며 자기들의 장래를 축복해달라고 부탁한다. 그녀가 죽음과 허무에 대한 강박관념 을 뒤로 하고 생에 대한 희망을 가지기 시작했음이 드러나는 순간이다. 경주의 니힐리즘을 통과한 그녀의 청춘은 일본제국 내부에서 신생하고 있는 동양을 떠올리게 한다.

동아시아에서 불교가 번성하여 그 지역을 한개의 문화권으로 만든 것은 대략 6세기에서 8세기, 중국에서는 수와 당, 한국에서는 통일신라, 일본에서는 스이꼬와 쇼무 천황이 지배하던 시기의 일이다. 야나기 무 네요시에게 석굴암은 바로 그 시기에 불교의 교리와 의례를 통해 표현 된 동아시아인의 종교적 영성(靈性)에 대한 탁월한 증거였다. 그가 보 기에 당대의 조선에서 신앙은 쇠퇴하고 불교는 소멸하고 있었지만 석 굴암 조각 속에서는 조선이 "영원한 종교의 나라로 살아" 있었다. 그는 그 자신의 석굴암 탐방을 역사학이나 고고학의 관점에서가 아니라 종 교 체험의 관점에서 서술하기를 택했다. 그가 관찰한 석굴암의 내실은 한마디로 "영의 세계"였고, 그의 미적 감상의 절정은 그를 "전율"에 빠 뜨리는 "영의 이상한 순간"과 함께 왔다.[44] 미와 진, 예술과 종교가 궁극 적인 경지에서 하나라는 그의 주장과 같은 논리에서 그에게 숭고한 것 (the sublime)과 신령스러운 것(the numinous)은 별개가 아니었다. 숭 고의 경험과 초월의 경험의 궁극적 동일성을 강조한 그의 논법은 특별 히 동양적인 것은 아니다. 유대교-기독교적, 낭만적 전통에서 그것은 오히려 통설에 속한다. 숭고한 것이 사람의 마음을 평소의 인식작용 너머로 고양시킨다는 서양인의 생각은 숭고한 것을 지칭하는, 문자 그대로는 "상승시키는 것"을 뜻하는 독일어(das Erhabene)에 기입되어 있다.[45] 그러나 근대 서양문화에서 세속주의가 승리한 결과 숭고는 초월의 암시로부터 분리되어 개념화되기 시작했다. 버크와 칸트의 유명한 숭고론은 말할 것도 없이 숭고의 신비학과 절연된 숭고의 미학을 대표한다. 주목할 것은 일본의 일급 비평가들이 특수하게는 석굴암에 대해, 일반적으로는 동양예술에 대해 말하면서 세속화된 미학에 대해 유보적인 경향을 보이곤 했다는 것이다. 1938년에 석굴암을 방문한 코바야시 히데오(小林秀雄)는 그곳 내부의 일부 조각들이 아름다웠지만 그것들을 보며 "피곤"을 느꼈다고 토로했다. 그가 그렇게 기묘하게 반응한 것은 조각가들에게는 있었던 "부처"가 자신에게는 없다는 이유 때문이었다. 즉 그가 석굴암 조각의 미에 유쾌하게 몰입하지 못한 것은 그에게 신앙이 없기 때문이라는 말이다. 어둠 속에서 뭔가를 찾는 심정으로 석굴암을 떠나는 길에 갑자기 "에스테틱"이라는 단어가 머리에 떠오르자 더욱 기분이 언짢아졌다고 그는 썼다.[46]

세속주의적 미학에 대한 유보는 이태준의 「석양」에서도 발견된다. 코바야시와 아주 흡사하게 석굴암 조각들 앞에서 "피로"를 느꼈다고 토로한 매헌은 십일면관음상을 감상하며 "아무리 고운 여자라도 정말 숭고한 미란 종교 또는 철학을 체득하지 않고는 발휘하지 못하는구나"라고 경탄한다. 그리고 자신을 정욕의 마수로부터 구해준 타옥을 십일면관음보살에 견주어 예찬한다. 매헌이 말한 바로 미루어 그 "숭고한 미"가 어떤 청정하고 고원한 영기(靈氣)와 관계있다는, 그의 동양주의 미학이 모종의 영성주의를 포함하고 있다는 추리는 가능하다. 그러나

「석양」에 나타난 숭고 예찬을 단지 예술 경험의 관점에서만 보면 그것을 정확하게 이해하기 어렵다. 그 단편소설이 발표된 1942년 무렵 숭고하다고 공인된 것 중에는 불교예술의 유산만이 아니라 일본의 미국과의 전쟁도 있었다. 일본의 진주만 공격 이후 총력전을 위한 동원체제가 식민지 조선에 더욱 강고해지면서 제국 신민으로서의 자기각성과 자기규율은 도덕적으로뿐만 아니라 미학적으로도 선양되었다. 이른바 멸사봉공의 정신에 투철한 처신은 부처의 각양각색의 현신 못지않게 숭고한 것으로 칭송되었다. 제국주의 프로퍼갠더 잡지『국민문학』의 편집자 최재서(崔載瑞)는 국가의 거룩한 대의에 복무하는 방향으로 문학자들의 윤리 감각과 미적 감성이 개조되어야 한다고 생각했다. 국민문학의 정립을 위한 방안을 내놓는 가운데 문학자가 일반인과 마찬가지로 국민성을 갖추기 위한 비상한 "훈련"을 필요로 한다고 주장하면서 "위대한 것과 숭고한 것에 대한 숭배와 희구"를 특징으로 하는 "고전의 정신"을 되찾아야 한다고 촉구했다. 그가 고전문학에 특유한 "엄숙한 아름다움"의 원천이 되었다고 간주한 그 정신의 표현 중에는『만요우슈우』에 들어 있는 충군애국의 시가 있었다. 그는 문학자에게 모범이 되는 윤리적·미학적 영웅으로 "구군신", 즉 진주만공격에 참가한 아홉명의 자살공격대원을 들고 그들의 일생은 고전 정신의 "아름다운 순간을 거머쥐기 위한 훈련"이었다고 썼다.[47] 「석양」은 전쟁 프로퍼갠더 작품은 아니다. 하지만 그 숭고 예찬이 파시즘적 미학과 상통하지 않는가 하는 의심은 억제하기 어렵다. 그 단편소설이 발표된 지면이 바로『국민문학』이라는 사실은 무시해도 좋은 것이 아니다.

또 하나 주목할 만한 우연은 동양적 숭고의 종교적 원천, 즉 불교가 총력전 체제의 정당화에 복무하는 교의체계로 활발하게 재해석되고 있었다는 사실이다. 흔히 호국불교라는 이름으로 자신들의 조직을 국가적 이익과 일치시키는 경향이 강했던 일본 불교 종파들은 중일전쟁 이후 그들의 교리를 전쟁기계로 변형시키기를 주저치 않았다. 이것은 무엇보다도 황도불교라는 교리의 출현으로 확인된다. 부처의 가르침이 그 목적대로 발전한 것은 오직 일본에서이며 그것은 천황들이 대대로 불교를 신봉하고 육성한 덕분이라는 생각에 기초한 그 교리는 불법에 대한 신앙과 천황에 대한 충성이 별개가 아니라고 주장했고, 그럼으로써 군국주의 국가의 목적을 위한 인민 동원에 협력했다. 황도불교운동이 일본 불교의 주요 종파들로 확산되면서 그들의 설교와 문장에는 불교의 관념이나 상징을 빌려 쇼오와 천황의 전쟁을 찬미하는 언사가 성행했다. 천황은 이상적인 불교 군주의 하나인 전륜성왕(轉輪聖王)이었고 그의 전쟁은 숭고한 자비의 행위였다.[48] 조선 불교 종파의 대부분 역시 총력전 협력 기구가 되었다. 전례 없는 중앙집권적 관리체제를 수립하고 총독부의 통제하에 들어간 조선 불교계는 승전을 위한 기도회와 전사자 위령제를 열고, 무기와 군수물자를 위한 자원을 제공하고, 각종 대중 프로퍼갠더 공작에 참여하며 전쟁 수행을 도왔다.[49] 황도불교운동은 조선인 불교도 중에서도 추종자를 얻었다. 명망있는 불교학자였던 권상노(權相老)는 황도불교의 조선어 팸플릿이라고 불릴 만한 그의 저작에서, 니찌렌종(日蓮宗)을 모델로 삼아 조선 불교교단에 애국주의 의무를 부과하고 전쟁에 임하는 용기와 지혜를 불교의 용어로 제시했다. 그리고 결론 삼아 이렇게 주장했다. "우리의 제국에는 황도(皇道)와 불교가 둘이 아니며 민생과 불교가 둘이 아니다. 그럼으로 (…) 지성(至聖)하신 황도와 대자(大慈)하신 불교를 그대로 적용하야" 중생을 모두 구제하고 불국토를 청정하게 할 뿐만 아니라 영국제국의 지배로부터 아시아민족을 해방시켜 "팔굉일우(八紘一宇)의 대주의(大主義)를 완성시켜야 한다". 대동아주의에 헌신한 장교와 병사들은 그의 눈에 위대한 불성을 획득하여 생사 관념을 초탈한 존재로 보였다.[50] 그는 "성전(聖戰)이 곧 보살도(菩薩道)"라고 단언하기를 조금도 주저치 않았다. 이로써 보면 동양적 숭고가 일본제국의 총력전 체제하에서 정치적으로 기능하고 있었음은 의심할 나위가 없다. 그것은 말하자면 파시즘적 장엄과 구분하기 어려운 상태였다.

칸트는 숭고를 정의하여 "절대적으로 거대한 것"이라고 한다. 여기서 절대적으로 거대하다는 것은 무엇과도 비교되지 않을 만큼 거대하다는 뜻이다. 절대적으로 거대한 무엇인가가 있다면 인간의 구상력은 그것의 다양한 감각적 양상을 결합하여 한개의 형상으로 재현하기가 불가능하며, 따라서 숭고는 당연히 감각의 대상이 아니다. 그렇다면 숭고는 대상의 자질이라고 말하는 편보다 주체의 상태라고 말하는 편이 옳다. 숭고한 대상이란 없고 어떤 종류의 사물들과의 조우에서 발생하는 주체성의 숭고한 상태만 있다. 숭고는 사람이 자연에 대하여 가지고 있는 감성적 관계의 한계들을 상기시키는 동시에 그 한계들을 넘어 사유하는 초감성적인 능력, 즉 이성을 사람이 가지고 있음을 느끼게 한다. 이성의 힘, 다시 말해 순수한 사념의 능력을 자각하게 하는 숭고의 경험은, 장-프랑수아 리오따르를 비롯한 칸트 숭고론의 현대적 계승자들이 강조하듯이, 윤리적·정치적으로 유력한 것이다. 그것은 어떤 윤리적·정치적 이상이 그것이 실현될 것처럼 보이지 않는 문화 속에서도 유지되게 한다.[51] 일본제국의 아시아-태평양전쟁기는 바로 숭고의 윤리적·정치적 효용이 적극적으로 개발되었던 시기다. 당시에 성행한 파시즘 담론은 시간과 공간의 한계를 넘어서는 숭고성의 언어 — 예컨대 영구

(永久), 만대(萬代), 무궁(無窮), 무한(無限) 등——를 일본의 황실·민족·
국가에 대한 통칭으로 정립하면서, 일본제국의 숭고한 경험을 그 제국
통치하의 일반 민중에게 고취하는 수사를 유포했다.[52] 파시즘과 연루된
숭고성의 언어는 총력전 체제에 동조한 조선인들의 공공담론에서도 우
세했다. 위에서 언급한 최재서와 권상노의 예가 시사하듯이, 그것은 서
양 학문에 밝은 지식인으로부터 재래의 종교적 전통에서 배출된 교학
자에 이르는 넓은 스펙트럼의 문화 엘리뜨의 언어에 침투해 있었다. 석
굴암의 예술이 파시즘과 같은 근대 이데올로기와 무관하게 출현했음은
물론이다. 그러나 그것이 숭고하다고 이해되고 상찬된 문화적 환경은
숭고, 바로 그것의 경험을 장려하고 선양한 파시즘에 널리 감염되어 있
었다. 일제 말기 석굴암이 '대동아'의 전사(戰士)-보살(菩薩)의 길을 가
고자 하는 조선인에게 혹여 성지 같은 곳이었다고 해도 전혀 이상한 일
이 아니었다.

5장

민족문학과 민중문학을 다시 생각하기: 서발턴은 쓸 수 있는가●

천정환(성균관대 국문과 교수)

> 나는 자꾸 뭔가를 잃어버렸다는 생각이 든다(…)
> 조용히 눈을 감아본다
> 분명히 내가 잃어버린 게 한가지 있는 듯한데
> 그것이 무엇이었는지 잘 생각나지 않는다
> ─송경동,「혁명」부분

1. 문제제기

오늘날에도 민족문학론과 리얼리즘에 대해 사유한다는 것은, 문학과 정치의 관계를 사유하는 것과 깊은 관련을 갖는다. 이는 한국문학사가 만들어준 육화된 전통이자 일종의 관습인지 모른다. 그러나 진정 민족 문학론과 리얼리즘론을 제대로 애도하여 역사박물관 속에 안치시킬 필 요가 있다. 다시 말해 민족문학론과 리얼리즘론의 역사적 의미를 당연 히 잘 평가해야 하지만[1] 양자를 자체로 복권·부활시킬 수는 없다는 점 도 분명히 해야한다. 굳이 이런 말을 하는 이유는 민중·민족문학론/리

● 이 글은 졸고「서발턴은 쓸 수 있는가: 1970~80년대 민중의 자기재현과 '민중문학'의 재평가를 위한 일고」,『민족문학사연구』2011년 12월호(제47호) 및「1980년대 문학·문화사 연구를 위한 시론(1): 시대와 문학론의 '토픽'과 인식론을 중심으로」,『민족문 학사연구』2014년 12월호(제56호)에 근거한 것이다.

얼리즘론/문예운동론의 자력(磁力)과 문학사의 전통이 어떤 강박을 재생산하기 때문이다. 이를테면 '다시 문제가 리얼리즘'일 수 없고 가능하지도 않은데, 문학에 대한 '실천'의 요청이 리얼리즘(론)에 대한 요청으로 오인·전치되는 경향이 있다는 것이다.[2] 리얼리즘론과 문학적 실천의 '역사적인' 결합 전통이 여기에 작용할 것이다.

1980년대의 문학론은 여러가지 이질적인 계기를 함께 품고 있었지만, 그것이 일체가 된 정황 자체가 시대의 특징이었다. 민중문학론, 민족문학론, 리얼리즘론 그리고 '문예'[3]운동론은 유기적 '전체'였다. 그래서 이를테면 리얼리즘은 "한편으로는 창작방법이면서 동시에 문예운동의 정세판단과 조직구성의 기본원리, 구체적으로는 보편적·객관적 사회현실이 인간의 구체적 삶의 특수한 형태들 속에 관철되어 운동하는 양상을 그려내는 예술적 현실인식의 수단"[4]이었다. 즉 리얼리즘론은 조직론·운동론으로까지 확장된 교의요, '민족문학론'의 요체 혹은 그 등가물이었다. 이는 '지나치게 당연한' 것이었으나 많은 논의에도 그 일체성 자체는 성찰되지 않았던 듯하다. 남미의 붐문학처럼 '마술'로써, 또는 모더니즘적인 수법으로 '현실'을 비판하거나 저항하면 안 되었는가? 이전에 연구자들은 박태원·김기림 등의 전신(?)을 해명하느라 많은 지력과 종이를 사용했지만, 이제 따로 떼어서 혁명론·운동론, 창작방법론, '세계관', 문예사조, 민중주의와 민족주의가 뒤섞여 한몸이던 '역사'를 새로 기술·평가해봐야 한다.

민중문학과 민족문학론 및 리얼리즘 문학론의 문화적 시원과 문화사적 맥락을 재구성하기 위해서는, 1980년대식 논의(즉 '문예운동론'과 '민중적 민족문학론'의 견지에서 당파성·전형성 등의 개념을 중심으로 한 지도비평적·정론적 토의로서)나 1990년대 이후의 원론적 리얼리즘·모더니즘론 혹은 민족문학론의 변호론으로[5] 접근해서는 안 되며 새롭게 객관화할 필요가 있다. 이 글은 민중문학을 중심으로, 오늘날의 현실에서 문학과 정치의 관계를 사유하는 데 살려쓰거나 문학사 인식을 광정하는 데 필요한 합리적 핵심을 복원하기 위해 무엇이 필요한지를 고찰하기 위한 것이다.

2. 리얼리즘 문제와 매개

이와 관련해 근래 조정환은 적실하게 '20세기 리얼리즘론'의 경과와 역사적 한계를 총괄 요약·비판했다. 그에 의하면 "현실 리얼리즘"은 내재적 모순 때문에 목적론적 이데올로기가 되어 외려 '리얼한 것' 혹은 '리얼리티'(조정환의 용어로는 "리얼")를 억압·해체했다.

> 민중성, 당파성, 성실성, 진리충실성, 양심 등의 주체성 범주들, 경험 범주들이 개입함으로써 리얼은 비로소 사실들로서, 전형화를 통해 전형으로 추상될 경험적 사실들로서 나타난다. (…) 전통적 리얼리즘의 구상들은 비유기적 생명의 광적인 운동과 복합적 과정의 표현이 아니라 경험적 사실들로부터의 재현적 추상에 구상의 옷을 입힌 것으로 나타난다. 이 모든 것을 주관하는 것은, 작가의 의식이다. 의식은 초월적(transcendent) 위치에서 리얼한 것을 대상으로, 사실로 규정하며 리얼한 것의 초험성(transcendentality)을 삭제한다. (…) 의식의 초월성은 두가지 방향에서 '리얼'리즘을 해체시키는 것으로 작용한다. 하나는 리얼리즘의 사회주의 리얼리즘으로의 발전이다. 그것은 리얼리즘을 세계관으로서의

사회주의, 초월적 외부로부터 주어지는 특정한 형태의 정치의식에 리얼을 종속시키는 발전 방향이었다. 목적론이 리얼을 규정하는 이 방향이 생명과 삶에 특정한 의식적 주형을 부과했다는 것, 지도자나 수령의 마음을 전형화하는 방향으로 발전했다는 것, 다시 말해 리얼리즘이 비유기적 생명의 광란으로서의 리얼로부터 극단적으로 멀어졌다는 것은 이제 주지의 사실이다.[6]

그 모순은 리얼리즘이 "방법"이 아니라 주체의 세계관에 "전적으로 구속" 또는 종속되어 '사회주의 리얼리즘'으로 귀착한 것인데, 기본적으로 "리얼리즘론이 객체와 주체의 분리 위에서 주체에 의한 객체의 재현이라는 체제"이며, "리얼리즘이 말하는 작품적 진리"가 "작가의 주체성에 의해 실천적으로 매개된 상응"으로 상정되었기 때문이다. 그리고 한국에서 "리얼리즘적 재현을 매개하는 주체성의 요소로 간주되었던 것"은 "당대의 민족적 현실, 민중적 삶과의 합치였고 그것들의 필요에 실천적으로 부응하는 것이었다". 그래서 이제 "리얼한 것은 의식에서 독립적인 실재로서가 아니라 매우 의식적인 것"이자, "민족적이고 민중적인 삶의 필요가 당대의 민중을 구성하는 지도계급인 노동계급의 해방과 불가분한 관계를 갖는 것으로 이해되었고 그 필요가 작가에 의해 직접적으로 해독될 수 있는 것이 아니라 계급해방을 이끌 전위적 실천과 일관된 정치적 목적의식의 획득을 통해 비로소 주어질 수 있다고 보았다".[7] 물론 이는 조정환이 한정하듯 단지 한국의 1980년대 리얼리즘론이 귀착된 장소인 것만은 아니겠다. 1930년대 조선을 비롯하여 사회주의리얼리즘이나 '당-문학론'이 있던 곳 대부분에 해당할 것이다.

그런데 '리얼한 것' 자체의 힘은 약해지지 않는다. 예술이 매개(medium)인 한 '리얼'한 것, '진짜 같은 것' '핍진성' '사실성'의 가치도 줄어들지 않고 오히려 부풀어오른다. 그리고 '리얼'한 것들과 '리얼리티'의 힘은 20세기 초에 카프카가 그랬고 최재서도 의식했듯, 심리·환상·알레고리 등의 범주 때문에 침해받지 않는다. '리얼리즘과 모더니즘의 대립' 구도는, '리얼'한 것에 대한 접근의 차이를 이념화한 경향이 있었다. 오히려 '리얼한 것'은 심리·환상·알레고리 등과 함께 재구성·갱신될 수 있다고 생각한다.

부연하면 '리얼리즘 대 모더니즘'으로 한국 문학사를 인식하는 일은 '역사적'인 것이며, 1980년대식 '진영대립'이나 '문지 대 창비' 등 중앙문단문학 중심의 인식의 소산에 가까운 것이라 보인다. 한국문학사에서 '리얼리즘 대 모더니즘'이라는 구도가 의식·발화된 것은 특히 세가지 계기에서인데, 첫째는 구인회 문학에 대한 평가와 관련하여, 둘째는 1980년대 민중·민족문학론의 전개 과정에서, 셋째는 1990년대 중반 이후 전개된 모더니즘 논쟁에서다. 기본적으로 '리얼리즘 대 모더니즘의 대립'이란 양자가 지향하는 가치와 양자를 대립되는 것으로 설정할 때에만 가능한 것인데, 이 또한 지극히 '상황적인' 것이며 비단 한국에서만의 논쟁구도도 아니다. 그런데 리얼리즘과 모더니즘 양자를 다 모더니티에 대한 반응으로, 굳이 사후적으로 '회통'시킬 필요 없이 처음부터 서로 건너다닐 수 있는 것으로 인식할 때, 또는 실제로 김수영이나 조세희(趙世熙) 문학이 그렇듯 민족문학론이나 '전형성' 등의 주박에서 벗어날 때 '리얼리즘 대 모더니즘'의 구도는 유효하지 않다. 앞에서 다루었듯 양자는 '실재'의 다른 측면을 '매개'하고 그 매개성은 교환 가능한 것이기 때문이다.

더구나 한국문학사에서 양자는 등가를 갖는 양항이 아니다. 기존의 시각에 따른다 해도 1980년대에 시 영역에서와 달리 소설에서는 이인성·최수철 이외에 뚜렷한 '모더니즘' 작가가 없고, 그 성취도 재평가해볼 여지가 있을 것이다. 그렇다고 리얼리즘 계열(?)에서 벗어나 있는 작품들을 굳이 모아 '모더니즘'이라 칭할 수도 없다. 따라서 우리 문학사에서 '리얼리즘 대 모더니즘'의 대립 배후에 있는 것은, '문학과 정치'의 문제에 대한 다른 입장과 민중·민족문학론의 헤게모니가 야기한 문학장 내부의 진영론이기도 했다.[8] 이 대립의 의미를 지성사의 측면이나 다른 각도에서 살펴볼 필요는 있다.

어쨌든 애초에 근대 리얼리즘이 소설 장르의 발생과 함께 또는 근대 과학주의의 합리성·현실성에 대한 추구와 병행되며 새로운 '방법'이 되었던 것처럼, '시뮬라크르의 시대' 혹은 파타피직스의 시대에서 '매개'하는 것(즉 미디어)의 힘이 더 커진 오늘에도 '리얼한 것'은 여전히 추구될 수밖에 없다.[9] '리얼한 것'은 다가(多價)적이며, 매개학의 근본 문제와 관련되는 자질이다.

그래서 처음의 이론적 기획과는 달리 필수적인 동시에 이데올로기적으로 요청됐던 '총체성' '당파성' 등에 의탁하지 않고서도 '리얼한 것'은 구제될 수 있어야 하며, 굳이 "진보문학론의 재구성을 위해서"[10]가 아니더라도 그것은 가능해야 한다. 그리고 '진보문학론을 위한 진보문학론'은 더 이상 불가능해 보인다. "리얼리즘은 단지 가능한 소설양식 중의 하나가 아니라, 여전히 문학에서 가장 핵심적인 미학적 태도에 해당한다"[11]고도 할 수 있지만 리얼리즘 자체가 '사실'의 힘을 다 보증해주는 것이 아니다. 문자-리얼리즘에 고유의 한계가 있고,[12] 볼터·그루신의 말대로 매개도 실재적인 것도 제거할 수가 없다.[13] 소박한 실재론이나 반영론을 넘고,[14] 강박 없이도 '리얼한 것'을 그 자체로 옹호할 수

있다. 따라서 표상(재현)과 매개의 작용에 대한 재론으로부터 리얼리즘론은 재평가될 필요가 있다.[15]

다만 문학은 핍진하다 해도 문자적 매개와 '재현' 내에서 그렇다는 것과 "현실" '리얼리즘론'의 한계를 정확히 하는 것은 필요하다. 그 과학성과 진리성에 대한 독점적·교조적 태도는 사실 여전히 영향력을 갖고 있다. 어쩌면 이 문제는 '20세기 사회주의' 혹은 '현실사회주의' 문제에 유비될 수 있는 듯하다. 오늘날 자본주의의 심화된 모순은 '사회주의'의 문제의식을 언제나 다시 제기하게 한다. 레닌주의에 대한 복권의 목소리도 있다. 그러나 '현실'에서 '20세기 사회주의'는 '불가능'하며 시대착오에 가깝다. 관념적 '사회주의자'들이 '사회주의'를 그리워할수록, 딱 그만큼 현실의 중국과 북한 '사회주의'가 각각 다른 방식으로 심각한 체제모순을 드러내며 자본주의 세계질서를 보족·합리화한다. 스탈린주의나 국가사회주의의 폐해를 거론할 필요조차 없이 말이다.[16] 오늘날 사회주의는 코뮨주의의 가능성으로서나 의미있지, '현실'의 '주의'로선 그 이름 위에 도저히 뭔가를 새로 쓰기가 난망하다. 20세기 '문학과 정치론'은 (레닌-)스탈린주의, 그리고 김일성주의 문예론의 역사성과 또 그 한계와 직접 연관되어 있는 것이었다.

그럼에도 인간해방의 담론적·문화적 실천 논리로서의 민중·민족문학론 등이 지녔던 의의를 죄 부정하기 어렵다. 그것이 가진 이상주의와 정신성은 여전히 옹호될 수 있다. 다만 어떻게, 무엇을 통해 옹호되어야 하는가가 문제일 것이다.

민족문학론은 1970~80년대 당시 한국사회의 '식민지 반자본주의'(?)적인 '현실'을 반영한 것이었다. 1970년대 후반 혹은 1980년대 초에는 민족문학·문화의 수립과 자유·통일을 민족국가의 완성에 귀착시키고 이를 남한 사회운동의 총론적 과제로 의심없이 수용했다. 어쩌면 주체사상 수용 이전의 민족해방론(NL)이라 할 수도 있겠는데, 여기에 별로 예외가 없었다. 창비의 논리가 기본적으로 이에 연관될 것이며 김남주·홍세화 등이 가담한 남조선민족해방전선도 그랬다. 그 시대의 한국은 실제로(?) '식민지 반자본주의' 사회이자 제3세계 개발도상국이었거나, 그렇게 간주됐던 것이다. 민족문학론은 기본적으로 이런 인식의 반영물이며 거기에 여러 요소가 첨가되고 1970~90년대 한국 문단의 상황에 적응된 '전략적 종합'이다.

그러나 민족문학론은 '민족'을 통해 노동문학론 혹은 민중문학론을 유연하게 만든다기보다는 오히려 그 핵심을 거세하여 '진보적' 문예 미학을 일국적이고 민족적인 형식으로 축소하는 효과도 있었다. 1980년대 문학·문화운동론의 핵심은 지성과 노동의 분리(혹은 정신노동과 육체노동, '노동'과 '글쓰기' 사이)를 극복하고자 한 것일 터다. 노동문학과 민중문학을 '민족문학'의 일부로 간주할 수 없고 노동문학론·민중문학론을 민족문학론과 등치시킬 수도 없다.[17]

새로운 1980년대 문예운동론에 대한 논의도 역시 문학론이 품고 있던 "사회 현실을 정확히 읽기 위한 정세 분석, 현실적 모순을 타개하기 위한 혁명론"[18], 즉 문학이면서 문학을 초과했던 담론의 배치구조에 대한 논의와 연관되지 않을 수 없다. 1980년대 운동론과 민중·민족문학론이 지닌 합리적 핵심을 읽어 인간해방의 논리와 노동자 민중을 문화적 소외로부터 소내로 이끈 점들을 적극적으로 재평가해야 한다.[19] 이를테면 김도연의 「장르 확산을 위하여」[20]와 같은 논의는 리얼리즘론이 교조로서의 역할을 하기 이전에, 문학 주체와 장르의 가능성 문제를 깊게 보여준 논의였다. 관련하여 노동문학론 혹은 민중문학론이 멈춘 지점, 즉 교조적 사회주의문학론으로 나아가는 한편 현장에서 급격히 성장하던 노동자문학을 자원으로 삼으면서도 그것과 괴리를 일으키던 지점이 어디였는지를 재고찰할 필요가 있다. 이후 이 문제를 다루고자 한다. 이는 1970~80년대 민중의 자기재현[21]과 민중문학의 역사적 위상을 재검토하기 위한 시론이다. 이러한 작업은 근대문학 및 문학사에 대한 비판을 요청한다. 즉 (근대)문학의 본연성과 '문학사'의 구조 및 주체를 사고하는 인식론에 대한 발본적인 물음들이 이와 관련된다.[22]

3. 민중문학 복권의 요건

근대의 글쓰기(에끄리뛰르)와 문학이 보급·향유된 이래, 문학가들의 길드(문단)와 문학미디어·문학교육·문학사·문학의식 등에 의해 제도화된 '문학'과 '문학사'뿐 아니라, '쓰이지 않은' 혹은 '쓸 수 없는' 문학과 문학의 역사가 존재한다고 생각한다. 양자는 겹쳐 있으며, 이를테면 후자는 문학사의 '구성적 외부'다.

'민중문학'이란 그 쓰이지 않은 것들을 표시하는 한개의 기표였다고 생각한다. 그것에 대한 인식이 우리들 대부분에게 공백 상태이며, 따라서 지칭하는 적절한 용어도 없기 때문에, 이 글에서는 잠정적으로 그것을 '민중의 문학사'라 부를까 한다. 이는 KAPF나 사회주의문학(사)과 당연히 연관되지만 좀 '다른' 차원에 있는 것이다. 더구나 그것은 남한에서 민족주의자/문학주의자들에 의해 구성된 '민족문학(사)'과 같을 수 없다. 특히 1990년대 이후의 민족문학론은 '민중의 문학'의 본연과는 상당히 거리가 있다고 생각한다.[23] 물론 거기에도 약간의 역사적 공유점은 있겠다.

'쓰이지 않은' '아래로부터의' 문학사 안에는 대략 다음의 계기들이 뒤섞인 채 함께 포함되어 있지 않을까?

1) 역사적 '민중문학': 민중이 직접 쓴, 그리고 민중의 삶과 도덕의식을 형상화한 1970~80년대 한국문학의 일부. 민족문학의 갈래나 하위범주로 간주되기도 한다.

2) 낙선자 혹은 아마추어들의 문학사: 제도로서의 문학 및 '문학성'이라는 '규범'에 의해 삭제되거나, 자생적 매체에 의지해온 문학 애호 대중의 글쓰기 역사.

3) 지적 격차의 문화사와 문자 문화의 역사: '서발턴'과 민중이 참여하게 된 문자 문화의 역사. 근대적 앎의 불평등 체계에서의 글쓰기 역사. 주체·노예가 뒤엉키는 순간들의 불연속적인 언어와 앎의 역사.

4) '(근대)문학' 너머의, 초 '(근대)문학사' 또는 포스트-문학사: 인식과 제도 속에 자연화되어 있거나, 또는 '종언'을 맞은 근대문학의 너머에 있는 '문학적인 것'의 역사.

그런데 이러한 문학의 역사는 냉전기의 서발턴과 어떻게 연관되는 것일까? 주지하듯 민중운동은 1960~80년대 냉전체제와는 양립할 수 없는 관계에 있었다. '빨갱이' 혐의를 극복해야 민중운동은 성립할 수 있었다. '빨갱이'는 모든 민중의 '말'을 소거시키는 강력한 주박이었다. 그러면서 동시에 민중운동은 레드콤플렉스를 이겨내고 냉전체제에 균열을 낸 결정적인 힘이었다. 한국 민중운동사에서 노동자들의 글쓰기가 출현하고 당시의 '운동'에 의해 전유된 경로를 잠시 다시 되짚어보

자. 다음과 같은 것이 이에 대한 기존 연구의 시각이다.

흔히 노동운동사에서 노동자들의 문학활동과 수기·르포 등이 등장한 것을 1970년대 이후로 간주한다.[24] 노동야학과 산업선교회 등에 있던 노동자들이 지식인들과 접촉하면서 그들의 직간접적인 영향을 받아 글을 쓰게 되고, 그 글들이 『대화』를 위시한 잡지에 게재되며 크게 주목받는다. 그후 이들 텍스트나 유사한 다른 텍스트들이 계속 지식인들에 의해 발견되며 단행본으로 출간되고 노동자 교육과 의식화를 위한 교재가 될 수 있었다는 것이다.[25] 이러한 수기들은 점점 조직화되던 노동운동에 의해 전유되고, 1980년대 민중주의의 질료가 되었다. 그 초기적 형태 가운데 유명한 것은 단행본으로 묶여 나와 대학가에서 많이 읽힌 『어느 돌멩이의 외침』(1978), 『서울로 가는 길』(1982), 『빼앗긴 일터』(1984) 등인데, 크게 보면 비슷한 서사구조를 갖고 있다.[26] 가난한 농민의 자식으로 태어난 상경 노동자가 노동운동가로 성장하는 과정을 자전 형식으로 쓴 것이다. 그중 『어느 돌멩이의 외침』은 1977년 1월에서 3월까지 3회에 걸쳐 월간 『대화』에 연재되었던 글이며, 『서울로 가는 길』은 도시산업선교회와 관계있는 동료들의 격려에 의해, 『빼앗긴 일터』는 작가 황석영의 주선으로 출판에까지 이르게 되었다.[27] 즉 '문자'와 매체를 소유한 지식인운동(가)이 자생적인 글쓰기를 추동하여 탄생하고 운동에 의해 적극적으로 전유되어 같은 처지의 가난한 노동자들에게 널리 읽힌 것이다.[28]

그러나 이상과 같은 정리는 지식인 중심의, 그리고 특히 1970년대적 기원을 강조하는 '운동사'적 시각에서의 진술이 아닐까? 좀더 넓은 시야에서의 지적 격차의 문화사와 그 안에서의 문학사를 통해 그들의 글쓰기를 다르게 배치할 수 있다는 것이 이 글의 입장이다.

문학능력과 1970~80년대의 지적 격차

앎의 분배체계는 정치적·경제적·문화적 불균등 상황에 의존한다. 근대의 지적 격차는 가장 원초적인 차원의 리터러시 능력에서부터, "학문을 닦아서 얻게 된 사회적 지위나 신분, 또는 출신 학교의 사회적 지위나 등급" 혹은 "출신 학교나 학파에 따라 이루어지는 파벌"[29]인 학벌(學閥)까지를 포함한다. 한국에서 학벌은 (문화적) 사회구성체의 '구성적 내부'가 되고, 개인의 정체성에도 각인되는 무소불위의 '차별'체계다. '지적 격차의 문화사'는 학력과 문화자본의 차별적인 소유 여부가 한국의 근대사회 주체들의 사회인식과 행동기제에 결정적인 영향을 미쳤으며, 또한 이것이 사회변동의 동력이 되고 시·공간에 따라 변동의 양상이 달라져왔음을 밝히려는 것이다. 오늘날에는 영어능력과 대학서열 체제, 또는 디지털갭 등이 그 핵이다. 계층 상승 욕망의 역사적·문화적 계급투쟁의 역사는 지적 격차의 문화사의 부분집합이다.[30]

넓은 의미의 '문학능력'은 근대문학의 수용자나 생산자가 되는 데 필요불가결한 조건이다. '문학능력'을 획득하기 위해서는 기초 문해력을 훨씬 넘어서는 학교 교육이나 문학적 경험과 아비투스의 훈련이 필요하다. 근대문학의 생산·수용 구조는 차별적인 교육체계 위에 구축되는 것이다. 초기 근대문학은 기존의 문학 수용자층을 재구조화했다. 다수 문맹자들을 문학 수용자들로부터 배제하거나 '잠재적 독자층'으로 만들거나, 완전히 새로운 독자층을 조직하고 배치했다. 근대 초기에 구술 문화적인 요소를 구축(驅逐)하는 데 좀더 결정적인 역할을 하며 문화적 변동을 야기한 것은 글쓰기였다. 글쓰기는 사회 성원 사이의 전면화된 소통수단으로 확대되는 한편, 개인들의 내면을 심화시켜 개인들을 더 고립되게 했다. 말하기와는 달리 글쓰기는 완전히 인공적인 기술이며, 단지 말하기의 보완물이거나 첨가물이 아니기에 전혀 새로운 감각의 세계를 열 수 있다. 즉 글쓰기는 말하기를 구술-청각의 세계에서 시각의 세계로 이동시키고, 말하기를 사고와 함께 '재구조화'한다. 학교교육의 확대와 근대적 제도의 확산은 '글쓰기'를 교육하고 교육받아야 할 새로운 교양의 주요 항목으로 만든다. 누구나 읽을 수 있는 상황이 도래함과 동시에, 누구나 무엇인가를 써야 하는 상황이 열린 것이다.[31]

'쓰는 존재'로서의 인간은, 자기 이름을 쓸 줄 아는 것으로부터 '창작'이나 '문필'을 업으로 삼는 층위에까지 이른다. 그 사이의 층차는 매우 복잡다단하다. 이미 말했듯 쓰는 것은 '리터러시'의 마지막 단계이자 고도의 훈련이 필요한 영역이기 때문이다. 글쓰기는 종합적인 능력이다. 쓰기에 있어서의 차이는, 독해력의 차이뿐 아니라 근대 부르주아 사회가 빚어내는 필연적인 지적 격차(학력·학벌 등의 권력과 부의 차별적 분배체계)를 경향적으로 반영한다.[32] 개별자들이 지닌 '쓰기' 능력의 차이가 이 불평등체계와 완전히 조응하지는 않는다는 뜻이다. 고도의 쓰기능력을 계속 계발하고 직업과 연관시키는 것은 쁘띠부르주아나 중간층 및 지식계층의 몫이다. 문학을 위시한 글쓰기의 업(문필업과 인문·사회과학 연구 등)에 종사하는 것도 대부분 쁘띠부르주아나 중간층이다. 최상위 지배계급의 성원들은 특별한 경우를 제외하고는 귀찮게 직접 글을 쓰지 않는다. 반드시 대필자들을 고용한다. 그래서 '글'에는 본연적으로 서생의 복수심이나 집요함이 포함될 수 있다. 이에 비해 피지배계층의 성원들은 필연적으로 글을 잘 못 쓰게끔 되어 있다. 정상이다. 시간과 돈, 그리고 가정 내에서 물려받는 사회적 아비투스 때문이다. 그런데 어떻게 '민중문학의 시대'가 가능했을까? 1960~80년대 문화의 조건을 좀더 넓게 사고해볼 필요가 있다.

1970~80년대 민중운동은 대중지성의 새로운 구조화, 그리고 글쓰기와 함께 도래했다. 그러나 기실 민중의 논픽션·수기의 시대가 열린 것은 1960년대 중반 이후다. 이를테면『저 하늘에도 슬픔이』(1965) 등의 대성공이 기폭제가 되어 출판계·저널리즘계가 새로운 서사산업을 만들어내고 여기에 대중이 호응한다. 한국식이면서 대중적인 수준의 교양주의는 1950~60년대에 강력하게 독서와 인문학 교육을 추동한다.[33] 더 정확히 말하면 1950년대 이래 누적되고 있던 문화민주주의에 대한 요구와 그 제도적 구현, 그리고 새로운 앎의 사회적 분배체계가 출판·저널리즘의 '트렌드'와 상호작용하거나 그것을 이용해서 분출한 것이라 해야 할 것이다. 소위 '한글세대'가 대상이 된, 새로운 교육제도와 그를 통한 교양의 새로운 조직 및 리터러시의 재분배 상황을 말한다.

『저 하늘에도 슬픔이』같은 텍스트는 1970년대의 노동자 수기나 '전태일 이야기'[34] 등과도 통하는 전형성을 갖고 있다. 가난에 찌든 삶과 '못 배운 한', 가난으로 인한 가족의 이산, 탈향과 상경, 도시빈민화 또는 노동자화 등이 그 핵심적인 서사이며, 그것을 서술해주는 진실하고 열정에 찬 '목소리'가 그 안에 있다. 또한 압축적 근대화가 이런 서사의 후경에 있으며, '가난공동체'에 살고 있다는 1960년대 한국인의 공통감각(common sense) 혹은 착각이 이러한 서사를 전국민적인 것으로 만들어냈을 가능성이 있다. 물론 이 전국민성 속에는 신파성과 초월적 도덕(영성)이 함께 섞여 있다. 다시 말해, "빈자들의 눈물과 빈자들에 대한 눈물"의 집합적 심성이 작동하고 있었다. 이 눈물은 1960~70년대식 개발독재와 민중주의가 공유하는 양가적인 윤리적 기반이었다.[35]

김성환이 적실하게 지적한대로 수기의 형식을 갖춘 논픽션은 르포 이상의 현장성과 흥미를 만들어내는데, 이 '현장'이란 다름 아닌 근대화의 뒷골목들이었다. 가장 큰 상금이 걸리고 독자들의 인기를 모은 『신동아』 논픽션의 이야깃거리는 산업화된 서울의 어두운 이면이었다. 여기에 다양한 '민중'이 등장했다. 그 범위는 넝마주이·고물장수·구두 닦이를 비롯하여 버스안내양·여공·면도사 등 여성 하층 노동자의 일상과 소매치기·절도·폭력·밀수 등 범죄의 세계에까지 이른다.[36] 이는 근대 초기 잡지들의 사회고발 기사를 연상시키지만, 좀더 본격적으로 '논픽션'적이고 좀더 '문학적'이다. 그리고 그 서사의 서술 주체가 1인 칭이며 초점화 대상이 '민중' 자신이라는 데 큰 차이가 있다.

'문학'하는 민중

'민중'에 속하는 자들이 자기 이야기를 대거 써서 '공모'하는 일과 연관된 문학 붐은 (근대)문학이 대중 속에 뿌리내리는 과정 그 자체이자, 대중지성 활성화의 한 부분이었다. 이러한 활발한 '문학의 시대'를 1970~80년대에서도 볼 수 있다. 이 시기에도 엄청난 분량의 '문학'이 '아래로부터' 창작되었으며, 가장 '무식한 자'들이 독서회를 결성하여 책을 읽고 문학회에서 글을 썼다. '잡다하고 조야한' 지면 위에 그들의 '엉성한' '문학'이 횡행했다. 1990년대 초입까지였다. 제도화된 '문학의 질서'는 '민중문학론자' 같은 '과격파'들의 이념 때문만이 아니라, 이같은 '수준 떨어지는' '아마추어'들 때문에 근원적으로 위협받았던 것이다.(뒤에 다시 상술) 따라서 1960년대 이후의 논픽션과 1970~80년대의 수기를 위시한 노동자 '문학'은 몇가지 연결망을 통해 서로 연결되어 있다고 말할 수 있다.

왜/어떻게 '국졸'의 가난한 노동자 전태일은, 또는 '앵벌이' 일을 하는 11살짜리 소년 이원복은, 그러한 문체로 된 일기를 열심히 쓸 수 있었을까? 한국의 초등학교에서 행해진 일기 쓰(게 하)기와 민중적 리터러시의 문제는 별도의 연구가 필요한 주제가 아닌가 싶다.[37] '국졸의 리터러시'와 문학능력이란 과연 어떤 것이었을까?『어느 돌멩이의 외침』도『공장의 불빛』도 모두 국졸자에 의해 씌어졌다.[38]

무엇인가를 말하고 쓰고자 하는 열망이 '운동'의 지평 위에 펼쳐진 것은 1970년대 이후의 일일 것이다. 민중은 자신들이 쓴 것을 읽고 또 자신들이 직접 쓰고(쓰기를 권장받고), 또한 쓰고 싶은 열망에 들린다. 이 열망은 자주 근대 (쁘띠)부르주아의 문자문화적 지식 및 예술 향유 체계인 '문학'으로 수렴·영토화되기도 했다.

그러나 1980년대가 되면 이 '민중의 글쓰기'[39]는 시작점에서의 그것과 다른 의미와 위상을 갖게 된다. 앞에서 보았듯 앎의 위상학과 '문학'의 분배체계를 위협하는 '세력'이 된다. 그리고 1960년대에서 1990년대까지 이어진 이 '쓰기'는 한국 민중주의의 중핵 자체다. '쓰기'는 리터러시의 최고단계에 있는 것이면서, 자기재현을 고정화·문자화하는 것이기에 구술과는 또다른 차원의 것이다. 그것은 고도의 자발성(표현력과 표현욕구를 포함한)과 지성(자아와 세계에 대한 나름의 해석) 없이 이루어지지 않는다. 따라서 한국 민중이 일기든 수기든 또는 '문학'이든, 본격적으로 자기를 재현하기 시작했을 때 민중주의는 '실제 가동상태'에 있었던 것이다.

그리고 '운동'의 바깥에서도 글쓰기는 행해졌다.『산업과 노동』『노동공론』등의 관변 잡지에서도 '모범 근로자'들의 생활수기가 씌어졌다는 것이 한 예다.[40] 책읽기와 글쓰기를 위시한 '교양'은 1960년대 중반 이후 박정희 정권에 의해 크게 장려되었다.[41] 물론 이는 결국 '네 칼로 너를 치는 칼'이 되었다. 그리고 자생적인 노동자 문학회와 문학작품 쓰기 또한 1970년대부터 활발했던 것으로 보인다.[42] 알다시피 이 '쓰기' 는 1980년대에 들며 '노동(해방)문학' 개념으로 정초되고 전국에 '의식적인' 노동자 문학회가 결성되는 단계로 이어졌다. 때로 이 과정에서 권력과 자본의 지원을 받는 노동자들의 문학활동과 운동성을 가지고 '노동자문학'과 해방을 향했던 노동자들의 자기재현이 서로 얽혀들기도 했다.[43]

4. 돼지와 별: 서발턴은 쓰지 못한다

'문학'의 장벽

『공장의 불빛』으로 유명한 동일방직 여성 노동자 석정남(石正南)이 이 문제에 관한 상징적인 기록을 남겼다. 문학소녀였던 그녀는 많은 문학작품을 읽으며 글쓰기에 대한 열망을 키웠다. 그러나 열망이 커질수록 고통도 커갔다.

"오늘은 하루 종일 시를 썼다. 헬만 헤세, 하이네, 윌리엄 워드워즈, 바이런, 괴테, 푸쉬킨. 이 얼마나 훌륭한 이들의 이름인가? 나는 감히 상상도 못할 만큼 그들은 훌륭하다. 아, 나도 그들의 이름 틈에 끼고 싶다. 비록 화려한 영광을 받지 못할지라도 함께 걷고 싶다. (…) 감히 내가 저 위대한 이들의 흉내를 내려고 하다니. 이것야말로 짐승이 웃고 저 하늘의 별이 웃을 것을 모르고 (…) 아무 지식도 배움도 없는 나는 도저히 그런 영광을 가질 수 없다. 이대로 그날그날 천천히 밥이나 처먹으면서 사는 거지. 그리고 끝내 돼지 같이 죽는 거야."[44]

이 '문학적인' 글에서 소녀는 절망적인 소외감 때문에 돼지에 자신을 비유하기까지 한다. 인간을 돼지에 비유하게끔 만드는 그 "하늘의 별"이란, '문학'이 연루된 장대한 구텐베르크은하와 그 '미학'의 성벽이다. 고로 저런 '별'이나 '돼지-됨'의 대조는 물론 인간이나 문학가 지망생이라면 누구나, 언제나 느낄 수 있다. 그러나 석정남의 좌절감은 더 맥락이 구체적이다. 그의 좌절감은 '지적 격차'를 의식한 데서 나온 것이다. 1976년 2월 27일자 일기에 다음과 같은 구절이 있어 주목된다. "문학에 조예가 가진 벗을 가지고 싶은데 나의 주위에선 힘들어."[45] 이 토로의 정신구조는 '대학생 친구 하나만 있었으면'이라는 전태일의 안타까운 바람과 비슷한 것이 아닌가. '대학생 친구 하나'라는 것은 노동자 쪽에서 보내는 연대에의 요청이다. 이는 1970~80년대 민중주의의 거대한 도덕적 기반이 된 바로 그 원망(願望)이자 어쩌면 다급한 윤리적 요청이다. '대학생 친구 하나'가 의미하는 것은 아직 스스로 문제를 해결할 힘이나 지식을 갖지 못한 노동자계급의 현실이다. 바로 그러할 때 '서발턴'은 말하지 못한다.

석정남의 토로는 사회적인 지적 위계체제로서의 '문학'의 핵심을 건드리고 있다. (근대)문학은 장대한 벽을 갖고 있다. 그 벽은 그녀가 잘 파악한 것처럼 "지식도 배움도" 필요한 것이며, '친구'가 있어야 하는 네트워크다. 그 자원들의 최종심급 이름이 '문학성'일 것이다. 그 문들 앞에서 수천·수만의 문청과 문학소녀는 좌절한다. '문학성'은 어떻게 얻어질 수 있는가? 길이 있다. 우선 교양있는 '좋은 부모'를 만나 근대적 학교교육에 잘 적응해야 하고, 문학제도가 만들어놓은 '좁은 문'의 틀 안에 들어가서 '성공'해야 한다. 그러니까 '서발턴'은 쓰지 못한다. 서발턴은 '문학(성)'을 가질 수 없다.

1980년대 노동문학의 문학성 문제

1980년대 민족문학 논쟁에서 많은 비평가들이 수기와 르포 같은 자기재현물을 '문학'의 구성 부분으로 인정했다. 드디어 수기와 르포는 '민중문학' 또는 '민족문학'으로 인입되었다. 그 전유의 인식론적 도구는 리얼리즘이라는 문예학적 규준과 '노동계급의 세계관'(당파성)이었다.[46] '장르 확산'을 주장하여 가장 멀리 나간 논의를 전개한 논자의 한 사람인 김도연은, 기존 문학의 관점으로 수기 등의 노동자문학을 정당하게 평가할 수 없다고 말했다. 그러면서도 이를 민족문학의 발전 과정 안에서 이해해야 한다고 했다.[47]

수기·논픽션 문학의 장르적 성격과 '문학성'에 대한 논의는 당연히 심각한 논전을 야기했다. 비교적 섬세하고도 다양하게 그 '문학성'은 옹호됐지만 민중문학에 대한 자유주의자들과 문학주의자들의 반격도 만만하지 않았다. '문학'을 지키기 위한 최전선에서 문학판은 사분오열되었다. '왼쪽'의 소장들은 '창비'조차 오른쪽이라 간주하고 '소시민적'이라 공격했다. 복잡다단한 전선에서 '문협'과 '문지'를 구분하는 기준은 무엇이었을까? 김병익은 「민중문학론의 실천적 과제」에서 특유의 중도주의를 취하면서도 민중문학이 성명서나 르포 또는 수기 등 직접적인 폭로나 주장들에 전적인 비중을 둔다면 통상적으로 불려온 문학의 대부분은 '폐지화'돼야 한다고 했다.[48] 1984년 12월 『경향신문』은 반면을 할애하여 「민중문학의 반문화성을 경계함: 이데올로기의 도구화와 문학의 본질」이라는 사설을 썼다. 이 사설이 '문학주의자'들이 결국 하고 싶었던 말을 좀더 직접 해준 것이 아닐까. 이는 "경향 각지에서 다투어 발간되고 있는 소집단들의 동인지나 무크지들이 대부분 민중문학을 표방하고 있을 뿐 아니라 일부 대학사회에서는 문학은 곧 민중문학이며 민중문학이 아닌 것은 참다운 문학이 아니라는 극단적인 편향성까지 보이고 있"다고 진단하면서 "반미학적이고 반문화주의적인 요소들을 걸러내고 저항 일변도의 경직성과 도구적 문학관에서 벗어나지 않으면 안"된다고 주장했다. 무릇 '문학'이라 할 때 그것은 고아하며 품격이 있어야 한다. 그것은 어디까지나 자율적인 언어 '예술'이다.[49] 이 신문 사설은 문학의 근본적 테제를 모두 제기해주고 있다.

구호·르포·수기는 '문학'이 아니며 '반문화'(counterculture)의 일종이라는 지적은 흥미롭다. 이는 제도문화와 반문화의 관계 또한 적시한 것이다. '반문화'에 대한 항변은 물론 이데올로기적이다. '문학'이라는 지배계급 문화의 잣대가 이미 선험성으로 작용하고 있기 때문이다. '문학' 안에서 어떻게, 무엇으로 이 사설을 공박할 수 있으랴. 그러니까 허두에서도 말했듯 더 심각한 오류는 성마른(?) 1980년대식 민족·민중문학론만이 아니라 조건 없는 투항과 폐기처분이 아닌가 싶다.

비교적 최근에 노동자 글쓰기의 텍스트 성격을 분석한 신병현의 논의 또한 여러가지 근본적 쟁점을 다시 제기해준다. 이는 선험적인 '문학(주의)'라는 색안경을 끼고 사상을 보는 민족문학론 등에 의지하지 않고 노동자 수기의 담론적 특성을 분석하는 방향을 취했다. 이 분석의 결론은 노동자 수기가 '내용'에 있어 노동자들의 자발적 스토리텔링의 힘으로 그들이 새롭게 자기정체성을 구성하고 공동체적인 헤게모니적 관계를 전위(轉位)시키는 '텍스트적 실천'이라는 것이다. 그런데 이런 결론은 다음과 같은 논리적 과정을 거친 것이다. 여기에 이 절의 주제

(말할 수 있는가? 쓸 수 있는가?)와 연관되는 부분이 있다.

우선 노동자 수기 텍스트들은 약간의 차이가 있는지 모르지만 "대부분은 동일한 담론이나 장르로 표현되는 소재들이며" 기본적인 서사구조에서도 "천편일률적이라 할 수 있을 정도로 비슷한 구조를 가지고 있다". 그런데 이들의 글은 "지식인들의 윤문이나 첨삭 가능성이 높으며, 내용에서 과장되거나 축소, 왜곡 가능성도 있다".[50] 사실이라면 결정적인 흠이 아닌가. '국졸 문학'의 비밀은 여기 있는 것인가. 그러나 신병현에 따르면 윤문·첨삭의 혐의가 있는데도, 그 텍스트들은 언어적으로 매우 한계가 많다. 이들의 텍스트는 "회고체의 의식적 글짓기로서 증언적이고, 서사적이며, 장르 혼합적 성격을 띠"며 "구어체와 문어체가 교대로 반복되면서 문어체로는 지식인 및 공식 담론의 모방과 흔적들을 담아내는 동시에 사적인 구어체를 통해서는 다양한 감정변화나 이야기들을 표현함으로써 복합적인 사회적 정체성을 드러낸다". 노동자들의 "이야기 목록이나 인용표현들의 목록"은 매우 제약되어 있으며, "이 텍스트들은 문학적 장르와 지배담론 및 지식인담론 모방에 크게 의존하고 있지만, 대체로 이들이 인용하는 진부하고 상투적인 표현들과 이야기들은 통속 대중소설이나 잡지, 대중가요의 가사 등 대중문화의 요소들에서 따온 것들이다. 또 이들이 사용하는 은유들 역시 '죽은 은유'에 불과한 경우가 대부분이다."[51]

신병현에 따르면 이 진부함과 통속성은 국가이데올로기에 찌든 '모범 노동자'뿐 아니라 '노동운동가'의 글쓰기 전반에서 표출된다. 이는 노동자의 수기가 '문학'이 될 수 없는 이유와 더불어, 결국 서발턴이란 자기 언어를 가질 수 없음을 증명해주는 논변이 될 수도 있겠다. 그러나 이러한 분석은 엘리뜨주의적인 요소를 포함하고 있다고 보이는데, 그것은 담론이론을 정태적으로 적용한 분석 방법에서 비롯된 것일 수 있다. 그것은 (문자)텍스트가 상쟁하는 여러 힘들의 상호작용에 의해 생산된 것이라는 점을 소거하고 텍스트를 유일무이한 주체로서의 개인에게 귀속시키려는 근대 텍스트주의의 함정과도 유관하다. 기본적으로 근대의 모든 텍스트는 국가-자본(편집자)-작가(개인)의 협상과 갈등의 산물이다. 과연 텍스트란 '작가'라는 '창조적 천재'의 교환 불가능하고 유일무이한 '창(創)/작(作)품'인가? 이는 텍스트주의가 만들어낸 대표적인 신화일 것이다. 텍스트란 시장과 국가라는 막강하고 근원적이고도 대결 불가능해 보이는 막강한 힘이 보이(지 않)게 조율한 결과물이다.[52]

또 하나, 언어의 측면에서 노동자·민중이 쓴 글의 인용 목록이 공소하고 지식인 및 공식 담론의 모방이며 진부하고 상투적인 표현들과 통속 대중소설·잡지·대중가요의 가사 등에 의지하고 있다는 지적은, 기본적으로 언어(글쓰기)와 대중문화의 생산 원리를 간과한 결과라 보인다. 비록 신병현은 '전위(轉位)'를 통해 그 언어의 '독자성'을 옹호하고 있지만, 기실 고유한 '자기 언어'란 것은 기본적으로는 환각이다. '자기 언어'는 고도의 훈련과 오랜 시간의 단련을 필요로 하며, 모방과 영향을 통해서만 얻어진다. 노동자·민중이 쓴 글이 아닌 수기나 회고록들, 그 말·글은 어떠할까. 지배계급-남성에 의해 주로 생산되는 회고록과 수기는 과연 상투적이지 않은 언어를 사용할까.[53] 어쨌든 글쓰기를 통한 지배-피지배의 전복과 전위는 후속적 과정으로 기념될 것이 아니라, 노동자가 '말'하는 순간에 일어나기 시작하는 것이라 보아야 하지 않을까.

소결

이 문제는 1980년대 민중문학에 대한 핵심적인 고민(노동자 문학의 문학성과 언어 헤게모니의 문제)과도 연관된다. 사실 문학작품을 포함한 세상의 거의 모든 글들은 거미줄 망 같은 '상호텍스트'에 의지한 채, 속류적인 표상과 시대의 클리셰에 의지해서만 써진다. '시'의 상태만 상투성에서 언어를 구원하는 듯하지만, 바로 그렇기 때문에 기실 시야말로 가장 많은 클리셰와 아류를 생산하게 된다. 습작자나 문청의 글뿐아니라 '기성'의 '문학예술' 또한 그렇다. '새로움'[54]이나 독창성은 근대 문학주의에서는 언어예술로서의 문학의 존재 이유 혹은 최종적 심급 그 자체로 간주된다. 그러나 이 목표는 문학(적인 것)의 존재 의의 전체와는 등치될 수 없다. 그것은 고전문학이나 논문·교술 등의 존재방식만 보아도 당장 드러난다. 바로 여기에 '민중의 문학'과 '제도문학'의 규범에 근원적 균열이 있는지도 모르겠다. '민중의 문학'이 독창성과 새로움을 결코 배제하지는 않겠지만, 그것을 윤리나 삶 아래에 종속된 것으로 생각할 것이다.

지배계급의 헤게모니는 단지 정치 이데올로기뿐 아니라 문화의 제 영역, 즉 언어와 표현 그리고 개별자의 무의식에까지 영향력을 행사한다. '서발턴은 말할 수 있는가'라는 물음이 서발턴의 언어와 삶이 이미 지배계급의 재현체계 속에 포로가 되어 있기 때문에 그들이 목숨을 걸고 말한다 해도 언제나 지워져 보이지 않을 가능성을 말하는 명제라면, 임무는 따로 있다. 기얀 프라카시가 말한 것처럼 지배의 언어와 담론이 강제하고 있는 침묵의 조건들을 직시하고 담론들의 "양피지에 덧씌워진 보이지 않는 무늬"를 읽어내는 것[55]이 듣는 자들의 임무라는 점을 재확인하는 것이다.

서발턴이 과연 (자기 언어로써) '말'할 수 있는가라는 정당한 회의 앞에서 해야 할 것은 재현의 순간들과 거기서 일어나는 상호작용들에 대해 주목하는 일이 아닐까. 특히 자기재현의 어떤 계기들이야말로 '재현(≒대표) 불가능론'의 전제를 의심스럽게 하기 때문이다. 재현의 순간들에 개재된 근본적인 상호작용(간주관성)을 간과해서는 안 된다. 어떤 '재현 불가능론'들은 '재현의 타자'라 간주된 이들을 영원히 타자의 공간에 가둔다. 자기재현의 순간들은 일종의 수행이며 따라서 단순히 언어가 아닌 존재 전체가 걸린 '사건'이다. 이는 언어와 윤리적 간주관성이 연속적으로 구성되어나가는 과정이다.[56] 말하기뿐 아니라 글쓰기도 그런 것일 터다. 노동자들의 자기재현은 '현장'에 간 많은 대학생과 지식인들에 의해 '계몽'의 일부로서 시도된 것이 사실일 것이다. 그러나 이 점을 강조하는 것은 일방적 해석이겠다. 그것은 노동자를 신비화하는 1980년대식 노동자주의의 역상으로서, 노동계급의 문화적 진출과 문화민주주의의 확대를 폄하한다.

그 '폭발'은 축적된 상호적·집합적 대중지성의 역량에 의해 가능했을 것이다. 앞서 말했듯 1980년대에 이르러 그 폭발적인 힘은 지식인의 개입과 역할을 초과해버렸다. 요컨대 지식인(편집자)의 '개입'이 자기재현의 의의 자체를 부정할 수도 없고, 1970~80년대 노동문학이나 민중문학의 '독자적' 의의를 부정하기도 어렵다.

다르게 물어져야 할 것은 당시의 '지적 격차'와 민중문화의 실제에 대한 고찰일 것이다. 왜, 어떻게 수없이 많은 그들이 그런 글을 쓸 힘을 갖게 됐는가와 당대 노동자-지식인의 상호작용, 또는 존재론적·지적 융합의 문제는 아직 제대로 밝혀지지 않았다.[57]

5. 결론을 대신하여: 김진숙의 길, 신경숙의 길

서발턴의 '말'(의 가시성)을 문제삼을 때, 과연 그 말이란 무엇인가? 적어도 이 문제가 가시화되고 토론되는 범위에서의 '말'이란 주로는 서발턴의 자기 생애에 대한 자기진술과 '사건'들에 대한 윤리적·정치적 입장의 표명 등이다. 한때 문학소녀였으며 글 잘 쓰는 운동가로 이름난, 한진중공업 '85호 크레인'의 노동운동가 김진숙(金鎭淑)의 말을 들어보자.

나는, 글을 잘 쓰는 사람은 아니다.

중학교 때 일기장에 칼을 그리고 선생한테 얻어맞은 뒤로

일기조차 진실을 은폐한 관제 일기만 썼고

글쓰는 걸 취미로 삼아본 적도 없다.

원고지를 쓰는 법은 이렇고,

편지를 쓸 때는 상대방의 안부를 먼저 묻고,

그날의 기후를 쓰고 어쩌고 하는 쓰잘데기 없는 지식이

내가 배운 작문 교육의 전부다.

그런 내가 지금껏 썼던 글들은 원고지에 쓸 수가 없는 글이었다.

3

한진중공업에서 해고된 뒤 난 철저히 격리되었고

가슴속에선 비등점을 넘어선 뭔가가 늘 들끓어 넘쳐흘렀다.

글을 쓰고 싶었던 게 아니라 말을 하고 싶었다.

억울하다고, 이럴 수는 없는 거라고, 난 빨갱이가 아니라고……

회사 앞에 나타나는 순간 우악스러운 손들이 내 입을 틀어막았고 내가 가장 빈번히 출입하던 곳은 유치장이었다.

그때 현장에 있는 아저씨들과 소통할 수 있는 유일한 방법이 유인물이었다.

밤새 쓰고 가리방 긁어 등사기로 밀고

동이 미처 트지도 않은 새벽에 한진 아저씨들이 모여 사는 영도 산복도로

기울어가는 집집마다 그 유인물을 끼워놓는 일이

그때 내가 할 수 있는 유일한 일이었다.

그렇게나마 할 수 없었다면 아마도 난 살 수 없었을 것이다.[58] (강조는 인용자)

그녀의 진술은 한국 '서발턴'의 말과 글, 그리고 '말'을 존재하게 만드는 미디어("가리방 유인물" 등)가 맺어왔던 근본적인 관계를 보여준다. 그들이 하고 싶은 그 말은 '빨갱이라고 입이 틀어막힌' 인간의 '억울함'에 대한 것이다. 그리고 그 말의 도구인 '글'은 학교문학과는 무관하거나 외려 적대적인 것이다. 학교야말로 언어를 말살하는 지배계급의 표상놀이 공간이다.[59] 글보다 더 '말'이 급박하고 근본적이다. 그러나 글이라도 써야 한다. 때로 "소통할 수 있는 유일한 방법"이기 때문이다. 그마저 막히면 전태일이나 김주익처럼 절박해진다. 하지만 말과 글은 궁극에서는 구분되지 않는다. 그래서 어떤 글은 원고지에는 쓸 수 없다. 이 '말'에 해당하는 것이 노동자들의 수기나 구호, 시 따위다. 이 거친 '말'을 어떤 '문학'은 거부한다. 글은 느리고 '말'보다 더 심각하게 '지배'에 오염되어 있다. 근본적인 문제를 사유하거나 근본적인 데로

닿으려 하지 않는 문학은 안이하다.

1960년대에서 80년대까지 이어진 민중의 '쓰기'는 한국 민중주의의 정치적·문화적 중핵이 된다. 또한 그 시대 대중지성의 성격과 존재양태를 결정해주었다. 민중은 자신들이 쓴 것을 읽고[60] 또한 쓰고 싶은 열망에 들린다. 그리고 실제로 직접 썼다. 이 가눌 길 없는 열망과 폭발적 수행은 '문학'과 관련하여 대략 다음과 같은 방향으로 귀착됐다.

(1) 이 열망은 근대 부르주아(혹은 쁘띠부르주아)의 문화적 향유체계로서의 '문학' 자체를 위협하는 힘이 되었다. 그것은 다시 두갈래로 나뉘었다. 첫째, '민중의 문학'은 계급주의와 결합하며 리얼리즘론의 새로운 전성기를 열게 했다. 그러나 과연 지식인의 리얼리즘 문학과 그 문예이론(민족문학론)이 '민중의 문학'을 받아안을 수 있는 그릇이었을까? 위대한 리얼리즘의 시대, 즉 1970년대에 글을 써서 20세기 남한에서 가장 위대한 문학작품을 남겼다는 조세희의 말이 흥미롭다.

> 70년대 발표된 이문구와 박태순, 황석영의 작품을 읽으면서, 이것들만 갖고는 안 되는 뭔가가 있는데 아무도 안 쓰더라고요. 석정남의 『불타는 눈물』이나 유동우의 『어느 돌멩이의 외침』 같은 노동자소설을 읽으면서, 또 주말이면 경인공단이나 구로동을 취재하면서 이런 것들을 놔두고 어떻게 그냥 지나치나 하는 생각이 들었어요.[61]

조세희 자신의 이 말은, "문학은 현실을 묘사하지 처방하지는 않는다"며 "우리가 황석영이나 조세희에게서 무엇을 더 바라겠는가"[62]라고 했던 황지우나, 1970년대 문학의 합리적 핵심이 리얼리즘이라(또는 1980년대 문학이 그 합리적 핵심을 잃어버렸다) 한 김명인의 말과는 반대 방향에 있다. 알다시피 조세희는 1980년 이후에는 한동안 카메라를 들었고 '글'을 쓰지 않았다. 문학이 문학을 초과했기 때문이다.

어쩌면 1980년대 민족·민중문학론은 재귀적 순환구조를 갖고 있었다. '노동자문학'이 출현하면 지식인-비평가는 찬탄을 보낸다. 그런 문학이야말로 그들의 '이론'과 계몽주의적 욕망을 증명하고 만족시켜주는 최선의 현실적 증좌였기 때문이다. 그러면서 동시에 지식인은 (자기가 만든 환상의 실현인) 그것에 스스로 복종하여 이념을 새롭게 정초하는 데로 나아간다. 노동자문학은 이런 지식인적·이론적 나르시시즘에 동원되기도 했던 것이다. 둘째는 첫째보다 더 근본주의적인 방향이었다. 그것은 집단창작 같은 반개인주의 문학을 주창하는 것이나 장르확산론처럼 '문예의 질서'를 위협하는 데로 갔다.[63] 이 시도는 대단한 혜안을 가진 것이었음에도 민족문학의 틀을 다 버리지는 못했던 듯하다.

(2) '민중의 글쓰기'는 자주 근대 부르주아(혹은 쁘띠부르주아)의 문화적 향유체계인 '문학'으로 수렴되기도 했다. 길을 잃은 자생성은 '낙선자들의 문학'으로 귀착되었을 것이다. 그중 가장 예외적인 성공 사례가 석정남·김진숙과 비슷한 세대이며 여공 출신인 『외딴 방』의 작가 신경숙(申京淑)이 아니겠는가. '문학'이라는 지배의 헤게모니는 구석구석 미친다. 문단과 백화점 문화센터, 그리고 학교 문학이 하는 문학은 전혀 예술적이다. 그 문학은 전혀 위험하지 않다.

그런데 왜 (근대)문학은 어떤 국면에서, 그렇게 거칠고 조야한(?) 구호·르포·수기 들을 낳는가? KAPF와 해방기의 구호시들과 1980년대의 문학 같은 '반문화적인' 문자들은 어떻게 평가받아야 할까? 1970년대 이래 민중·민족문학의 '합리적' 핵심은 과연 일부 민족문학론자의 말대로 문예학상의 명제들에 부합한 '리얼리즘 미학'이었나? 아닐 것이라 생각한다. '문학'은 스스로 그런 구호나 슬로건, 저열하고(?) 전형적인 시들을 낳을 가능성을 내장한 것이라 본다. 그것은 물론 리얼리즘과 관계를 맺으면서도 그것을 뛰어넘는다. 또한 '구호'나 '삐라'를 '문학'이 아니라고 하는 것은, 결국 '잘 빚어진 항아리'만 '문학' 혹은 '좋은 문학'의 범주 속에 넣는 지배학의 일종일 것이다.

반면 더 이상 구호·르포·수기를 낳지 않는 문학(제도)이란 무엇인가? 변혁적 문화운동의 에너지가 소멸하(거나 문학 아닌 다른 영역으로 전이되)고, '작은 문학주의'의 시대가 도래함으로써 문학의 '다른' 가능성이 소진되며 문학이 지배질서 안에 다시 귀착하여 '민중'과 (영구)결별한 것이 1990년대가 아닐까. 이는 소위 '근대문학의 종언'과도 유관한 변화였다.[64] 결국 '민중의 글쓰기'는 어딘가에 '문학'이 아닌 형태로 보존되고 스스로 다른 길을 틔웠을 것이다. 민중문학은 1990년대가 왔다는 선언과 함께 지식인들로부터 처절하게 배신당했지만, 노동자문학회는 '문학혁명'이 후일담으로 전락한 이후에도 꽤 오래 외롭게 살아남아 있었다는 점도 기억할 만하다. 1988년에 생긴 대표적인 노동자문학회인 구로노동자문학회는 2006년에야 문을 닫았다.

이 문제는 1980~90년대 문학·문화사를 새로 다루는 문제와 깊은 연관이 있다. 오늘날 1990년대의 문화정치(자유화·민주화와 개인화를 핵심으로 하는)에 대한 재평가는 한국 신자유주의에 대한 평가와 함께 새롭게 중요한 내용을 획득해가고 있다. 결론부터 말하면 '문화적' '비정치적' 전유를 넘어, 1990년대 문화정치를 '아래로부터' 재평가해야 한다. 1990년대 이후 운동의 전선은 내용이 바뀐 채로 재구조화되었고, 노동운동도 치열하게 전개되고 있었다. 이를테면 '90년대는 노동문학의 시대'였다고 역설적으로 말해보면 어떨까? 기존의 문학사에서 1970년

대 노동소설은 황석영의 『객지』(1971)로부터 『난쏘공』(1978)에서 '발생'
한 것으로 간주되고, 상식적으로 '80년대'와 '노동소설'이 등치된다. 이
는 그러나 실상과 차이가 있다. 김성환의 연구에서 이미 이야기한 것처
럼 노동 현장을 그린 픽션·논픽션은 1960년대 후반 이래 다양한 '하위
계층'에 의해 써지고, 신문매체는 '노동현장소설' '르포소설' 같은 용
어를 1977년경부터 본격적으로 사용한다. 그리고 '노동소설'이라는 용
어 자체는 1983년 이후에, '노동문학'은 1984~85년경 저널리즘에 본격
적으로 등재된다. 그리고 단편소설 중심의 '80년대 노동소설'이 발표된
시기는 대략 1986~91년 정도다.(또는 그렇게 간주된다.) 주류 문단이
나 문예지 등이 그같은 양식의 노동소설에 주목한 것은 1991년이 실질
적으로 마지막이다.[65] 그러나 이후에도 노동소설은 이전과 다른 양상을
띠고 '개화'한다. 장편만 꼽아보면 정화진의 『철강지대』(1991), 『우리에
사랑은 들꽃처럼』(1992), 오진수의 『검은 하늘 하얀 빛』(1992), 백금남의
『겨울 함바 위로 날아간 머슴새』(1992년), 정혜주 『매혹된 영혼』(1992),
조호상 『누가 나에게 이 길을 가라 하지 않았네』(1993) 등이다. 운동과
이데올로기 지형이 바뀌는 1991년 이후의 '노동문학'에 대한 새로운 조
명이 필요한 것이다.

6장
민족문학론과 최원식[•]

김명인(인하대 교수)

이제는 누구도 스스로 '민족문학론자'를 자처하지 않는다. 한때 한국문학 비평과 연구에 있어서 절대적 지위를 차지하고 있던 민족문학론은 이제 점차 역사의 뒤안으로 사라져가고 있다. 하지만 민족문학론이 완전히 사멸한 것은 아니다. 민족국가의 건설이라는 부르주아 민족주의의 과제 자체가 여전히 현재진행형이 아니라고 할 수 없기 때문이기도 하지만, 민족문학론은 그 안에 한갓 민족주의문학론으로 환원될 수 없는 보다 풍부한 내용을 지니고 있기 때문이다. 다만 이제 '민족'이라는 낡은 명명으로는 그 내용들이 지닌 진보성을 다 포괄할 수 없기 때문에 개념적 유효성 혹은 적합성의 위기를 맞아 부득이 깃발을 내리지 않을 수 없게 된 것이라 할 수 있다. 그러나 민족문학론이라는 명명은 이

[•] 이 글은 필자의 글 「회통의 비평: 최원식의 문학과 사유(1)」, 『시와시학』 2001년 12월호(제44호)와 「민족문학론과 동아시아론의 비판적 검토」, 『민족문학사연구』 2012년(제50호)을 통합하여 재구성하고 일부 가필하여 완성한 글이다.

제 '역사적인 것'들의 진열창 속으로 들어가게 될지라도 근대와 탈근대 사이, 일국성(지역)과 국제성(세계) 사이, 주체와 탈주체 사이의 긴장이 여전한 오늘의 상황에서 여전히 민족문학론이 제기하고 벼려왔던 문제의식은 폐기처분될 수 없는 상태로 현전하고 있다는 데에 민족문학론을 둘러싼 이러저러한 논의들의 궁극적 곤경이 가로놓여 있다.

포스트모던의 거센 조류 속에서 한때 민족문학론을 비평적 준거로 삼던 많은 사람들이 민족문학론적 사유를 중단했음에도 불구하고 민족문학론의 이와 같은 특수한 위상을 여전히 중시하며 자신의 이론을 구성해나가는 사람들이 없지 않은데, 그중에서도 가장 활발한 행보를 보여온 사람이 바로 최원식이다.[1] 최원식은 1972년에 등단하여 70년대 후반부터 본격적으로 비평활동을 시작한 이래 30년이 넘는 긴 시간 동안 넓은 의미의 '민족문학비평'의 주요한 이론축을 형성해왔으며 한편으로는 그와 동등한 무게로 한국근대문학 연구에 정진하여 역시 대표적인 진보적 근대문학 연구자로서의 입지를 굳혀왔다. 박사학위논문 「이해조 문학 연구」를 비롯한 우리 근대 초기에 집중되어 있는 그의 연구논문들은 거의 전부 민족문학론적 관심의 문학사적 투영의 결과물이며, 그의 비평은 그 자체로 민족문학론의 중요한 실천적 성과들이 되어왔다. 그러므로 최원식의 지난 40년여의 비평과 연구활동의 족적은 곧 한국 민족문학론의 연단 과정의 하나였으며, 그의 이론적 실천의 궤적을 돌아보는 일은 곧 한국 민족문학론의 역사를 돌아보는 과정이 되기에 부족함이 없을 것이다.

그는 1972년부터 현재에 이르는 40여년의 활동 기간 동안 공저나 편저서를 제외하고 일본어로 간행된『韓國の民族文學論(한국의 민족문학론)』(東京: 御茶の水書房 1995)을 포함해서『민족문학의 논리』(창작과비평사

1982), 『한국근대소설사론』(창작과비평사 1986), 『생산적 대화를 위하여』(창작과비평사 1997), 『한국근대문학을 찾아서』(인하대출판부 1999), 『황해에 부는 바람』(다인아트 2000), 『문학의 귀환』(창작과비평사 2001), 그리고 그의 동아시아론을 집성한 『제국 이후의 동아시아』(2009), 실제비평의 성과들을 모은 『소수자의 옹호』(2014)까지 모두 9권의 저서를 냈는데 이 모든 저술들을 관통하는 것은 심지어 동아시아론까지도 포함해서 기본적으로는 민족문학론적 관점이라고 해도 무방할 것이다. 필자는 이중에서 『민족문학의 논리』 『생산적 대화를 위하여』 『문학의 귀환』 그리고 『제국 이후의 동아시아』 등 20년에 걸쳐 나온 네권의 평론집을 중심으로 그의 민족문학론을 둘러싼 이론적·실천적 모색들을 거칠게 개관하고자 한다.

1. 민족문학론과 한국문학연구의 결합

최원식의 본격 평론활동은 『문학과지성』 1978년 여름호에 「한국비평의 과제」(이하 「과제」)를, 『창작과비평』(이하 『창비』) 1979년 봄호와 겨울호에 각각 「우리 비평의 현단계」(이하 「현단계」), 「70년대 비평의 향방」(이하 「향방」)을 발표함으로써 시작됐다고 할 수 있다.

메타비평 작업이라 할 수 있는 이 세편의 글은 선배 비평가인 임헌영, 김인환(「과제」), 백낙청, 김종철, 조동일, 구중서(「현단계」), 김병익, 염무웅(「향방」) 등의 평론집을 비판적으로 읽어내고 있다. 그 내용을 떠나 길지 않은 일년여의 시간 동안 이렇게 집중적으로 전세대 선배 비평가들(김인환과 김종철은 그와 동세대에 속하고, 조동일은 비평가에서 국문학자로 전신했지만 이들은 모두 당시 30대~40대 초반의 쟁쟁한 이론가로 1970년대 비평을 이끌었다)을 비평 대상으로 삼은 데에는 20대 후반의 신예비평가 최원식 나름의 야심적인 전략이 놓여 있었던 것으로 보인다. 일종의 세대론적 전략이라고 할까 그는 앞 세대 비평가들을 비판적으로 넘어섬으로써 새로운 비평적 목소리가 등장했음을 알려야 했을 것이다.

아마도 『창비』에 실린 그의 첫 글일 「현단계」는 백낙청의 이론비평, 김종철의 실제비평, 조동일의 국문학연구, 비평가 구중서의 국문학연구 등에 관한 정치한 메타비평을 전개해온 최원식 비평의 실질적 기점에 해당한다. 그리고 이 글에는 확실히 비평 대상인 1970년대 비평가들이 전유하지 못하고 있는 새로운 세대의 시각, 다시 말하면 보다 과학적이고도 급진적인(래디컬한) 시각이 도처에서 예각적으로 드러나고 있다. 백낙청의 시민문학론에 대해서는 그것이 민족문학적 성격을 간과하고 지식인 중심으로 구성되었으며, 민족문학론으로 발전했음에도 불구하고 국문학 전통과의 관계가 소홀하고, 실제 비평과의 유기적 관련이 적은 점, 민족·시민·민중 개념의 상관관계가 모호하며 계급문제보다 민족문제를 우선시한다는 점을 비판했다. 김종철에 대해서는 초기의 추상성과 반정치주의를 비판했지만 1970년대 후반 보다 급진화한 면모에 대해서는 공감을 보내고 있으며, 조동일에 대해서는 그의 구조주의적 방법이 지니는 개별적 구체성의 간과와 연역적 도식주의의 문제, 그리고 구조주의와 민족사관 사이의 부정합성을 문제 삼는다. 그리고 구중서의 문학사론 작업에 대해서는 문학사에서의 민중성의 문제에 대한 보다 엄밀한 접근을 요구하고 있다. 선배 비평가들에 대한 이러한 비판의 근저에는 강한 민족주의적 정념과 맑시즘적 교양이 가로놓여 있어 그가 1970년대에 부활하기 시작한 좌파적 전통의 앞들머리를 적지 않게 전유했음을 시사하고 있다.

이러한 점은 이 「현단계」의 후속작업이라 할 수 있는 「향방」에서 보다 더 두드러지게 나타난다. 김병익의 비평을 비판하는 자리에서 그의 주지주의가 "세계를 분석하는 일에만 열중하고 있다"고 한 것("중요한 것은 세계를 해석하는 것이 아니라 변혁하는 것"이라는 맑스의 유명한 테제를 상기하라)이나 문학에서 내용이 형식보다 더 본질적이라고 한 것, 구중서의 기독교에 대한 순진한 태도를 문제삼은 것, 염무웅을 "세계를 변혁시키는 일에 나서"는 진정한 결정론자로 규정하거나 그의 영웅주의적 작가관을 비판하는 것 등이 그 좋은 예가 될 것이다. 이렇듯 1970년대 후반 최원식의 등장은 그 스스로의 승인 여부와 상관없이 우리 비평의 1980년대적 급진화를 일정하게 매개하는 의미를 지닌다. 그 자신은 80년대 급진비평과 끝내 일정한 거리를 유지했지만 그 80년대 세대들은 1970년대 말 1980년대 초 사이에 발표된 최원식과 김종철 등 연배상 가까운 선배 비평가들의 글들을 징검다리 삼아 70년대 비평가들을 극복하고 80년대 혁명적 비평운동으로 뛰어 건너갈 수 있었던 것이다.

하지만 최원식에게는 조금 특이한 점이 있었다. 그가 이처럼 급진화되어가는 시대적 경향성을 동세대나 후속세대와 공유하고 있었다는 것은 사실이라고 할 수 있지만, 그에게는 동시대의 다른 사람들과는 달리 보다 확실한 정체성이 확보되어 있었다. 그것은 국문학 연구자로서의 정체성이다. 그는 그때나 지금이나 국문학자다. 단, 그는 진보적이고 실천적인 국문학자라는 점에서 다른 국문학자와 다를 뿐이다. 그의 선배 세대 비평가들은 대개 외국문학 전공자들이다. 외국문학 전공자가 국문학과 담을 쌓는 것은 아니지만 전문성에 있어서는 아무래도 비교할 수가 없다. 또한 그의 후배세대인 1980년대 비평가들 중에는 국문학 전공자들이 꽤 여럿 등장하지만 그처럼 확실하게 연구자로서의 길을 가는 비평가는 또 찾아보기 힘들었다. 바로 이 확고한 정체성으로부터 그는 자신이 수행할 과제와 그를 위한 실천의 영역을 정확하게 설정하고 거침없이 나아갈 수 있었던 것이다.

그러면 그가 세상에 나올 즈음에 설정한 과제는 무엇이었는가? 그것은 '문학연구와 비평의 회통'을 통한 '독자적 문학이론의 구성'이다.

만약 우리 비평이 새로운 문학이론 구성이라는 역사적 과제를 태만히 할 때 냉전구조의 해체와 함께 민족화·민주화의 경향을 심화하고 있는 오늘날 우리 작가들의 노력을 배반하게 되고 그것은 비평의 소외를 초래할 것이다. 이론비평의 강화와 함께 오늘의 우리 비평이 문학연구와의 유기적 관련을 심화하고 있는 것도 이와 같은 과제와 무관한 것이 아니다.(「현단계」, 『민족문학의 논리』 297면)

비평과 국문학 연구의 유기적 관련이 오늘의 우리 문학이 국문학의 연속성 속에서 종적 관계를 확보하는 데 기여한다면, 비평과 외국문학 연구의 관련은 오늘의 우리 문학이 세계사적 선진성을 획득하는 횡적 유대를 강화하는 데 기여할 것이다. 요컨대 비평이 전위라면 문학연구는 비평의 실천적 의의를 보장하고 강화하는 굳건한 터전이다. 이 양자는 독자성을 가지면서도 우리 문학의 창조적 가능성을 완전히 실현시킬 수 있는 새로운 문학의 건설이라는 동일한 과제에 긴밀하게 통일되어 있는 것이다.(같은 글 298면)

20여 년 전의 글이지만 생각해보면 최원식의 연구와 비평은 초기에 설정한 이 문제의식으로부터 그동안 조금도 벗어나지 않았다. 그 내용은 역사적 상황의 변화와 함께 변화·발전했을지 몰라도 그의 연구자/비평가로서의 행로는 언제나 문학연구와 비평의 동시적 실천을 통해 우리의 독자적 이론을 구성한다는 목적의식을 굳건히 지켜온 것이다. 이런 굳건한 목적의식은 이를테면 격변의 1980년대조차 그의 정체성을 위협하지 못하게 했다. 또한 이러한 과제인식 속에는 외국문학에 대한 그의 엄격한 주체적 태도가 들어 있다. 외국문학을 우리 문학이 세계사적 선진성을 획득하는 데 필요한 횡적 연대의 대상으로 규정하는 엄격한 주체성은 외국문학과 역사에 대한 놀랄 만한 박식함에도 불구하고 그가 한번도 외국의 문학이론을 그대로 수용하여 자기 비평과 연구의 근간으로 삼은 적이 없다는 사실에서 다시금 새롭게 다가온다.

1982년에 발표된 「민족문학론의 반성과 전망」은 최원식적 민족문학론의 진정한 시발이 되는 문건이다. 그리고 이 글은 최원식적 민족문학론의 한 기조라고 할 수 있는 민족협동전선론이 처음 본격적으로 주장되고 있는 글이기도 하다. 그는 1970년대까지의 민족문학론을 총점검하고 있는데 1920년대를 논의하는 자리에서는 이른바 절충주의로 불리는 좌우협동론이 신간회의 좌절과 같은 운명을 맞는 부분을 강조했다. 해방 직후의 민족문학론을 검토하는 자리에서는 처음에 민족문학을 주장하던 문학가동맹이 해방기 상황의 악화와 더불어 다시 좌경화하고, 우익 측에서도 민족주의적 색채가 강하던 전조선문필가협회의 영향력이 청년문학가협회에 의해 위축됨으로써 '문필협'과 '문맹'의 제휴 가능성이 무산되어버린 부분을 강조하고 있다. 그는 이 민족협동전선론 또는 좌우절충론을 과거의 민족문학론이나 민족현실에 적용하는 데 그치지 않고 1980년대 이후 현실과 문학운동을 바라보는 기본적 관점으로 지속시키고 있다. 앞서서 그가 국문학과 비평의 회통을 주장했다고 썼는데 그것이 최원식 비평에서 나타난 첫번째 회통론이라면 이 좌우회통론은 그의 두번째 회통론이라고 할 수 있다.[2]

물론 1980년대 초기의 상황에서 80년대 민족문학론을 정초하는 데 있어 이 좌우협동론의 문제는 아직 예각적으로 드러날 수 있는 상황이 아니었다. 단지 70년대 민족문학론의 성과를 집약하고 거기에 80년대적 내용성을 새롭게 부여하고자 하는 것이 이 글의 목적이었던 것이다. 그가 생각하는 80년대 민족문학론은 70년대 민족문학론의 문제제기를 받아서 이를 훨씬 더 원융한 차원으로 끌어올리는 것인즉, 첫째 70년대 민족문학론이 나아간 제3세계 문학과의 연대 모색이라는 방향에 대해서 동아시아적 시각의 중요성을 제기하고 나섰으며(이는 그의 동아시아론에 관한 첫 매니페스토에 해당한다), 둘째 민족문학론의 국문학 연구와의 70년대적 제휴를 더 밀고나가 국문학사의 전개 과정 전체를 민족문학적 관점에서 규정하는 사관정비 작업을 제의했다. 그 구체적 사례로서 분단시대의 제약을 넘는 신문학사의 온전한 재구성, 마당극 전통의 현대화를 비롯한 민족문학의 형식원리로서의 민족형식의 모색, 한문학 유산의 민족문학적 관점에서의 수용 등이 제시되었다.

하지만 정말 이런 것들이 민족문학의 1980년대적 내용성으로 추장되는 것이 얼마나 동시대의 과제에 직핍한 것이었는지는 생각할 필요가 있다. 이미 그 스스로가 1970년대 민족문학론을 비판적으로 검토하는 과정에서 드러났던 민중·민주 등 민족문학론의 사회정치적 내용성의 문제, 분단극복과 민족문학의 문제, 민족문학론의 철학성과 과학성의 문제 등에 관한 더 깊고도 보다 선진적인 모색을 보여주는 대신 민족문학론을 자신의 영역인 국문학 연구라는 틀 속으로 끌고 들어오는 데 만족하고 말았다는 느낌이다. 또한 1980년대 민족문학론을 준비하는 그의 접근 태도에서 조금 놀라운 것은 광주민중항쟁 직후의 상황에서 당연히 있음직한 어떤 정서의 노출을 철저히 억제하고 있다는 사실이다. 검열을 의식한 것인지 아니면 그런 상황일수록 냉정한 객관성의 거리를 유지해야 한다는 학자적 강박의 작용인지는 판단하기 힘들지만 단지 "오늘날 우리의 문학이 또 한차례 더욱 지난한 암중모색기에 들어섰음을 부정할 수 없을 것"(『민족문학의 논리』 367면)이라는 언급 외에 1982년에 발표된 글치고는 당시 지배적이었던 암울과 열망의 분위기에 지나치게 덜 감염되어 있다는 생각이 든다. 이는 그가 본의든 본의가 아니든 민족문학론을 둘러싼 1980년대의 치열했던 이론투쟁 과정에서 내내 한발 물러서 있었던 것과 무관하지 않은 것으로 보인다.

아닌게아니라 이 글을 발표한 이후 1980년대 내내 그는 「농민문학론을 위하여」(『한국문학의 현단계』 3집, 창작과비평사 1984) 외에 이렇다 할 이론비평의 성과를 내지 못하고(않고?) 작품론·작가론 등 실제비평에 주력하는 양상을 보인다. 물론 그가 이 시기에 지적 정체 상태에 있었던 것은 아니다. 1986년 「이해조 문학 연구」로 박사학위를 취득하고 그해 다시 관련 논문들을 한데 묶어 『한국근대소설사론』이라는 묵직한 저서를 상재하는 연구자적 정열로 그는 그 나름대로 80년대라는 격동기를 뚫고 나간 것이다.

2. 민중적 민족문학론에서 근대성 비판까지

그가 다시 비평가로서 온전히 당대의 현장에 돌아온 것은 1990년부터다. 소련, 동구의 현실사회주의가 붕괴해나가면서 1980년대 후반을 휩쓸었던 '혁명문학'의 열기에도 어두운 그림자가 드리워지기 시작한 이해에 그가 다시 평필을 들기 시작한 것은 언뜻 생각하면 급격하게 좌경화되어갔던 80년대의 비평의 쇠퇴를 감지한 한 좌우협동파 평론가의 조심스러운 복귀로 보일 수도 있지만 그런 평가가 그른 것임은 그의 글 자체가 웅변한다. 그는 마치 1970년대 말 비평가로서 그 이름을 처음 알릴 때 그랬던 것처럼 다른 비평가들에 대한 비판을 통해 자신의 관점을 드러내는 방식으로 다시 이론비평의 현장에 돌아왔다. 백낙청의 1980년대 담론들을 검토한 「'강압의 시대'에서 '지혜의 시대'로」(『창비』 1990년 가을호)와 김명인, 윤지관, 김재용 등 80년대에 등장한 비평가들의 논리를 검토한 「생산적 대화를 위하여」(『창비』 1991년 여름호)가 바로 그러한 글들이다.

「'강압의 시대'에서 '지혜의 시대'로」에서 최원식은 1980년대 내내 급진적 소장비평가들과의 논쟁관계를 통해 발전했던 백낙청의 민족문학론을 비판적으로 검토하고 있다. 백낙청의 노동자계급에 대한 관점의 불철저성과 작가의 신원문제에 대한 과소평가의 위험성을 지적한다든지, 지배문화의 잡식성과 나름대로의 견고한 육체성에 대한 백낙청의 경시를 문제삼는다든지, 민중성과 예술성의 일치라는 백낙청의 명제에 대해 민중성 우선론을 내세운다든지, 문인·예술가들의 전문성에 대한 백낙청의 옹호에 대해 전문성의 민중적 회로 확보의 문제를 제기한다든지, 백낙청이 주장하는 분단모순론의 의의에 공감하면서도 그 현실적 방략의 추상성을 문제삼는다든지 하는 날카로운 비판들은 비록 그가 1980년대의 문학적 의제들에 비교적 침묵을 지켜왔음에도 80년대적 '혁명문학'의 합리적 핵심들을 소화해내는 데 결코 게으르지 않았음을 여실히 보여준다. 그는 결론적으로 백낙청의 담론들에 계급모순에 대한 정면돌파가 부족하다고 평가하고, 그의 분단모순론이 민족모순이라는 폭넓은 전망 아래 놓여져야 한다고 보았다. 또한 백낙청에게 전통·농민·지방에 대한 관심이 부족하며 민중적 회로가 결여된 서구파적 경향이 1980년대 들어 더 강화되었음을 지적하고, 실제비평이 빈약함을 꼬집었다. 이러한 80년대 백낙청에 대한 꼼꼼한 비판은 그 1~2년 후에 80년대 급진비평가들의 일부가 변변한 논리적 해명도 없이 한때의 논적 백낙청에게 투항해 들어가는 양상과 좋은 대조를 이룬다.

어쨌든 이 글을 통해 그는 민중주의자라고까지는 할 수 없지만, 우리 민중의 실상에 뿌리내린 견고한 '민중적 민족주의자'로서의 이념적 지향을 일정하게 드러내면서 1980년대 후반에서 1990년대 초반에 걸치는 격렬한 논쟁의 장에 연착륙하고 있다. 그는 이 글의 앞부분에 80년대 자신의 게으름을 통감한다고 하면서 자신이 80년대 민족문학논쟁에 참여하지 않은 것이 한편으로는 80년대적 분립상이 지닌 파괴적 위험 때문이고 또 한편으로는 메타비평의 연역성과 그것의 귀결이 될 스콜라주의적 이론신앙에 대한 경계 때문이라는 변명의 말을 피력했다. 사실 그렇다면 그는 이 논쟁에 뛰어들어 80년대 급진비평의 분파성과 이론주의를 정당하게 비판했어야 했다. 그리고 실제로 80년대 후반 최원식의 침묵은 아쉬운 것이었다. 하지만 변명과 동시에 변명을 넘어서는 글을 제출하여 복귀함으로써 그야말로 그 변명은 한갓 에피소드로 접수될 수 있었다.

「생산적 대화를 위하여」는 세명의 80년대 비평가 김명인, 윤지관, 김재용이 1990년에 각각 묶어낸 세권의 평론집에 대한 서평형식의 글이다. '당문학'론에 들린 80년대 일부 이론비평의 주관적·주술적 태도에 맹성을 촉구하는 것으로 시작하는 이 글에는 확실히 80년대 급진비평의 맥점을 짚고 있는 사람으로서의 자신감이 배어나오고 있다. 특히 김명인의 비평을 검토하는 부분에서 그는 김명인의 민중적 민족문학론이 지닌 해체주의적 경향, 계급환원론적 태도, 연합적 전망과 전선적 전망 구분의 문제, 민중주의적 경사 등을 비판하고 있는데 개념들을 자신있게 장악하고 있는 그 비판에는 무엇보다 관조적 거리감이 없으며 자신을 비판 대상과 같은 수평에 두는 동지적 연대감이 두드러지게 나타난다. 이는 그의 침묵이 한갓 움츠림이나 도피가 아닌 나름대로 치열한 내적 연성의 과정이었음을 말해준다. 이는 윤지관 비평의 절충성과 추상성, 그리고 서구파적 편향을 지적하는 데서도 마찬가지로 나타난다. 그리고 이 글은 전반적으로 이전의 글들이 어딘가 무겁게 끌리는 듯한 느낌을 주었던 데 비해 굉장히 경쾌하다. 이 글의 제목을 「생산적 대화를 위하여」라고 붙인 것도 이 무렵 이 같은 경쾌한 비판작업을 통해 어떤 생산적 역동성을 견지할 수 있으리라는 그의 내적 자신감을 반영한다고 할 수 있다.

　그런데 80년대의 급진소장비평가들은 그의 이러한 생산적 대화제의에 응할 겨를도 없이 급전직하하는 90년대의 주관적·객관적 조건들 앞에서, 그의 생산적 대화 파트너의 자리에 제대로 나서보지도 못하고 시나브로 역사의 전면에서 퇴장해갔다. 그 역시 변화하는 상황을 맞아 새로운 이론적 모색의 길을 걷지 않을 수 없었다. 이제 문제는 누가 먼저 이 엄혹한 변화를 냉정히 객관화하여 소화해내고 다시 공공의 영역으로 돌아와 이 변화에 대해 설득력 있는 대답을 줄 것인가 하는 것이었다.

아마 최원식의 「한국문학의 근대성을 다시 생각한다」(『창비』 1994년 겨울호)가 그 가장 빠른 대답이었을 것이다. 그 내용에 대한 찬반여부와 상관없이, 파천황의 발본적 사유가 마치 폭포수처럼 미망과 환멸로 굳어진 우리의 머리를 강타하는, 그의 동서고금을 넘나드는 놀라운 박람강기가 마치 육체를 지닌 듯 생동하는 이 한편의 글의 등장은 참으로 놀라운 기념비적 사건이었다. 이 글에서 그가 제기한 발본적 테제들은 다음과 같다. 1) 일국사회주의 모델에 입각한 근대 이후 지향은 근대의 철폐가 아니라 근대의 연장 또는 다른 방식의 근대 따라잡기에 지나지 않는다. 2) 물질과 관념, 객관과 주관, 육체와 정신, 감성과 이성 등등 모든 이항대립을 해체하고자 하는 포스트모더니즘의 도전은 대안의 근본적 부재에도 불구하고 서구적 근대성에 대한 창조적인 물음을 요구한다. 3) 맹목적 근대추종과 낭만적 근대부정 사이에서 끊임없이 흔들려온 우리 사회에서 예정설정된 역사의 최종목표로서의 근대 이후가 아니라 '근대적 근대 이후'의 상을 어떻게 모색하는가가 지금 우리에게 던져진 일대 공안이다. 4) 우리 문학의 근대성의 지표를 올바로 설정하기 위해서는 제국주의적 담론인 비교문학적 시각과 반제국주의 담론인 내재적 발전론을 넘어서 국제적 시각의 도입을 모색해야 한다. 5) 부르주아문학을 일단 괄호치고 프로문학만을 편애하거나, 또는 프로문학을 중심에 두고 부르주아문학을 선택적으로 주변부에 배치하는 편향을 넘어서서 우리 근대문학 전체상 속에서 프로문학의 주류성을 진정으로 해소하자. 이 다섯개 주요 테제들의 정식화는 약간의 과장을 허락한다면 하나하나가 우리 지성계와 문학계에 판도라의 상자를 열어젖힌 것과 같은 충격이었다고 할 수 있으며 특히 마지막 두개의 테제—내재적 발전론 극복과 카프 주류성 해소──는 그때 이후 지금까지도 한국 근대문학 연구에 있어서 일파만파의 파장을 일으키고 있다고 할 수 있다.

또한 이 테제들은 우리 과거의 문학사적 사실과 관련한 통념들의 전도와 해체, 재발견을 수반하고 있다. 탈춤의 불교 기악전래설을 적극적으로 해석하고,『홍길동전』은 왜『수호전』같은 위대한 소설이 되지 못했는가를 묻고, 우리 소설사에는 왜『데까메론』도『보바리부인』도 없는가를 묻고『춘향전』은 왜 노블로 자립하지 못하고 로맨스로 주저앉았는가를 물어 내재적 발전론의 허약한 기초를 비판한다든가, 친일파 이인직과 최찬식 신소설에서 새로운 수준의 근대성을 읽어내는 것,『고향』이 계몽이성의 귀향이라는『흙』의 모델에 기초하고 있다거나 순수파 이태준 소설에서 침통한 사회성을 발견하고, 김유정에게서 사회주의를 발견하는 것 등이 그것이다. 그리고 이러한 전도와 해체, 재발견이 러시아혁명사·서구연극사·일본문학사·독일문학사·한중 관계사 등에 관한 적지 않은 조예와 맑스·키르케고르·셸링·셰익스피어·보까치오·세르반떼스·스땅달·플로베르·르네 지라르·괴테·단테·레싱·보마르셰 등 서구 근대인물에 대한 잘 소화된 이해를 근거로 그 실감과 설득력을 획득하고 있다는 것이 바로 이 글의 빼어난 점이다.

이 글을 읽으면 다른 비평가들이 아직 전환기의 혼돈 속을 헤매고 있을 때 어째서 최원식이 그 선편을 잡고 1990년대가 제기하는 문제에 대답을 시도할 수 있었는가를 알 수 있다. 그것은 그에게 '국문학'이 있기 때문이다. 다른 비평가들이 대체로 돌아가 의지하며 문제들을 성찰할 수 있는 일상적 구심성을 갖지 못해 극과 극의 동요를 겪고 있었던 데 반해 그는 국문학이라는, 가장 득의의 영역으로 돌아가 그속에서 새로운 사유들을 벼릴 수 있었던 것이며, 시대가 제기하는 문제를 국문학의 문제로 치환하여 실천적으로 받아낼 수 있었던 것이다. 국문학은 그에게 있어서 역사와 시대적 담론들이 머무는 일종의 지적 육체라고 할 수 있다. 그는 모든 것들을 이 육체 속에 받아들여 화학적 적응을 겪은 후에 다시 내놓았을 뿐인데 그게 의외로 강력한 담론적 힘을 뿜어내게 된 것이다.

'민족문학론의 새로운 구도를 위하여'라는 부제를 달고 쓰여진 「80년대 문학운동의 비판적 점검」(『민족문학사연구』 제8호, 창작과비평사 1995)은 「한국문학의 근대성을 다시 생각한다」의 마지막 테제, 즉 카프 주류성의 해소 테제를 1980년대 문학과의 유비를 통해 구체화한 글이라고 할 수 있다. 이 테제의 입증을 위해 먼저 시도한 것이 첫번째 테제의 한국적 적용이다. 일국사회주의에 근거한 프로문학의 시작을 탈근대(현대)의 기점으로 삼는 백철(『조선신문학사조사』)과 독점자본주의에 근거한 모더니즘을 탈근대의 기점으로 삼는 조연현(『한국현대문학사』)의 현대론은 문학사의 실상에 즉한 것이 아니며, 독점자본주의의 직접적 지배 아래서 나라 찾기에 골몰했던 식민지시대와 후기자본주의의 강력한 자장 속에 나라 세우기에 골몰해온 분단시대를 각각 근대 전기와 근대 후기로 규정한다.

이런 전제하에 1980년대 문학의 전사(前史)로서 해방 직후부터 1970년대 문학을 개관하는데, 그는 앞서도 언급한 바와 같이 해방기에 협동의 가능성을 배제할 수 없는 문건과 문필협이 아니라 극좌적인 동맹과 극우적인 청문협이 남북 양쪽에서 주도권을 쥐면서 정치논리가 문학논리를 압도하게 된 것이 우리 문학사의 원초적 문제라고 보았다. 이러한 정치논리는 1950년대 내내 노골화하는데, 그럼에도 저류에는 손창섭·이호철 등 월남문인들을 중심으로 사회파가 형성되었고 청문협 중심의 주류가 한국문학가협회, 『현대문학』 등을 중심으로 모여 문단권력을 쥐어나갔다. 최원식은 이들 저류가 한국자유문학자협회, 『자유문학』 등을 중심으로 모여 이후 1960년대 후반 이래 계간지 시대의 먼 근원이 되고 있다고 본다. 4월혁명은 우리 문학에 다시 '문학이란 무엇인가'하는 원초적인 질문을 던졌고 1960년대 후반의 순수·참여논쟁은 이를 이어받은 것으로, 이로써 우리 문학은 "남북의 두 공식문학과는 다른 새로운 길을 개척할 역사적 운명에 눈떴"다는 것이다. 이런 과정을 거쳐 1970년대 이후 우리 문학은 순수문학론이 탈락하고 『창작과비평』 및 자유실천문인협회를 주축으로 한 민족문학론과, 『문학과지성』 『세계의문학』 등을 주축으로 한 중도파의 대립으로 생산적 긴장을 이루었다고 본다. 그는 이어 다음과 같이 1970년대 민족문학론의 성격을 규정한다.

> 70년대의 민족문학론은 문학성과 사회성의 간난한 통일을 위해 고심하는 한편, 자본주의와 현존 사회주의를 동시에 넘어서고자 하는 대안 추구의 성격을 강화해옴으로써, 당의 외곽에서 문학의 정치적 종속으로 치달을 수밖에 없었던 앞 시기의 불행을 되밟지 않을 수 있었던 것이다.(『민족문학사연구』 제8호, 69면)

이런 규정은 문자 그대로 읽을 수도 있지만 1980년대의 '급진적 문학운동'들이 이러한 내용성을 지닌 민족문학론을 온당하게 이어받는 대신 이를테면 '소시민적'이라는 딱지를 붙여 성급히 해소해버리려 한 것을 문제삼기 위한 하나의 포석이라고 할 수 있다.

아무튼 이런 전사적 탐색에 이어 그는 1980년대의 급진적 문학운동들에 대한 본격적 비판을 시도한다. 그는 우선 80년대에 혁명문학이 왕성해진 것이 혁명의 고양이라기보다는 10·26에서 5·18에 이르는 혁명의 좌절 때문일지도 모르며 광주항쟁에 대한 부채의식이 혁명문학의 '추상적 선취'를 낳았으며 그런 만큼 민중과의 현실적 유대가 튼튼하지 못했다는 과감한 가설을 세운다. 그는 그런 맥락에서 1980년대 급진적 문학운동을 1920년대 카프의 좌경적 오류를 답습한 것으로 보고 실패한 카프의 상속자로 자처하며 민족문학론의 해소를 주장한 것을 신판 신간회 해소론으로 규정했다.

그리고 이러한 1980년대 급진문학운동의 이론과 현실 사이의 괴리에 대해서는 그것이 남한사회에 대한 과대평가와 과소평가에 기반한 신식민지독점자본주의론이나 식민지반봉건사회론(또는 반자본주의론)에 기초하고 있었기 때문이라 보며, 여기엔 맑스주의에 대한 방법론적 반성의 부재에서 오는 이론신앙도 한몫한 것으로 본다. 그는 다시 한번 "민족문학운동이 자본주의와 현존사회주의를 동시에 넘어서고자 했던 창조적 대안 모색의 운동에서 출발했던 점"을 강조한다.[3]

또한 그는 1980년대의 혁명적 문학이 리얼리즘의 이름 아래 혁명적 낭만주의로 기울었음을 비판하고 이제는 모더니즘 또는 포스트모더니즘의 도전도 능히 끌어안을 수 있는 리얼리즘이 절실히 요구된다고 하였다. 그러면서 도시의 탐구와 농업적 전통의 기억 사이에서 자본주의를 뚫고 자본주의를 넘어서는 어떤 힘을 발견해야 한다고 말하는데 이 견해는 후에 마침내 '리얼리즘과 모더니즘의 회통'[4]이라는 테제로 발전해나가게 된다. 이와 함께 최원식은 우리 문학이 "최고의 문학성이 최고의 정치성으로 되는, 정치성(및 사회성·사상성)과 문학성의 통일문제를 온몸으로 밀어나갈 때"라며 "노골적인 혹은 위장된 공리적 문학관"을 극복하자 하고, 우리 문학에서의 지성의 부족을 말한다. 그럼으로써 그는 우리 문학이 이제 1980년대뿐만 아니라 우리 근대문학사 전체에서 일관해온 어떤 즉자적 차원의 공리적 계몽주의 전체를 벗어나야 할 때가 되었음을 말하고 있는 것으로 보인다.

3. '민족문학'에서 '문학'으로?

1990년대의 상당 기간을 1980년대가 남긴 것을 정리하는 데 소진한 탓인지 그의 90년대 문학에 대한 발언은 90년대가 거의 다 기울어갈 무렵에야 나오기 시작했다. 물론 이는 최원식만의 경우가 아니고 아마 80년대 이전 대부분의 비평가들 거의 전부가 그랬을 것이다. 이는 그만큼 이전 세대들에게 90년대 문학이 낯설고 거북하게 다가왔다는 것을 말해준다. 아무튼 2001년에 나온 그의 세번째 평론집 『문학의 귀환』에 실린 「지상의 길」(1998)에 그의 90년대 문학에 대한 첫 발언이 들어 있다.

90년대 문학은, 과잉결정된 혁명론으로 질주하여 문학의 죽음을 초래한 80년대 문학의 한 급진적 경향에 대한 환멸 속에서, 대체로 현실로부터 퇴각, 일상 또는 내면으로 국척(跼蹐)하고 있습니다. 물론 90년대 문학의 반동을 이해할 수는 있습니다. 그러나 이 또한 더욱 치명적인 문학의 위기를 몰고 올 편향이 있습니다. (…) 지금이야말로 80년대와 90년대의 두 편향을 넘어서 문학다운 문학을 제대로 실천하는 새로운 창작의 자세가 절실히 요구된다고 하겠습니다. 사회의식 아래 문학을 종속시키거나 반대로 문학의 자립이라는 환상 속에 사회의식을 거세하는 것이 아니라 양자의 균형을 예술적 실천 속에 온몸으로 밀어나가는 치열성의 회복이 관건입니다.(『문학의 귀환』 95면)

90년대 문학은 80년대 문학의 합리적 핵심을 보존한 지양태가 아니라 그 합리적 핵심을 의식적으로 폐기하는 데 급급한 대립태를 넘어서지 못했다는 점에서 문제인데 최원식은 이 점을 지적하는 것을 넘어 80년대적인 것과 90년대적인 것의 상호 지양과 변증을 구하고 있다. 이 90년대 문학에 대한 판단과 새로운 문학상의 모색은 이듬해에 쓴 「문학의 귀환」에서 보다 심도있게 전개되고 있다.

그는 이 글에서 1990년대의 문학이 "80년대 혁명문학의 붕괴를 새로운 사유의 원초적 자리로 삼는 대신 그 시간대를 서둘러 빠져나와야 할 '지옥의 계절'로 외면"했으며, 1930년대의 이상과 박태원처럼, 발자끄가 끝난 자리에서 새로운 길을 걸었던 도스또옙스끼처럼 하강기의 미학에 투철하지 못하고 적당히 자본의 시대와 제휴한 의(疑)모더니즘의 길을 걸었다고 비판하고 있다. 그는 이 하강의 미학에 투철하지 못한 90년대 문학의 예를 두개 드는데 그 하나가 '소설'과 '대설'의 회통(이것이 최원식의 또 하나의 회통론이다)으로 나아가지 못하고 '작은 이야기'의 재미에 빠져든 성석제적 경향이고, 또 하나가 그저 '환멸의 양식'으로 전락하거나 아니면 '붕괴에 대한 과도한 방어심리'를 넘지 못한 이른바 후일담소설이다.

90년대 문학에 대한 이런 개괄적 비판에 이어 그는 80년대에서 90년대까지 우리 문학이 보여온 이 옹색함을 벗어날 전망을 두 방향에서 제시한다. 하나는 민족문학을 세계문학으로 해방하여 우리 문학의 오랜

식민성을 넘어서는 방향이고, 또 하나는 현재의 '문학' 개념에 내재된 낭만주의 미학의 흔적과 정치 지향을 동시에 넘어서는 방향, 즉 "문학과 문'학'을 넘어 '문학'으로!" 귀환하는 방향이다.

낭만 편향과 정치 편향이라는 한국문학의 양 편향을 넘어 문과 학의 온전한 통일, 조금 더 범박하게 말한다면 미학과 정치학의 통일을 지향해야 한다는 후자의 주장이 비평(이론)과 창작 모두에 해당하는 말이긴 하지만 기본적으로 창작(론)을 염두에 둔 발언이라면, 민족문학을 세계문학으로 해방해야 한다는 전자의 주장은 당대에 이미 퇴색의 빛이 역력해진 민족문학론의 장래를 염두에 둔 발언으로 주목될 만하다. 그는 여기서 민족문학(론)의 퇴색이 각종 '문학밀수업'의 번창으로 이어지는 1990년대 한국문학의 노예성에도 일침을 가하지만 동시에 침략/저항의 이분법에 갇혀 "열국체제 안의 반주변부 또는 주변부에서 생활하는 민중의 식민성"(『문학의 귀환』 33면)을 읽어내지 못하고 세계문학에 대한 일종의 적대성에 기생하는 '위장반제론'에 대한 비판도 동시에 가하고 있다. 그는 대신 "괴테가 셰익스피어를 사숙했듯 루쉰이 유럽문학을 골똘히 섭렵했듯 나라의 경계를 넘은 문학적 학습의 필요성이 절실"(『문학의 귀환』 36면)함을 말한다. 그것은 단지 학습의 문제라기보다는 전통적인 민족문학론이 지닌 어떤 근본적 고루함(아마도 그것이 위장된 반제론이며 동시에 위장된 식민성일 것이다)을 넘어서는 태도의 문제일 것이다. 그리고 이는 아마도 이때부터 최원식의 비평적 내면 속에 동아시아론이 구체화되고 있음을 보여주는 증거일 것이다. 동아시아론이 민족문학론을 심화시킨 결과라는 딱 그만큼, 그것은 민족문학론의 일국적 고루함을 벗어던진 결과라는 것은 여기서도 일찍이 확인될 수 있다. 비록 그가 이 글의 결구에서 "마지막으로 한마디, 이 글에서 나는 민족문학이란 용어를 가능한 자제했다. 그것은 이 용어의 시효가 끝났다고 생각한 때문이 결코 아니다. 민족문학론을 이리저리 개량 수정하는 일보다 문학을 근본에서 다시 생각하는 일이 훨씬 화급하다고 판단했기 때문이다"(『문학의 귀환』 41면)라는 변명의 사족을 달기는 했지만, 이 사족조차도 '문학을 근본에서 다시 생각해보니 민족문학으로는 쉽지 않겠다'라는 느낌으로 다가옴을 어쩔 수 없다.

「리얼리즘과 모더니즘의 회통」은 그의 '문학의 귀환' 테제를 한걸음 더 심화시킨 글이다. 방법의 문제를 통과하지 않고 새로운 문학을 말할 수 없기 때문이기도 하지만 이 글은 한갓 방법의 차원을 넘어 문학의 근본문제에까지 이르고 있다. 그의 진지한 평문들이 다 그렇듯 이 글 역시 모더니즘과 리얼리즘 문제를 다룸에 있어 우리 근대문학사의 맥락을 다시 해석해 나오는 과정에서 새로운 모색의 단초를 얻는다. 이번에는 김수영이 그 단초가 됐다.

김수영의 모더니즘도 해방 직후의 사회주의 리얼리즘이나 혁명적 낭만주의와의 차별 속에서 출발하였다는 점에서 20년대의 자연주의 낭만주의와 결별하면서 시작되었던 30년대 모더니즘과 공통적이다. 그럼에도 김수영의 모더니즘은 30년대 모더니즘의 어떤 낭만적 잔재 또는 어떤 고전적 포즈로부터 거의 완벽히 자유롭다. (⋯) 김수영의 최량의 엄격성, 즉 낭만적 초월과 고전적 초절의 거부는 주목되어야 한다. 그는 철저히 '지금 이곳'의 현실로 자신의 육체와 영혼을 투입한다. (⋯) 김수영이야말로 최량의 작품들에서 통상적 모더니즘과 통상적 리얼리즘을 가로질러 그 회통에 도달하는 경지를 보여준 드문 시인이었던 것이다.(『문학의 귀환』 50~52면)

김수영은 그의 말대로 일상성에 충실하면서 그 어떤 초절과 초월을 거부하면서도 분명히 일상성을 넘어서는 어떤 경지를 개척했던 시인임에 틀림없는데 이 맥락을 모더니즘과 리얼리즘이라는 문제로 재포섭하는 것이야말로 최원식의 비평적·문학사적 안목이 돋보이는 부분이다. 이처럼 리얼리즘과 모더니즘의 문제는 그간 이 말들에 덕지덕지 달라붙어왔던 낡은 역사와 담론의 때를 닦아내고 이처럼 작품과 작가라는 문학의 근원으로 돌아가 다시 규정해내는 작업이 필요한 것으로 보인다.

서구에서 상륙한 이래 이 땅에서 벌어진 긴 이데올로기 투쟁 과정에 얽히고 설킨 리얼리즘과 모더니즘은 제아무리 갈고 닦아도 구원의 가망이 없는 용어들인지도 모른다. 식민체제와 그 후계국가들이 종족적 차이와 전통을 창안하고 촉진하고 이용했듯이, 리얼리즘/모더니즘론에도 이러한 혐의가 없지 않다. 어떤 사물에 이름을 붙일 때, 그 이후 사물을 대신한 이름이 이름의 연쇄를 구성할 때, 이름은 사물로부터 미끄러져 사물의 소외가 깊어지기도 한다. 리얼리즘/모더니즘을 대칭적으로건 비대칭적으로건 차이 속에 정의하려는 노력을 통해 얻어진 리얼리즘과 모더니즘의 집단정체성은 상상된 또는 창안된 표지이기 쉽다.(『문학의 귀환』 57면)

이런 집단정체성으로부터 문학을 구하는 것, 그것이 곧 "담론으로부터 대상을 창안하기보다 담론으로부터 대상으로 귀환하는 것"이며 "작품으로 직핍"하는 것이다. 그리고 "최고의 작품들이 생산되는 그 장소에서는 이미 '리얼리즘'과 '모더니즘'이 회통의 경지에 이를 것"이라는 그의 진술은 그의 사유가 이미 '리얼리즘'도 '모더니즘'도 넘어선 보다 더 근원적인 지점을 향하고 있음을 말해주고 있다. 물론 어떤 작품이 그런 작품인가, 회통이건 넘어섬이건 그 성취의 결과물로서의 작품에 대해 우리는 또 어떤 미학적 척도들을 적용할 것인가 하는 문제는 아직 고구되지 않고 있다. 대신 그는 "구체적인 또는 단독적 작품"으로의 귀환을 가능한 최선의 통로로 설정하고 있는 것으로 보인다. 그 귀환 속에 리얼리즘과 모더니즘의 대립을 넘어서는, 근대의 성취와 극복이라는 모순적 과제를 해결할 안타까운 실마리가 감추어져 있는 것이다.

4. 동아시아론으로의 전환 혹은 이동

앞서 살펴본 바와 같이 1970년대 후반 이래 한국 민족문학론의 연성에 큰 기여를 해온 최원식은 의외로 1980년대 말의 이른바 '민족문학 주체논쟁'에는 적극적으로 참여하지 않았다. 하지만 그 요란했던 논쟁이 국내적으로는 개량주의적 민주화 이후 변혁운동에 대한 피로감의 증대와 국외적으로는 현실사회주의권의 극적인 몰락을 거쳐 거의 소멸해버리고 그 중심에 있던 대부분의 논자들이 청산과 전향, 방향전환 혹은 침묵의 길로 나아가던 1993년 이후 그는 홀연히 재등장하여 '포스트 80년대' 담론전선의 선두에 나선다.

그 무렵 그가 제기한 '동아시아론'은 '근대성취-근대극복의 이중과제론' '리얼리즘-모더니즘 회통론' 등과 함께 대내외적으로 위기에 빠진 민족문학론의 핵심적 문제의식을 보전하면서도 이를 발전적으로 넘어서고자 했던 그의 의지가 이루어낸 하나의 주목할 만한 성취였다. 그는 이를 통해 민족문학론이 가진 민족주의적 편향과 일국적 폐쇄성, 그리고 위계론적 문제와 같은 근대담론으로서의 한계 등을 넘어서면서도 그것이 가진 비자본주의적 근대 성취와 극복의 제3세계적 행로의 가능성을 보전하는 새로운 입각지를 구축하려 하였다. 또한 그 모색은 여전히 발전적으로 진행되는 중이다.

동아시아론은 국내적으로는 일국적 시각에 입각한 급진사회주의 변혁운동의 쇠퇴라는 현실과 국제적으로는 소련의 붕괴에 말미암은 탈냉전시대의 본격적 도래라는 현실을 맞아 한반도의 문제를 동아시아라는 새로운 매트릭스 위에서 재발견해야 한다는 문제의식에서 출발했다. 냉전체제의 해체와 현실사회주의권의 몰락에도 불구하고 동아시아에는 여전히 세계유일의 냉전 유제적 분단국가인 한반도 남북의 평화적 통일이라는 과제가 놓여 있고 그 과제 주위로 여전히 미·중·러·일 등 강대국의 이해가 착종되고 있다. 탈냉전 이후 세계사적 긴장이 동아시아에 점점 더 누증되고 있다는 점에서 동아시아에의 착목은 설득력이 있다.

동아시아는 특수한 지역사가 아니라 세계사의 향방에 관건으로 작용할 가능성을 풍부하게 내포한 세계사적 지역이다. 그 관건의 중심에 중·일과 미·러가 착종한 한반도가 자리하고 있다. 따라서 한반도에 작동하고 있는 분단체제를 푸는 작업은 풍부한 문명사적 자산을 공유해왔음에도 파행으로 점철되었던 동아시아가 새로운 연대 속에 거듭나는 계기로 되며, 미·소 냉전체제 이후의 새로운 시대를 여는 종요로운 단서를 제공할 것이다. 그리고 그것은 서구적 근대의 진정한 대안을 모색하는 작업과 긴절히 맞물린 사업이기도 하다.[5]

그리고 이러한 '동아시아의 발견'이 한반도의 문제를 국제정치의 역장(力場)에서 풀어나가려 하는 외교주의적 시각과 구별되는 것은 그것이 '분단체제론'의 핵심적 문제의식, 즉 한반도의 통일운동이 "남북 양쪽 체제의 일정한 갱신을 전제"로 한 "남한 자본주의보다 그리고 북한의 '사회주의'보다 더 나은 제3의 진보적 사회체제를 만드는 일"[6]임을 자각함으로써 한반도 내의 변혁운동을 필수적으로 전제하고 있기 때문이다.

이렇게 동아시아론을 제기하면서 최원식은 한편으로는 중국 중심의 '신판 중화주의'나 일본식의 '저강도 대동아공영권'으로 요약될 아시아주의에의 경사와 아시아의식의 결핍을 동시에 경계한다.[7] 그러면서 아시아만을 사유하는 게 아니라 아시아에서 출발하여 이제는 "아시아·아프리카·라틴아메리카와의 연대를 기본으로 하면서 제3세계주의로 미끄러지지 않는 현실적 대안으로서, 세계로부터 한국으로 내려먹이는 제국주의적 시각과 한국으로부터 세계로 나아가는 아제국주의적 시각을 넘어서는 제3의 선택"이자 "국가주의와 민족주의를 넘어 새로운 세계형성의 원리를 탐구하는" 하나의 세계사적 과제로서 자기인식을 다듬어나가고자 한다.[8] 더 나아가 "민족주의의 충돌을 근본에서 억지하는 소국주의를 평화의 약속으로 회상하면서 대국 또는 대국주의의 파경적 충돌을 완충하는 중형국가의 역할에 한국이 충성"해야 한다는 국가형태에 대한 사유에서도 보이듯 최원식의 동아시아론은 이제껏 일국적 혹은 반국적인 프레임 속에 갇혀왔던 한국사회의 진보/변혁담론들은 물론이거니와, 근대비판이라는 다분히 관념적인 사유 틀 아래서 세계질서의 현실적 작동방식과 그속에서의 개별 민족국가들의 운명에 대해서는 '판단정지' 상태에 빠져 있던 탈근대담론들 역시 미처 가닿을 수 없었던 영역으로까지 그 사유의 영토를 확장하면서 부단히 생성을 거듭해왔다.[9]

물론 이 동아시아론은 민족/세계적 차원을 모두 아우르는 진정한 근대 수행과 극복의 대안담론으로 인준받기에는 여전히 넘어서야 할 난제들을 가지고 있다.

우선 동아시아론은 민족문학론과는 달리 반국적 혹은 일국적 경계를 넘어 확장됐다고는 하지만 그럼에도 불구하고 여전히 민족주의적이며 국가중심적이다. 최원식은 동아시아론을 논하는 여러 글에서 민족주의/국가주의의 극복을 언급하고 있지만 그것은 원론적인 수준에서만 이루어질 뿐 그가 현실적으로 동아시아의 문제들을 사유할 때는 대부분 민족/국가적 차원에서 사유를 전개해나간다. 그것은 한편으로는 그의 현실주의적 태도에서 비롯된 것이기는 하지만 민족/국가주의의 극복을 그처럼 점진적 과제로 보는 것과 처음부터 민족/국가주의적 태도와 결별하고 시작하는 것은 전혀 다른 담론적 결과를 낳게 된다.

만일 누군가가 민족주의에 동의하지 않는다면 아마도 그는 동아시아 담론에도 동의하지 않을 것이다. 민족주의에 의지하지 않거나 나아가 민족주의에 적대적인 입장들, 이를테면 아나키즘이나 페미니즘이나 생태주의, 혹은 소수자담론이나 다중주의 같은 담론의 경우 동아시아적 경계는 무의미하며 동아시아 담론은 민족주의적 패러다임의 확장판으로서 또다른 억압체계로 인식될 것이다. 최원식은 동아시아 각국의 민중적 연대, 아니면 '국민' 혹은 시민들 사이의 화해와 연대에 대해 여러 차례 강조해왔다. 그러나 그것은 어디까지나 정부(국가) 사이의 관계라는 또 다른 변수(항수?)에 대한 고려와 긴밀히 연동되어 있는 것이라고 할 수 있다. 그가 "국가 사이에서 생활/사유하는 시민의 탄생"을 말하면서 이를 다시 "탈국가적 시민이 아니라 국가의 시민이면서 동시에 국가 사이의 시민이라는 이중성"으로 제한한 것[10]은 그런 맥락이라고 볼 수 있다. 따라서 이는 운동의 목적상 민족/국가를 고려하지 않을 뿐만 아니라 심지어 민족/국가의 해체를 목표로 하는, 보다 급진적 담론/실천들에서의 탈민족적 주체들의 국경을 넘는 연대와는 분명 성격이 다르다.

세계체제가 민족국가를 기본 단위로 작동되는 것임을 인지하는 것과 민족/국가주의를 견지하는 것은 구별되어야 한다. 전자의 경우 민중은 민족국가 차원에서 해결되어야 할 문제는 민족국가 단위로, 문제가 그 범위를 넘어서 국제적인 차원의 해결을 요구한다면 국제적인 차원에서, 전지구적인 차원을 요구한다면 그 차원에서 싸워나가게 될 것이다. 하지만 후자의 경우라면 민중의 요구와 민족국가의 요구가 충돌할 경우 일단 민중의 요구는 어떤 식으로든 통제될 것이다. 그리고 동아시아 차원에서 보더라도 민족/국가주의의 관점에서는 민족국가의 행복한 존립을 목표로 하는 이상, 다른 민족국가들과의 복잡한 역학관계를 고려하지 않을 수 없으며, 결국 그것은 동아시아에서의 민족국가체제의 온존을 용인하지 않을 수 없게 된다.

동아시아론은 한반도 문제의 해결이라는 민족적 과제의 연장선상에서 기획된 것이기 때문에 자민족의 이익(즉 한반도의 이익)이 우선시될 수밖에 없으며 그런 맥락에서 그것이 동아시아이건 그 이상이건 민족의 이익과 충돌하는 어떤 연대나 협력도 불가능하다. 또한 마찬가지 이유에서 동아시아론은 민족국가를 중심으로 사유하기 때문에 동아시아 권역의 다른 파트너들의 민족국가적 사유나 실천을 제한하거나 비판적으로 취급하기 힘들고 따라서 국가 간 경쟁과 각축이라는 구래의 근대적 사유 틀을 넘어설 수 없다. 비록 동아시아 민중 혹은 시민 간의 연대를 주요한 과제로 내세우긴 하지만 그것은 네이션의 이해관계라는 한계를 넘을 수 없는 것이다. 동아시아론은 이런 점에서 여전히 근대담론인 것이다.

둘째로, 동아시아론은 동아시아라는 지역적 한정만으로는 어떤 해방의 동력도 제공할 수 없기 때문에 그것은 늘 어떤 다른 해방담론, 대안담론의 지역적 확장판이거나 축소판으로 위치지어질 가능성이 높다. 그것은 제3세계론의 경우와 마찬가지다. 제3세계론은 1세계와 2세계에 의해 착취당하고 수난받는 제3세계 민중/민족해방운동의 담론이었다. 그리고 그것은 대체로 탈식민주의적 민족주의와 이념형적 사회주의라는 대안담론에 의지하여서만 해방담론화·대안담론화할 수 있는 것이었다. 동아시아론의 경우도 엄밀히 말하면 이전의 민족문학론이 지녔던 민중민족주의 담론의 확장판이거나 세계체제론의 동아시아판이라는 성격이 강하다.

최원식은 그가 최근 제창한 바 있는 동아시아 국제주의를 '불가피하게 소승적인 것'으로 규정하고 있다. "소국주의의 이상에 입각한 작은 국제주의"가 그것이다.[11] 이로써 그의 민족주의와 동아시아주의가 참으로 평화로운 민족주의이자 국제주의라는 점이 명확해지며, 허황한 거대서사에 기미되지 않는 그의 남다른 '현실주의적 감각'도 뚜렷해진다. 하지만 이로써 동아시아 담론이 '해방의 서사'로서 충분조건을 갖춘 것은 아니라는 점도 더불어 명확해진다. 그는 그에 대해서는 명백히 '판단정지'라고 하고 있다.[12] 그러나 동아시아 담론이 단순히 내셔널리즘의 확장본이 아니라 한국이나 북한, 일본, 중국, 대만의 민중들이 정말

성수(成邃)해야 할 어떤 지향점이라고 한다면 거기에는 다소 거칠음을 감수하더라도 동아시아 민중들, 아니 세계의 민중들이 의지할 만한 해방의 프로그램도 동반되어야 한다는 생각이다. 하지만 이 점에 대해 최원식은 대체로 소극적이다. 동아시아 담론이 지닌 바로 이러한 점 때문에 '거대서사'에 들린(?) 다른 지식인들, 운동가들이 동아시아 담론을 경원하게 되는 것은 아닌지, 그리고 동아시아 담론이 하나의 형식주의가 아닌가 하는 비판도 가능해지는 것이 아닌지 생각해볼 필요가 있다.

셋째로, 이 담론에서는 종종 일종의 연역주의적인 전도가 엿보인다. 즉 한편으로는 그 기원을 은폐하기 위해, 다른 한편으로는 그 이데올로기적 미약성을 보완하기 위해 이 담론은 유사이데올로기화하려는 경향을 갖는다. '동아시아'에는 다른 지역과는 다른 무언가가 있다는 말들이 바로 그것이다.

> 21세기의 동아시아는 식민주의의 마지막 사냥터로 밀려난 '극동'(Far East)이 아니라, 세계경제를 지탱하는 활동적 축의 하나로 현전(現前)한다. 시장의 실패로부터 근본적으로 면제된 것이 아님에도 불구하고, 오늘날 동아시아는 '제국 이후' 또는 후천개벽(後天開闢)을 엿볼 가능성을 배태한 지역으로 여겨지고 있다고 해도 과언이 아니다.[13]

이 담론의 민족주의적 기원은 한편으로는 이 담론의 현실성과 구체성을 보장하지만, 다른 한편으로는 민족주의를 일정하게 극복하지 않으면 안 되는 이 담론의 본질상 민족주의는 이 담론의 장애가 된다. 따라서 '동아시아'가 단지 개별 민족국가들의 총합이 아니라 그 자체로 어떤 대안적 생산성을 가진 하나의 유기적 단위로 간주되고 신비화되는 것이다. 그것은 분명히 동아시아의 실상에서 귀납된 것이 아니라 이데올로기적 필요에 의해 연역된 것이며 이는 결국 세계사적인 골칫거리가 되어버린 아메리카주의, 이슬람주의, 혹은 유럽주의 등과 동일한 '동아시아주의'라는 또 하나의 지역주의 이데올로기로 귀결될 가능성을 갖는다. 그것은 또한 그가 그토록 벗어나고자 했던 민족문학론의 일국적 폐쇄성이 제대로 해방된 것이 아니라 동아시아적 폐쇄성 속으로 다시 닫혀버린 형국이랄 수도 있는 것이다.

이외에도 동아시아론에는 한두가지 더 언급해야 할 문제점이 있다. 하나는 비록 '민족주의를 근본에서 견제하는 민주주의의 재발견'[14]의 필요를 날카롭게 인식하고 있기는 하지만 동아시아론에의 집중은 상대적으로 민주주의의 실현 혹은 발전을 비롯한 국내 민중의 삶의 개선에 대한 고민을 상대적으로 약화시키는 측면이 없지 않다. 이 역시 동아시아론이 그 진보적 핵심에도 불구하고 오히려 일국적 혹은 반국적 현안들에 대한 긴장을 유지하지 못하고 있는 텅빈 국제주의라는 인상을 주는 요인이다. 또 하나, 민족문학론은 사회적·역사적 담론이면서 동시에 비록 연역주의적 경향이 강했다고는 하더라도 늘 당대 한국문학의 구체적 생산물들과의 상호 참조를 게을리 하지 않은 문학담론으로서 그 문화적·예술적 토대를 견지해왔음에 반해 동아시아론은 그러한 민족문학론의 소중한 유산을 적절하게 계승하지 못하고 있다는 것 또한 아쉬운 점이다.

그럼에도 불구하고 이 동아시아론은 민족문학론자 최원식이 자신의 민족문학론에 대한 뼈를 깎는 자기성찰과 변증 과정을 통해 도달한, 그리고 그 어떤 기성의 무성한 근대/탈근대담론들의 2차 가공품이 아닌, 그만의 주체적 성찰의 결과라는 사실은 아무리 강조해도 지나치지 않다. 그리고 바로 그렇기 때문에 이 동아시아론 안에는 민족문학론에서 제기된 바 있는 '우리 문제로부터'라고 하는 간절한 실천적 핵심이 그 대로 살아 숨쉬고 있으며, 또 그렇기 때문에 이 담론은 또다른 자기변증 과 자기극복이 가능한 생명을 가진 담론이라고 할 수 있다.

5. 결론을 대신하여

이 글의 서두에서도 언급했듯이 최원식의 지난 40여년의 비평가/연 구자로서의 행보는 곧 민족문학의 이론과 실천 과정이었다 해도 과언 이 아니다. 민족문학론이 본격적으로 변혁의 이론으로 부상되기 시작 한 1970년대부터 문명을 알려온 그는 70년대에는 아직 충분히 영글지 못했던 초기 민족문학론에 변혁이론으로서의 과학성과 깊이를 부여함 으로써 1980년대 변혁적 민족문학운동의 교두보를 마련하였고 80년대 후반 민족문학을 둘러싼 격렬한 논쟁과는 일정하게 거리를 두었지만 그 논쟁의 열기가 가뭇없이 사그러져 들어가던 1990년대에는 내재적 발전론의 극복, 카프 주류성의 해소, 근대성취와 근대극복 등의 테제를 제출하여 민족문학론의 갱신을 도모하였다. 2000년대에 들어와서는 동 아시아론을 제기함으로써 민족문학론의 피할 수 없는 일국적 옹색함에 활로를 열었다. 애초에 국(문)학적 관심과 토대에서 출발하였고 그것을 한번도 저버린 적이 없는 그였기에 민족문학은 그의 태생과 같은 것이 었지만 이론편향을 거부하고 실감을 중시하는 그의 비평적 감각은 교 조화된 민족문학론에 스스로를 비끄러매지 않도록 하였고 끝없는 자기 갱신을 가능하게 했다.

또한 이른바 '회통론'으로 알려진 그의 중용적 자세는 정치적으로는 좌와 우의 회통, 미학적으로는 리얼리즘과 모더니즘의 회통, 시간적으로는 근대와 탈근대의 회통, 공간적으로는 일국성과 세계성의 회통을 부단히 모색하게 했다. 이것은 결과적으로 민족문학(론)의 심화이자 내파라는, 한국문학의 질적 변환의 풍부한 토대를 만드는 과정이기도 했다. 물론 그의 이론적 실천은 앞서 살펴본 바와 같이 좀더 과감한 보편화를 스스로 제약하는 다소 간의 소인주의적 경향과 여전한 민족주의적 취향, 민중의 삶에 좀더 착목하는 민주주의적 문제의식의 상대적 부재 등 몇가지 약점이 없는 것은 아니지만, 그것은 그의 성취에 비한다면 그다지 두드러진 약점이라고 할 수 없다.

다시 말하지만 민족문학론은 그 이름 그대로로는 자신의 역사적 소임을 다한 것이 분명하다. 하지만 오늘날의 객관적 상황이나 그 안에 들어 있는 문제의식조차 함께 박제화된 것이 아니라고 할 때 민족문학론에서 출발해 동아시아론으로 이동하며 자기 자신과 자신을 둘러싼 이론적 지형들을 함께 지양해온 최원식의 작업들은 여전히 우리에게 생산적 과제로서 현전하고 있음은 의심할 여지가 없다.

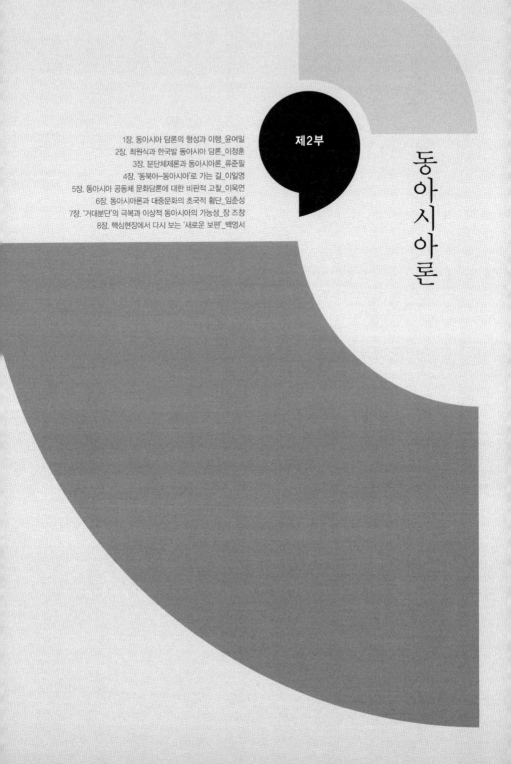

제2부

동
아
시
아
론

1장
동아시아 담론의 형성과 이행[•]

윤여일(서울대 사회학과 박사과정 졸업)

1. 문제제기

『오늘의동양사상』 2006년 봄호는 '근 10년, 동아시아 담론은 어떻게 되었는가'라는 동아시아 담론 총괄 특집을 마련했다. 이 기획은 다양한 갈래로 분기해온 동아시아 담론들을 망라하고 가늠하려는 시도였는데, 총론 「동아시아 담론의 어제와 오늘」에서 편집위원 홍원식은 이런 소회를 밝히고 있다.

다시 몇년이 지난 지금, 상황은 급전하고 말았다. 열기는 고사하고 기억마저 가물거린다. 마치 '거품'이 빠져버린 것과 같다. 거기에는 거품처럼 될 수밖에 없었던 연유가 나름대로 있었을 것이란 짐작이다. 하지만

• 『아세아연구』 2014년 12월호(제158호)에 수록된 동명의 논문을 수정했다.

한편으로 그냥 거품이라고 인정하기에는 너무나 열을 올렸고 너무나 많은 얘기를 하였다는 생각이 든다. 그리고 허상을 바라보고 떠들어낸 것만은 아니리라는 기대도 든다.[1]

'열기'에서 '거품'으로 '급전'한 동아시아 담론의 쇠퇴상을 대하는 회고조의 발언이다. 그러면서 왜 거품처럼 되어버렸는지, 정녕 거품이었는지를 자문한다.

확실히 동아시아에 관한 학술적 논의는 동아시아 담론으로 회자될 만큼 활성화되고 확산된 시기가 있다. 동아시아 담론은 20세기 말부터 적어도 인용문이 작성된 2000년대 중반에 이르기까지 십여년 동안 한국 지식계에서 이어져왔다. 그 시기의 학술잡지를 살펴보면 동아시아 내지 그에 준하는 지역상을 동반하는 특집이 한해도 거르지 않고 꾸려졌음을 확인할 수 있다.

소련 해체 이후 참여정부기까지 동아시아, 동북아, 아시아태평양, 동양, 극동 등을 주제어로 담은 학술잡지 특집 목록

년도	특집호명
1990	동양철학과 마르크스주의(『현상과인식』)
1991	동북아 신국제질서에 대한 각국의 관점(『중소연구』)
1992	동북아경제권 시대의 도시발전(『도시문제』) 아태지역에서의 경제 문화협력(『중소연구』) 아시아태평양 지역 통합의 논리와 현황(『동향과전망』)
1993	동아시아 민족학 연구의 현황과 과제(『민족과문화』) 세계 속의 동아시아, 새로운 연대의 모색(『창작과비평』)
1994	동아시아 문화 제대로 보기(『상상』) 동아시아 문화 제대로 보기 2(『상상』)

	동아시아 경제권의 향방과 통일 한국(『역사비평』)
	동아시아 근대와 탈근대의 과제(『창작과비평』)
1995	동아시아 소수민족의 문화(『민족과문화』)
	한중관계와 동북아 평화(『중소연구』)
	동아시아 시대와 신문명 창조의 비전(『광장』)
	21세기 물결과 동양 문명의 특징(『포럼21』)
	탈근대 문명의 도래와 동아시아의 가능성(『포럼21』)
	격변하는 동북아와 한반도의 선택(『역사비평』)
	동서양 문명·문화의 충돌과 공존(『외국문학』)
	동양과 모더니티(『상상』)
1996	동양적 사유의 틀로서 서구문학 읽기(『상상』)
	격변하는 동북아와 한반도의 선택(『역사비평』)
	21세기 동아시아의 경제발전(『포럼21』)
	동아시아의 담론을 바로 읽는다(『문학과사회』)
	변화하는 동아시아와 현대 중국문학의 길 찾기(『실천문학』)
	서양 제국주의의 형성과 동아시아(『역사비평』)
1997	대점검, 동아시아 담론의 전개와 그 본질(『상상』)
	동아시아 경제발전의 역사적 조건(『경제사학』)
	동아시아 성장론의 검토(『경제와사회』)
	동북아 국제관계의 변화와 경제협력 방안(『동북아연구』)
	한러 협력과 신동북아체제(『동북아연구』)
	동북아 경제협력과 한중조 관계(『통일한국』)
1998	동아시아의 성공과 좌절(『비교사회학』)
	동양학, 글쓰기와 정체성(『상상』)
	아시아적 가치의 21세기적 함의, 아시아와 서구 가치의 비교분석(『사상』)
	아시아적 가치는 있는가?(『전통과현대』)
	위기 속의 아시아, 국가 민족을 넘어 연대는 가능한가(『당대비평』)
1999	동아시아의 샤머니즘(『비교문화연구』)
	변화하는 동북아 안보환경을 점검한다(『통일한국』)
	아시아적 가치란 무엇인가(『오늘의동양사상』)
2000	동아시아 지성의 고뇌와 모색: 지구화와 내셔널리티 사이에서(『당대비평』)
	동아시아 예술의 현재를 묻는다(『황해문화』)

	동아시아 담론을 찾아서(『오늘의문예비평』)
	서양문학과 동양사상의 만남(『인문학연구』)
	동북아시아 다자 간 협력과 한반도 평화(『통일시론』)
2001	동아시아의 근대화와 종교(『아시아연구』)
	동아시아 기층문화에 나타난 생사관(『인문학연구』)
	동북아의 미래를 점검한다(『통일한국』)
2002	동아시아를 찾아서(『사상』)
	동아시아 서사학의 전통과 근대(『대동문화연구』)
	냉전해체와 동아시아 평화(『아세아연구』)
2003	동아시아 근대 발전의 대안적 역사 경험(『황해문화』)
	동아시아 민주주의의 현재와 미래(『기억과전망』)
	동북아경제중심의 가능성과 문제점(『창작과비평』)
2004	21세기 동아시아와 중화패권주의(『오늘의동양사상』)
	급변하는 동북아 정세와 각국의 대응(『인문사회과학논문집』)
2005	동아시아의 변화, 한국사회의 대응(『창작과비평』)
	유교와 동아시아 근대(『동아시아문화와사상』)
	동아시아 근대 지성의 동아시아 인식(『대동문화연구』)
	근대 동아시아 세계의 상호인식과 자의식(『사림』)
	동아시아 근대지식의 형성에서 문학과 매체의 역할과 성격(『대동문화연구』)
	아시아인에 의한 동북아 평화는 가능한가(『창작과비평』)
	동북아시아와 민족 문제(『문화과학』)
	동북아의 재편과 일본의 선택(『역사비평』)
	동북아 정세와 한반도(『북한』)
	동북아시대와 중국(『한국과 국제정치』)
	격변기 동북아 4강의 신 군사전략과 안보(『전략연구』)
	동북아 신질서 어디로 가는가(『통일한국』)
	중국의 동북진흥과 동북아의 평화번영(『통일한국』)
	동북아 질서 재편되는가?(『북한』)
	동북아시아와 민족 문제(『문화과학』)
	포스트모더니즘과 동서융합의 가능성(『철학과현실』)
2006	근 10년, 동아시아 담론 어떻게 되었는가(『오늘의동양사상』)
	동아시아 근대와 문화: 동아시아 근대와 영토, 문학(『인문연구』)
	동아시아의 사회변혁과 신종교(『신종교연구』)

	한국인의 동아시아 인식과 구상: 역사와 현재(『역사비평』)
	동북아 역사분쟁, 어떻게 연구할 것인가?(『사림』)
2007	한국과 동아시아의 평화(『문화과학』)
	탈중심의 동아시아 쓰기(『역사비평』)
	동아시아 근대 어문 질서의 형성과 재편(『대동문화연구』)
	동아시아 상상력, 오늘의 비평에도 유효한가?(『중국어문학지』)
	동아시아 종교학의 현재와 미래(『종교연구』)
	한국과 동아시아 평화(『문화과학』)

그런데 특집 목록을 살펴보면 동아시아 담론 일반의 성쇠를 논하는 식으로는 놓치고 말 몇가지 특징이 눈에 들어온다. 동아시아, 동북아, 아시아태평양, 동양, 극동 등을 주제어로 담은 특집호를 모두 모아놓고 보면 동아시아 관련 특집호가 압도적 다수고, 다음으로 동북아를 주제어로 담은 특집호가 많다. 각 지역명의 인접어가 다른 것도 눈여겨볼 대목이다. 동북아의 인접어는 국제질서, 국제관계, 경제권, 경제협력, 안보환경, 다자 간 협력, 군사전략, 평화, 번영, 한반도, 정세다. 즉 동북아는 주로 지정학적·지경학적 차원에서 거론되는 지역명이다. 동양의 경우라면 지문화적 속성이 뚜렷하다. 문화, 문명, 모더니티, 정체성, 융합, 철학, 사상 등을 인접어로서 동반했다. 아시아태평양의 경우는 특집호 자체가 적어서 일반화하기 어렵지만 경제협력, 지역통합처럼 경제적 지역주의 맥락에서 거론되는 양상이다. 한편 사용빈도가 가장 높은 동아시아의 경우는 지정학적·지경학적·지문화적 차원에서 두루 활용되었음을 확인할 수 있다. 더욱이 연대, 민주주의, 패권주의 등 가치함축적 개념들이 인접어로 사용되기도 했다. '동아시아 담론' '동아시아론'이라는 형태로 담론적 지위를 부여받아 거론된 지역명 역시 동아시아가 유일하다. 즉 지역명으로서는 가령 아시아태평양과 비교하건대 지

리적 외연이 비좁은 하위범주겠으나 용례를 살펴본다면 가장 폭넓게 활용되고 있는 것이다.

이상이 사용 빈도와 인접어를 통해 확인할 수 있는 내용이라면, 시간이 지남에 따라 특집호의 주제가 이행한다는 것 역시 주목할 대목이다. 1990년대 초중반에 자주 출현하던 문화, 문명 등의 주제어는 2000년대로 접어들면 찾아보기 어려워지고 대신 정세, 질서 등 국제정치학 개념이 늘어난다. 특집호를 꾸린 잡지의 면면을 보더라도 1990년대 초중반에는 인문학 영역의 잡지들이 다수지만, 2000년대에 이르러서는 사회과학 영역의 잡지 비중이 커진다. 그중에서도 국제정치학 내지 정책학 분야의 잡지들에서 동북아라는 지역명의 사용빈도가 높은 것을 확인할 수 있다.

이렇듯 학술지의 특집호만을 훑어보더라도 동아시아 담론 일반의 성쇠라고 뭉뚱그리기 어려운 담론의 이행과 분화가 감지된다. 그렇다면 위의 발언에서 '열기'란 어떤 양상의 동아시아 담론의 부흥을 가리키며 '거품'은 또 어떤 양상의 동아시아 담론의 쇠퇴를 지시하는지, 더 나아가 그 '연유'가 무엇인지를 따져봐야 할 필요성이 생긴다.

실상 앞서 정리한 특집호들에 실린 여러 편의 글을 읽어보면 동양문화 예찬론부터 대안체제 건설론, 지역공동체 추진론까지가 뒤섞여 있다. 동아시아라는 담론공간은 일관된 내적 논리 위에 구축되었다기보다 거기서 생산된 논의들을 보면 모순적이기조차 하다. 논자에 따라 동아시아는 국민국가 단위의 자국중심주의를 극복하는 장으로 모색되기도 하지만, 국익을 지역 수준에서 확대재생산하기 위한 논리로도 활용된다. 또한 동아시아 공동체는 서구편향적 근대화와 신자유주의적 세계화에 맞서는 탈근대적 대안으로서 지향되지만, 지역협력체를 구축해

지역화 추세에 부응하고 경제적 근대화를 달성하기 위한 틀로도 고안된다. 아울러 동아시아라는 지역상은 지역적 경제통합과 다자적 안보협력을 모색하는 정책적 관점만이 아니라 탈국경화에 따른 아시아 지역화를 주목하는 문화연구, 미국 중심의 금융자본주의 공세에 대항하는 사회운동, 일본 제국주의의 상흔을 성찰하는 탈식민주의 연구에서도 활용된다. 뿐만 아니라 동아시아는 지역 범위를 넘어선 문명권으로 주목받아 국민국가의 틀로 구획되기 이전 이 지역에서 공유한 문화적·정신적 양식을 발굴하는 작업이 진척되기도 했다. 이처럼 동아시아 담론은 단수로 통칭하기 어려울 만큼 여러 양상의 논의가 뒤섞여 있으며, 내실을 들여다보면 그 사이에 갈등과 긴장이 엿보인다.

그렇다면 중요한 과제는 동아시아 담론 일반을 뭉뚱그려 성쇠를 논하는 것이 아니라 다양한 양상의 논의가 견지하는 주장들을 살펴보고, 그것들 사이의 차이를 섬세하게 가려내 동아시아 담론을 단수가 아닌 복수의 담론들로 계열화하고, 분화를 초래한 학술적·사회적 배경을 조사하고, 담론들 간의 길항·경합관계를 밝혀내고, 담론의 전개 가운데서 도태된 것과 지속되는 것을 변별해냄으로써 동아시아 담론의 이행에 관한 이해를 체계화하고 심화하는 작업일 것이다.

동아시아 담론은 동아시아를 비롯한 동북아, 아시아태평양 등의 지역명을 사용해 한반도와 세계 사이의 중범위적 수준에서 지역상을 설정하고 그로써 특정한 담론적 효과를 이끌어내려는 언어적 실천이라고 정의할 수 있다. 이 글은 소련이 해체된 1990년대 초반부터 참여정부기의 2000년대 중반에 이르기까지 동아시아 담론의 전개 과정을 학술지를 통해 조사해 국면에 따른 이행과 분화 양상을 분석할 것이다. 여러 매체 가운데 학술지를 중시하는 이유는 동아시아 담론은 여러 지적 진영의 참여로 확산된 바가 컸으며, 각 진영은 기존의 특정 잡지 매체를 활용하거나 새로운 잡지를 창간해 자신들의 문제의식을 펼치고 경합하는 경우가 많았기 때문이다.

2. 동아시아 시각의 출현: 1990년대 초반

1990년대 초 탈냉전 국면으로 접어들면서 동아시아는 한국 지식계에서 중요한 화두로 부상했다. 냉전의 종언 이전 이 지역에서는 소련, 중국이라는 대륙의 사회주의권과 미국·일본으로 이어지는 해양의 자본주의 진영이 첨예하게 대립해 역내 국가들을 하나의 단위로 묶어 사고하기가 어려웠다. 더욱이 한반도는 체제 대립의 분절선이자 최전선, 냉전의 발원지이자 냉전의 고도로 남아 있었다. 그러나 세계적인 탈냉전의 추세는 역내의 분단체제를 이완시켰고, 한국은 중국·러시아·몽골·베트남과 같은 과거 '적성국가'들과 국교를 맺어, 한국 지식계는 결여해온 동아시아라는 지역적 전망을 마련할 수 있었다. 분명히 탈냉전은 지역분단 상태를 완화했으며, 동아시아라는 지역 지평을 회복 내지 획득하는 계기인 동시에 새로운 지역질서를 모색하는 계기로 작용했다.

이런 전환의 감각을 대변하는 선구적 논문이 1993년 『창작과비평』 봄호의 특집 '세계 속의 동아시아, 새로운 연대의 모색'에 수록된 최원식의 「탈냉전시대와 동아시아적 시각의 모색」이다. 동아시아 담론에 관한 많은 연구는 이 논문이 동아시아 담론의 포문을 열었다고 평가한다. 애초 동아시아는 냉전의 도래와 함께 바깥에서 명명되고 분절된 지역으로서 등장했지만 탈냉전기 한국 지식계는 내적 요구를 주입해 동아시아의 지역상을 새롭게 조형하고자 했으며, 제목이 시사하듯 이 논문은 그런 지향성을 명시적으로 드러냈다.

「탈냉전시대와 동아시아적 시각의 모색」이라는 논문의 선구성은 단지 발표 시점이 일러서가 아니라 이후로도 지속되는 중요 쟁점들을 함축했다는 데 있을 것이다. 이 논문은 첫째, 동아시아 시각의 의의를 천명했다. 먼저 '탈냉전시대'라는 시대 배경과 '동아시아적 시각의 모색'이라는 시대과제를 선명하게 접목한 제목은 그것만으로도 담론의 시작을 알리는 역할을 하고 있다. 본문은 1절 '사고의 쇄신'으로 시작하는데 '변방적 경직성'에서 초래된 반소/친소, 반미/친미, 자본주의/사회주의와 같은 이분법을 경계하자고 촉구하며 자신이 속한 장에 착근할 수 있는 시각의 마련을 역설한다.[2] 이러한 문제의식에서 조형된 동아시아 시각이란 한국 지식인의 역사관과 현실관, 심지어 변혁론에도 침윤된 서양중심성을 자성해 자신의 문제와 마주하고 자신의 조건을 직시하는 지적 주체성에 바탕한 것이어야 했다. 이처럼 지적 주체성 회복이라는 각도에서 동아시아 시각의 의의를 천명한 것은 구체적 논리와 지향은 다르더라도 곧이어 전개되는 인문학 영역의 여러 동아시아 관련 논의의 문제의식과 공명하는 바가 컸다.

둘째, 동아시아 시각의 방향을 제시했다. 맑스주의에 근거한 사회변혁이라는 전망을 상실한 이념 부재의 상태에서, 자본주의 대 사회주의 구도 위에서 가설된 기존 변혁론의 한계를 지적하며 일국적 변혁을 넘어선 대안문명 건설을 동아시아 시각의 방향으로 제시했다. 즉 동아시아적 시각이란 "소비에트 사회주의도 아메리카 자본주의도 그리고 동아시아의 민족해방형 사회주의도 낡은 모델이 되어버린 상황에서 그동안 역사적 경험을 충분히 존중하면서 협량한 민족주의를 넘어선 동아시아 연대의 전진 속에서 진정한 동아시아 모델을 창조적으로 모색"[3]하는 것이어야 한다. 그리고 이를 위해서는 '맹목적 근대추구와 낭만적 근대부정'[4]을 동시에 극복해야 한다며, 근대 비판의 각도에서 동아시아 시각을 가다듬었다. 이로써 동아시아 담론은 탈이데올로기화되면서도 이념적 속성을 담지할 여지가 마련되었다.

셋째, 동아시아 시각의 실천 과제를 제시했다. 한반도 통일운동인 것이다. 그러나 한반도 통일운동은 협량한 민족주의의 표출이 아니라 민족주의를 넘어서는 전망을 내포해야 하며, 남한 자본이 북한을 시장경제로 흡수통일하는 식이어서도 안 되며 민중적 시각에 근거해야 함을 역설했다.[5] 즉 한반도 통일운동은 자본주의·국가주의에 대한 비판적 실천이어야 하는 것이다. 나아가 한반도 통일에 세계사적 의의를 부여했다. 동아시아는 세계사의 향방에 관건적으로 작용할 가능성을 지닌 지역이며, 중국과 일본, 미국과 러시아가 착종하는 그 중심에 한반도가 자리하고 있다. 따라서 한반도에서 작동하는 분단체제를 해체하는 작업은 동아시아에서 탈냉전 시대를 여는 단서가 되며, 나아가 서구적 근대의 진정한 대안을 모색하는 작업이기도 하다는 것이다.[6] 이로써 동아시아 시각의 실천 과제가 한반도 통일운동으로 구체화되고 그 과제의 의의와 더불어 한반도 통일의 지역사적·세계사적 중요성에 관한 논리가 마련되었다.

이처럼 이 논문은 비교적 이른 시기에 동아시아 시각을 천명했을 뿐 아니라 동아시아 시각의 의의, 방향, 과제를 제시해 논의의 터를 제공했다는 점에서 동아시아 담론의 전개에서 선구적 역할을 맡았다. 물론 최원식의 주장은 충분한 논증을 거쳤다기보다 선언적 진술에 가까웠는데, 그렇기에 이후 현실성 여부 등을 두고 다양한 논의가 촉발된 측면이 있다.

사실 이 논문은 1990년대에 들어 처음 등장한 동아시아 관련 논문이 아니며, 최원식 자신이 동아시아 시각을 제시한 첫 논문도 아니다. 그는 이미 십년 전인 1982년 「민족문학론의 반성과 전망」에서 '동아시아적 양식'의 계발을 촉구한 바 있다. 이는 1970년대 말 제3세계론이 한국 지식계에 유입됨에 따라 민족문학론이 폐쇄적 민족주의로 경사될 위험을 딛고 또다른 형태의 보편적 세계상을 모색할 참조체계를 획득했다는 판단에 따른 것이었다.[7] 그러나 이 논문은 1993년의 「탈냉전시대와 동아시아 시각의 모색」에서 개진한 논지와 유사하나 동아시아 담론의 형성에서 시초적 역할을 맡은 문헌으로 거론되지는 않는다. 그 이유는 단적으로 말해 '탈냉전시대'가 도래하지 않았기 때문이다. 1980년대는 냉전체제에 따른 인식적 제약으로 중국을 아우르며 온전한 동아시아상을 구도해내기가 어려웠다. 한편 진보적 지식계에서는 남한사회 변혁의 방향과 방법, 주체를 두고 사회구성체론 등 치열한 논쟁이 벌어졌다. 이러한 상황에서 진보적 지식계의 시야가 동아시아라는 지역 지평으로 확장되기는 어려웠고, 이념적·실천적 방향성이 불분명한 동아시아 시각이 담론화될 토양도 마련되어 있지 않았다.

그러나 탈냉전의 시대 상황은 한국 지식계에서 동아시아 담론이 부흥하는 최소한 두가지 조건을 제공했다. 첫째, 철의 장벽, 죽의 장막을 넘어선 지역 지평이 마련되었다. 둘째, 맑스주의의 영향력이 퇴조하는 지적 혼돈 가운데서 변혁론, 운동론이 재구성되어야 했다. 물론 동아시아 담론은 이론 부재와 지적 혼돈의 와중에 등장하고 성장한 담론이기에 이후 다양한 논의가 유입되고 뒤얽히면서 한국 지식계의 혼란상을 반영하게 되는데, 오히려 그렇기에 여러 방향으로 뻗어나가며 담론적 지위를 얻었다고 말할 수 있다.

한편 「탈냉전시대와 동아시아 시각의 모색」의 선구성은 논문의 내용에서만 비롯되는 것이 아니라 창작과비평 진영[8]이 지닌 집단적 역량과도 무관하지 않음을 짚어두어야 할 것이다. 첫째, 최원식뿐 아니라 다른 논자들의 공동생산을 거쳐 창비식 동아시아론이라고 부를 만한 지적 구성물이 형성되었다. 먼저 최원식의 논문이 수록된 1993년 특집호에 이어 이듬해 겨울호에서 『창작과비평』은 '동아시아 근대와 탈근대의 과제'를 특집으로 내놓았으며 이후로도 문제의식을 꾸준히 이어갔다. 논자의 활동을 살펴본다면 백낙청은 최원식의 논문을 전후해 『창작과비평』을 통해 「세계 속의 분단체제를 알자」(1992년 가을호), 「분단체제의 인식을 위하여」(1992년 겨울호), 「분단시대의 최근 정세와 분단체제론」(1994년 가을호), 「민족문학론, 분단체제론, 근대극복론」(1995년 가을호) 등 분단체제에 관한 자신의 문제의식을 지속적으로 개진하며 창비식 동아시아론의 장력을 형성했다. 최원식이 「탈냉전시대와 동아시아 시각의 모색」에서 제시한 실천 과제는 백낙청을 비롯해 창비 진영이 이미 마련한 민족문학론과 분단체제론의 기조 위에서 제출되었고 그로부터 이론적 자원을 얻고 있었다. 또한 백영서는 1993년 봄호 특집기획에 편집자로서 참여했으며 같은 해 「한국에서의 중국현대사 연구의 의미: 동아시아적 시각의 모색을 위한 성찰」을 필두로 동아시아 시각을 조형하는 논문들을 지속적으로 발표했다. 분단체제론만이 아니라 민족문학론, 제3세계론 등에 기반한 창비식 동아시아론은 백영서가 힘을 더하며 주변으로서의 동아시아, 복합국가론, 소국주의론 등으로 이론화를 진전할 수 있었다. 이러한 창비식 동아시아론은 이후 '변혁이론으로서의 동아시아' '비판적 지역주의' '성찰적 동아시아' 등으로 명명되며 동아시아 담론의 한 축을 형성한다. 최원식의 「탈냉전시대와 동아시아 시각의 모색」은 창비식 동아시아론이 지속되고 한국 지식계의 동아시아 담론에서 중요한 입지를 점했기에 시간이 지나서도 꾸준히 회자될 수 있었던 것이다.

둘째, 문학적 상상력과 경세론적 진단을 아우르려는 창비 진영의 지적 특성이 창비식 동아시아론에도 반영되어 인문학적 모색과 사회과학적 분석이 접맥되었고 이것이 동아시아 담론의 촉진 요인으로 작용한 측면이 있다. 인문학적 모색은 기존의 인식틀을 개조하려는 시도로서 드러나며, 사회과학적 분석은 역내 지역질서 재편 등을 면밀하게 주시하고 탄력적으로 대응해나가려는 면모로서 드러난다. 이로써 창비식 동아시아론은 현실 변동에 반응하면서도 긴 생명력을 갖고 지속될 수 있었고, 최원식의 논문은 창비식 동아시아론의 긴 생명력에 힘입어 선구성을 재조명받을 수 있었다. 아울러 『창작과비평』은 1995년 봄호에 와다 하루끼의 「동북아시아 공동의 집과 조선반도」를 수록한 것을 비롯해 한국 지식계의 동아시아적 시야를 넓혀줄 인국 논자들의 문헌을 소개하는 데서도 공헌이 컸다.

아울러 다음 국면으로 넘어가기 전에 이 시기에 창간된 『문화과학』과 『황해문화』의 역할도 기록해두어야 할 것이다. 1992년에 창간된 『문화과학』은 창간 이후 문화적 실천을 모색하며 공간·자본·욕망·육체·언어·교류·소통·통치 등에 관한 이론적 시각을 조형하고 쟁점을 마련하는 데 분주했다. 비록 2005년 겨울호 특집 '동북아시아와 민족문제'에 이르기까지 『문화과학』이 동아시아 관련 특집호를 전면으로 내놓은 적은 없지만, 동아시아 담론에서 사용되는 개념과 이론의 제공 측면에서 큰 역할을 맡았다고 말할 수 있다.

1993년에 창간된『황해문화』는 창간사에서 '전지구적 시각, 지역적 실천'을 모토로 밝혔다. 창간호 특집의 주제는 '국제경제 질서의 재편－지역주의의 부상'이었는데 북미자유무역협정, 아태평양경제협력체, 확대 유럽공동체를 검토하는 한편「환황해 경제권의 형성」을 한 꼭지로 실어『황해문화』의 지향성을 드러냈다.『황해문화』역시 2000년 여름호 특집 '동아시아 예술의 현재를 묻는다'에 이르기까지 동아시아 관련 특집을 꾸린 적이 없지만 인천을 기반으로 삼아 동아시아의 지역정치, 도시 간 연대의 실천상을 제시했으며 문화지형·대안운동·세계체제·미국 패권·일본의 국가주의·중국의 개혁개방·신자유주의·민족주의·재일조선인 등을 특집 주제로 선정해 동아시아 시각의 구체적 용법을 보여주었다.

3. 동아시아 담론의 형성: 1990년대 중반

하지만 사실상 동아시아 담론의 등장은 그 이후라고 말해야 한다. 최원식이 '동아시아 시각'을 제출했지만 그것이 개별 논자의 독창적 사색에 그치지 않고 이후 논의가 확산되었기에 동아시아 담론이라고 명명할 만한 지적 구성물이 출현할 수 있었다.

1993년『창작과비평』봄호의 특집 이후 거의 즉각적으로 다른 잡지들도 동아시아를 주제어로 삼은 특집들을 연이어 내놓았다. 뿐만 아니라 학문영역별로 관심사별로 논의가 빠르게 확산되고 분화되었다. 이처럼 빠른 전개 양상은『창작과비평』특집호의 여파라기보다 맑스주의라는 거대담론의 쇠퇴 이후 담론의 공백으로 인한 지적 갈구가 컸으며,

동아시아 담론은 여느 담론과 견주어보건대 지향성이 뚜렷치 않아 여러 논의와 접목될 여지가 많고 이론적 체계가 갖춰져 있지 않아 진입장벽이 낮은데다가 '동아시아'라는 지역상과 결부된 까닭에 현실성과 역사성을 담보하는(담보한다고 여겨지는) 매력에서 기인하는 바가 컸다고 하겠다. 아울러 중국과의 교류가 복원되자 전통적 사상 자원들을 반추할 지적 공간이 마련되었고, 진영 논리를 넘어 동양문화에 대한 관심이 고조된 것도 한몫했다. 거기에 동아시아 담론은 오리엔탈리즘 비판론, 탈근대론, 탈식민주의론 등 이 시기에 대폭적으로 유입된 이론들의 적용 사례로서 활용된 측면이 있다. 특히 이런 이론들을 먼저 도입한 인문학 영역에서 동아시아 담론은 활성화되었는데 담론의 지향성이 모호한 만큼 역사·문학·철학 등의 영역에서 양상을 달리하며 전개되었다.

다만 확산기로 명명할 수 있는 이 시기에 여러 논자와 영역을 가로질러 확인되는 공통된 특징은 동아시아 담론이 지적 보편성을 독점하는 서구적 지식권력에 대한 비판의식, 한국의 지적 식민주의에 대한 문제의식 가운데서 확산되었다는 점이다. 사실 한국 학문의 대외 종속성, 특히 대미 종속성을 개탄하는 목소리는 1980년대에도 존재해 민족적·민중적 학문운동이 대두되었다. 그러나 1980년대의 민족적·민중적 학문운동은 정치적·경제적 종속성을 극복하는 사회변혁에 관심을 집중한 나머지 학문 종속성 탈피를 위한 학문 전략을 구체화하지는 못했다.[9] 1990년대에 들어 맑스주의의 공백을 대신하는 각종 포스트 담론들로 서구적 근대 이성주의에 대한 비판의식이 심화되고, 특히 오리엔탈리즘 비판론이 여러 학문 분야에 뿌리를 내리자 동아시아 담론은 그 추세 속에서 서구중심적 보편주의를 되묻는 지적 각성의 한가지 양식으로서 기능했다.

이 시기 서양에서 전래된 시각과 규범에 의지하지 않고 동아시아의 특질을 발굴하는 방향으로 동아시아 담론을 육성하는 데 중요한 역할을 한 잡지는『상상』이다.『상상』은 1994년 여름호 특집 '동아시아 문화 제대로 보기', 겨울호 특집 '동아시아 문화 제대로 보기 2'를 통해 그동안 서구적 가치체계 아래서 평가절하되거나 왜곡폄하된 '동아시아 문화'를 제대로 볼 것을 촉구했다. 특집은 서구문화의 주변화 책략에 맞서 동양 고전을 재해석하고 전통사상을 현대화하는 방안을 강구하는 내용이었다.

지적 주체성 회복이라는 이러한 문제의식은 앞서 살펴본 최원식의 논문 가운데 첫째 논점과 닿아 있다. 하지만 차이도 존재한다. 먼저 쉽게 확인할 수 있는 바로서 최원식 논문의 둘째, 셋째 논점은『상상』의 특집에서 다루어지지 않았다. 즉 동아시아 담론을 변혁이론으로 조형하는 데 힘을 기울이거나 한반도 분단 상황에 천착하지 않았다.『상상』의 기획에서 동아시아란 사회변혁의 모색처가 아니라 정체성의 거점을 의미했던 것이다.

여기서 파생되는 또다른 차이로서『상상』의 기획에서 동아시아는 때로 동양과 호환 가능한 개념으로 등장했다. 1994년의 특집호에 수록된 논문들 다수가 동양을 주제어로 삼고 있을 뿐 아니라 이후 특집을 살펴보면 '동양과 모더니티'(1995년 겨울호), '동양적 사유의 틀로서 서구문학 읽기'(1996년 여름호), '대점검, 동아시아 담론의 전개와 그 본질'(1997년 여름호), '동양학, 글쓰기와 정체성'(1998년 여름호)처럼 동아시아와 동양이 주제어로서 번갈아가며 사용되었으며, 그것들의 인접어는 근대성·서구성·정체성 등이었다. 즉『상상』은 서구적 근대성으로 환원되지 않는 혹은 서구적 근대성에 맞선 동양적 정체성에 관한 모색을 꾸준히 이어갔다. 따라서 1993년과 1994년『창작과비평』의 특집호에서 동아시아가 탈냉전을 시대 배경으로 삼아 구도되는 지정학적 개념의 성격이 강했다면,『상상』에서는 서양문명에 대응하는 문명 지평으로서 동양이라고도 옮길 수 있는 지문화적 개념에 가까웠다. 동아시아 담론의 확산과 함께 분화의 조짐이 감지되는 것이다.

　물론 이 시기 동아시아 담론의 확산과 분화는『상상』만의 몫이 아니었다. 역사연구 영역에서는『역사비평』이 1994년 가을호 '동아시아 경제권의 향방과 통일 한국', 1996년 여름호 '격변하는 동북아와 한반도의 선택', 1996년 겨울호 '서양제국주의의 형성과 동아시아' 등의 특집을 마련했다.『역사비평』의 특집에서는 동아시아와 더불어 동북아라는 지역명이 사용되고 있음을 확인할 수 있다. 이후 여러 잡지에서 지경학적·지문화적 각도에서는 동아시아, 지정학적 각도에서는 동북아가 선별적으로 사용되는 양상을 확인할 수 있다. 물론 이런 대응관계가 엄밀한 것은 아니다. 다만『상상』에서 동아시아가 동양과 호환 가능한 개념이었음을 감안한다면, 동북아는 서양 대 동양의 구도로는 다루기 어려운 역내의 문제를 포착하기 위해 필요한 개념이었음을 짐작할 수 있다. 실제로 1995년에는『동북아』가 창간되어 창간호와 2호에 걸쳐 한중일 개국의 차이, 19세기 세계질서와 동북아 정세, 삼국의 근대화운동과 영토문제 등에 주목했다. 이 경우 동북아는 주로 한중일 삼국을 가리키는 지역명이었다. 그런데『상상』에서도 동양은 대체로 삼국을 일러 부르는 개념이었다. 그렇다면 이들 지역명 간에 동양 > 동아시아 > 동북아라는 포함관계로는 섣불리 갈무리할 수 없는 길항관계가 발생하리라는 것을 예감할 수 있다. 즉 지역명의 용법을 살펴보려면 그 지역명이 지시하는 지리 범주만이 아니라 그 지역명이 함축하는 문제의식과 지향성을 주시해야 하는 것이다.

이밖에도 동아시아 담론의 확산을 위한 물적 토대 역할을 할『동아시아비평』등의 잡지들이 1990년대 중반에 다수 창간되었다. 기성 잡지에서도『광장』1995년 봄호 특집 '동아시아 시대와 신문명 창조의 비전', 『포럼21』1995년 여름호 특집 '21세기 물결과 동양 문명의 특징', 이어 가을호·겨울호 특집 '탈근대 문명의 도래와 동아시아의 가능성'이 기획되는 등 동아시아 관련 논의가 활발했다.

확산기에 동아시아 담론은 세계화와 지역화, 근대와 탈근대, 종속과 탈식민, 민족주의와 탈민족주의, 전통과 현대, 문명의 충돌과 동양적 정체성, 우리의 글쓰기와 현대에 고전 읽기 등 한국 지식계에서 논의 중이던 문제군들과 폭넓게 접목되었다. 동아시아 담론은 이미 일관된 내적 논리를 지닌 단수의 담론이 아니라 1990년대 초중반의 다양한 지적 흐름이 수렴되거나 거쳐가는 담론장에 가까웠다. 그리하여 불과 1996년에 이르면『문학과사회』겨울호 특집 '동아시아의 담론을 바로 읽는다', 이듬해에는『상상』여름호 특집 '대점검, 동아시아 담론의 전개와 그 본질'이라는 메타비평이 필요해졌다.

이렇듯 서양중심적 근대화에 대한 문제의식을 공유하며 여러 논자가 지리 범주 이상의 의미를 동아시아에 주입해 동아시아 담론이 확장될 수 있었지만, 그로 인해 동아시아 담론은 전제·논리·전거·지향 등 여러 위상에서 복잡한 분화를 겪지 않을 수 없었다. 그중 가장 중요한 분기점이라면 당면한 한국사회의 문제 상황이 서양화의 산물인지 근대적 산물인지의 판단 차이에 따라 탈서구주의냐 탈근대주의냐 하는 방향으로 갈라진 것이라 하겠다. 물론 두 노선은 '서구중심적 근대화에서 대안적 근대성으로'라는 기치 아래 합류하기도 한다. 하지만 어느쪽에 방점을 두고 진단하느냐에 따라 문제 상황에 처방을 내리는 방식도 탈서구주의의 방향에서 동양의 원형 내지 전통 자원을 재활용할 것인지, 탈근대주의의 방향에서 인식 틀과 세계관을 재구성할 것인지로 달라진다. 앞서 살펴보았던 『창작과비평』과 『상상』 진영의 분기점 역시 이와 무관하지 않다. 즉 주체성의 재건이라는 입지점을 공유하더라도 담론의 지향에 따라 논리, 지적 전거 그리고 동아시아라는 지역상조차 차별화되었던 것이다.

4. 동아시아 담론의 정치: 1990년대 후반

동아시아 담론의 형성기에는 입장을 달리하더라도 주로 인문학자들에 의해 논의가 주도되었다. 사회과학 영역의 연구자들도 폭넓게 참가하고 저널리즘도 가세해 논쟁이 활발해진 것은 1990년대 중후반이었으며, 그 계기는 동아시아 발전모델론으로 명명할 수 있는 담론 계열의 부상이었다.

동아시아 발전모델론은 아시아 여러 국가의 경제발전 현상에 대한 관심에서 비롯되었으며 그 원인을 설명하는 데 주력한다. 이 계열에는 유교자본주의론, 아시아적 가치론, 동아시아 발전국가론 등이 포함되는데 공통점만큼이나 차이점도 존재한다. 논의가 활성화된 시기에서도 시차를 보였다.

동아시아 발전모델론이라고 부를 만한 학술적 경향은 일본을 비롯한 동아시아 일부 국가들이 빠른 성장세를 보인 1970년대 이후부터 존재해왔으며, 문화적 요소로써 발전 현상을 설명하려는 시도 역시 서구

학계에서는 이미 1980년대에 등장했지만, 한국 지식계에서 유교자본주의론이 본격적으로 부상한 것은 사회주의권이 몰락하고 맑스주의 경제학이 위축되고 나서인 1995년 무렵이다. 뚜 웨이밍의「유가철학과 현대화」가 이해에『동아시아, 문제와 시각』에 실려 소개되었고, 한국정치학회의 연례학술대회는 두 패널을 '유교와 자본주의' '유교와 민주주의'라는 주제에 할애했다.

유교자본주의론은 논자마다 논지의 차이가 있긴 하지만, 전반적으로는 유교가 동아시아 지역의 경제발전에 기여한 측면으로 미시적 차원과 거시적 차원을 강조한다. 첫째, 미시적 차원에서 유교문화의 전통은 교육열과 노동윤리를 끌어올려 경제발전에 필요한 인적 자본을 형성하는 데 기여했다. 둘째, 거시적 차원에서 유교적 정치질서와 사회제도의 전통은 정부가 주도권을 갖고 경제정책을 펼칠 수 있는 환경을 조성해 경제발전의 근간을 다질 수 있었다.

그러나 유교자본주의론은 1997년 동아시아 경제위기로 직격탄을 맞는다. 동아시아 경제위기가 닥치자 유교적 속성은 족벌주의·연고주의·온정주의·정경유착·정실인사·부패·관치금융 등 부정적 양상들과 계열화되었고 유교적 사회풍토는 오히려 위기의 주범이자 문화적 결함으로 지목당했으며 유교자본주의는 '정실자본주의'로 폄하되었다. 그리하여 저널리즘에서는 유교자본주의에 대한 기존의 관심이 급속히 식어버렸다.

하지만 학계에서 유교자본주의론 자체가 바로 떠내려가지는 않았다. 여기서는 학계의 고유한 관성을 확인할 수 있다. 즉 해당 주제에 관한 학술적 작업이 진척되던 중이라면 저널리즘처럼 시류 변화를 재빨리 좇지 않는다. 여기서 중요한 역할을 한 잡지는 1997년 여름에 창간된

『전통과현대』다. 잡지명에서 분명하게 드러나듯 전통과 현대의 연관성에 주목하고 융합을 지향했던 이 잡지는 '유교와 21세기 한국'을 창간호 특집으로 꾸린 이래 동서양 가치 문제와 결부된 정치·경제·사회·문화 특집을 이어갔다. 특히 동양학 영역에 국한되던 유교 연구를 확장시켜 정치학·사회학·경제학 분야에서 유교를 현대 한국사회의 문제들과 연관지어 탐구하는 데 공을 들였다. 유교자본주의론의 매체적 둔덕도 『전통과현대』였다.

그러나 추세로 보건대 유교자본주의가 설득력을 유지해 지속되기란 어려웠다. 유교에 근거한 문화론적 설명 방식은 경제성장기에도 논리적 인과성을 결여했다는 비판을 샀으며, 경제위기에 직면하자 그 설득력을 빠르게 잃어갔다. 유교자본주의론이 쇠락하자 그 자리를 대신한 것은 아시아적 가치론이었다. 이때 아시아적 가치론은 유교자본주의론과의 유사점보다는 차이점이 강조되었다. '유교자본주의'라는 일부 국가의 경제양식을 대신해 '아시아'라는 지역상을 부각하고 그 지역상을 아우를 수 있도록 유교라는 단일의 문화적 요소를 '가치'로 확장한다는 식으로 아시아적 가치론이 전용된 것이다. 잡지의 동향을 살펴보면 『사상』 1998년 봄호 특집이 '아시아적 가치의 21세기적 함의, 아시아와 서구 가치의 비교분석', 『포럼21』 1998년 가을호 특집이 '아시아적 가치는 있는가?', 1999년에 나온 『동아시아비평』 2호의 특집이 '아시아적 가치론을 어떻게 볼 것인가?', 마찬가지로 1999년에 나온 『오늘의동양사상』 2호의 특집이 '아시아적 가치를 말한다'였다. 아울러 1998년에는 『동아시아문화와사상』과 『동양사회사상』이 창간되어 아시아적 가치를 조명할 매체가 늘어났다.

김석근(金錫根)은 이러한 아시아적 가치론의 부흥이 거둔 성과를 세가지로 요약한다. 첫째, 서구 중심의 보편주의를 상대화하는 데 크게 기여했다. 둘째, 서구 지식인들이 만들어낸 부정적 이미지, 예컨대 아시아적 전제·아시아적 공동체·아시아적 생산양식에 관한 편향된 이해방식을 상당히 불식시켰다. 셋째, 아시아인 스스로가 콤플렉스를 벗어던지고 자기주장을 펼칠 수 있게 되었다.[10]

그러나 1995년부터 본격화된 유교자본주의론과 아시아적 가치론을 두고 옹호론만이 비등했던 것은 아니다. 1999년에 출판된 『공자가 죽어야 나라가 산다』의 대중적 반향에서 확인할 수 있듯 비판론의 토양도 만만치 않았다. 유교자본주의론부터 가해진 비판을 살펴보자면, 유용태는 유교자본주의론의 방법론적 오류로서 자본의 본원적 축적 과정에 대한 오해·환원론적 단순화의 오류·역사적 맥락을 무시한 비교방법상의 오류를 꼽았으며,[11] 이수훈은 유교자본주의론이 문화론·내인론·결과론이라고 가치절하했고,[12] 최배근은 유교와 자본주의라는 개념의 결합은 그 자체가 모순이어서 동아시아에서 시장과 국가의 결합 양상 및 동아시아의 역동성과 한계를 파악하는 데 실패했다고 지적했다.[13]

아시아적 가치론도 비판을 면치 못했다. 강수돌은 아시아적 가치의 허구성을 꼬집었고,[14] 최장집(崔章集)은 '공동체주의'라는 명분 아래 권위주의적 위계질서와 반민주적 가치가 잠복한다고 경계했으며,[15] 김영명은 아시아적 가치론의 공동체주의는 '지도자=집권당=정부=국가'라는 왕조시대적 발상에 따라 시민사회의 정부 비판을 원천봉쇄하고 국익을 명분으로 내세워 개인의 자유와 권리를 자의적으로 박탈하는 데 쓰이며 이승만·박정희·김일성·김정일·장 제스·리콴유·수카르노·수하르토 등 아시아 지도자들이 장기집권과 권위주의체제를 정당화하는 도구로 악용했다고 지적했다.[16] 한편 임반석은 「아시아적 가치와 유교자본주의 담론의 함정」에서 유교자본주의론과 아시아적 가치론을 구분하기보다 함께 비판했다. 둘 다 첫째 일본의 경제발전에 대한 환상에 사로잡혀 그 요인과 과정에 대한 이해를 그르쳤고, 둘째 도덕결정론이라서 현실성이 떨어지며 판단력을 마비시킨다는 것이다.[17] 이러한 공세 가운데 1999년 무렵부터 기세 좋게 부상한 아시아적 가치론은 2002년 이후로는 적어도 학술지에서는 찾아보기 어려워진다.

한편 이 시기에는 유교자본주의론, 아시아적 가치론 이외에도 유사한 기능을 맡았던 논의로서 동아시아 발전국가론이 있었다. 동아시아 발전국가론은 유교자본주의론처럼 동아시아의 경제성장을 출현 배경이자 설명 대상으로 삼지만, 유교라는 문화적 요소보다 국가의 전략적 시장 개입이라는 정책적·제도적 요소에 주목한다는 점에서 차이가 난다. 간단히 정리하자면, 국가주도형 개발 모델은 국가가 경제성장을 최우선시하여 시장에 적극 개입해 다양한 정책도구로써 자원을 계획적으로 할당하고, 산업정책을 통해 전략산업을 지정하고 육성해 산업기반을 구축하며, 무역장벽을 설치하고 이자율·환율·원자재 가격·농산물 가격을 억제하며, 수출지향적 전략을 수립해 국부를 창출해낸다는 것이다.

다만 동아시아 발전국가론은 유교자본주의론이나 아시아적 가치론처럼 특정 시기에 특집호가 잇달아 이어지며 부상했다기보다 동아시아의 경제성장을 설명하는 일종의 경향성으로 존재해오다가 경제위기에 직면해 사회과학자들의 사정권 안으로 들어온 경우다. 1998년 한국비교사회학회는 '동아시아의 성공과 좌절'을, 한국정치연구회는 '동아시아발전모델은 실패하였는가'를 학술 의제로 삼았다.

유교자본주의론과 동아시아 발전국가론은 내적 논리가 다르지만 모두 경제성장을 배경으로 삼아 현실추수적 설명에 치중하며, 자본주의 세계체제에서 입지를 다지는 것을 유일한 경로로 전제한다는 점에서 자본주의에 대한 대안체제, 대안적 근대화의 경로를 모색하거나 서양 중심주의에 대한 비판의 색채가 짙었던 초기 동아시아 담론에 비해 비판적 문제의식이 크게 무뎌졌다고 말할 수 있다. 유교·공동체성·국가 주도성에 대한 강한 긍정은 자칫 '개발독재 근대화의 문화론적 재포장'으로 변질될 위험성마저 지니고 있었다.

하지만 이상의 논의들은 동아시아 담론의 이행 과정에서 중요한 의의를 지닌다. 첫째, 사회적 파급력을 갖는 담론이 등장하면 그것의 전유 방식을 두고 세력이 형성되어 담론의 정치가 펼쳐질 수 있는데, 동아시아 담론에서는 1990년대 후반에 발전모델론을 둘러싸고 그런 양상이 두드러졌다. 둘째, 이 과정에서 사회과학자들이 동아시아 담론으로 대거 진입했다. 물론 1990년대 초부터 일부 사회과학자들이 동아시아의 신흥발전국가들을 분석하고자 발전국가론을 원용한 적이 있었으나 1990년대 중후반에는 이상의 논의들을 개진하거나 비판하는 양면에서 사회과학자들의 역할이 컸다. 동아시아 경제의 발전과 침체가 분석대상인 만큼 설명변수가 문화적 요인이든 제도적 요인이든 사회과학자들이 개입할 여지가 클 수밖에 없었던 것이다. 이 시기에『국제정치논총』『경제와사회』『비교사회학』『한국정치학회보』『한국사회학』등의 사회학·정치학 분야의 학술지에는 동아시아 경제에 관한 논문들이 대거 실렸다.

또한 이 시기에는 저널리즘에서 '동아시아 경제위기' '동아시아 경제협력' 등의 형태로 동아시아라는 개념이 빈번히 회자되면서 학계를 넘어 사회적 신분을 갖고 유통되었으며, 그 과정에서 동아시아라는 개넘에 경제적 색채가 짙게 드리웠다는 사실도 기록해두어야 할 것이다.

5. 동아시아 담론의 지역(주의)화: 2000년대 초반

지금 동아시아에서는 얼마 전까지만 해도 예상하지 못했던 일들이 일어나고 있다. 최근만 해도 우리는 한국이 이 지역에서 가장 반미적인 정서를 가진 나라로 인식되리라 예상하지 못했으며, 일본 경제가 가장 침체한 경제가 되리라고도 생각하지 못했다. 그리고 중국의 경제성장은 널리 알려진 사실이었지만 다른 어느 나라보다도 가장 역동적인 고속성장 경제를 이룰 것이라 생각한 사람도 많지 않았다. 또한 놀라울 정도로 활동적이었던 아세안이 그렇게 쉽게 무기력하게 되리라고도 예상하지 못했던 것이다. 그밖에도 "아시아적 가치"라든지 "네마리의 호랑이" 같은, 한때 널리 유행했던 아시아적 개념들도 지금은 아시아 지역 안에서뿐만 아니라 세계 어느 곳에서도 오늘의 담론에서 사라진 지 오래다. 무엇이 이와 같이 예상하지 못했던 변화를 일으키고 있는 것일까? 우리는 우선 우리들 자신이 경솔했다는 사실을 인정해야 한다.[18]

2002년 『사상』 겨울호에 실린 「동아시아 특집을 내면서」의 일부다. 인용구에서 확인할 수 있는 사항은 2002년 6월 미군 여중생 장갑차 압사사건으로 한국사회에서 반미정서가 고조되었으며, 일본이 장기침체의 늪에 빠져 있고, 아세안과 한국을 비롯한 신흥발전국가들은 경제위기의 여파에서 헤어 나오지 못했으며, 하지만 중국은 고속성장을 구가하고 있으며, 그리고 한국 지식계에서는 아시아적 가치론이 퇴조했다는 것이다. 확실히 1990년대 말의 경제위기로 말미암아 유교자본주의론과 발전국가론은 심각한 타격을 입었고, 경제위기 상황을 전유해 잠시 부흥한 아시아적 가치론 역시 쇠퇴의 길로 접어들었다. 그렇게 1990년대 중반부터 1990년대 말에 이르는 동아시아 담론의 한 국면이 마감되고 있었다.

돌이켜보면 소련의 해체 이후 1990년대 말까지 동아시아 담론을 추동해온 요소는 크게 세가지였다. 첫째, 탈냉전으로 동아시아라는 지역지평이 복원되고 역내 질서의 변화 가능성이 높아졌다. 둘째, 다양한 포스트 담론과 오리엔탈리즘 등이 지식계로 유입되고 서양중심적 근대관과 세계관에 대한 비판이 심화되었으며 반사적으로 동양에 대한 복권 풍조가 조성되었다. 셋째, 동아시아 국가들의 경제성장을 배경으로 동아시아적 특수성에 관한 탐구열이 고조되었다.

그런데 둘째와 셋째 견인 요소는 1990년대 말에 이르자 변질되거나 효력을 잃는다. 먼저 둘째 요인과 관련해 세기말에는 근대 비판론이 다수 등장했지만, 1990년대 초중반처럼 서구적 근대성이 아닌 한국사회의 압축적·모방적 근대화를 겨냥하는 논의들이 많았다. 즉 근대의 부정적 속성은 서양에 배분하고 동양의 전통을 긍정하는 방식으로 동아시아 담론을 이끌어가기는 어려워진 상태였다. 한국의 근대가 이식된 근대·모방적 근대·압축적 근대인 까닭에 한국 근대화의 성과도 한계도 서구 근대의 그것들로부터 섣불리 가려낼 수 없었던 것이다.

또다른 견인 요소였던 동아시아 경제발전은 세기말에 동아시아 경제위기로 바뀌었고 국내에서는 1997년 여름 태국과 인도네시아에서 환율 폭등과 주가급락이 일어나기 전에 이미 한보철강 등 대기업의 부도사태가 이어지며 경제위기를 예고하고 있었다. 그로써 경제발전에 기대온 논의들은 입지가 크게 약화된 터였다. 더욱이 경제위기의 여파는 유교자본주의론, 동아시아 발전국가론 등 일부 논의에만 국한된 것이 아니라 담론적 자신감을 떨어뜨렸다는 점에서 동아시아 담론 전반에 미쳤다. 따라서 동아시아 담론은 방향 전환을 겪지 않을 수 없었고, 지속되려면 새로운 견인 요소가 필요했다.

여기서 중요한 의미를 지니는 사회적 배경이 1997년 아세안+3 체제의 출현과 1998년 국민의 정부 출범이었다. 동아시아 경제위기는 일국의 무역수지 악화, 성장률 저하와 같은 형태가 아니라 외환위기·금융위기의 형태로 들이닥쳐 동남아를 포함한 동아시아 전역으로 확산되었다. 동남아발 쇼크를 입은 지 두달여 만에 원화가치도 폭락했던 것이다. 경제위기를 계기로 동아시아는 밀접한 경제적 연관성을 지닌 실체처럼 인식되었다. 경제위기에 대한 처방으로 IMF의 구제금융 프로그램을 수용하는 과정에서 신자유주의적 세계화의 위력과 위험성이 명시적으로 드러났는데, 그것이 한편으로는 한국 지식계 내에서 한국의 근대화에 대한 성찰을 불러일으켰고, 다른 한편으로는 지역 차원의 공동 대응을 고심하도록 이끌었다. 더욱이 아세안+3 체제가 출현하자 사회과학자들은 지역주의의 시각에서 국가 간 협력체를 모색하는 데 힘을 기울여 동아시아 담론은 지역주의론이라는 형태로 활로를 마련한다.

물론 이전에도 환발해만경제권, 황해경제권 같은 국지적 협력 구상이나 아태지역을 포괄하는 광역 단위의 협력 논의가 등장한 바 있다. 그러나 동아시아 경제위기를 겪고 아세안+3 체제가 출현하자 동아시아라는 지역상이 경제적 지역주의의 핵심 단위를 맡게 된다. 더욱이 1998년 국민의 정부가 출범하면서 동아시아 지역주의론은 현실적 둔덕을 얻는다. 경제위기와 IMF 구제금융이라는 어수선한 상황 속에서 대통령으로 당선된 김대중은 무엇보다 경제위기를 탈출하고 성장동력을 확보하는 것을 최우선 국정과제로 삼았으며, 이를 위한 대외정책으로 경제위기를 지역 차원에서 극복할 수 있는 협력의 제도화를 모색했다.

이 시기 동아시아 담론에서 일어난 중요한 변화로 꼽아야 할 것은 지역주의론의 부상 말고도 그로 인해 동아시아의 지역상이 동남아를 포함하는 방향으로 확장되었다는 사실이다. "지난 1997년 태국에서 시작된 경제위기가 인도네시아·한국 등으로 확산된 예에서 보듯이 이제 동남아시아 동북아시아의 구분은 의미가 없습니다."[19] 아세안+3 정상회의 기조연설에서 김대중 대통령이 한 발언이다. 외환위기를 계기로 동아시아의 상호연관성을 인식하게 되었다는 것은 단지 외교적 수사로서 꺼낸 이야기가 아니며, 김대중 대통령은 임기 내내 동북아와 동남아를 아우르는 동아시아 경제협력에 관한 구상과 정책화를 이어갔다.

이를 배경으로 학계에서도 동아시아는 유럽과 북미의 지역통합에 대응하는 제도적 권역의 성격이 강해졌고, 그 지역 범위는 아세안+3의 형태로 확장되어 동남아가 시야로 들어오게 되었다. 이는 한반도를 중심에 두고 중국과 일본, 미국과 러시아를 주요 행위자로 상정하던 창비 진영의 동아시아 표상, 서양과 대비되는 동양 혹은 유교문명권, 한자문명권으로 동아시아를 구도하던 일부 인문학자들의 동아시아 표상, 중국보다 일본을 중심에 두고 아시아의 신흥개발국을 아우르던 유교자본주의론자, 발전국가론자의 동아시아 표상과 사뭇 다르다.

한편 국민의 정부 시기에는 햇볕정책을 대북정책의 기조로 삼고 동북아 다자협력을 적극 추진했는데, 이 또한 동아시아상의 구체화에서 중요하게 작용했다. 특히 2000년에 6·15남북정상회담을 개최하고 5개항의 공동선언문을 채택한 것은 안보평화공동체의 단초를 제공한 역사적 사건이다. 한반도에서 냉전적 대치구도가 완화되지 않는 한 역내에서 안보평화공동체를 형성하기란 요원하다. 김대중 대통령의 햇볕정책은 한반도비핵화공동선언과 개성공단 건설, 금강산 관광사업 등의 구체적 성과를 냈고, 남북 간의 다양한 협력사업이 진전되면서 한반도를 하나의 전략적 단위로 사고하는 것이 가능해졌다. 아울러 협력사업이 미국·일본·중국·러시아로부터 다자적 국제지원을 약속받으면서 안보평화공동체를 구성하는 것이 21세기 한반도 발전전략의 핵심 과제로 부상했다. 이리하여 지경제학 측면에서는 아세안+3라는 수준에서 동아시아가, 지정학적 측면에서는 6자회담의 틀과 포개지는 동북아가 차별적으로 거론되는 양상이 점차 정착된다.

이렇듯 정책 과제로서 동아시아 경제협력 및 동북아 다자주의가 추진되자 학계에서 사회과학자들의 관련 연구도 활발해진다. 다만 이때는 사회학·정치학 분야의 연구보다는 국제정치학·외교학 분야의 연구가 주종을 이룬다. 2001년 발족한 한국동북아지식인연대(NAIS Korea)는 동북아시대의 도래에 발맞춰 동북아공동체의 결성이 필요하다며 333인의 지식인들이 역내 지역통합의 필요성을 역설하는 창립선언문을 발표하기도 했다. 그리고 이 무렵부터 '동아시아공동체' '동북아공동체' '경제통합' '안보협력' 등을 표제로 하는 단행본이 비약적으로 늘어났다.

반면 잡지계를 살펴보면 2000년대에 들어서는 지역주의론을 제외한 동아시아 관련 특집이 줄어드는 양상이다. 기본적으로 경제위기 이후 출판계가 위축되고 잡지들이 한파를 맞아서기도 하지만, 외부의 정치적·경제적 변동과 학술계 내부의 다기한 지적 모색에 반응하며 확산되고 분화되었던 동아시아 담론의 탄력성이 떨어졌음을 보여준다고도 말할 수 있다. 특히 정책담론으로 육성되는 동아시아 지역주의론에 인문학자들이 참여할 여지는 거의 없었다. 점차 인문학자들이 주도하는 논쟁적 특집호는 줄어들고 대신 사회과학적 분석기법에 근거한 개별 논문이 부지기수로 늘어났다. 양적으로 보았을 때 동아시아 관련 연구는 여전히 증가세였지만, 지식인들 사이에서 화두가 되고 논의가 오가는 담론적 속성은 약화되었다. 이는 정부의 학술지원책과도 무관하지 않은데, 특히 2000년대에 들어 국제정치학과 외교학 분야에서 발표된 동아시아 지역주의 관련 논문에서는 "이 논문은 ○○○○년도 한국학술진흥재단의 지원에 의해 연구되었음"이라는 문구가 자주 눈에 띈다. 특히 동아시아공동체 관련 연구는 정책적 수혜를 크게 입었고, 그런 와중에 논쟁적인 비평보다는 정형화된 논문이 동아시아 관련 문헌의 주류 형태를 점하게 된다.

1990년대 말부터 2000년대 초반에 이르는 이 시기 동아시아 담론의 특징은 한 마디로 '동아시아 담론의 지역주의화'라고 표현할 수 있을 것이다. 동아시아는 서양중심적 근대성을 반성적으로 성찰하거나 동양적 문명을 대안적으로 조명하기 위한 문제의식의 장이라기보다 지역협력과 다자주의로써 다져가야 할 제도적 권역인 것이다. 이처럼 십년도 지나지 않아 동아시아 담론은 비판담론에서 후원담론으로 옮겨가게 되었다.

그러나 국가 단위의 지역협력을 구상하는 지역주의론이 위로부터 육성되는 것이라면, 이 시기에는 아래로부터의 대안적 지역화 움직임도 일어났다. 앞서 살펴봤듯이 1990년대 후반 한국 지식계에서는 한국적 근대화에 관한 비판적 성찰이 이어졌고 국가주의·민족주의·집단주의 등이 비판의 도마 위에 올랐다. 동아시아 담론이 지역주의적 시각을 장착해 국익을 지역 수준에서 확대재생산하는 논리 마련에 부심하던 무렵, 역방향에서는 국가주의에 대한 비판과 국경을 넘어선 아래로부터의 연대를 향한 문제의식이 심화된 것이다. 국민국가가 주도하는 지역주의 추세는 국민국가 내부에서 주변화된 소수자의 목소리를 무시하고 생활세계의 표준화를 강요할 공산이 크다. 아울러 역내 타국과의 교류는 경제와 안보 이슈를 둘러싼 협력사업을 추진하기 위해서만이 아니라 뒤얽힌 과거사와의 조우, 탈민족주의적 연대의 모색, 패권주의적 국가주의의 극복을 위해서도 요청된다. 2002년 '신자유주의의 패권적 지배로 절대적 피해 현실에 처한 동아시아의 소통과 상생의 창을 열기 위해' 한중일의 학자와 문화예술인이 모여 '동아시아 문화공동체 포럼'을 출범시킨 것은 이러한 문제의식의 발로였다.

이 시기 이 방향에서 중요한 역할을 맡은 잡지는 『당대비평』이다. 『당대비평』의 등장과 소멸은 시기적으로 국민의 정부와 겹치는데, 그동안 정부 차원에서 동아시아 지역주의가 진전되었다면 『당대비평』은 아래로부터의 대안적 지역화를 견인하는 한 축을 맡았다. 경제위기가 고조되던 1997년 가을에 창간된 이래 『당대비평』은 창간호 특집 '자유와 평등을 넘어 사회적 연대로', 2호 특집 '새로운 공화국을 꿈꾸며', 3호 특집 '다가온 신질서 축복인가 재앙인가', 4호 특집 '거대 금융 군단과 난쟁이들의 저항'을 연이어 기획하며 신자유주의적 세계화에 맞선 지적 거점으로서 기능했으며, 5호인 1998년 합본호에서는 특집으로 '위기 속의 아시아, 국가·민족을 넘어 연대는 가능한가'를 기획해 경제위기에 따른 사회질서 변화를 일국 단위에서 대처하는 데서 그치지 않고, 이른바 세계화의 함정에 맞서 지역적 연대의 가능성을 모색하고 제3세계 민중 간의 연대를 도모하고자 부심했다. 10호인 2000년 봄호에서는 '동아시아 지성의 고뇌와 모색: 지구화와 내셔널리티 사이에서'를 특집으로 꾸려 저항적 민족주의도 예외일 수 없는 민족주의에 잠재된 권력욕구를 추궁했는데, 임지현 외의 필자들은 모두 인국의 지식인이었다.[20]

특집호가 아니어도 『당대비평』은 인국의 지식인, 활동가의 목소리를 한국 지식계의 공론장으로 전달하며 역내로부터 다원적 참조체계를 끌어들이려는 시도를 이어갔다. 특히 탈민족주의, 탈식민주의의 문제의식으로부터 일본에서 활동 중인 지식인들에게 많은 지면을 할애했는데 김석범·서경식·강상중·이효덕 등의 재일조선인 지식인, 나까노 토시오·토미야마 이찌로오·사까이 나오끼·와다 하루끼·요시미 순야·우에노 치즈꼬·우까이 사또시·이와사끼 미노루·이따가끼 류따 등의 비판적 지식인들이 『당대비평』에 글을 실었다. 이들 중 다수는 『당대비평』을 통해 한국어 잡지에 글을 처음 발표했다.

한편 『당대비평』의 창간부터 휴간에 이르기까지 중국의 지식인으로서 글을 발표한 경우는 왕 후이가 유일한데, 이 사실은 『당대비평』의 인적 네트워크를 반영하기도 하겠지만 당시 한국의 비판적 지식계에서 동아시아 담론이 어떤 사회적 의제에 주목했고 어떤 지향성을 지녔는지도 짐작케 한다. 『당대비평』만이 아니라 2000년대 초중반부터 그린비·논형·동북아역사재단·문학과지성사·삼인·소명출판·역사비평사·이산·창작과비평사·푸른역사 등의 출판사는 다양한 동아시아 관련 시리즈를 기획했는데, 전반적으로 중국어 번역서보다 일본어 번역서가 압도적으로 많았다. 이 또한 언어체계의 인접성으로 인해 일본어 번역이 보다 수월하며, 일본 지식인들과의 학술 교류가 보다 활발했다는 사실 말고도 탈민족주의·탈식민주의의 문제의식에서는 제국-식민지의 역사 관계를 가진 일본의 지식계와의 접점이 보다 넓었음을 보여준다. 그리고 동아시아 관련 시리즈로 소개된 일본어 문헌은 국제정치·경제·문화 분야의 연구서보다는 역사서·사상서·비판이론서가 주종이었음도 짐작할 수 있다.

이 시기에는 동아시아 관련 국제학술회의도 활발했다. 분야별로는 역사학계에서 회합이 특히 빈번했다. 역사학계에서 동아시아는 공간적 차원만이 아니라 시간적 차원에서도 다종의 연구과제와 결부되어 있다. 이 지역의 국가들은 한자·한문, 유교, 불교, 호적(율령) 등의 전통 자산뿐 아니라 19세기 후반부터 서구적 근대에 강제적으로 편입된 역사 경험을 공유하기 때문이다. 분명 임진왜란, 조선통신사, 청일전쟁, 러일전쟁, 일본 제국주의, 만주국, 중일전쟁, 8·15, 한국전쟁 등 조선근세사와 한국근대사의 주요 사건은 일국 단위로는 접근하기 어려운 주제다. 유용태는 동아시아 시각이 역사학계에서 갖는 유용성에 관해 국가사로 포착하기 어려운 부분을 동아시아사의 틀에서 보완할 수 있다고 밝혔는데,[21] 특히 한중일 범위에서 교류·대응·교역 등을 기본 개념으로 하는 관계사 관련 학술대회에서는 동아시아(내지 동북아)가 어김없이 키워드로 등장했다.

정리하자면 이 시기에는 동아시아 담론의 위로부터의 지역주의화와 아래로부터의 지역화가 동시에 진행되었다. 동아시아 담론이 한국 지식계에서 생산되고 유통되고 소비되는 내수용에 머물지 않고 지역적 담론으로서 기능성을 갖추고 또한 현실성을 검증받아야 하는 때에 이른 것이다.

6. 동아시아 담론의 쇠퇴기: 2000년대 중반

국민의 정부에 이어 2003년 참여정부가 출범했다. 이 시기 동아시아 담론의 성격을 결정하는 관건적 요인은 동북아시대 구상을 비롯한 참여정부의 지역주의 정책이며, 그런 점에서 이 시기는 동아시아 시각의 정책화기로 명명할 수 있을 것이다. 그리고 후술하겠지만 그 이유에서 역설적으로 동아시아 담론의 쇠퇴기이기도 했다.

이 시기 동아시아 담론은 사회과학자들이 주도했는데, 이전 시기와 달리 지식계에서 새로운 동아시아적 시각이 제기되기보다는 정부가 선도적으로 제시한 지역구상의 현실성을 검증하는 내용들이 주종을 이루었다. 참여정부의 지역구상명이 '동북아중심국가' '동북아경제중심국가' '동북아시대'를 오가며 혼란을 빚는 동안 학자들 사이에서는 해석이 분분했다. 특히 동북아균형자 구상은 큰 논란을 일으켜 학계·논단·저널리즘에서 타당성과 현실성을 두고 논의가 오갔으며 시민단체들 간의 충돌로 비화되기도 했다.

이밖에도 참여정부 초기에 논란이 되었던 동북아중심국가의 개념적 모호성으로부터 중반기의 동북아시대 구상과 한미FTA의 양립 가능성에 이르기까지 정부가 제시한 지역구상을 두고 학계에서 논의가 뜨거웠는데, 그로써 동아시아 담론의 문제의식이 구체화될 수 있었지만, 다른 한편으로는 그만큼 문제의식이 제약된 측면도 있었다. 아울러 이 시기에는 지역 수준에서 국익의 최적화를 꾀하는 국가론도 정책학 연구로서 대거 제출되었는데, 이 또한 동북아균형자론이 지닌 문제의식의 자장 안에서 펼쳐진 시도였다. 그 연구들은 대체로 강국들의 주변에 위치한다는 한국의 지정학적 특징으로부터 한국의 입지를 다지는 논리를 취했다. 그리하여 정책학적 관점에서 동아시아 담론이 흡수되었을 때 한국은 동아시아에서 가교 역할을 맡는 국가로서 상정되곤 했다. 중추교량국가(hub bridge state), 가교국가(bridge building state), 중견국가(middle state), 거점국가(hub state), 협력국가(cooperation-promoting state) 등 내용은 조금씩 다르지만 모두 중간자 내지 가교 역할의 발상에서 제출된 국가상들이다.

그리고 이 시기에는 학진을 통한 연구지원, 동북아시대위원회·통일부 등 정부기관의 연구 수주, 외교안보연구원·국방연구원·대외경제정책연구원·통일연구원 등 정부 산하 연구기관의 프로젝트 등을 통해 동아시아 관련 연구가 정책적으로 육성되었다. 이에 따라 한국의 대학 및 소속 연구소 들은 동아시아 연구에 경쟁적으로 뛰어들었고 수많은 프로젝트가 기획되고 국제회의가 열렸다. 대표적 수혜자는 한류담론이었는데, 한류담론뿐 아니라 동아시아 담론 전반이 후원담론화로 인한 폐해로부터 자유롭지 않았다. 참여정부 시기에 등장한 지역정책은 장기적 구상보다 단기적 과제에 무게가 실렸으며, 그 여파로 학계에서는 짧은 호흡으로 비슷한 내용을 찍어내다시피 양산한 연구들이 쏟아졌다. 또한 재정적 지원을 받기 위해 자율적인 연구주제를 후순위로 미루거나 지원을 받을 수 있도록 동아시아 연구의 방향을 설정해 동아시아 담론이 관변화되는 부작용이 따랐다. 더욱 본질적인 문제도 발생했다. 첫째, 한국중심적 한류담론이 타국에서는 기대만큼의 호응을 거두지 못하고, 동북아 관련 정책들이 얼마 지나지 않아 사실상 용도폐기된 사례에서 드러나듯 '현실주의적' 동아시아 담론은 한국의 현실을 벗어나면 현실성을 상실하는 내수용 담론으로 전락할 위험성이 생겼다. 둘째, 동아시아를 국가 간 전략이 충돌하는 공간으로 상정하고 그 안에서 국익을 확보하고자 경합한다는 관념에 기반한 동아시아 시각은 담론을 현실화하는 계기를 제공하는 동시에 국가에 대한 비판적 거리를 상실케 만드는 이중적 작용을 했다.[22]

그런데 참여정부기의 후반으로 접어들면 이러한 동아시아 담론의 정책화 경향이 수그러든다. 그것은 학계에서 동아시아 담론의 변질을 경고하는 목소리가 힘을 얻어서가 아니라 정계에서 발생한 일련의 사건들 탓이었다. 먼저 2004년 3월 야당의원들이 국회에서 현직 대통령을 탄핵하며 5월 헌법재판소가 대통령에 대한 탄핵을 기각하기까지 국정공백이 발생했다. 국정으로 돌아온 노무현 대통령은 동북아구상의 중심축을 경제중심구상에서 지역협력구상으로 되돌려놓기로 결심해 6월 동북아경제중심추진위원회는 동북아시대위원회로 개편되고 동북아시대구상은 추진력을 회복했다. 그러나 채 일년도 지나지 않아 2005년 5월 동북아시대위원회의 진로에 치명적 타격을 입히는 소위 행담도 사건이 발생한다. 행담도 사건이 동북아시대위원회라는 조직의 와해를 야기했다면, 한미FTA는 동북아시대구상의 근간을 뒤흔들었다. 2005년 9월부터 한미FTA 논의가 급물살을 타면서 동북아시대 구상은 정책의 우선순위에서 밀려나게 된다.

이후 참여정부의 동북아시대 구상은 추진력을 잃고 동아시아 담론 역시 후원담론으로서의 지위를 상실하자 방향을 잃고 표류한다. 동아시아 관련 학술연구가 줄어들지는 않았지만, 참여정부기에는 국제정치학 분야의 연구물로 편중되는 경향이 뚜렷했으며, 1990년대 중후반처럼 인문학과 사회과학을 가로지르는 논의를 찾아보기 어려워졌다. 물론 전공을 달리하는 지식인들이 잡지를 매개해 벌이는 논쟁이 줄어든 것은 동아시아 담론에만 국한된 현상이 아니라 소위 인문학의 위기와 잡지 매체의 퇴조가 겹쳐진 데 따른 지식계의 일반적 풍경이었으나 동아시아 담론의 경우는 1990년대에 그 확산이 빨랐던 만큼 퇴조 양상이 도드라졌다.

이 시기에는 한국 지식계에서 잡지의 영향력이 퇴조하고, 특히 운동색이 짙던 잡지들이 하나둘씩 사라졌다. 1997년 창간된 『현대사상』은 3년만인 2000년 봄호로 종간했다. 1988년에 창간된 『사회비평』은 이후 휴간과 재창간을 거친 끝에 2003년 종간했다. 『전통과현대』도 창간 6년 만인 2003년에 종간했다. 1999년에 창간되어 소위 '전투적 글쓰기'에 기반해 전체주의와 국가주의를 비판하고 사회적 소수자에 주목하던 『아웃사이더』는 20호를 끝으로 2004년 종간했다. 이듬해인 2005년 1월에는 계간 『인물과사상』이 33호를 끝으로 종간했다. 그리고 『당대비평』도 2005년 봄 특별호 '불안의 시대, 고통의 한복판에서'를 끝으로 잠정 휴간했다.

이미 1990년대 중반부터 소위 인문학의 위기가 거론되었고 근대적 분과학문체제에 대한 비판의식을 바탕으로 학문영역들 간의 통합이 모색되었으나, 그 귀결로 등장한 HK, BK 등이 인문학에 대한 일시적 지원을 반복하는 동안 인문학 연구의 국가 의존도가 높아졌다. 그리고 1990년대에 등장해 담론적 실천을 펼쳐나가던 계간지들은 갈수록 재정난이 심각해지고 온라인 포퓰리즘의 위력에 밀려 입지를 잃어갔다. 몇몇 잡지는 재정난의 돌파구로서 제도권 학술지가 되는 길을 택했지만, 그런 길로 향할 수 없던 비평지는 점차 명멸해갔다.

이러한 침체기에도 동아시아 시각을 견지해온 잡지를 꼽는다면 역시 『창작과비평』일 것이다. 창비 진영은 동아시아 시각을 선구적으로 제시했을 뿐 아니라 꾸준히 이어가며 창비식 동아시아론을 지식계에 유통시켰다. 따라서 창비 진영의 동아시아론이 지식계에서 오랫동안 거론될 수 있었던 이유를 정리한다면, 동아시아 담론의 지속 조건을 해명하는 데도 얼마간 보탬이 될 것이다. 창비의 사례를 일반화한다면 동아시아 담론의 지속 여부는 해당 계열이 상정한 동아시아상의 정합성과 활용 가능성, 관련 매체의 지속성, 지적 조류 변화와의 병행성, 지식계 내에서의 논의 생산 능력, 지정학적 환경 변화·경제 양상 변화·정부 교체 등 사회적 변화에 대한 대처 능력 등에 따른다는 것을 알 수 있다.

창비 진영의 동아시아론이 등장 이래 오랫동안 지속된 것은 최원식, 백영서, 백낙청 같은 논자들이 집념 어리게 논의를 이어가고 문제의식을 심화한 공로 이외에도 한반도를 둘러싼 4강이라는 동아시아상의 학술적·정책적 용도가 높았고(외연), 동아시아 시각을 한반도 분단체제 극복이라는 과제와 결부해 논제의 지속성을 확보하고 이중적 비대칭성이라는 한국의 조건에 천착해 이론적 쟁점을 만들어냈으며(내포), 분단체제론·민족문학론·이중과제론·근대극복론 등 자신들의 논의를 전개할 때 활용할 수 있는 담론 자원을 확보하고 있었고(가용 논의), 이로써 다양한 영역의 논자들로부터 지지와 비판을 얻어 지식계에서 논의가 오갔고(이슈화), 『창작과비평』이라는 안정화된 매체를 통해 상업적 구속에 그다지 매이지 않고 자신들의 논의를 펼쳐갈 수 있었으며(가용 매체), 인국 지식인들과의 교류를 통해 자신들의 논의를 지역화한 데서(지역화 시도) 기인하는 것이다.

하지만 이 시기 창비 진영의 활약은 잡지 매체를 중심으로 한 동아시아 담론의 전반적 침체 상황이었기에 오히려 도드라졌다고 말할 수 있다. 동아시아 담론은 1990년대 초중반의 '잡지의 계절'에 부흥했다. 그 계절의 끝과 운명을 함께하지는 않았지만 활력을 잃고 지향성도 변해

갔다. 물론 다른 여러 학술적 논의도 잡지계의 위기와 함께 침체를 겪었지만, 동아시아 담론은 지향성이 모호하고 실체가 불분명하다는 특징으로 인해 부침이 더욱 뚜렷했다. 여느 담론과 비교하건대 동아시아 담론은 뚜렷한 구획을 갖는다기보다 여타의 담론들이 뒤섞이는 지적 구성물이라는 특징을 갖는다. 동아시아 담론은 '동아시아'라는 핵심어에서 담론의 목적도 주체도 드러나지 않는다. 그 지향성이 모호한 까닭에 여러 잡지에서 기획된 의제들에 반응하고 그 논의들을 전유하며 운동했고, 비판과 논쟁을 동력으로 삼아 담론적 생명력을 유지했다. 그러나 대학 연구기관과 전문 연구단체들이 발간하는 학술잡지들이 제도화되고, 그로써 사회적 의제를 생산한다는 잡지의 주요 기능이 현저히 저하되자 동아시아 시각 역시 공론화되는 담론으로서의 지위를 유지하기가 어려워졌다. 다른 각도에서는 후원담론으로 육성되는 과정에서 담론적 탄력성을 잃고 담론의 지향성이 굳어가더니 후원담론의 지위를 상실하자 담론의 방향마저 잃었다고 진단할 수도 있을 것이다.

7. 동아시아 담론 이행의 결과: 내포와 외연

동아시아 담론이라 부를 만한 논의가 등장한 데는 1990년대 초기 창비 진영의 역할이 컸다. 직후 인문학자들, 특히 한중일 삼국의 문학·역사학·철학을 전공하는 논자들이 동아시아의 정체성에 관한 논의에 불을 지폈다. 그리고 1990년대 중반에는 사회학·경제학·정치학 분야의 사회과학자들이 가세해 동아시아 경제발전의 특수성을 설명하려는 시도가 이어졌으며, 1990년대 후반의 경제위기 이후로는 동아시아 지역

협력체의 필요성에 대한 논의가 외교학자·경제학자들을 중심으로 고조되었다. 2000년대 들어서는 국민의 정부 시기에 국제정치학·국제관계학 연구자들이 동아시아공동체론을 본격화했으며, 2000년대 중반 참여정부기에 이르러서는 한국의 전략적 단위로서 동북아라는 지역명이 부상하며 동아시아 담론은 정책적 담론으로서 입지를 굳혔다. 그리고 이렇듯 지향성이 다른 담론들이 시기를 달리해 등장하고 부상하면서 기존의 담론과 길항관계에 놓이고 담론의 정치가 펼쳐졌다. 이제 끝으로 십여년에 걸친 동아시아 담론의 이행을 동아시아의 내포와 외연에 초점을 맞춰 정리해보자.

(1) 내포: 동아시아 용법의 변화

동아시아 담론은 십여년에 걸친 이행 과정 동안 다양한 문제의식과 접속하고 풍부한 논점을 생산했다. 그동안 동아시아 담론에서 동아시아라는 개념은 지리 범주를 가리키는 단순한 지역명에 머물지 않았다. 동아시아 담론이 여러 갈래로 분기한 필연적 이유는 동아시아라는 개념이 중의적으로 사용되었기 때문이다. 동아시아는 사회문화·정치안보·경제 영역에서 지리 범주·사유 지평·문명권·경제권역 등 다양한 용법으로서 거론되었다. 이제껏 살펴본 동아시아 담론의 이행 과정에서는 크게 세가지 차원의 동아시아의 용법을 확인할 수 있다. 동아시아는 일차적으로 한중일, 동북아와 동남아처럼 지리 범주를 가리키지만, 이차적으로는 세가지 용법으로 분기하고 이러한 이차적 용법들이 동아시아 담론의 형성과 전개에서 보다 중요하게 작용했다.

첫째, 학술적 시각이다. 학술적 시각으로서의 동아시아는 일국적 수준과 세계체제적 수준의 매개항으로 기능하며 그 사이의 중범위적 과제에 관한 인식을 유도해냈다. 이로써 국가를 단위로 하는 기존의 국제관계 틀에 근거하던 시각을 전환시켜 탈경계적 동향과 다자 간 상호연동 관계를 주목하도록 이끌었다.

둘째, 이념적 가치다. 동아시아 담론은 서구중심적 근대화 도식, 서구편향적 지식체계에 대한 성찰의 거점으로 기능해 동아시아에는 지리범주 이상의 의미가 주입되었다. 탈냉전의 시대 조류에 걸맞은 인식 틀과 실천방향을 모색하는 과정에서 가치함축적 속성을 갖게 된 것이다. 다만 그 가치가 무엇인지는 논자의 지향성에 따라 달라진다.

셋째, 제도적 권역이다. 1990년대 후반 동아시아 경제위기와 아세안+3의 성립을 경유하면서 동아시아는 지리적 범주에 그치지 않고 제도적 권역으로서의 의미가 짙어졌다. 특히 사회과학자들은 국가와 자본이 주도하는 정치·경제 영역에서 날로 상호의존도가 높아지는 지역적 현실(지역화)과 그것에 기반한 지역협력체제의 제도화(지역주의)를 분석하고 모색하는 데 치중했다. 그리하여 등장한 지역주의 계열의 동아시아 담론은 동아시아를 다중적 상호연결망이 가동되는 제도적 권역으로 부각해냈다.

1990년대 초반부터 2000년대 중반에 이르는 담론의 이행 과정 동안 이차적 용법의 무게중심도 옮겨갔다. 단적으로 1990년대 초반 '변혁이론으로서의 동아시아'에서 1990년대 중후반 '아시아적 가치'를 거쳐 2000년대 초반 '동아시아 경제공동체'에 관한 논의로 이전된 데서 드러나듯 이념적 가치로부터 제도적 권역으로 이차적 용법의 무게중심이 옮겨갔다. 한편 학술적 시각으로서의 용법은 동아시아 담론의 성립 조건으로서 시기마다 영역마다 논자마다 용례는 조금씩 달라졌으나 동아시아 담론의 지속과 함께해왔다고 말할 수 있다.

보다 구체적으로 살펴본다면, 1990년대 초기에는 인문학자들이 동아시아 담론을 주도했다. 그들은 1989년 이후 변화한 나라 안팎의 상황, 즉 국내의 민주화 진전과 세계적 탈냉전의 추세에 맞춰 새로운 이념을 모색하는 과정에서 동아시아를 주체성 재구성의 지평으로 삼았다. 창비 진영의 논자들은 냉전체제의 이념적 대립에 근거한 반공자유주의와 사회주의 지향 간의 낡은 구도를 깨는 새로운 전망을 동아시아에서 구하고자 했으며, 문사철 영역의 인문학자들은 서구중심주의 비판과 동양의 복원이라는 지향을 동아시아에 주입했다. 1990년대 중반에는 유교자본주의, 동아시아 발전국가론 등을 거치며 정치학자와 사회과학자들이 가세했고, 1997년 동아시아 경제위기와 아세안+3 체제의 출범 이후에는 주로 외교학자·국제정치학자들이 지역주의 문제에 천착해 지정학적·지경학적 차원에서 기획되는 국가 간 협력체를 뜻하는 방향으로 동아시아는 제도적 권역이라는 용법이 심화되었다.

이처럼 이차적 용법의 무게중심이 이동해간 것은 지식계 내부의 논의를 거친 결과기도 하지만 여기에는 국가에 의한 정책적 지원도 크게 작용했다. 이로써 동아시아 담론은 초기의 혼란상에서 벗어나 지향성이 구체화되고 정책적 의제의 생산 역할도 맡았지만, 다른 한편으로는 지역 차원의 주도권, 국익 확보라는 이슈로 관심이 수렴되면서 서양중심주의·자본주의·근대주의·국민국가주의에 대한 초기의 비판의식은 무뎌지고, 신자유주의적 사회질서·패권주의적 지역질서를 극복하기 위해 주입되었던 이념적 가치 역시 약화되었다.

(2) 외연: 동아시아 지역 범위의 변화

동아시아 담론에서 동아시아의 지역 범위는 물리적 실체로서 고정되어 있지 않았다. 애초 지역이란 고정된 외연을 갖는 지리적 실체라기보다 지역을 논하는 주체의 문제의식과 환경의 변동에 따라 유동하고 재구성되는 사회적 산물이다. 그리하여 학술적 시각인지 이념적 가치인지 제도적 권역인지라는 용법에 따라 동아시아의 지역 범위에 관한 이해방식이 달라지고, 문명 논의인지 역사 논의인지 경제 논의인지 안보 논의인지라는 시각에 따라서도 지역 범위는 달라졌다. 그 결과 동아시아의 지역 범위는 한중일 삼국으로 제한되기도 하며 동남아시아와 미국으로까지 확장하기도 했다. 이렇듯 동아시아의 외연에 관한 상이한 접근방식에는 동아시아의 내포에 관한 인식의 차이가 반영되어 있다.

동아시아 담론의 이행 과정에서 동아시아 지역 범위가 어떻게 변해 갔는지를 개괄하자면 초기에는 '서양 대 동아시아' 구도로서 때로 동양과 호환될 만큼 동아시아의 지역 범위가 탄력적이었지만, 역내의 주도권을 둘러싼 동아시아 지역주의 모색 가운데 동아시아의 지역 범위는 구체화되었고, 동아시아는 동양은 물론이고 동북아, 아시아태평양 등의 지역명과도 차별화되어가는 양상이었다.

앞서 살펴본 최원식의 「탈냉전시대와 동아시아적 시각의 모색」에서 동아시아의 지역 범위는 한반도와 중국, 일본 그리고 러시아까지를 아우르고 있었다. 그것은 한반도 분단체제를 둘러싼 지정학적 역학구도를 조명하기 위한 외연이었다. 직후 지적 주체성의 문제의식에 기반해 인문학자들이 대거 동아시아 담론을 전유하면서는 반서양주의의 색채가 강해서 동아시아의 지역 범위는 구체적 외연을 갖는다기보다 동양, 비서구로 호환될 수 있는 탄력성을 지녔다. 한편 지문화적 관점에서 동아시아에 접근하는 인문학자들은 한자를 사용하고 유교의식 등의 문화습속을 공유하는 한자문화권·유교문화권 혹은 중화문명권이라는 수준에서 동아시아의 지역 범위를 설정하려는 경향이 강했다. 동아시아 발전모델론에 이르러서는 지리적 외연이 보다 구체화되었다. 유교자본주의론, 아시아적 가치론, 동아시아 발전국가론은 설명지향적 논의이며, 여기서 거론되는 지역 범위는 곧 피설명대상이었기 때문이다. 이후 1990년대 후반에는 동아시아 경제위기, 아세안+3 출범, 김대중 정부의 동아시아 지역주의 구상 등을 배경으로 지역주의론 계열의 동아시아 담론이 본격화되는데 그로써 동아시아는 동북아와 동남아를 아우르는 지역이라는 인식이 확산된다. 한편 동아시아가 동북아와 동남아의 상위범주라는 인식이 자리잡으면서 동북아의 지리적 윤곽도 보다 뚜렷해진다. 여기에는 앞서 살펴봤듯이 참여정부의 동북아시대 구상이 주효하게 작용했는데, 그와 함께 참여정부가 출범한 2003년에 6자회담이 처음으로 개최되었다는 사실도 특기해두어야 할 것이다. 6자회담은 진행 과정에서 줄곧 동북아라는 지역명을 동반했으며, 6자회담 참여국은 참여정부의 동북아 지역 범위에 관한 이해방식과도 일치해 동북아는 한반도와 주변 4강이라는 인식이 점차 정착해갔다.

십여년에 걸친 동아시아 담론의 이행 과정에서 확인할 수 있는 지역 범위의 변화 양상은 크게 두가지다. 첫째, 동아시아의 지역상이 확대 일로였다고는 말할 수 없지만 확장되는 추세였다. 동아시아라는 지역상의 관건적 요소가 문화적 동질성에서 경제적 연계로 바뀌어갔기 때문이다. 둘째, 동아시아의 지역 범위가 보다 명료하게 구획된 외연을 갖추게 되었다. 특히 동아시아 지역주의론에서 지역 설정은 일차적 사항이다. 그것은 지역 공동체의 정체성·지향·제도화 수준과 밀접히 연관되어 있기 때문이다.

2장
최원식과 한국발(發) 동아시아 담론[●]

이정훈(서울대 중문과 교수)

1. 들어가며

이 지면에서 최원식 교수의 이력을 새삼 논할 필요는 없겠으나 중국 작가협회에서 운영하는 인터넷사이트인 중국작가망(中国作家網)에 최 교수의 약력이 소개되어 있음은 다소 이채로운 일이 아닐 수 없다. 최교 수의 적잖은 글들이 이미 중국어로 번역·소개되어 있거니와, 한중일작 가포럼 등 중국어권 작가 및 지식인과의 빈번한 접촉 등 대외활동의 기 회가 많았던 소치이리라. 중국작가망에서는 "오랜 시간 한국의 대표적 종합계간지인 『창작과비평』 및 『황해문화』의 편집책임을 맡아온 한편, 한국 평론계의 중진으로 대외 문화교류 사업에 참여했다. 특히 동아시

● 이 글은 2009년 10월 『사이間SAI』(한국국제문화학회 발행) 제7권에 실린 서평 「한국 발(發) 동아시아 담론의 현단계: 최원식의 『제국 이후의 동아시아』에 대하여」를 저본 으로 새롭게 구성한 글임을 밝혀둔다.

아론의 제기를 통해 (동아시아) 공동체의 중요성을 강조했으며, 중국·일본·대만·베트남 등 동아시아 각국 간의 대화에 적극 참여하고 있"는 것으로 소개되고 있는데, 길지 않은 서술 속에 최교수의 '다면적 정체성'이 잘 드러나 있다.

이 글의 소임은 최원식 교수의 동아시아론에 관한 검토에 있는 바, 그의 정체성을 구성하는 학자, 비평가 그리고 '동아시아론의 주창자'의 셋 가운데 주로 마지막 측면을 문제삼게 되겠다. '주창자'라는 표현을 임시로 가져다 썼으나 이를 '사상가'로 바꾸어도 좋을 듯한데, 말하자면 이 글은 '사상'으로서의 동아시아론에 대한 검토 혹은 '동아시아 사상가'로서의 최원식 교수의 위상에 대한 점검인 셈이다.

『제국 이후의 동아시아』(창비 2009)는 최원식 교수의 동아시아 담론의 정수를 한 권으로 집약하고 있는 대표 저작이다. 그의 동아시아론에 대한 검토 역시 이 책에 실린 글을 중심으로 그 사상적·사회적 맥락을 짚어보는 방식으로 진행하고자 한다. 최교수 자신은 이 책머리에 붙인 「제국의 황혼, 동방의 길」이라는 서문에서, 자신이 그저 "더듬거리며 내 나름대론 동방의 길을 찾아왔"을 뿐이라고 그간의 동아시아론 모색 과정에 대한 소회를 밝혔다. 그 더듬거리는 길찾기의 행로는 이미 주어져 있는 문제의 답을 찾는 과정이라기보다, 오히려 문제 그 자체의 발견과 확산의 의미를 더 크게 담고 있었던 것으로 보인다. 거칠게 말해, 학술이나 비평이 이미 주어져 있는 문제에 대해 '바른 답' '좋은 답'을 찾는 과정에 가깝다면, 사상은 문제 그 자체를 새롭게 구성해내는 작업에 더 가깝다. 이렇다고 할 때, 동아시아 담론에 대한 그의 모색 과정은 '사상'이 갖추어야 할 본연의 무게, 즉 문제 구성이라는 역할에 충분히 값하고 있다고 판단된다. 또한 신뢰할 수 있는 학자이자 예리하면서도 소통지향적인 비평가로서, 그의 정체성이 가진 다른 측면들로 환원될 수 없는 이 '사상지향적' 측면이야말로 최원식 교수의 공적(公的) 인격의 중핵을 이루는 요소다.

그렇다면 그의 동아시아 담론이 어떻게 문제의 발견과 확산에 이르는 사상으로서의 층위로 나아가는지, 이 주제와 본격적으로 관련된 첫번째 문제적 '평론' 「탈냉전시대와 동아시아적 시각의 모색」(1993년 창비 봄호)이 발표된 시기로 돌아가보기로 하자.

2. '문제 생산'으로서의 동아시아론

글이 발표된 1993년은 평화적 정권교체가 이루어지고 소위 '북방외교'로 사회주의권과의 수교가 이루어졌으며 경제가 고도성장의 순항을 이어가던, '호시절'이라 불러도 좋을 정도의 시기였다. 물론 비판적 지식인의 시각에서 보자면 1970년대 이래 목표로 삼아온 민주화는 불철저한 시늉에 불과했고, 북방외교의 떠들썩한 성과도 북측의 같은 민족을 포용하는 데까지 이르지는 못했으며, 섣부른 세계화의 구호 속에서 얼마 안 가 터져버릴 거품이 한켠에서 차곡차곡 쌓여가던 시기이기도 했을 것이다. 요컨대 그 당시는 충분하지는 못하되 긍정적인 변화로의 흐름 속에서 우리 사회를 둘러싼 주변의 정황이 크게 달라지고 있었고, 또 아직 우리가 적응은커녕 제대로 인지하지도 못한 새로운 게임의 룰이 만들어져 멀리서부터 옥죄어오기 시작했으나, 이러한 전환점에서 지식인의 책임있는 사회적 개입은 그 마땅한 몫을 제대로 다하지 못하고 있는 상황이었다고 성글게 요약할 수 있겠다.

기실 지식인들에게 이 시기는, 명확한 '적'이 존재했던 과거와 달리 비판의 창끝이 겨누어져야 할 대상이 불명확한 데서 오는 방향감의 상실로 지식인 집단 전체가 혼란에 빠져 있었다는 의미에서 위기의 시대였다. 베를린장벽의 붕괴로 상징되는 탈냉전의 흐름은 소위 '운동권'으로 흔히 지칭되던 사회운동 세력은 물론 비판적 지식인사회 전반에 걸쳐 큰 충격을 가져왔다. 1970년대 이래 (개발)독재에 저항하는 민주화투쟁식의 명료한 대립구도가 차츰 유효성을 잃어갔고, 1980년대 군부독재의 등장과 광주의 충격을 거치면서 급진화된 사회운동 전반과 비판적 지식사회 내부에 존재했던 암묵적 대안으로서의 사회주의에 대한 친연감도 근저에서부터 허물어지고 있었다. 이 시기 한국사회가 처해 있던 불철저한 민주화와 고속성장의 병존이라는 독특한 입지 속에서, 동구권 사회주의 정권의 도미노 몰락현상은 개발독재 시대 이래의 반독재민주화의 정당성을 흔들어놓았다. 냉전적 진영논리에 갇힌 세계인식의 틀은 탈냉전의 확산과 뒤이어 닥쳐올 신자유주의 범람이라는 미증유의 흐름을 예견하기에는 턱없이 무력했다.

「탈냉전시대와 동아시아적 시각의 모색」은 먼저 방향상실과 지리멸렬의 상태를 벗어나지 못하고 있던 비판적 지식인사회 내부를 겨냥한 문제제기라는 성격을 갖는다. 공유되던 과학·이념·방법 등의 추상적인 개념 층위에서 현실을 해석해오던 1980년대 비판적 지식인사회의 관행 앞에, '지역'이라는 낯선 범주를 들이댐으로써 그 한계를 되돌아보게 만드는 것이었다. 지금 여기에 절실히 필요한 것은 '과학적 이론'에 입각한 '사회구성체론'이 아니라, 한반도 주변에 포진한 세계 4강의 힘이 충돌하는 동시대적 현장성을 포착해낼 새로운 혜안임을 선언한 셈이다.

달리 말하면, 과거와 같이 '민주화'라는 부동의 목적지를 향해 어떻게 가장 빨리 도달할 것인가 혹은 '세계화'라는 새로운 목표에 어떻게 가장 빨리 접근해갈 것인가 하는 식의 정답찾기 속도경쟁이 아니라, '지역'이라는 새로운 관점 속에서 우리가 몸담고 있는 현실의 시공간이 휘어져 흘러가는 방향을 탐측하는 임무의 긴요성을 향해 지식인들의 감각을 개방시키는 작업이었다. 최원식은 현실파악에 대한 운동론적 감각을 자기반성 속에서 상대화하면서, 동아시아라는 '지역'을 그 공통문명의 지반 위에서 재해석해내야 한다는 임무를 지식인사회에 부여했다.

3. 운동론에서 문명론으로

이와 같이 초기에 제기된 동아시아론은 1980년대 민족문학론의 저변에 자리한 '운동론'적 감각에서 벗어나 '문명론'을 새로운 사유의 지반으로 삼으려 했다는 특징을 갖는다. 저자 스스로도 이 시기의 고민이 "미국으로 대표되는 자본주의와 그 대안을 자처한 소련식의 사회주의, 양자 모두를 비판하면서 동아시아의 전통적 지혜를 바탕으로 제3의 선택을 모색하는 일종의 동도론(東道論)으로 기울었"(「천하삼분지계로서의 동아시아론」)음을 밝히고 있다. 이 '동도론'으로서의 동아시아론은, 1970년대 이래 민족문학운동의 현장을 지켜온 저자의 체험이 고스란히 녹아있는 것이기도 했다. 이 속에는 이전 시기 민족문학운동론에 내포되었던 일련의 지향, 즉 식민사관과 이식문학론 극복을 목표로 실학에 대한 재인식 등 근대의 맹아를 민족사 내부에서 찾고자 하는 시도가 강력한 자장을 드리우고 있다. 이런 점에서 볼 때, 초기 동아시아론의 구상은 민족문학(운동)론의 연장 위에서 그 단초를 형성해갔다고 보아도 무방하겠으며, 그 자체로서 1970년대의 지적 흐름 가운데 중요한 한 갈래를 계승하여 1980년대의 어떤 편향을 견주는 잣대로 삼는 방식으로 지적 평형감각을 회복하고자 하는 지혜가 내포되어 있었다.

동아시아론의 담론으로서의 정립 과정에 가로놓인 이러한 태생적 맥락은, 동아시아를 하나의 새로운 사고단위로 펼쳐 보이려는 최원식의 새로운 시도 속에 한반도를 사유의 중심에 두고자 하는 의식/무의식적 감각이 굳건한 기저로 작동하고 있음을 짐작하게 해준다. 예컨대 "나의 '동아시아론'은 한반도를 축으로 삼아 동아시아를 하나의 분석단위 또는 사유단위로 설정하는 곳에서 출발한다"(『제국 이후의 동아시아』 215면)라는 언표는 이러한 한반도 중심주의적 동아시아 담론의 당당한 선언인 셈인데, 이 속에는 향후 새로운 '지적 실험'으로서의 동아시아 담론이 봉착하게 될 내재적 딜레마가 함축되어 있다. 한국/한반도를 중심에 두는 시각과 이를 뛰어넘어 지역(동아시아)을 새로운 사유의 중심에 두고자 하는 입장은 그 자체로서 길항의 가능성을 가질 수밖에 없는 것인데, 이 단계의 한반도 중심주의 속에는 이에 대한 고민이 두드러져 보이지는 않는다.

4. 동아시아론, 분단체제론과 세계체제론의 매개범주

문명론에 기반한 사유, 즉 '동도론'으로 출발했던 그의 동아시아론이 체계화되는 과정에서 빚지고 있는 중요한 이론적 참조 틀로 분단체제론(백낙청)이 있었음은 분명해 보인다. 분단체제론은 기본적으로

1990년대 탈냉전의 조건 속에서 한반도가 처해 있는 분단 상황을 세계사적 차원의 모순이 한반도 내부에 구조적으로 체현된 결과로 본다. 이를 수용할 때 한국의 현실(분단)에 대한 천착은 '분단체제'(특수) 및 '세계체제'(보편)의 긴밀한 연관고리에 대한 발견의 긴요성을 인식하는 것으로 나아가게 된다. 또한 이는 다시 양자를 매개할 지역 차원의 중간범주로서 '동아시아'라는 문제 틀의 설정이 갖는 긴요함에 대한 인식으로 나아가게 된다.

"우리는 왜 다른 동아시아를 꿈꾸는가? 그것은 남북의 적대적 공존을 화해적 공생으로 바꾸는 일을 선차적으로 고려하는 공동의 작업을 통해 세계 4강이 겯고트는 동(북)아시아에 항구적 평화를 정착시키고자 하는 염원에 기초하고 있"(『제국 이후의 동아시아』 55면)다는 '동아시아'의 당위성에 대한 당당한 표백(表白) 속에서, 최원식 교수의 동아시아론이 '문명론'이 갖는 추상성을 넘어 분단극복이라는 구체적 지향점을 향한 새로운 '운동론'적 정향을 다시금 수용하는 미묘한 변화를 엿볼 수 있다. 이렇게 하여 문명론과 운동론 간의 긴장은 더 높은 차원에서 융합의 실마리를 찾게 되었으나, 동아시아론이 민족(한반도 중심의 분단극복)을 넘어 지역(동아시아)을 어떻게 '재발견'할 것인가 하는 방법론의 문제가 제기된다.

5. '주변'적 시각을 통해 '비판적 지역주의'로

분단체제론과 긴밀히 맞물린 동아시아론의 제기가 한반도를 중심에 두는 민족주의적 관점에서 출발하여 동아시아 담론의 긴요성을 먼저 인식했으면서도 선뜻 민족주의를 넘어선 지역주의로 나아가지 못한 이유의 근저에는 한국 근대 경험의 특수성이 자리잡고 있다. 한국의 민족주의는 통상의 제3세계 민족주의가 갖는 속성, 즉 서구열강의 제국주의에 대한 강렬한 비판적 정서 외에도 인접한 동아시아의 두 이웃, 즉 가까운 과거 조선을 식민지로 지배한 일본(대동아공영권) 및 과거 오랫동안 중화제국의 맹주로 군림했으며 향후 경제성장과 더불어 동아시아 지역의 패자로 회귀할 가능성이 높은 중국에 대한 비판과 경각심을 중요한 구성요소로 삼고 있다. 일본과 중국까지 대상으로 하는 저항적 민족주의의 당위성을 고려할 때, 단순히 민족주의를 용도폐기하는 방식의 동아시아적 비전에 대한 추구는 일본 및 중국에 대한 비판적 입지를 약화시킬 우려가 있다는 점에서 민족주의와 동아시아적 지향 사이에는 길항관계가 형성된다. 민족주의를 버리지 않으면서 지역주의로 나아가야 하는 버거운 과제가 부여되는 것이다.

최원식 교수 또한 동아시아에 함축된 민족주의와 지역주의 간의 긴장이라는 딜레마에 관해 충분히 인식하고 있다. "한반도를 축으로 제국들의 이해가 착종하는 동아시아는 난해한 고르디우스의 매듭이다. 이 매듭을 풀기 위해서는 민족주의와 지역주의만으로는 대처할 수 없는 것이 냉엄한 현실"(『제국 이후의 동아시아』 56면)이라고 저자 스스로도 문제의식을 분명히 밝히고 있다. 그리하여 지역주의를 적극적으로 추구하되 그것이 민족주의가 갖는 순기능까지 무차별하게 폐기하는 데로 나아가지 않을 수 있는 지역주의로의 적극적인 수정 혹은 재정의가 요청된다.

'주변'의 관점에서 동아시아라는 화두를 새롭게 인식하고자 하는 방법론적 시도는 이러한 맥락에서 이해될 수 있을 것이다. 한반도 분단에 직접적인 책임이 있는 미국과 소련이라는 냉전시대의 양대 진영의 맹주뿐 아니라 과거 '제국'을 지향했던 일본과 중국에 대해서도 유효한 비판적 입지를 확보하기 위해서는, 중심이 아니라 주변에서 동아시아를 조망하는 관점이 긴요하다는 것이다. "동아시아론에 주변의 관점을 접목하고자 하는 것은 최근의 탈민족주의 경향에 대응하는 작업이기도 하다. 탈민족주의의 문제의식을 수용하되, 그 관념성에는 선을 긋는 것이 요구되기 때문이다."(『제국 이후의 동아시아』 71면) 이러한 입장에 섬으로써 그의 동아시아론은 탈민족주의로의 경사라는 청산론적 편향에 빠지지 않으면서도 지역주의 고유의 비판적 입지를 유지하는 것을 추구한다. 그러나 이 또한 그의 동아시아론에 대한 이른바 '탈민족주의' 진영으로부터의 문제제기를 완전히 불식시키지는 못했다.

예컨대 한국의 동아시아론에 '주변으로부터의 시각'이라는 특권적 지위를 부여하는 것 자체가 일종의 변형된 한반도 중심주의에 불과한 것이 아니냐는 의혹이 제기될 수 있는 것이다. 이러한 반론에 대해 최원식 교수는, "한국의 동아시아론은 기존의 중심주의들을 비판하고 새로운 중심을 세우자는 것이 아니라, 중심주의 자체를 철저히 해체함으로써 중심 바깥에, 아니 중심들 사이에 균형점을 조정하는 것이 핵심"(「한국발 또는 동아시아발 대안?」 297면)임을 강조한다. 주변에서 동아시아를 보려는 시도는 한반도가 갖는 주변성을 무기로 삼아 한반도의 입지를 특권화하자는 것은 결코 아니라는 것이다. 따라서 저자는 과거 동아시아에서 제기되어온 지역주의의 역사적 경험을 비판적으로 점검함으로써 지역주의 자체의 탈중심화를 적극 수행할 필요성에 대한 강조로 나아간다. 그리하여 한국의 새로운 "동아시아론은 표면적으로는 반서구주의로되, 속에서는 서구주의를 역모방한 일본의 아시아주의와는 선을 긋는"(58면)다거나, 한중일만을 염두에 둔 "배타적 지역주의가 아니라, 미국과 러시아도 진지하게 고려하는 비판적 지역주의"(56면)를 지향하는 길이 대안으로 제시된다. "민족주의와 국제주의(또는 세계주의)를 횡단하는 중도(中道)로서 '비판적 지역주의'를 실험"(55면)하는 과정 속에서 기존의 틀을 재구성하는 사고실험이 진행되는 것이며, 그렇기에 "민족주의를 구현하면서도 그를 넘어서는 이중작업이 바로 동아시아론"(「동아시아 공동어를 찾아」 57면)이라는 저자의 선언이 가능해지는 것이다. 이렇게 주변적 시각 자체를 다시 한번 탈중심화하는 과정을 통해, "동아시아 안팎을 주변이라는 키워드로 다시 보는 작업을, 대륙중심의 관점(중국), 해양중심의 관점(일본), 한반도 거점(hub)의 관점, 이 모든 관점을 비판적으로 조망할 수 있는 제4의 선택"(71면)으로 새롭게 이해할 여지가 생겨나게 된다.

6. 민족주의와 국가주의를 넘어: 소국주의와 중형국가론

이상과 같이, 한반도를 중심에 두는 입장을 넘어설 것을 천명한 것은 민족주의와 태생적 친연성을 갖고 있는 동아시아론의 자기전개 과정에서 나타난 의미심장한 변화가 아닐 수 없다. 이러한 사유의 저변에는 1990년대 이후의 한국에 대한 최원식 교수의 냉엄한 현실인식이 자리하고 있는 것으로 보인다. "대국주의의 꿈이 현실로 나타날 기미를 보이자 우리 역사를 이끌어온 긍정적 원천의 하나인 민족주의는 그 모든 폐단을 한꺼번에 노정하기에 이르렀다. IMF사태를 초래한 병통이 여기에 있는지도 모른다."(「세계체제의 바깥은 없다」 91면) 이러한 그의 관찰에 의하면, 1990년대 이후 한국의 국제적 위상은 과거와 달리 '제국들 사이에 끼여 있는' 일방적인 피해자의 위상에만 머물러 있는 것이 아니라 스스로 대국을 꿈꾸는 '아제국주의'의 길을 향할 수 있을 정도로 그 객관적 입지가 강화되었다는 것이다. 그가 보기에는 "근대의 충격 속에 잃어버린 자존을 회복하기 위해 대국굴기(大國崛起)를 꿈꾸는 중국, 패전의 폐허를 딛고 이룩한 경제대국을 바탕으로 '보통국가'로 부활하려는 일본, 분단과 전쟁의 고통 속에서도 민주화와 경제발전을 동시에 달성한 드문 경험을 먹이로 통일을 지향하는 한국, 세 나라 모두에 대국의 꿈이 비등"(21면)한다는 점에서 공통의 문제를 안고 있다. 한국 내부를 향하는 시선 또한, 2차대전 이후 독립한 신생국으로서 한국의 성공사례 역시 20세기 동아시아가 끊임없이 추구해온 부국강병론의 연속으로서 '대국의 꿈(大國夢)'을 향하고 있는 것은 아니었는지 되물을 필요가 있다는 것이다. 이러한 반성적 현실인식 속에서 한국의 저항적 민족주의가 가진 절대적 정당성을 역사적으로 상대화할 수 있는 여지가 생겨나며 이는 민족주의와의 일정한 거리 속에서 동아시아론의 성격을 재정의할 수 있게 한다. 이로써 "세계로부터 한국으로 내려먹이는 제국주의적 시각과 한국으로부터 세계로 나아가는 아제국주의적 시각을 넘어서는 제3의 선택이 바로 동아시아론"(76면)이라는 인식이 강조된다.

이와 같이 세기말 동아시아론이 민족주의적 편향성의 한계를 넘어설 유력한 이론적 돌파구의 하나가 저자의 소국주의에 대한 관심이다. "남 탓하지 말고 내가 우리가, 먼저 제국의 망상을 거절하자"(7면)는 소국주의로의 인식론적 전환을 통해 동아시아를 새롭게 볼 수 있는 가능성이 열릴 수 있다. 중화제국과 대일본제국(대동아공영권의 동양주의)에 대한 역사적 비판이라는 자명한 임무의 수행에 머무르지 않고, 새삼

"서구에 의한 분리지배 속에 상호 무지에 갇혀 있는 한중일이 우선 그 무지를 자각함으로써 학지(學知)를 풍요롭게 하는 공동작업이 선차적"(57면)으로 요구된다는 시대적 요청 역시 소국주의로의 인식 전환에 근거할 때 더 큰 현실적 힘을 받을 수 있다. "국가이성의 적나라한 충돌에 시민들조차 스스로 국민주의에 투항하여 서로를 타자화하는 데 열중하곤 했다"(244면)라는 동아시아 과거사에 대한 반성적 인식은 동아시아 지역 내부 구성원 간의 상호 이해와 소통의 절박성을 새삼 뼈아프게 환기한다. 이 절박한 소통의 가능성을 현실화하기 위해서도 그가 방법적 자기점검의 수단으로서 제시하는 소국주의의 문제를 진지하게 검토할 필요가 있다.

7. 동아시아 안팎의 생산적 대화를 위하여

이처럼 소국주의와 대국주의 간의 긴장을 통해 동아시아의 과거를 비추고 새로운 이념형으로서의 동아시아를 재정의하려는 최원식 교수의 노력은, 한국 동아시아론에 깊이 각인된 민족주의의 국한성을 높은 차원에서 극복해가는 추동력이 된 것이 사실이다. 그러나 이 소국주의론의 잠재적 결론이라 할 수 있는 다음 언급에도 한반도 중심적 사유 습관의 흔적은 미세하게나마 남아 있다. 2000년에 처음 발표된 「한국발 또는 동아시아발 대안?」이라는 글에서 최원식 교수는 "한국이 신판 중화주의와 신판 동양주의의 완충에서 중형국가로서 자기의 소임에 충실할 때 서구의 충격 앞에 오히려 자해적 분쟁과 갈등에 함몰했던 20세기를 진심으로 넘어설 가능성이 열릴 것"(289면)이라고 말한 바 있다. 방법으로서의 소국주의가 중형국가로서 한국이 갖는 특별한 자기소임에 대한 인정으로 좁혀질 경우, 이는 제국을 운영한 역사적 경험을 갖지 않았고 또 그 규모와 입지로 인해 향후에도 제국 혹은 대국으로 나아갈 가능성이 적은 한국에 특권적 위상을 부여한다는 오해로부터 자유롭지 못할 수 있다.

그렇지만 이같은 우려는 2007에 발표된 「내가 오끼나와에 온 까닭」에서의 다음과 같은 언급을 통해 성공적으로 불식되는 듯하다. "요컨대 기존 동아시아론에 드리운 민족주의 또는 국민국가 중심주의를 조정할 필요가 커집니다. 민족주의는 폐기의 의지만으로 해체될 것도 아니거니와, 일정한 효용도 없지 않기에 그냥 넘어서자고 말만 앞세워서는 실천에 오히려 장애를 조성할 수도 있습니다. 그러나 이제는 탈민족주의를 더욱 의식해야 하는 시점입니다. 민족 또는 나라의 경계를 기축으로 삼아 진행되는 사유는 민족주의로, 더욱이 한중일 중심의 동북아주의로 우리를 이끌어가기 십상이기 때문입니다."(185면)

이러한 인식은 어쩌면 오끼나와라는 '주변'적 발언 위치에 서서, 오끼나와의 주변성을 매개하여 한국의 입지를 반성적으로 재사유할 기회를 얻었기 때문이리라. 1970년대 이래 민족문학론의 군건한 민족주의 지향에서 출발한 저자의 동아시아론은, 한국의 입지를 상대화할 수 있는 오끼나와라는 주변과의 조우를 통해 충분히 심화되고 숙성된 자기개방적 사유로 발돋움했다.

최원식 교수는 자신의 동아시아 관련 논의를 정리한 『제국 이후의 동아시아』 출간의 소회를 밝히면서, "이 논집을 묶는 일이 이제 동아시아로부터 자유로워지는 그런 계기이길 바란다"(7면)고 말하고 있다. 그러나 동아시아 지식사회를 향하여 '강한 말걸기'를 시도할 수 있는 한국발(發) 동아시아론은 이제 비로소 풍부한 소통 가능성을 갖추는 데 이른 것으로 보인다. 말하자면 이제까지 '내수용' 담론에 머물렀던 한국의 동아시아 담론이 그의 오랜 지적 모색과 과감한 자기반성을 통해 현 단계에 이름으로써, 말 그대로 민족주의를 넘어선 '비판적' 지역주의로서의 한국발 동아시아론의 뼈대를 갖추는 데 성공한 것이다. 바야흐로 한국의 지식인사회도 그의 손에 이끌려 동아시아 지역 내부의 지식인사회와 더불어 본격적으로 생산적 대화를 나눌 채비를 끝냈다.

대만에서 발행되는 비판적 지식인잡지 『인간사상(人間思想)』은 2014년 봄호를 '최원식 특집호(崔元植 專號)'로 꾸며, 「천하삼분지계로서의 동아시아론(作爲天下三分之計的東亞論)」, 「비서구 식민경험과 아시아주의의 유령(非西歐殖民地經歷與亞州主義的幽靈)」, 「다시 살아난 불씨-제2회 인천AALA문학포럼에 부쳐(又見燎原星火起 : 寄語第二屆仁川亞非拉文學論壇)」 등 세편을 번역 소개했다.

2011년 6월 14일 중국학계에서 문화연구 및 동아시아 지식담론 교류의 핵심적 공간 가운데 하나로 널리 알려진 상하이대학 당대문화연구센터(當代文化硏究中心)는 최원식 교수의 동아시아 담론에 대한 심층적 토론 기회를 마련하기 위하여 "국제주의적 시각에서 바라본 동아시아 문제(國際主義視野中的東亞問題)"라는 국제학술대회를 별도로 조직한 바 있다. 이는 최원식 교수의 기조강연(「대국과 소국의 상호진화(大國與小國的相互進化)」)에 이어 임춘성(林春城, 목포대학), 천 광싱(陳光興, 대만 교통대학), 왕 중천(王中忱, 베이징 청화대학), 뤄 강(羅崗, 상하이 화동사범대학) 등 네 사람의 토론자들이 집중토론을 진행하는 드문 형식으로 이루어졌다. 중국어권 지식인사회에서 최원식발(發) 동아시아 담론이 본격적으로 소개되고 토론될 계기가 열린 것이다. 직업인으로서의 정년과는 무관하게, 사상가로서 최원식 교수는 이제 막 중국어권의 청중들을 향해 말 걸기를 시도하고 있는 초년병에 가까운 셈이다. 동아시아 지역 내부의 생산적 대화를 촉발하는 '동방의 일사'로서 출발선에 선 그에게 대화의 풍성한 성과가 이어지기를 축원한다.

3장

분단체제론과 동아시아론[*]

류준필 (인하대 한국학연구소 HK교수)

1. '동아시아' 담론의 매혹과 의혹

이른바 '동아시아 담론'이 한국사회에 본격적인 의제로 제출된 지도 20년이 넘었다. 그간 적잖은 논의와 토론이 일어났고 지금도 여전히 다양한 부문에서 '동아시아'라는 이름을 앞세운 활동들이 쉼 없이 이어지고 있다.[1] 냉전 질서의 동요와 와해라는 시대적 배경의 공유 위에, 한국이 '한자·유교문화권'에 속한다는 역사적 상식이 자연스런 공감을 이끌었고 중국 및 일본과의 복잡한 관계가 심정적 동의를 허용했다. '동아시아'라는 이름을 단 논의들은 끊이지 않고 전개되고 있고, 심지어 '동아시아'가 지적 공론장에서 엄청난 담론 권력을 행사한다는 평가까지 나왔다.[2] '동아시아'는 학술적·담론적 관용어로 정착되었다고 할 만

---

[*] 이 글은 「분단체제론과 동아시아론」, 『아세아연구』 2009년 12월호(제138호)를 기본 내용으로 삼아 본서의 취지에 맞추어 새롭게 수정한 것이다.

하다. 그럼에도 정작 '담론으로서의 동아시아'가 실질적 효력과 활력을 유지하고 있는지는 의문이다.

아무래도 '동아시아'는 (국민)국가적 실감을 벗어난다. 생활상의 실감과의 괴리를 메워줄 만한 학문적 성취도 분명하지 않다. 무엇보다 중국이라는 거대국가가 한국의 왜소화를 전제하지 않는 동아시아의 단일성(연대성)을 환기하기 어렵게 한다. 여기에 구제금융의 충격도 그렇고 미국발 금융위기도 그렇고, 한국에 결정적이고도 치명적인 위협(유혹)은 늘 구미에서 온다는 실감의 현실성 또한 그만큼 강화되었다.[3] 세계 곳곳에서 글로벌 금융위기의 경보음이 거듭 울리는 작금의 상황도 '동아시아'의 후경화에 일조한다. 북한의 핵문제를 둘러싸고 정치적·외교적 교란이 상존하고 있을 뿐만 아니라, 일본의 우경화에 따른 동아시아의 외교분쟁이 신경증처럼 반복되고 있다. 여기다가 국가 간 영토분쟁이 심화되는 양상까지 보태어지는 터라 동아시아 담론의 구심력은 점차 약화되거나 적어도 교착상태를 벗어나지 못하고 있다고 해도 과언이 아니다.[4]

물론 이러한 시세가 촉발한 심정이 문제의 심층일 리는 없다. 동아시아 논의에 담긴 문제성이 갈수록 약화되고 있다는 사실이 더 핵심적이다. 동아시아 담론은 한국적 맥락에서 두가지 위험에 노출된 채 출발했다. 하나는 문명론에의 유혹이다. 고답적 문명론으로의 경사는 결국 구체적인 현실 개입력을 무화시킨다. 소위 담론의 물질성이 곧장 휘발되는 데 이른다. 다른 하나는 탈근대적 (탈)식민론의 유인이다. 이것은 국가의 존재감을 희석시키거나 악무한(惡無限)적 연쇄회로를 만들고 종국에는 제도화의 문제를 드러내는 데 장애가 되기 십상이다. 제도의 바깥(만)을 창출하려 하기 때문이다. 그래서 다시 초월적인 문명론과 쉽게 조우하게 된다. 이 두 편향에 흐르지 않으면서 동아시아의 문제성을 포착해야 한다는 과제는 쉽지 않아 보인다.

이러한 편향을 고민하면서 동아시아론을 주창한 사람이 최원식이다. 1993년 강렬한 인상을 남기며 제출된 '동아시아적 시각'은 탈냉전의 질서 재편에 대응하는 지혜의 이름처럼 들렸다. '동아시아적 시각'이 딛고 선 지반은 분명하다. 탈냉전이라는 거대한 시대적 추이를 불가피한 시대적 현실로 인정하는 전제 위에서 한반도 분단체제를 극복하겠다는 것이었다. 이 과제가 단순히 민족주의적 운동으로 해결될 수 없다는 역사적 현실인식을 바탕으로 "민족주의를 넘어설 전망을 스스로 내포하"고자 한 성취로서 동아시아적 시각을 제기하기에 이른 것이었다.[5] 여기에는 전근대적 상상공간으로의 퇴행에 맞서고 근대적 성취의 창조적 계승 없는 극단적 탈근대 지향으로의 비약에도 비판적이어야 한다는 입장이 포함되었다.

여기에 민족주의의 자기조절이라는 문제의식이 심화됨으로써 '소국주의와 대국주의의 내적 긴장'[6]이라는 논리가 등장했다. 한편 한국/한반도가 동아시아에서 차지하는 위상에 대한 정직한 반성을 거쳐서 '주변'이라는 시각이 보강되기도 했다.[7] 이러한 과정을 거치는 동안 한국의 동아시아론은 이른바 '창비 그룹'이 주도해왔다고 해도 과언이 아니다. 얼마간의 소강상태가 이어지다가, 인문학과 사회과학의 결합이라는 방식으로 대안적 동아시아 경제모델 혹은 동아시아 지역협력체에 초점을 둔 논의들이 등장하여 동아시아론의 재활성화를 촉구하기도 했다.[8] 그러므로 한국의 동아시아론 혹은 동아시아적 시각에 내재된 문제의식과 그 의미를 점검하려면 당연히 '창비 그룹'의 담론을 우선적으로 살펴보아야만 한다.

동아시아론이 비교적 긴 시간에 걸쳐 전개되는 동안 다양한 논의들이 합류함으로써 논의구도 자체가 크게 변모했다는 인상이다. 아울러 그간 창비 그룹이 주도한 여러 논의들이 정리되어나왔음을 볼 때, 다소 복잡하고 다양했던 측면들을 수렴하는 작업이 필요했던 것으로 보인다.[9] 또 다른 이유도 있다. '창비 그룹'의 동아시아론은 모두 분단체제론의 문제의식을 공유하는 한편 근대적응과 근대극복의 이중과제론을 공통 기반으로 삼는다.[10] 분단체제론과 이중과제론의 기본 논리는 백낙청이 정식화한 것인데, 그 구체적인 함의는 계속 변모하고 있다.

물론 그 기본 형태가 달라졌다고 하기는 어렵겠지만, 어쨌든 동아시아론의 이론적 동반자(혹은 모체)라 할 수 있는 분단체제론이 현실대응 과정에서 지속적으로 변모해왔다면, 동아시아론과의 관련성은 어떠한지 확인해보는 것 또한 의의가 있을 듯하다. 그러므로 분단체제에 대한 이해로부터 논의를 시작해서 그것을 기반으로 동아시아론의 성격을 살필 것이다. 이를 위해 먼저 분단체제론과 '변혁적 중도주의'에 대해 살펴본 다음, 분단체제론과 동아시아의 관련성은 어떠한 것인지 검토하기로 한다. 이어서 한국의 동아시아론이 보이는 경향을 살펴보고 그러한 특성이 분단체제론-변혁적 중도주의와 어떤 상관이 있는지 확인해보고자 한다.

2. 분단체제론과 '변혁적 중도주의'[11]

무엇보다 우선적으로 확인해야 할 사실은 '분단체제'가 한반도에 대한 '시대' 규정적 개념이라는 점이다. 단기적인 현상이나 변화를 설명하는 개념이 아니라는 뜻이다. 냉전의 시대와 적잖은 기간이 겹쳐지기는 하지만, '냉전체제'와는 분명히 구분된다.[12] 이는 탈냉전시대 한반도의 삶과 현실을 보다 정확하게 알아보기 위해 '분단'을 재인식하고 재규정하는 방식이다. 분단체제론이 탈냉전의 산물이라는 것은, 그것이 이념대립에 의한 민족 간의 내부대립으로 분단을 이해하지 않는다는 의미라고 볼 수도 있다.

한마디로 분단체제란 한반도 전역을 중심으로 작동하는 "어떤 복합적인 체제"다. '체제'라는 말이 자생력과 안정성 즉 자기재생산의 능력을 내포하고 있다는 뜻이라고 하면, 분단체제론은 자기재생산 체제로서 한반도의 분단구조를 이해해야 한다는 주장이 된다. 그렇다면 그런 방식으로 인식 가능한 분단체제에 대한 평가가 필요하다. 그 평가의 일차적 기준은 "한반도 주민 및 한반도 이외 지역에서 거주하는 한민족 대다수의 '실익'"에서 찾을 수 있다.[13] 이에 따라 판단을 해보면, 분단체제의 주된 '실익'은 소수의 기득권 세력에게 귀결된다는 인식으로 이어진다. 요컨대 분단체제를 평가적으로 이해하자면, 다수 민중이 그 체제 유지의 '비용'을 지불하고 있거나 그 부담을 다수 민중에게 귀결시키는 방식이 관철되는 체제라고 할 수 있다. 그러므로 분단체제는 억압과 착취를 재생산하는 체제이고 당연하게도 '변혁'의 필요성이 제기된다.

그러면 분단체제가 형성되어 지금껏 지속될 수 있었던 조건 혹은 배경에 대한 심층적 이해로 나아갈 필요가 있다. 이것은 "복합적인 체제"라고 할 때의 '복합성'을 설명하는 내용이기도 하다. 이에 대해서는, 분단체제가 "그 자체로서 완결된 체제가 아니며 현존 자본주의 세계체제가 한반도를 중심으로 작동하는 구체적인 양상"[14]이라고 설명할 수 있다. 따라서 분단체제(변혁)는 세계(사)적 차원과 긴밀히 연결된 문제이

며 분단체제의 극복과 변혁은 결국 세계적 차원의 문제의식과 공명할
수 있어야 한다.[15]

분단체제의 복합성이란 결국 분단체제 인식이 다층적이거나 다면적
일 수밖에 없다는 주장으로 읽힌다. 논의의 편의를 위해 '이질적 층위
의 중첩성'이라는 시각에서 복합성의 문제에 접근하기로 한다. 예를 들
어, '북한문제'와 관련해 "분단체제 전체에 돌려야 할 책임을 현 정권(참
여정부—인용자)에만 묻는 것이 부당하다는 점도 동시에 강조할 필요가
있다"는 판단도 결국은 분단체제의 복합성에서 비롯된다. 이러한 분단
체제에 작용하는 복합적 층위의 힘들로 인해, 책임을 묻는 일은 "매우
복잡한 문제며 그때그때 사안별로 결정"할 수밖에 없다. 따라서 "분단
체제 속에 사는 한은 책임을 묻는 비판자 자신도 그 체제에 연루되었다
는 자의식이 필요하"게 되는데, 왜냐하면 "분단현실의 존재를 망각하거
나 외면한 비판은 곧바로 체제를 굳혀주는 효과마저 지닐 수 있"기 때
문이다.[16]

가령, 진보개혁 세력을 자처하는 입장에서 "분단체제에 물어야 할 책
임마저 온통 집권세력(내지 개혁세력)에 돌리"게 되면, 의도와는 달리
보수 세력과 결론상의 일치가 발생하는 경우가 흔히 발생한다.[17] 그리
고 그 역도 마찬가지다. 이것은 분단체제의 구조적 복합성으로 야기되
는 결과로서, 매우 복합적인 층위들을 고루 고려할 때만 한국 현실의 정
확한 이해가 가능하다는 주장이기도 하다. 그런 점에서 '분단체제'에 대
한 체계적인 이론 구축은 백낙청의 근본적인 문제의식과는 거리가 있
어 보인다. '정답찾기' 혹은 '이론적 올바름'에 대한 강박이야말로 분단
체제론이 맞서 싸우고자 한 한국의 근원적 병폐이기 때문이다. "분단극
복의 정답을 가졌다고 생각하는 사람의 의식 자체가 이미 분단체제에

의해 적잖이 왜곡되어 있음을 뼈저리게 깨닫고 자기탐구와 자기쇄신의 수행을 마다하지 않는 것이야말로 이 사업의 관건이라 믿는다"[18]라는 술회는 이런 맥락에서 등장한다.

'북한문제'의 경우도 그 구체적 내용이 무엇이건 간에 분단체제 전체에 귀속하는 측면과 이 체제의 작동에 가담하는 다양한 행위자들 각각의 책임에 해당하는 면을 동시에 고려하며 식별해야 옳다. (…) 남한사회에서 벌어지는 이런저런 문제가 나의 직간접적인 책임사항이 되는 것보다는 정도가 덜 하지만, 같은 분단체제에 연루되어 사는 <u>주체적 인간</u>으로서 '북한문제' 또한 원칙적으로 나의 문제다. 따라서 문제의 해결도 그러한 나 자신에 대한 성찰과 나의 책임에 대한 반성에 비롯해야 하며, 분단체제의 각 행위자들의 책임을 따지는 행동도 이 맥락에서 수행되어야 한다. (…) 이런 성찰에서 '북한문제'에 대한 지혜로운 대응이 나오기를 바라며, 동시에 '북한문제'의 제기가 그러한 마음공부의 계기가 되기를 기대한다.[19](밑줄은 인용자)

위의 인용문에만 의거하자면, 분단체제론이 궁극적으로 기대하는 효과는 아마 "주체적 인간"으로 귀결될 것이다. 인간으로서의 주체성, 달리 말해 한반도인으로서의 자각은 분단체제에 대한 인식을 통해서만 획득되는 것이기도 하다. 이러한 규정이 '민족'을 우회하거나 외면하기는 힘들다. 한반도에서 구현되는 주체성이란, '세계-민족-국민-나'의 층위를 잘 분별해내는 능력이고 그렇게 복합적 층위로 나누어지는 각각의 자리에서 자기 사업을 성실히 수행하는 실천일 수밖에 없다.

분단체제론은 그 관건처에 '민족' 혹은 '한반도'가 위치한다는 입장일 터인데, 이러한 입장에 근거하는 한 분단체제의 문제는 '나' 자신과 무관한 문제가 아니다(혹은 그렇게 되어서는 안 된다). 이러한 책임의 자각이 주체성의 실질적 표현임은 물론이다. 나·남의 구별을 당연시하지 않는 '윤리적 주체'도 이 실천의 과정에서 형성된다. '북한문제'가 "마음공부"와 떨어지지 않는 이유이고, 이것이 '한반도 일류사회'[20]를 살아가는 시민들의 수준이 될 것이다. 물론 이러한 문제에 대한 논의는 사상적 깊이를 수반하는 것이지만, 그 귀결처는 '상식·교양·양심·염치' 등과 같은 "기본적인 것들"이다.[21]

바로 이러한 맥락에서 분단체제론은 운동론 혹은 변혁론의 성격을 갖게 된다. 분단체제론이 내세우는 이념 또는 실천 원리가 '변혁적 중도주의'다. 유사한 의미를 내포한 주장은 지속적으로 개진되었으나, 비교적 공식적으로 이 명칭이 제기된 것은 2006년에 이르러서였다.[22] 변혁적 중도주의는 "남북의 점진적 통합과 연계된 총체적 개혁" 혹은 "선진화와 통일의 병행" "6·15공동선언의 화해·협력 및 점진적·단계적 통일노선에 근거한 선진화 전략" 등으로 변주되어 설명되기도 했다.[23]

아주 단순하게 말하자면, 중도주의란 어떤 이념적 편향에 빠지지 않는 중도의 유지를 뜻한다. 한국사회의 변혁적 동력을 끌어내리려면 중도적 노선을 기준으로 통합을 이루어야 한다는 입장으로 이해된다. 그 앞에 붙는 '변혁적'이란 말은 '분단체제 극복을 추구한다'는 의미를 드러내기 위해 선택된 것이다. 달리 말해 "남북한 각기의 내부문제가 한반도 전체를 아우르는 일종의 체제 속에서 작동하고 있고 이 매개항을 빼놓고는 전지구적 구상과 한국인의 현지 실천을 연결할 길이 없다는"[24] 인식의 산물이다. 분단체제론이 처음 제기되는 맥락에서부터부터 그렇듯이, 변혁적 중도주의 또한 한국사회의 변혁운동을 구성한 이념과 세력을 백낙청의 입장에서 비판적으로 통합하려는 노력으로 이해할 수 있다. 그런 점에서 백낙청의 중도주의란 또다른 노선이라기보다는, 그 통합을 가능하게 하는 더 기본적인 원칙에 가깝다. 달리 말해, 한국사회에 잠재된 변혁의 동력을 최대한 이끌어내기 위한 전략적 원칙으로 이해할 수 있을 듯하다.[25]

널리 알려져 있다시피 한국사회의 근대(성) 논의와 관련한 백낙청의 정식화는 '근대에의 적응과 근대의 극복'이라는 것이다. 이는 근대화를 일방적으로 긍정하는 근대주의에 반대하고 근대에의 적응을 통해 성취되어야 할 성과를 소홀히 하는 탈근대론에도 반대하는 태도의 산물이다. 이 거대한 담론의 실상을 따지는 일보다는 '적응과 극복'이 분단체제론에서처럼 실체론적 규정으로 흐르지 않는 이론적 구조임에 우선적으로 주목할 필요가 있다고 본다. 적응과 극복의 이중과제는 분단체제의 복합적 층위(구조)와도 겹치는데, 그러한 이중성의 효과는 어떠한 명시적 편향이나 실체화로 귀결되지 않는다는 데서 드러난다.

변혁적 중도주의가 분단체제 극복을 목표로 한다는 데서 짐작할 수 있듯이, 이남 사회 혹은 대한민국을 이해하는 방법에 있어서도 양 편향에 기울지 않고자 한다. '분단시대적 시각 대 대한민국 인정'이라는 이분법은 그 편향만큼이나 불필요한 갈등과 배제의 메커니즘으로 작동한다고 보기 때문이다.[26] 이러한 인식은 분단체제 해체기를 상징하는 '6·15공동선언'의 역사적 의의를 정확하게 파악하는 능력과 결부된다. '선진화와 통일'이라는 한국의 기본과제를 분리하게 되면, 결과적으로 왜곡된 현실인식으로 귀결되어 불필요한 갈등과 부당한 억압을 불러들이거나 용인하고 만다.

뿐만 아니라, 이러한 태도는 대한민국의 역사가 성취한 성과와 더불어 그것을 가능하게 한 저력을 인정한다는 데서 '대한민국의 정체성'을 부정하는 입장과는 거리가 있다.[27] 그렇지만, 동시에 한국사회가 더 나은 사회를 향해 질적으로 변화하려면 한국사회 자체가 분단체제의 제약 속에 있다는 인식을 분명히 해야 한다. 가부장주의·군사문화·성장지상주의 등과 같은 사회적 폐단을 분단체제와의 관련 속에서 해명하지 않고서는 올바른 문제해결에 이르기 힘들다.[28]

이런 인식을 기반으로 했기에, "변혁적 중도주의"는 "오늘의 시점에서 민중을 폭넓게 규합할 수 있는 노선"이 될 수 있다.

"한반도 차원의 변혁과 국내의 개혁작업을 결합하는 일이" 필수적이지만, 이 과제가 쉽게 이루어지기는 어려워 보인다. "그런 일이 벌어지려면 상당한 수준의 중도공부와 변혁공부가 필요할 텐데, 아직도 한국사회, 특히 지식인사회는 참 중도의 연마에 무관심하고 분단체제 극복으로서의 변혁에 대한 인식이 태부족한 경우가 많"은 탓이다.[29] 가령 분단체제에 무관심한 개혁론, 북한(혹은 남한)만의 변혁, (전지구적 기획과 국지적 실천을 매개하는) 분단체제에 대한 인식을 결여한 평화·생태주의운동 등은 그 영향력이 큰 만큼이나 제한적 인식을 조장할 우려가 있다.[30] 그러므로 변혁적 중도주의의 실천적 견지는 매우 중요하다. 이것은 이론적으로도 분단체제론의 전체 구조를 관통한다.

근대 세계체제의 변혁을 위한 적응과 극복의 이중과제를 한반도 차원에서 실현하는 일이 분단체제 극복 작업이고, 그 한국사회에서의 실천노선이 변혁적 중도주의이며, 이를 위해서는 집단적 실천과 더불어 각 개인의 마음공부·중도공부가 필수적인데, 중도 자체는 근대의 이중과제보다도 한결 높은 차원의 범인류적 표준이기도 하여 다른 여러 차원의 작

업을 관통하고 있는 것이다.[31]

3. 분단체제론과 동아시아

바로 앞의 인용문에서 잘 확인되듯이, 분단체제론의 '중도(中道)'는 불교적 중도 혹은 유교의 중용을 그 사상적 원천으로 활용한 성과라는 측면에서 '동아시아적 요소'를 원용했다. 분단체제론과 변혁적 중도주의에 관해 개략적으로 살펴보았지만, 분단체제론이 동아시아적 시각을 필연적으로 요청한다고 보기는 어렵다. 표면적으로 분단체제론은 한반도를 중심에 둔 논의가 분명하기 때문이다. 따라서 분단체제론과 동아시아의 관련성에 대해서 좀더 깊이있게 살펴볼 필요가 있겠다.

동아시아론이 분단체제론의 문제의식에 기반을 두고 산출된 것이라고는 해도, 분단체제론의 인식과 변혁적 중도주의의 실천이 동(북)아시아와 맺는 관계는 여전히 다소 모호하다. 한반도적 수준의 분단체제와 세계체제 사이에 동아시아 지역질서에 버금가는 '체제'를 설정하기도 어렵고 실제로 그런 체제가 존재하지도 않기 때문이다. 그렇다고 해서 "근대극복에 필수적인 근대적응을 위해 현존하는 다양한 지역적 경제협력 단위들마저 배제할 필요는 없"다. 다만 유럽연합과 같은 지역공동체의 성립을 가정하는 것은 부적절한데, 무엇보다 한중일 세 나라만 합쳐놓더라도 그 규모는 "초대형 공룡이 될 것"고 이에 따라 세계 민중과 지구환경에 엄청난 해악을 양산할 가능성이 높기 때문이다.[32]

'지역공동체'의 출현 가능성을 배제하더라도 동(북)아시아가 세계체제에서 차지하는 비중이 지대하다는 점에서 '동아시아'라는 범주를 밀쳐내기는 쉽지 않다. 북미대륙과 유럽에 버금가는 자본축적의 중심지가 되었고, 중국의 급성장으로 인해 자본주의 세계경제의 위기를 촉발할 위험을 안고 있다. 나아가 생태환경의 파괴를 돌이킬 수 없는 수준으로까지 진행시킬 요인들이 상존하는 지역이기도 하다.[33] 이런 측면들을 감안할 때 한반도 분단체제의 극복 과정이 동아시아 지역의 여러 문제점을 치유하는 데 실질적으로 기여하고, 질적으로 더 나은 삶과 사회의 건설을 실현하는 본보기가 되어야 한다.

그렇지만 분단체제론에서 동아시아란 여전히 우연적 요소로 보인다. 분단체제와 세계체제의 연계성에 비해, '동아시아'에서 지리적 근접이 야기하는 긴밀성 이상의 의미를 읽어내기란 쉽지 않다. 자본주의 세계체제 이후를 예비하는 지적·문화적 자산으로서 '동아시아 문명'이 거론되기는 하지만,[34] 그때의 동아시아란 아무래도 근대적응을 망각한 근대극복의 낭만적 초월로 흐를 위험이 높아 보인다. 분단체제론이 동아시아 문명론의 의의를 전면 부정하지는 않지만 적극적인 의의를 부여하지 않는 이유이기도 하다.

그래서 분단체제론과 동아시아적 시각의 연계는 "구체적으로 어떤 나라와 지방들 간에 어떤 성격을 위주로 어떤 역사적 기획을 추진할지를 선택"하는 방식으로 드러난다. 단일한 지역공동체의 출현이 야기할 위험을 피하는 대신 "자발적인 협조를 촉구하는 '신사협정' 같은" 형태를 장려한다. 이를 위해서도 한반도 분단체제의 극복은 관건적 과제가 된다. 남북의 대결적 구도, 일본에 대한 불신, 중-일의 주도권 경쟁 등이 동아시아의 지역협력을 가로막는 대표적인 장애요소다. 그렇지만 한반도에서 분단체제의 극복이 어느 수준까지 이르게 되면 이들 장애의 해소는 물론이고 지역 조정자의 기능까지 한반도가 자임할 수 있게 될 것

이다.[35]

여기서도 다시금 확인되듯이 분단체제론에서는 여전히 동아시아를 한반도 분단체제와 외면적 관련을 맺는 지역으로 인식하는 듯하다. 이에 반해 미국의 존재는 '분단체제의 행위자'로 인정된다.[36] 이런 점에서 미국은 분단체제에 내재적이다. 물론 미국은 분단체제-'53년체제'[37]를 만든 당사자로서 자국의 군대가 한반도에 주둔하고 있으며, 다른 국가들과는 분명히 구분된다. 그렇다면 과연 일본은 분단체제의 내재적 행위자로 볼 수 없는지 의문이다.

단적으로 독도를 둘러싼 영토분쟁 문제, 역사교과서를 둘러싼 역사인식 문제, 종군위안부와 야스쿠니 참배 등의 전쟁책임 문제, '재일(교포)'의 민족문제 등과 관련해 남과 북의 한반도는 대부분 의견일치를 보인다. 이것은 옳고 그름이 자명한 판단인 듯하지만, 동시에 반(反)식민주의적 '올바름'은 늘상 민족주의의 과잉분출을 동반한다.[38] 민족주의적 자명성이 작동하면 한반도 분단체제의 내부적 모순들을 은폐하는 효과를 발함으로써, 역설적이게도 분단체제의 지속성과 식민성 유지에 기여한다.

분단체제론은 분단체제가 근대 자본주의 세계체제를 지탱하는 식민성과 서구중심주의 등 여러 이데올로기를 강화함으로써 이 체제의 재생산에 복무한다고 본다.[39] 53년체제 자체가 그 이전에 진행된 동아시아 내부의 식민·침략의 역사를 내적으로 봉합하는 방식으로 형성되었다고 한다면, 분단체제의 식민성 인식은 한층 더 복잡해진다. 53년체제는 기본적으로 미국(서구중심주의)의 실질적 지배 효과를 배가하기 위해, 일본의 식민지배와 침략으로 형성된 동아시아 지역 내적 메커니즘 속에서 미국의 지배 질서를 중층적으로 간접화했다고 볼 수 있기 때문이다.

'분단체제와 냉전체제의 긴밀한 조응'이 가능했던 것도 이런 맥락에서 이해된다. "냉전체제가 분단체제의 중요한 기둥"이었고 그래서 냉전의 종식이 분단체제의 동요와 긴밀하게 연계된 것이라면,[40] 동아시아 지역의 냉전체제와 분단체제가 상호 외면적 관계를 이루며 병존한 것으로 보기는 어렵다. 냉전체제＝분단체제라는 안이한 동일시에 대한 우려에 적극 공감한다 하더라도, '냉전과 분단의 조응관계'란 결과적으로 분단체제가 자기 내부에 냉전체제적 규정력을 흡수함으로써만 가능하지 그 역은 아닐 것이기 때문이다.

더군다나 흔들리는 동요기를 지나 이미 분단체제의 해체기에 접어들었다는 진단을 감안한다면, 아울러 냉전체제가 완전히 해소되지 않은 채 잔존하고 있다면, 분단체제의 균열 과정에 개입하는 내외적 요소들은 훨씬 복합적일 수밖에 없다. 분단체제론 자체가 공간적으로 적어도 '한국-한반도-세계'라는 세 층위에다 시간적으로도 단·중·장기의 복합성을 강조하므로, 이는 더 유념할 필요가 있다. 흔들리면서 해체되는 시기라면 그동안 상대적으로 우위에 자리하며 하위요소들을 관리하던 분단체제의 지배적 이데올로기였던 국가안보와 성장지상주의 등이 힘을 잃게 됨으로써 명시적으로 드러나지 않던 측면들도 분출할 것이다.[41] 그러므로 분단체제가 세계체제의 하위범주라 하더라도 분단체제를 규정하는 힘들의 복합성을 인정하는 한, 동아시아적 규정력을 외면할 필요는 없다.

그 범위와 효력의 한계를 어디까지 인정할 것인지에 대해서는 좀더 따져볼 일이지만, 비록 간접적인 방식으로나마 분단체제의 형성과 유지에 동아시아적 조건 자체가 강한 흔적을 드리우고 있다는 점은 사실로 인정할 만하다. 더군다나 이러한 시각이 분단체제론이 견지하는 인식 태도와 더 부합한다고 볼 여지도 있다. 가령 분단체제론적 시각에 따를 경우 세계체제의 파국이 임박했다고 해서 한반도 분단체제의 변혁 가능성이 반드시 동반 하락하는 것은 아니라는 판단도 가능하다. 이것은 분단체제–세계체제 해체기에 한반도가 어떻게 대응할 것인지 하는 경로 선택의 문제로서 매우 중요한 사안이다.

백낙청은 세계체제가 위기국면에 들어섰기 때문에 "더 나은 방식을 창안할 틈새도 생기고 그런 틈새를 최대한 활용해야 할 책임도 절실하다"면서 동아시아 지역의 역할에 주목할 필요가 있다고 본다.[42] 바로 이 대목에서 '한반도/한국' 단독이 아니라 동아시아와 병칭하면서 논의를 진행하는 장면이 주목된다. 여기서 그 내용을 굳이 길게 설명할 여유는 없지만, 요컨대 한반도/한국의 변혁은 동아시아적 '조건'을 활용할 때에만 실현 가능하다는 시각이 내포되어 있다. 근대 세계체제 속에서 일정 정도의 자본축적이 진행된 지역, 자본축적 방식이 최대한 유동적인 지역, 기존 방식의 지속 및 재생산을 답습하지 않을 지역, 대안적 모델 창출에 동원될 역사적 유산이 풍부한 지역이어야 한다는 조건들[43]은 한반도/한국만으로는 충족될 수 없기 때문이다.

이러하다면 분단체제의 수준 이상을 판단하는 중·장기적 시간표에라도 동아시아적 조건과 시각의 활용 가능성이 포함되어야 한다. 이때 동아시아가 분단체제론의 외적 참고자료 수준일 수는 없다. 한반도/한국이 대안적 모델을 창출하기 위해서는 동아시아 자체를 자기내재적인 관련 속에서 인식해야 하기 때문이다. 위에서 살핀 네가지 요건은 분명 한반도/한국의 특성이지만 그 특성은 동아시아라는 조건 속에서만 파악 가능한 특성이다. 동도서기론의 딜레마처럼, 동(아시아)이라는 범주 속에서만 자기표상이 가능한 한국(조선)의 사정과 유사하다면 유사하다. 이처럼 분단체제-세계체제 해체기에 한국/한반도의 경로 선택이 독자성을 확립하기 어렵고 동아시아적 수준에서나 검토되는 것이라면, 분단체제에는 이미 동아시아와의 내재적 관련이 포함되어 있다고 볼 수 있다.

그냥 동아시아라고 부르기는 했지만, 보다 엄밀히 말해 틈새의 가능성은 중국의 존재로 인해 증대된 것이다. 자본축적 방식의 유동성, 대안적 발전방안의 창출 가능성 등은 기실 중국을 염두에 두지 않고서는 이해되기 어렵다. 동아시아 문명의 역사적 유산이라면 더 말할 나위도 없다. 이른바 '개혁·개방' 이후의 중국은 독자적 발전경로를 통해 중국식 모델[模式]을 창안한다고 스스로를 내세우고 있다. 그 실상이 무엇이든 사회주의 경험에 근거한 발전모델임은 분명하고, 그런 점에서 분단체제의 극복 과정에 포함되어야 할 북한의 발전모델에 유력한 지침으로 활용될 수 있을 것이다. 엄밀히 말해 남한이나 일본의 제도와 경험이 곧장 북한사회에 적용되는 것은 불가능하다 인정할 수밖에 없다. 분단체제론과 분단체제 극복이라는 과제가 분리될 수 없는 것이라면, 중국 혹은 동아시아가 분단체제와 외면적 관계가 아니라 내재적 관련을 이룬다고 보는 편이 자연스럽다.

설령 분단체제에 작용하는 동아시아적 규정력이 고려할 만한 수준일 뿐 그 이상은 아니라는 관점을 받아들인다 하더라도, 분단체제의 동요·해체기에 중국을 어떻게 인식할 것인가 하는 과제는 가장 우선적인 검토 대상이다. 이런 질문은 추상적이고 사변적인 수준을 벗어나지 못하는 것일 수도 있다. 그렇지만 분단체제론과 동아시아론의 관계를 재검토하기 위해서는 피해가기 어려운 질문이다. 분단체제론을 창출한 백낙청의 기본 인식에 동의한다고 하더라도, '한반도' 자체 ── 한반도적 특성을 규정해온 역사적 조건 ── 가 한반도 외부와의 관계 속에서 형성된 것이라는 시각도 가능하기 때문이다.

논의의 편의를 위해 미리 말한다면, 이는 한반도를 중심으로 생활을 영위해온 정치체는 스스로의 의지와 통제 범위를 초과하는 외부와의 관계 속에서 자신의 내적 원리를 역사화해온 것으로 볼 수 있다는 뜻이다. 즉 자신을 포함한 거대한 질서 속에서 독립변수가 아니라 종속변수인 존재가 자신의 독자성을 상실하지 않고 유지할 수 있다면 그것은 어떻게 가능한가 하는 물음이기도 하다. 동아시아로 범위를 한정해서 보더라도 중화제국이었던 중국, 식민지를 거느렸던 일본 등이 스스로를 규정하거나 표상하는 질서(원리)는 한국과 층위가 달랐다.

이러한 역사적 경험은 오늘날에도 여전히 작동하고 있다. 근대 국민국가적 외피를 쓰고 있다 하더라도 그 실질적 함의는 전혀 다르다고 보아야 한다. 무엇보다 그 규모와 힘에 있어서 (동)아시아의 중심에 자리하는 중국의 존재로 인해 그렇다. 중국과의 관계 속에서 한국의 역사적 경험은 주로 자신을 포함하는 더 큰 질서의 한 부분으로 스스로의 위치를 설정하는 것이었다. 지정학적으로 한국이 소속된 동아시아의 역사란 이러한 위계화된 질서가 복합적으로 구성된 체제였다. 한반도의 정치체가 직접적으로 파악하고 통제하기 어려운 복잡한 구조 속에서 그 구조의 일부로 존재하는 방식이라고 가정하면, 분단체제론의 함의 또한 달리 해석될 여지가 충분하다.

단적으로 분단체제론의 복합국가론은 비교적 대등한 남북한의 연합 가능성을 전제로 하고 있는데, 복합국가의 실현이나 통일국가의 등장을 가정해보더라도 여전히 동아시아 내적 질서의 비대칭성은 잔존한다. 그것은 단순히 세계체제와 분단체제의 동시적 변혁이라는 구도만으로는 포착되기 어렵다. 동아시아가 유럽연합과 유사한 지역공동체를 이룰 가능성도 희박한데, 무엇보다 지역 내 정치체의 규모와 성격이 판이하기 때문이다. 그런 점에서 남북한 복합국가든 통일국가든, 그 기획에는 반드시 동아시아 지역 질서의 특수성이 포함되어야 한다. 통일의 과정이 창의적이기 위해서는 서로 규모와 위계를 달리하는 질서가 중첩된 동아시아 속에서 그 국가의 위상을 어떻게 설정할 것인가 하는 질문이 포함되어야 한다는 것이다.

4. 동아시아론과 '한국/한반도 중심주의' 문제

이상에서처럼 분단체제론은 '동아시아'와의 내적 관련성이 밀접하다. 분단체제의 형성·유지에 개입한 제국 일본의 유제를 배제하기 어려울 뿐만 아니라, 분단체제의 동요·해체가 진행되는 과정에서 새롭게 개입하거나 증진되는 동아시아적 요인을 외부적 여건으로 밀쳐놓기는 더욱 어렵다. 냉전체제의 해체와 더불어 사회주의국가(중국·베트남)의 체제이행이 겹쳐지고 있는 동아시아적 조건이 이북을 포함하는 분단체제와 분리 가능하다고 보기도 힘들다. 따라서 분단체제론의 기본적 문제의식을 수용하여 공유하는 동아시아론이라면 내적 연계는 밀접해야 하고 그럴 수밖에 없을 것이라 예상된다.

다만 분단체제론과 동아시아론의 창조적 결합이 가능하려면 무엇보다 이를 기계적으로 적용하는 오류에 빠져서는 안 된다. 분단체제론은 이남과 이북을 하나의 체제에 참여하는 일부로 규정했기에, 남북의 점진적 통합과 이남(북) 사회의 내부 개혁이 서로 결합하여 추진되어야만 그 실질적 의의를 발휘할 수 있다는 주장은 자기정합성을 이룬다. 그렇지만 하나의 체제가 아닌 동아시아를 향해 국가 간 협력적 통합과 내부 개혁의 동시적 연계를 주장하기 시작하면, 적잖은 비약이 생겨날 수밖에 없다.

물론 분단체제 극복의 과정을 거치면서 새로운 주체로 거듭난다는 변혁적 염원이 잠재되어 있지만, 분단체제론에는 민족–한반도 주민이라는 명확한 주체가 전제되어 있다. 그러므로 분단체제론의 기본적 문제의식과 밀접하게 연동되는 동아시아론이라면, 동아시아적 주체 형성의 계기나 장에 대한 논의가 핵심적 과제여야 한다. 이에 대한 절박한 고민을 동반하지 않을 경우, 한반도/한국은 동아시아와 지리적 근접성을 지닌 우연적 관계로만 인식될 수밖에 없다. 그렇게 되면 기능적 차원으로만 대상화되어 결국은 한반도/한국은 빠진 동아시아와 다를 바 없게 되고, 남는 것은 '한반도 중심주의'와 그 확장이라는 의혹이다. 기실 동아시아론이 주목을 받은 이유도 자기중심주의적 배타성과 맞서겠다는 의지를 표명했기 때문일 것이다.

앞서 강조했듯이 동아시아 지역 질서의 복합적 위계성을 정면으로 감당할 때에만 동아시아론의 현실 개입력이 증대될 수 있다. 기존의 동아시아론에서도 동아시아 질서의 위계적 층위를 인식하는 문제에 대해서는 그리 주목하지 않은 듯하다. 이것은 분단체제론의 이론적 연원이 민족·분단문제에 있었고, 이에 따라 자연스레 한반도 중심성을 부지불식 간에 전제하는 경향이 뚜렷했기 때문이라고 생각한다.

우리는 왜 다른 동아시아를 꿈꾸는가? 그것은 남북의 적대적 공존을 화해적 공생으로 바꾸는 일을 선차적으로 고려하는 공동의 작업을 통해서 세계 4강이 겨고트는 동(북)아시아에 항구적인 평화를 정착시키고자 하는 염원에 기초하고 있다. 탈냉전시대의 입구에서 제기된 동아시아론은 한반도(남과 북)·중국(그리고 대만·홍콩·마카오)·일본(그리고 오끼나와)을 하나의 사유단위 또는 분석단위로 설정함으로써 민족주의와 국제주의(또는 세계주의)를 횡단하는 중도(中道)로서 '비판적 지역주의'를 실험한다.[44]

동아시아론의 주창자라 할 수 있는 최원식이 스스로 정리한 동아시아론의 의미다. 최원식의 동아시아론에서도 역시 남북관계가 우선적으로 고려되고 있다. 한국/한반도가 삶의 현장이라는 점에서 자연스럽고도 당연하다. 그렇지만 한반도·중국·일본을 아우르는 동아시아라는 지역을 통해 '국가와 세계'의 중도–비판적 지역주의를 실험한다고 천명할 때, 그 중도의 의미가 단순한 중간지대와 다르다는 입증 노력은 미흡하다. 여전히 동아시아는 한반도·중국·일본이 병렬적으로 늘어선 형국에 가깝고, 한국/한반도와 동아시아는 외면적 관계에 지나지 않아 보인다. 최원식 자신은 비등한 대국주의의 꿈을 경계하자고 힘주어 강조하지만, 의혹은 늘상 따라다닌다.

백영서가 한국에서 운위되는 동아시아 담론을 평가하면서 "인문학과 사회과학을 통합한 접근 방식"을 선택한 취지도 한반도의 복합국가뿐 아니라 동아시아 지역공동체 구상에 구체적 형상을 부여할 필요가 있다는 인식의 산물이겠다. 다만 "국민국가의 밖에서 이뤄지는 국가 간 통합 과정과 국가 안에서 구성원 개개인의 참여를 극대화하는 방향으로의 내부개혁 과정이 쌍방향적으로 추동"되는지 여부에 따라 동아시아 지역공동체의 실질적 의의를 평가할 수 있다고 한다.[45] 여기에 동아시아 차원에서 국민국가들 간의 정상적 관계를 만들어가는 동시에 국민국가들 간의 질서를 넘어 지역협력을 증진해야 한다는 주장이 호응한다. 이를 촉진시키는 거점으로 한반도 통일 과정에 실현될 '복합국가'가 지목된다.[46]

> 다층적인 교류의 망이 누적되는 가운데(한때의 핵위기나 남쪽 정권의 교체에도 불구하고) 개성공단과 금강산관광이 성과를 가져온 점은 복합국가에 대한 우리의 상상력을 북돋워준다. 이 같은 남북교류가 다방면으로 확산되며 연대의 다층성을 달성하다가 2000년 6·15선언에 규정된 '낮은 단계의 연방제' 또는 국가연합이 실현되기만 하면, 권한의 분산성까지 현실화되어 한반도에서의 복합국가의 모습은 상당 부분 드러날 것이다.[47]

남북교류의 활성화를 통해 다양한 성과가 축적되고 있다는 전제에서, 개성공단이나 금강산관광이 복합국가에 이르는 징검다리로 환기된다. 물론 그 구체적인 모습이나 예상 시간표를 확정할 길은 없지만 열려진 채 진행되는 교류 자체가 복합국가의 현실성을 보장한다는 뜻이기도 하다. 그렇지만 위의 인용문 수준에서는 여전히 남북교류가 동아시아적 시각에서 어떤 성격이어야 하고 어떤 내용을 갖추어야 하는지 모호하다. 일단 "동아시아 공동체의 건설에 커다란 파급효과를 가져올 것"[48]이라는 희망어린 예견이 주어졌을 뿐이다.

분단체제와 동아시아론이 결합한다면, 역설적이게도 작은 규모의 분단(한반도)에 더 큰 규모의 동아시아가 내포되는 방식이어야 한다. 그

역이라면, 지배와 억압의 구조로 금방 전환될 것이기 때문이다. 달리 말해, 분단체제 극복 과정 자체가 동아시아 지역협력의 장이고 동아시아 공동체의 출현을 예비하는 공간으로 이해되어야 마땅하다는 것이다. 동아시아론의 궁극적 지향은 한국/한반도에 '동아시아'가 내재화되도록 하는 데 있지, 한국/한반도 바깥에 있는 동아시아와의 외면적 관계를 상상하는 것이 아니어야 하기 때문이다. 즉 분단체제 극복의 과정 속에 동아시아적 시각이 들어서야 한다.

이런 문제의식을 분명히 하지 않을 때, 동아시아론은 현실인식에 대한 취약성을 드러내면서 당위의 논리로 비약하기 십상이다. 가령 "동아시아의 지역 간 협력체제 추진을 제창"한 최태욱의 논리에 따르면, 동아시아는 경제협력체의 발전 정도가 상당히 낙후된 상태라 "어떤 의미와 수준에서 보더라도 결코 지역행위자로 인정될 수 없는 상태에 있다". 이런 분석이 필요한 이유는, 신자유주의의 대안이 될 수 있는 "자본주의의 다양성이 지역별로 최대한 반영되는 지역 간 협력체제 구축"에 동아시아 지역이 기여하도록 만들기 위해서다. 최태욱은 다행히 미국발 금융위기로 인해 지역 협력체제를 촉진할 가능성이 높아졌다면서 능동적 참여를 제안한다.[49]

신자유주의의 대안을 모색하는 과제의 시급성에서 연유한 바인지는 모르겠으나, 이러한 제안은 동아시아적 시각에서라면 정작 궁금한 분석은 생략된 채 필요성과 당위성만을 강조한다는 느낌마저 준다. 단적으로, 동아시아에서 지역 경제협력체가 실질적으로 작동되지 못하고 낙후상태에 머물러 있는 이유가 무엇인지에 관한 분석이 없다. 동아시아적 시각에서 회피해서는 안 된다고 생각되는 문제는 이런 것이다. '동아시아에서 기존 국가를 단위로 하는 지역 경제협력체가 현실적으로 가능한가.' 그리고 '중국과 일본 등 절대적 우위에 있는 국가의 지배적 패권이 관철되는 협력체가 될 가능성은 없는가'. 이 의문과 관련하여 이일영은 이렇게 대답한다. "국가를 넘어선 지역 형성이 역내 시민들의 삶의 질을 개선하는 선순환구조를 만드는 것이 중요한 과제가 된다." 이일영은 이를 위해 개별 국가를 단위로 내부적 정치력을 개선하고, 국가보다 작은 규모의 지역을 활성화해야 한다고 부언한다.[50] 이러한 답변은 동아시아 지역의 현실적 구조에 대한 이해에 앞서, 성취되기를 바라는 희망의 언어로 문제를 덮어버리는 효과마저 조장한다.

분단체제론에서 남북의 통합과 이남의 내부개혁이 동시적으로 수행되어야 한다고 주장할 때, 다시 말해 백낙청이 '책임'의 문제를 제시하며 일차적으로 나·남의 구별 없는 주체성의 자각을 촉구할 때, 그 책임은 한반도 주민(민족)으로서의 '본분'에 해당한다. 적어도 분단체제론에서는 그렇다고 할 수 있다. 그런데 이런 문제를 아무런 차이의 고려없이 곧장 동아시아 차원으로 확산하면, 도대체 그러한 '주체'를 어떻게 설정할 것인지 난감하다. "개별 국가 단위로 내부적 정치력을 개선해야 하"는 주체는 해당 국가의 국민들일 텐데, 이와 관련하여 동아시아의 한반도 주민으로서 '나'에게 필요한 각성은 어떤 것인가. "역내 시민들의 삶의 질을 개선하는 선순환구조"는 '어떤' 주체들이 만드는가. 동아시아적 시각에서라면 당연히 동아시아적 주체여야 할 텐데, 그러한 주체는 이미 존재하는가. 아니라면 주체 형성의 계기나 장은 어디서 어떻게 마련되는가. 이러한 질문들이야말로 동아시아 지역 내 국가와 주민들 속에 동아시아가 내재화된다는 사태와 관련될 것이지만, 어디서 답변을 들을 수 있는지 너무 막연하다.

거듭 강조하지만, 동아시아(동남아시아) 국가들이 구성하는 동아시아 지역은 그 자체로 위계적 구조를 이루고 있다. 아무리 대등하려고 해도 일단 그 규모와 크기가 너무나 판이하다. 무엇보다 중국의 존재가 동아시아의 역내 구조를 대등한 관계로 전환시키는 데 난점으로 자리한다. 동아시아 지역 협력체의 구축이 신자유주의의 공세에 방어막을 형성하는 한편 대안적 경제모델을 모색하기 위해 제안되었음을 인지하고 있으며, 그 취지를 왜곡하려는 것이 아니다. 다만 이러한 경제모델 역시 개별적으로 병렬된 국가들이 서로 협력하는 모델이지, 그 위계적 이질성의 현실을 현실로서 인정하면서도 억압이 아닌 생산적 공존으로 이어질 수 있는 경로를 모색하는 시도는 아니라고 생각된다. 신자유주의에 맞선다는 심리적 정당성이 자칫 동아시아 지역 내의 위계와 억압을 불가피한 현실로 추인하는 결과를 야기하기 십상이다. 탈아론의 유혹은 도처에서 출몰한다.

5. '핵심현장'과 동아시아론의 혁신

한국의 동아시아론이 한국/한반도의 중심성을 벗어나는 지향을 뚜렷이 하지 않는다면 담론적 효과는 난관에 봉착하기 쉽다. 이에 대한 혁신이 없이 동아시아 공동체 혹은 지역협력체를 상상하다가는, 이미 존재하는 억압의 구조를 추인하거나 또 다른 억압을 스스로 생산할 우려가 있다. 동아시아의 지역 협력이 긴요하다는 점은 두루 인정되지만, 하나의 통합 단위로 묶이는 것은 당장 지구적 수준에서도 큰 위험 요소가 될 수 있다. 뿐만 아니라 동아시아 지역 내에 현존하는 위계적 구조 자체를 강화하기 십상이다. 그 핵심에는 중국 문제가 있다.

최원식의 인용문에서 드러나듯이, 동(북)아시아는 한반도(남과 북)·중국(그리고 대만·홍콩·마카오)·일본(그리고 오끼나와)이라는 다양한 정치체로 구성되어 있다. 이렇게만 늘어놓아도 동아시아 지역을 동일 평면에 놓아두기가 얼마나 힘든지 쉽게 드러난다. 수백년 전의 조공체제를 환기하지 않더라도 이들이 '국민국가'라는, 서로 대등한 위상을 지녔다고 보기는 어렵다. 따지고 보면, 괄호 속에 적힌 정치체들은 서양 제국주의의 침략 및 동아시아 지역 내부에서 벌어진 억압과 침탈의 산물이다. 다 근대의 상흔인 것이다. 그러므로 이들이 모여 공동체와 지역 협력체를 구상한다고 할 때, 이미 존재하는 억압과 위계 구도는 물론이거니와 예상되는 폐해를 억제할 방향이 무엇인지 우선적으로 고민하지 않을 수 없다.

　　한반도는 기실 동아시아의 위계적 구조를 현실로 인정하면서도 그 구조가 억압성을 덜 발휘하도록 실험할 수 있는 거의 유일한 공간이라 할 수 있다. 한반도의 통일을 최종 형태가 무엇인지 전제하지 않은 상태에서 진행되는 과정으로 이해한다면, 그 과정에 동아시아적 차원의 참여와 협력이 필수적임을 입증하는 것이 한국 동아시아론의 지향처가 아닐까 한다. 가령 최원식이 현단계 동아시아 국가들의 민족주의에 대해 복잡한 심경을 토로한 다음, "동아시아인의 공감각을 일깨우기 위해서라도" "민족주의를 근본에서 견제하는 민주주의의 재발견 또는 전인류적 가치에 대한 새로운 자각이 절실하다"[51]고 할 때 거기에는 나름의 고뇌가 깔려 있다.

　　동아시아론에서 한국/한반도를 특권화할 위험성을 적극적으로 고려한 논의가 백영서의 '이중적 주변의 시각'이다. 이는 세계사적 차원에서 주변 지역에 위치한 동아시아라는 시각에다가, 동아시아 지역 내부에 다양하게 존재하는 중심-주변을 바라보는 시각을 결합한 것이다. 중심-주변의 관계는 상대적이지만 서로 무한한 연쇄를 만들어내면서 그 관계를 통해 동시에 억압을 이양하는 것을 함의한다. 이러한 무한연쇄의 관계 속에서 이중적 주변의 시각을 지닌다는 것은, 중심으로부터 차별당하는 주변이면서 때로는 한층 더 주변적인 곳을 억압하는 중심으로 기능하는 권력구조에 자각적으로 대응한다는 것이다.[52] 백영서는 이를 통해 주변이 스스로를 특권화하는 태도마저 비판적으로 해소할 수 있다고 강조한다.

> 이(이중적 주변의 시각—인용자)는 또한 동아시아 근대세계의 국민국가 형성 과정에서 국가 간 경계를 구획하는 국경과 국민 통합(과 배제)이 중시됨에 따라 주변적 존재로 무시되어온, 국가의 틈새에 위치한 무수한 '국가 형태를 지니지 않은' 사회가 만들어낸 다양한 역사를 되살리는 데에도 기여할 것으로 기대한다.[53]

백영서의 '이중적 주변'은 무엇보다 한국의 동아시아 담론이 자기 중심성을 강화하는 데 기여하는 것은 아닌가 하는 우려를 불식시키기 위한 것으로 보인다. 아울러 스스로를 특권화하는 다양한 연대론에 내포된 부정적 요소를 비판하기 위한 의도이기도 할 것이다. 이중적 주변은 결국 중심의 권력화 현상을 비판함으로써 탈중심의 효과를 지향한다. 요컨대 '이중적 주변의 시각'은 무엇보다 '열린 지역주의' 형성에 기여하면서, 이를 통해 북한이나 대만과 같은 독특한 주변적 존재들을 배제하지 않는 장치를 마련해가겠다는 다짐이겠다.

이를 위해 백영서는 '핵심현장'을 열쇠말로 삼아 동아시아 인식의 구체성과 실천성을 부각한다. "동아시아는 평면적이고 균질적인 국가들의 조합이라기보다는 중층적인 중심과 주변으로 나뉠 수 있는 입체적이고 비균질적인 지역이다. 따라서 '이중적 주변의 시각'을 보다 제대로 이해하기 위해서는 복합적이고 중층적인 시공간에 대한 인식이 뒤따라야 한다." 이러한 복합적·중층적 시공간에 대한 인식을 요구하는 곳인 동시에 그런 인식의 가장 적절한 대상을 가리켜 백영서는 "핵심현장"이라고 부른다.[54]

백영서는 하나의 범례로서 '세 도시 이야기'를 들려준다. 그 세 도시는, 진먼(대만)·오끼나와(일본)·개성(한반도)인 바, "서구 중심의 세계사 전개에서 비주체화의 길을 강요당한 동아시아라는 주변의 눈과 동아시아 내부의 위계질서에 억눌린 주변의 눈이 동시에 필요한" 곳이다. 국가와 비(非)국가 사이에서 그 위상이 유동하는 대만의 진먼도, 중국·일본·미국 등 이른바 외부 국가권력에 의한 '처분'의 역사로 점철된 오끼나와, 남북의 주권이 중첩된 개성을 대표적인 핵심현장이라 거론할 때,[55] 이러한 동아시아론은 이미 한국/한반도 중심주의의 의혹으로부터 많이 벗어나 있다.

한국/한반도가 동아시아와 맺는 관계가 상호 내재적 형태가 아니라 여전히 병렬적 형태로 구성되는 한 동아시아 지역 내부의 위계적 구조가 발휘하는 억압성의 효과는 약화되지 않을 것이다. 한국/한반도 중심성이란 바로 이런 지점에서 드러난다. 동아시아 내부에 존재하는 관계들은 서로 층위를 달리할 뿐만 아니라 교환 불가능한 위계성을 이루고 있다. 한국/한반도와 동아시아가 외면적 관계에 머무르는 한 실질적인 의의를 내포하기는 어렵다. 상대에 대한 기능주의적 접근이 아니라면 결국 확장과 배제의 위협이 작동하게 마련이다. 그러므로 분단체제론의 문제의식을 기반으로 하는 한국의 동아시아론이라면, 남북한 복합국가의 구성 단위들에 대해 훨씬 복합적 층위에서 이해할 필요가 있다. 대만·홍콩·오끼나와 등의 정치체들을 남북한 복합국가에 포함하는 형태에 대해 검토해야 한다는 뜻이다. 이것은, 한반도의 통일 과정에 참여하여 복합국가를 구상하고 수립해가는 주체의 시각을 어느 층위에 둘 것인가와 관련된다. 한반도적 차원에만 기준을 둘 것인지, (동)아시아적 차원에서 해법을 마련할 것인지에 따라 복합국가의 실험은 전혀 다른 형태를 나타낼 것이다.

국가와 비국가 사이에 처한 '아시아의 고아' 대만(본섬)으로부터도 억압당한 주변적 존재인 진먼, 외래정권들의 복합적 중압의 역사를 감당해온 오끼나와 및 남북한의 국가주권이 중첩된 개성에 거주하는 주민들의 경험세계는 분명 국민국가를 상대화하는 소중한 사상자원이다.[56]

백영서의 '이중적 주변의 시각'은 어떻게든 한반도의 복합국가 구상에 동아시아적 계기를 포함하려는 사상적 고투라 할 수 있다. 한반도적 층위에만 시선을 고정시키면, 대만·홍콩·오끼나와 등과 같은 규모의 정치체가 한반도 내부에 공존할 수 있는 가능성은 희박해진다. 백영서의 동아시아론은 한반도 복합국가 구상을 동아시아적 시각에 따라 재조정한 진전이라 평가할 만하다. 여기서 말하는 동아시아적 시각이란 현존하고 있거나 과거에 존재했던 동아시아적 질서의 위계적 구조를 인정하고 그 다양한 층위들의 복합구조에 근거해 한반도 복합국가 구상을 전개하는 일이다.[57] 일차적으로 한반도 복합국가에 소속되지만 그 모든 기능과 성격이 복합국가로 회수되지 않는 정치체가 복합국가 구성에 참여한다면, 다양한 동아시아 국가 및 정치체들과의 연계가 내재화되는 효과를 낳을 것이다.

이러한 구상은 한편으로 한반도 및 한국적 규모와 단위에 미치지 못하는 작은 정치체들이 한반도 내부에 공존할 수 있는 가능성을 실험하는 일이면서, 동시에 한반도 또한 중국적 규모 이상의 상위 단위(동아시아 공동체)에 포함되는 하위 단위로 자신의 위상을 규정하는 실험이다. 상위 단위와 하위 단위 사이의 위계는 충분히 인정하면서도 그것이 직접적인 통제와 억압으로 귀결되지 않는 국가모델의 창안을 목표로 하자는 것이다. 한반도의 복합국가 구상을 동아시아적 시각으로 재인식하는 것은, 이처럼 내부적으로 하위 단위를 내포하는 문제와 더불어 동아시아라는 상위 단위 속에서 한국(한반도)의 국가체제를 이중적으로 인식하는 작업이어야 한다. 결과적으로 이 실험이 현존하고 있는 동아시아적 질서를 그 자체로 인정하면서도 그것을 재구성하는 것이고, 한반도의 통일 과정 속에서 진행된다면 근대적응과 근대극복의 이중과제를 국가모델 차원에서 수행하는 사업이 될 수 있을 것이다. 이처럼 한국 동아시아론의 궁극적 목표가 한국/한반도에 '동아시아'의 내재화를 실현하는 것이라면, 한국/한반도의 통일 과정이야말로 동아시아에 남겨진 거의 유일한 가능성이라 하겠다. 한국의 동아시아론이 동아시아가 공유하는 사상적·실천적 자원이 될 수 있는 길은 바로 여기에 있을 것이다.

4장

'동북아-동아시아'로 가는 길:
국민경제와 글로벌경제를 넘어[*]

이일영 (한신대 글로벌협력대학 교수)

1. 문제의 제기

노무현 정부는 '평화와 번영의 동북아시대'를 3대 국정목표의 하나로 제시하는 한편, 12대 국정과제의 하나로 '동북아 경제중심 건설'을 천명한 바 있다. 그러나 노무현 정부가 내놓은 '동북아'에 대한 논의는 야심에 찬 수사에도 불구하고, 혼란·오해·의혹의 대상이 됐다. 결국 이 논의는 시작도 끝도 불분명해지고 말았지만, 미래를 위해 재평가해볼 가치는 충분하다고 본다.

근대를 식민지로 시작하여 분단국가로 지내오면서 우리는 '지리적

---

[*] 이 글은 『동향과전망』 2003년 7월호(제57호)에 발표되었던 것을 수정한 것이다. 처음에는 「'동북아'로 가는 길」이라는 제목으로 발표했는데, 이때 '동북아'는 '지역'의 의미로 사용했다. 그런데 현재 시점에서 '동북아'는 중국의 급속한 대국화로 '국가'라는 행위자가 더욱 비대해진 감이 있다. 이에 국가보다는 지역 공간의 의미를 부각하려는 의도를 살리기 위해 글의 제목을 「'동북아-동아시아'로 가는 길」로 고치고자 한다.

토대'(geographic referent)를 잊고 산 지 오래다. '동북아'라는 지리적 범주는 어떻게 규정할 수 있는가? '경제중심'을 추구하는 것이 동북아나 동아시아 지역으로의 귀환에 도움이 되는가? '동북아'를 추구하는 것 또는 '중심'을 추구하는 것, 두가지 다를 추구하는 것이 과연 가능한 것인가? 전지구를 지향하지 않고 동북아를 지향해야 하는 것인가?

노무현 정부가 내세운 '동북아'가 국정목표나 국정과제로 설정되기에는 논의의 내용과 체계가 미흡한 점이 많았고, 이를 성공적으로 국정에 착근시키지도 못했다. 그럼에도 '동북아'로 가는 길은, 새로운 국내외 환경의 도전에 맞서 한반도 경제의 패러다임을 재설계하기 위한 논의, 운동으로서 중요한 의미가 있다. 이러한 시도는 영미식의 자유주의나 유럽식 사회민주주의와는 다른 '제3의 길'을 우리에게 열어줄 가능성도 지니고 있다.

주지하다시피 글로벌화의 진전은 우리의 경제환경을 근본적으로 변화시켰다. 자본·기술·정보가 세계적 차원에서 통합되고 지구 전체가 단일한 시장으로 변하는 것은 불가역적인 추세이므로 이에 맞추어 한국을 더욱 개방적인 체제로 조정해야 한다는 논의가 무성하다. 또 한편에서는 이러한 세계화는 곧 '20대 80의 사회'로 가는 길이므로 이러한 '세계화의 덫'에 빠지지 않도록 단호하게 저항해야 한다고 주장하기도 한다.

그러나 개방이 그 자체로 목적이 아니라 우리의 발전과 평화를 위해 사용되어야 하는 수단이라는 점에서 일방적 개방론은 무목적적(無目的的)이다. 또 글로벌화가 압도적인 추세 속에서 현실적인 대안 없이 개방을 거부하는 것은 공허하다. 새로운 질서를 만들어가려는 지향성과 함께 구체적 현실에서 작동 가능한 대안을 모색해야 한다. 이에 우리는

'동북아-동아시아'라는 지리적 범위를 통해 개방의 수준을 조정하고 발전·평화를 추구하며 통일경제 형성에 대비하는 방안을 모색하고자 한다.

2. 왜 '동북아-동아시아'인가

1) 새로운 성장동력이 필요하다

한국경제에는 짙은 불안감이 드리워져 있다. 제조업의 성장잠재력 후퇴는 재정정책, 금융정책 등 총수요 관리 정책으로 해결할 수 없는 구조적인 문제다. 지금까지 한국경제를 주도해온 철강 등 중화학공업은 물론 정보통신·자동차·석유화학·조선 등 산업에서도 중국은 빠른 속도로 추격해오고 있다.

이 때문에 고도성장은 지나간 일이 되었고 따라서 저성장 추세에 맞는 경제 체질을 갖추어야 한다는 주장도 제기되고 있다. 그러나 저성장에 수반되는 경제적·사회적 비용이 만만치 않다. 현재의 소득수준, 재정 여건에서 성장의 정체는 곧바로 분배의 위기로 이어지고 이는 다시 치열한 분배투쟁을 야기하여 성장잠재력을 갉아먹게 된다. 이는 '자유로부터의 도피'를 갈망하게 되는 민주주의의 위기를 불러올 수도 있다.

현재 한국경제의 조건에서 성장을 무시한 분배는 생각하기 어렵다. 동아시아 경제모델의 성과가 '성장의 분배'(shared growth)였던 것처럼, 한국경제 모델의 위기는 성장과 분배의 동시적 악화로 귀결된 바 있다. 경제위기가 한창이던 1998년, 소득에 따라 5개 그룹으로 계층을 나누었을 때 유일하게 저축이 늘어난 계층은 상위 20%뿐이었다. 또 실업

률이 1999년 2월 8.7%로 최고조에 이르자 일상적인 가족관계가 붕괴되는 상황이 속출했다. 위기를 경과하면서 상용직은 줄어들고 임시직과 일용직의 비중이 급증하는 등 취업구조가 현저히 악화된 바 있다(이일영, 2000).

한국경제는 아직 사회적 안전망을 구축할 토대가 부족하다. 성장과 고용이 중단되면 기초생활이 바로 위협을 받게 되는데, 이를 해결할 국민국가의 능력은 부재한 상태다. 기본적인 사회적 안전망을 구축하는 데 노력을 기울이는 한편으로, 이를 뒷받침하는 재정력을 확보하기 위해 성장잠재력을 발굴하지 않으면 안 된다.

동북아 지역은 그동안의 경제발전으로 세계경제의 중심축으로 부상했다. 그간 동북아 3국은 모두 수출 위주의 산업구조를 형성하면서 고도성장을 이루어왔고, 이에 따라 지역시장 중심의 자기완결적인 무역보다는 미국시장에 상당한 정도를 의존하고 있다. 동북아 국가들의 경제적 비중이 증가하는 상황에서 시장을 미국에서만 구하려 하면 시장확대의 한계에 부딪칠 수밖에 없다. 따라서 내수시장과 수출시장의 중간 단계로서의 지역시장을 모색할 필요가 있다.

동북아 3국, 나아가 동아시아 지역단위의 개방과 경제협력이 이루어지면 충분히 시장 확대의 계기가 마련될 수 있다. 즉 새로운 차원의 규모의 경제(economies of scale)와 네트워크의 경제(economies of networking) 효과의 계기를 제공하고, 새로운 성장의 결집력을 마련할 수 있다. 나아가 새로운 연관관계의 형성을 각국 경제의 내부구조를 정비하는 동력으로 삼을 수도 있다.[1]

2) 위기에 대한 안전판이 필요하다

잘 알려진 것처럼 1997년의 동아시아 위기, 2008년의 세계 경제위기는 개방체제하에서 위기가 쉽게 전염될 수 있으며 위기를 효과적으로 조절할 수 있는 기제를 마련하는 것이 매우 중요한 과제라는 것을 여실히 보여주었다.

1997년 당시 대기업들의 차입경영의 위험과 금융부문의 취약성은 한국경제에 내재한 모순이었으나, 이러한 모순을 폭발시킨 계기는 동남아에서 시작된 경제위기였다. 한국경제는 개방화에 따라 증폭되는 위험을 제어할 장치를 가지고 있지 못했으며, 이러한 상황에서 한국경제는 1997년 말 마침내 외환위기에 빨려들어갔다.

한국은 IMF의 도움을 받지 않을 수 없었으나, IMF와 미국이 제시한 개혁방식은 한국경제에 엄청난 댓가를 요구했다. IMF 프로그램의 오버킬(over-kill)은 오히려 외환위기가 경제 전체의 위기로 확산되는 데 중요한 역할을 하였다(이일영, 2000). 한국은 금융기관의 부실채권을 정리하고 BIS 자기자본 비율을 높이는 데만 150조원 이상의 공적자금을 투입해야 했다(남주하, 2002). 당시에는 인접국 간의 협조 씨스템이 가동되지 않아서 금융 씨스템의 붕괴를 막기 위해 미국식 기준을 과도하게 수용할 수밖에 없었다.

한편 2008년 세계경제 위기는 미국에서 시작됐다. 미국발 금융위기의 직접적 원인은 파생상품의 지나친 확대에 있었다. 파생상품 증권에 대한 청산 요구가 일거에 쇄도함으로써 이들 증권의 발행자였던 거대 기관들이 몰락하게 된 것이다. 이에 따라 세계 유수의 투자은행들은 상업은행 씨스템 속으로 흡수되었고, 각국 정부의 적극적인 구제금융 조치가 실시됐다.

이제 세계적인 차원에서 금융 씨스템에 대한 감독과 규제가 중요한 과제로 등장했다. 그리하여 G20 회의에서는 세계적 차원의 금융안전망을 설치하는 것과 함께 무역불균형과 환율 문제, IMF 개혁 등을 논의하고 있다. G20 회의의 일차 과제는 미국이 주도한 금융자본주의 질서를 재조정하는 것이다. 이를 위해서는 G20 금융안정이사회의 집행력을 확보하고 IMF의 역할과 지배구조를 개혁하는 것이 중요하다.

새로운 세계체제는 미국 등 서구의 군사적·금융적 우위와 신흥경제국의 실물경제에서의 우위가 경쟁하거나 조화를 도모하는 체제다. 1980년대 이후 전개된 세계화는 금융팽창과 금융세계화, 미국의 전략, 신흥경제국의 급부상을 내용으로 한다. 이제 미국이 주도한 금융자본주의 질서를 재조정하는 것이 중요한 과제가 됐다.

그런데 세계적 차원의 안전판을 제대로 마련하기 위해서는 동북아-동아시아 지역에서의 협조적 관계가 중요하다. 동북아-동아시아는 신흥경제국의 중심축으로서 새로운 세계경제 질서를 구축하는 건설자 역할을 수행해야 한다. 위기를 반복하지 않기 위해서는 역내 국가들 내에서 무분별한 증권화 과정을 통제하는 장치를 마련해야 하며, 단기자금의 국가 간 이동에 대해서도 관리가 필요하다. 위기가 발생할 때를 대비해 통화스왑 등 적극적 협조체제를 구축할 필요가 있다.

3) 평화를 위한 경제적 토대가 필요하다

동북아는 냉전체제하의 한국-미국-일본, 북한-소련-중국의 2개 삼각동맹이 이완·재편되면서 대립과 갈등이 전개되고 있다. 현재로서는 북한경제가 생존·발전하기 위해서는 지속적으로 저축률과 투자율을 제고해야 하는데, 이를 위해 직접투자·기술도입을 유도하는 획기적인 조치가 필수적이다. 그러나 남북관계, 북미관계의 경색으로 북한이 국제사회로 편입될 수 있는 기회는 좀처럼 마련되지 않고 있다.

원인이 무엇이든 동북아에 위기가 고조되면 한국-미국-일본의 삼각 공조체제가 복원되고 중국-북한의 관계가 밀접해지면서 다시 동북아 전체가 불안정해지는 사이클이 이어진다. 동북아 역내의 갈등이 격화되면 세계시장에 대한 의존도가 높은 한국은 경제적으로 상당한 피해를 입을 수밖에 없다. 2003년 2월 미국 신용평가기관인 무디스는 북핵 문제를 이유로 한국의 신용등급 전망을 '긍정적'(positive)에서 '부정적'(negative)으로 두 단계 낮춘 바 있다.[2] 신용평가사의 등급하향은 국내 증시에서의 외국인 투매, 그리고 이 자금으로 인한 서울 외환시장의 환율 급등으로 이어졌다.

북한과 남한, 북한과 미국의 관계가 전쟁으로까지 치닫지는 않는다고 해서 우리에게 위험이 제거되는 것은 아니다. 북한과 미국의 갈등은, 북한에게는 궁극적으로 생존과 체제붕괴의 위협으로 귀결될 것이다. 이는 한국에게는 '국가위험'(Country Risk)의 상존과 증대를 의미하는 것이다.

지금은 답보상태에 있지만, 결국은 북한경제가 개혁·개방으로 나서든 붕괴되든 어떤 방식으로든 변화를 보일 것이다. 북한의 축적 위기는 구조적인 것이므로 기존의 씨스템은 조금씩 이완되고 있다고 볼 수 있다. 이는 부분적이고 일과(一過)적인 현상이 아니라 지속적이고 구조적인 압력이며, 종래의 씨스템을 구성하고 있는 모든 요소에 조금씩 영향을 누적시키고 있다.

현재로서는 일본이나 중국 모두 북한경제의 회복을 위한 비용이나 한반도 통일 과정에서 발생하는 위험을 분담하는 데 대해 심리적 거부

감 또는 부담을 느끼고 있다. 우리로서는 현재 미국을 중심으로 이루어지고 있는 '다자적 일방주의'의 틀과 모순되지 않으면서도 동북아의 평화와 한반도 통일을 지원하는 '지역공조'라는 옵션을 추가적으로 마련해야 한다.[3]

3. 어디로 가야 하나: 협력의 공간과 전략

1) 지리적 공간

'동북아' 경제가 자주 운위되었음에도 불구하고, '동북아'는 여전히 '상상의 지리'다. 경제권으로서의 '동북아'를 말할 때, 가장 좁은 의미로는 황해와 동해 연안의 한국·북한·일본·몽골·중국 동북 3성·러시아 극동지역 등 6개 지역을 말한다. 여기에 중국과 러시아 전체를 포함시키기도 하며, 대만, 미국까지 확대하기도 한다. 또 현실적 논의의 필요상 한국·중국·일본 3국으로 제한하여 접근하기도 한다(성원용, 2002).

이렇게 '경계'와 '구성원'에 혼란이 발생하고 있는 것은, '동북아' 또는 '동아시아'라는 개념이 현실의 추세 속에서 확고하게 자리 잡은 것이 아니라 아직은 아이디어 차원에서 논의되는 경우가 많기 때문이다. 현실적으로 존재하는 공간은 단순히 지리적 공간이 아니라 경제 주체가 행동하는 사회적 공간이다. 따라서 '동북아-동아시아'는 우리가 취할 수 있는 이니셔티브의 범위에 따라 네개의 공간으로 전개된다.

첫번째 공간은 한국 국내다. 여기에서 한국은 열려진 동북아-동아시아에서 자신의 역할을 강화하는 노력을 기울인다. 이 공간에서는 반드시 지역 내의 분업만이 아니라 세계경제에서의 경쟁력 강화를 도모하는

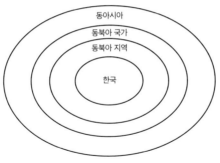

동아시아 또는 동북아의 범위

것이 주요한 측면이 된다. 즉 이웃 국가와 지역의 동의나 협력보다는 경쟁이 중요하다. 여기에서는 확대된 무역·금융·인적 교류 속에서 그 거래의 중심지로서 성장을 추구하며, 독자적인 노력이 성패를 결정한다.

두번째 공간은 동북아 지역이다. 이는 한반도를 포함해서 황해와 동해 연안 지역에 극동러시아, 몽골을 더한 것이다. 이 지역은 한국의 이니셔티브를 어느정도 인정하는 지역들로 남북한 간 경제협력을 중심으로 하여 새로운 시장의 형성과 발전이 기대되는 공간이다. 러시아 극동, 중국의 산둥성과 동북 3성, 일본의 환동해 지역들은 한국이 일정하게 주도성을 발휘하는 것을 용인할 수 있을 것이다. 이 공간은 동북아 경제권의 유일 중심을 지향하는 곳이 아니며, 다극체제 속의 한 축으로 나름대로의 스필오버 효과를 추구하는 곳이다. 여기에서 한국은 각 영역에서 자신과 역내 파트너들이 윈윈 게임을 할 수 있도록 역내 협력에 적극 나서야 한다.[4]

세번째는 한국·중국·일본으로 구성된 동북아 국가의 공간이다. 한국이 중국 및 일본과의 협력에서는 현실적으로 주도적 역할을 하기가 어렵다. 한국이 중국과 일본 사이에서 조정자 역할을 할 수 있을 것으로 기대하기도 하지만, 유럽 통합이 프랑스와 독일이라는 두개의 기관차에 의해 주도되었던 사례에 비추어볼 때, 한국이 중국과 일본이라는 강대국을 상대로 이니셔티브를 행사하기는 어려울 것이다. 여기서 한국은 중국·일본과의 경쟁 및 협력 관계에 편승하는 전략을 채택해야 한다. 그러나 중국의 비중이 급속히 증대하면서 동북아 내부의 불균형이 커지고 있다.

네번째 공간은 동북아에 동남아를 합친 동아시아 지역 공간이다. 동남아까지 포함한 동아시아 공간은 경제발전 단계의 차이나 문화적 이질성이 커지는 반면, 국가의 비중보다는 지역의 비중이 강화된다. 이 공간에서는 국가 간 관계에 못지않게 다수의 지역 간의 기능적 연계가 중요한 기능을 수행할 수 있다. 한국이나 한반도 같은 중규모 경제의 경우 동아시아 공간에서 더 많은 영향력을 수행할 수 있을 것이다.

2) 목표와 전략

이와 같이 동북아–동아시아라는 네개의 공간에서는 협력과 경쟁이 교차하고 있다. 한국은 각각의 공간에서 각기 다른 목표와 전략을 지향하고 구사해야 한다.

첫번째 길은 '동아시아 경제공동체' 또는 '동아시아 공동시장'을 목표로 한다. 여기서는 협력이 기본 원리가 되므로 경쟁을 통해 '중심'이 되는 것을 목표로 삼아서는 안 된다. 다만 잘 설계된 협력 장치란 구성원의 이해관계를 적절하게 반영하는 것을 전제로 하므로, 한국의 국익이 침해되지 않도록 잘 준비해야 한다.

현재 논의되고 있는 한일FTA나 한중일FTA도 동북아에서의 경제공동체나 공동시장으로 가는 통과점이 될 수 있다. 한일FTA의 효과는 연구결과에 따라 다르게 나타나지만, 한중일FTA는 3국 모두의 성장을 촉진하는 것으로 예측되고 있다(오용석, 2002). 그러나 FTA 논의 자체가 역내 경제협력을 촉진하는 쪽으로 작용하는 것만은 아니므로, FTA 결성 자체를 목표로 삼아서는 안 된다.

한일FTA는 일본이 적극적으로 제안하고 있으며, 중국이 거론하고 있는 한중일FTA는 한일FTA를 견제하기 위한 측면도 있다. 중요한 것은 FTA 결성 자체가 아니라 그 결과로 얻어지는 협력의 강화이므로, 한국은 국가 간 갈등을 유발할 수 있는 FTA 논의에 신중하게 접근해야 한다. 중국과 일본의 경쟁구도를 완화하는 데는 아세안+3의 논의가 필요할 수도 있다. 또 전면적 자유화 조치보다는 선형 자유무역지대 형성을 추진하는 방법도 고려해볼 수 있다.[5]

그러나 역내 경제의 제도적 통합은 매우 장기적으로 추진해가야 할 '세기적' 프로젝트다. 동아시아는 유럽과 달리 민족주의가 아직 생명을 다하지 않은 근대의 청춘기를 사는 지역이다. 서로 극히 다른 발전단계와 이질적인 정치체제를 지닌 동아시아 국가들은 아직은 공통점이 너무 적다.[6]

따라서 관세 인하, 비관세 장벽의 제거 등과 같은 자유화 조치를 민족국가 사이에서 논의하는 데 있어서는, 갈등과 마찰의 요인을 먼저 제어해야 한다. 즉 국가 간 거래에서 발생할 수 있는 불완전시장·불완전정보 문제에 대한 제도적 대응이 중요하다. 완전경쟁·완전정보 상황이 현실적으로 존재하지 않는 자본시장·노동시장·농산물시장·환경부문 등에서의 국가 간 신사협정이 먼저 마련되어야 한다. 자유화 조치로 인한 위험이 적절히 조절될 수 있어야만, 제도적·법률적 경제공동체로의 발전을 뒷받침할 지지력을 확보할 수 있다.

두번째 길은 확대된 무역과 물류의 '네트워크+허브'를 형성하는 것이다. 물론 허브를 만들겠다는 발상이 구시대적이라는 평가도 있을 수있다.[7] 그러나 21세기라고 해서 전일적으로 21세기적 요소로만 구성되는 것은 아니며, 무엇보다도 동북아는 20세기적 과제와 잔영이 진하게남아 있는 곳이다. 격자형의 그물망이 촘촘하게 형성되면서도 한편으로 몇군데에서는 그 그물망들이 바퀴통의 바퀴살처럼 집중되기도 하는모습이 실제 현실에 가까울 것이다.

여기에서 서울·인천, 다롄, 시모노세끼, 블라지보스또끄 등 각 거점지역은 협력과 경쟁을 통해 호혜적인 네트워크 형성을 지향할 수 있을것이다. 한국은 한반도의 위치를 활용하여 인근 지역에 이익을 주는 방향으로 경제권을 형성하는 데 기여하는 프로젝트에 주도적으로 참가하도록 한다. 예를 들면 교통망 통합 프로젝트나 에너지 협력 프로젝트 등이 이에 해당된다.

시장의 통합을 뒷받침하기 위해서는 교통망이 통합되어야 하는데,이는 성장과 고용 창출의 동력이 된다. 특히 동북아 지역의 교통·물류인프라는 일본을 제외하고는 수요에 비해 용량이 부족하며, 미(未)연결구간의 존재, 복합운송을 위한 시설의 미비 등 많은 문제점이 존재하고있다. 특히 경의선이나 동해선을 대륙횡단철도에 연결하는 작업이 이루어지면 한반도는 대륙경제권과 해양경제권을 잇는 결절점이 될 수있다. 이 프로젝트는 한반도에만 이익을 가져다주는 것이 아니라 중국동북 3성, 러시아 극동, 몽골도 관심을 가지고 있는 사업이다. 따라서 중앙정부는 물론 지방정부 사이에서도 협력체제를 구축해, 이 사업을 국민국가를 넘어서는 역내 경제협력의 계기로 삼을 수 있다.

에너지 협력 프로젝트도 역내의 호혜적 발전을 도모하기 위해 필요한 것 중 하나다. 동북아 지역은 석유 수요가 많은 지역으로 원유 물류의 거점화, 석유 확보 및 유가 결정에서의 제휴가 필요한 실정이다. 또 이르꾸쯔끄·야꾸쯔·사할린 등의 천연가스를 개발하여 파이프라인을 통해 동북아 지역에 공급하는 방안도 거론되고 있다. 타당성 조사가 실시되지 않은 여러가지 논의가 무성하지만, 사업이 진행될 경우 북한에도 상당한 영향을 미치게 될 것이다.[8]

전력부문의 협력사업은 가장 성공 가능성이 높은 프로젝트라고 할 수 있다. 북한의 핵개발과 미국의 KEDO 사업 철수에 따라 북한과의 전력부문 협력은 난관에 봉착해 있으나, 북한은 연료부족에 따른 전력 부족을 절박하게 느끼고 있으므로 북미관계가 개선될 경우 전력협력은 빠른 속도로 이루어질 수 있다. 또 중국 동북 3성의 경우에도 점차 전력 문제가 심각해져서 2000년부터 2030년까지 10만kw 급 발전소가 3년에 1기씩 합계 10기가 추가 건설되어야 수급을 맞출 수 있다(이상철, 2003). 이 지역의 경우 민간 상업베이스의 자금조달도 가능하므로 협력모델의 선구적 전형을 만들어갈 수도 있다.[9]

이러한 네트워크 사업은 한반도와 인근 지역을 유기적인 경제권으로 통합하는 방향으로 작용할 것이다. 이렇게 될 경우 서울·인천은 이 지역의 네트워크가 집중되는 중요 거점으로 기능할 수 있을 것이다. 이 두 번째 길은 우리가 이니셔티브를 가지고 '동북아'로 나아갈 수 있는 가장 주요한 도로다.

세번째 길은 확대된 무역, 금융거래, 산업생산의 '경제 중심' 또는 '허브'를 지향하는 것이다. 이는 국내의 물류·금융·산업 경쟁력을 제고하여 한국이 새로운 비즈니스 기회를 확보하고자 하는 시도다. 이를 위해서는 국내 제도의 개혁이 중요한 과제다. 국내 법령을 국제 규범에 합치하도록 정비하고 각종 규제를 완화하는 한편, 외자가 유입되는 데 장애가 되지 않도록 인프라 투자가 이루어져야 한다. 또 쏘프트웨어적인 개혁 과제로는 기업지배구조·고용 씨스템·행정 씨스템의 정비를 들 수 있다.

물류 우선이냐 금융 우선이냐 산업 우선이냐 하는 식의 논의는 현실적으로 별 의미가 없다. 우선 산업·금융과의 연계 없이 물류를 발전시킨다는 것은 그저 외국 짐을 옮겨 싣는 정거장 역할만 하겠다는 것이니 이야기가 안 된다. 또 우리의 여건에서 스스로 자금을 조달하고 운용하는 종합국제금융쎈터(full-scale international financial center)식의 금융 중심을 추구하는 것은 실현 가능성이 없다. 이런 종합금융쎈터는 뉴욕·런던·홍콩에만 있는데, 이들은 영미권에서 형성된 금융관행과 자금에 기초해서 운용되고 있다.[10]

한국이 금융 중심으로 발전하는 데 있어서의 강점은 성장잠재력·지리적 이점·첨단 IT 시설·인력 등이거나(서울파이낸셜포럼, 2000), 실물산업기반·채권시장의 성장잠재력 등이다(박해식, 2002). 제도·관행·인력의 국제화가 덜 진전된 상황에서 이러한 강점을 살리기 위해서는 산업 및 물류와 연계된 특화금융쎈터(niche international financial center)를 추구하는 것 이외에 별 방법이 없다. 아마 한국이 '동북아개발은행'(NEADB) 창설을 주도할 수 있다면 장기자금시장의 틈새를 파고들 가능성을 만들 수 있다.

경제 중심에는 외자가 꼭 일방적으로 유입되기만 하는 것은 아니다. 현재 국내시장에 유통되고 있는 유동성은 상당 정도 과잉상태이며 이에 따라 과도한 가계대출과 부동산 가격 거품이 문제가 되고 있다. 국내 기업이 자금의 수요자 역할을 충분히 수행하지 못한다면, 수익과 거시적 안정성을 위해 해외투자의 길을 열어놓아야 한다.

국내에 도입되는 외자의 경우 금융거래의 차원에서만 이루어지기보다 산업기반의 유지·발전이라는 목표와 연계되는 것이 바람직하다. 중국의 시장개방이 가속화될 경우 한국의 실물산업 기반은 외국자본의 중국 진출의 교두보가 될 수도 있다. 한국이 경제 중심으로 발전하는 데에는 비산업적 성격이 강한 화교계 자본보다는 중국에 진출하려는 미국, 유럽계 산업자본의 도입이 유리할 가능성이 많다.

4. 무엇을 해야 하나: 대내적 과제

1) 경쟁과 혁신을 위한 분권화 모델

한국경제가 한반도의 발전과 평화·통일에 기여하기 위해서는 한편으로 그 외연을 '동북아'로 확장하려 노력하면서, 다른 한편으로는 그 내포의 구성을 재정비해야 한다.

그간 한국의 경제 씨스템을 구성해온 중요한 요소는, 특정 산업의 선별적 육성을 위한 투자정책과 지원에 의해 형성된 주력기업을 기반으로 팽창의 위험을 내부화하는 재벌체제였다. 적어도 1970~80년대에는 강성 산업정책과 재벌체제의 결합으로 거래비용을 줄이고 정보의 비대칭성 문제를 완화하는 효과를 거둘 수 있었다. 그러나 글로벌화의 진전에 따라 산업정책을 직접적으로 제약하는 요소가 확대되었을 뿐만 아니라 기존 재벌체제의 씨스템 리스크도 커지게 됐다. 1997년 외환위기를 통해 재벌체제가 위험을 씨스템 내부에 누적하고 있었다는 사실이 드러났다.

이제 개방 및 글로벌화의 압력과 리스크에 대응하는 것이 중요한 과제다. 재벌에 정보와 자원이 집중되면 경쟁이 저해된다. 경쟁이 저해되면 기업이 효율적인지 아닌지를 판단할 수 있는 정보의 원천이 봉쇄된다. 경쟁이 부족할 경우 혁신의 속도에 부정적 영향을 미치게 된다. 따라서 재벌체제의 분권화를 통해 경쟁과 혁신을 촉진해야 한다.

재벌은 자금이 희소한 요소일 때 자금을 선택적으로 배분하는 기제 역할을 수행했지만, 자금이 과잉상태인 조건에서는 종래와 같은 사회적 편익은 생기지 않는다. 모방과 추격이 주요한 전략일 때는 집권화된 재벌체제의 이점이 발휘될 수 있었지만, 경쟁과 혁신이 중요해진 상황에서는 다양한 형태의 분권화된 전문기업이 유리할 수 있다.[11]

글로벌 경쟁과 혁신에 있어서는 수직적 통합을 위주로 한 재벌체제보다는 전문대기업과 중소벤처기업의 네트워크체제가 더 유리할 수 있다. 산업정책의 기준은 해외시장(수출)보다는 연구개발, 고용창출, 지역 간 균형발전, 수익성 확보 등으로 바뀌어야 한다. 산업정책의 수단으로 자원의 효율적 배분과 리스크 관리라는 차원에서 금융에 접근해야 하고, 해외자본 조달은 차입보다는 직접투자 방식으로 전환해야 한다. 과점적 경쟁은 공정경쟁으로, 설비투자 주도형에서 R&D 주도형으로 전환되어야 한다.[12]

현실에서는 시장이 자동적으로 격렬한 경쟁이나 급속한 연구개발을 불러일으키지 않는다. 이러한 점에서 정부의 역할이 필요하며, 산업정책의 '폐기'보다는 '전환'이 필요한 시점이다. 즉 전략산업 육성이라는 협의의 산업정책으로부터 영역과 과제가 넓어지는 포괄적 산업정책으로 전환하여야 한다. 이때 정부는 새로운 산업정책의 '대상'(counter-part)으로 '중소벤처기업'을 명확히하되 요소 지원보다는 R&D를 위한 인프라 제공에 주력하도록 한다(이일영 외, 2002).

중소벤처기업은 지식정보화에 따른 고성장산업에서 뛰어난 활약을 보이며 위험 및 분산 기능이 탁월하고, 협력과 네트워크의 기능이 뛰어나다고 할 수 있다. IT·BT 등 지식정보산업을 축으로 대기업과 중소벤처기업이 유기적으로 연계된다면, 한국은 신기술 개발, 제품·부품·소재 개발, 디자인, 마케팅 등에서 허브 역할을 수행할 수 있을 것이다.[13]

2) 생산과 노동의 유연화를 위한 빅딜 모델

한국이 글로벌 경쟁에 대응하기 위해서는 물론이고 동북아-동아시아 경제협력, 남북한 경제교류를 원활히 증진해나가려면 노동관계가 재정립되어야 한다. 무역과 투자의 확대 추세 속에서 현재의 노동관계가 지속된다면 구조적 불균형은 더욱 심화되고, 누적된 모순은 언젠가 충격적인 형태로 폭발할 수밖에 없다. 따라서 한편으로는 동북아-동아시아 차원에서의 노동기준 확립을 위해 노력하고 다른 한편에서는 노동시장의 유연성을 제고해가야 한다.

현재의 추세가 이어진다면 고용불안정과 노동기준 하락의 압력이 더욱 거세어질 것이다. 특히 중국으로의 제조업 이전이 확대되면서 국내 제조업이 공동화될 것이며 고용축소는 현재의 대기업 사업장에도 밀어닥칠 것이라는 전망이 지배적이다. 따라서 중국과 산업협력을 논의할 때 노동기준 문제를 제기하여, 여기서 합의된 기준에 대해서는 일본·미국·EU에도 양허하는 자세를 보일 필요가 있다.

국내적으로는 노동시장의 유연화와 고용안정의 합리적 균형을 달성하는 프로그램을 마련해야 한다. 현재 공공부문과 대기업 정규직 부문의 노동시장은 매우 경직된 반면 나머지 부문은 지나치게 유연한 상태이고 이러한 불균형은 계속 심화되고 있다. 따라서 공공부문과 대기업의 경우 기능적 유연성 모델을 창출해야 하고 대기업-중소기업 간, 정규직-비정규직 간 노동조건의 차이를 줄이는 방향에서 균형을 달성해야 한다.[14]

새로운 균형을 만들어내는 데에는 합의의 모델 창출이 중요하다. 노사 간의 합의를 통해 조직 내에서 기능적으로 유연성을 제고할 수 있는 모델을 만들어내야 하는데, 특히 대기업 조직부문 노동시장의 기능적 유연성 제고를 위한 노사합의 모델의 창출이 시급하다. 여기에는 사업장 단위로 '생산성향상협약 또는 배치전환협약'과 '근로자경영참여'를 맞교환하는 합의 모델을 시도해볼 필요가 있다. 또 부문 간 노동조건 격차의 해소에는 정부와 산별노조의 합의가 중요한 역할을 할 수 있다. 비정규직 노동문제를 위해 대기업 조직 정규직 부문과 여타 부문 사이의 노동조건의 차이를 단계적으로 축소할 수 있는 프로그램을 마련해야 한다.

공공부문 또는 공기업 노동시장의 유연성 제고도 중요한 과제다. 이러한 문제를 일거에 해결하기 위해 공공부문 '민영화'가 시도되고 있으나, 민영화에 따른 공공성 훼손의 문제도 적지 않다. 따라서 공공성을 유지하면서 유연성과 경쟁성을 제고하는 방향으로 공공부문 개혁이 추진되어야 한다.

이러한 합의를 지향하는 과정에서 사회적 갈등이 발생할 수 있는 바, 이를 제도적·자율적으로 해소하는 방안이 확립되어야 한다. 사회적 갈등의 일차적인 제도적 해결 기제로서 정치권과 국회의 역할이 재정립되어야 한다. 갈등에 대처할 수 있도록 제도를 개선·보완하여야 하는데, 제도권의 입법 능력은 매우 취약한 형편이므로, 비례대표제를 대폭 확대하는 방향으로 국회가 개편될 필요가 있다. 그리고 법과 제도의 집행력을 높이고 법과 관행의 간극을 최소화하여 투명성과 예측 가능성을 높여 거래비용을 낮추어야 한다. 또 사회적 갈등을 대화와 타협을 통해 자율적으로 해소할 수 있는 능력도 강화되어야 한다.

3) 농업의 시장화와 비교역적 요소 보호의 제도화

노동기준과 함께 농업부문도 국가 간 마찰을 발생시켜 협력관계의 심화를 저해하는 중요한 요인이다. 한국의 농가경제 상황이 열악하고 농업생산에서의 요소 전환이 어렵기는 하지만, 개방은 이제 돌이킬 수 없는 추세라는 것, 개방의 결과로 또는 개방에 대비하여 동북아 차원의 지역시장이 형성되고 있다는 것을 기본적인 제약조건으로 인식하고,[15] 한국 농업의 틀을 새롭게 짜야 한다(이일영, 2003).

이제 '산업으로서의 농업'에는 지금보다 '더 많은 시장'이 필요하다. 이제 국제화된 환경에서 정부가 자원을 선택적으로 집중하여 제조업을 육성할 수 없듯이, 정부가 산업으로서의 농업을 보호 육성할 수는 없다. 제조업의 경우 이제 단순 제조기술, 저원가 전략(overall-cost leadership)으로는 중국과 경쟁할 수가 없다. 농업도 제조업과 마찬가지로 구상과 디자인 위주의 고부가가치 기술, 마케팅 위주의 차별화(differentiation) 또는 집중화(focusing) 전략이 필요하다.

여기에는 자원의 동원과 집중, 보호보다는 혁신과 네트워크가 중요하므로 중앙정부보다는 지역의 역할을 강화해야 한다. 중앙정부가 나서기보다는 네트워크와 클러스터링을 지원하는 지방정부 또는 지역 내 협동단위가 더 많은 역할을 해야 한다.

물론 농업에는 시장에서 경제적으로 계산되지 않지만 꼭 필요한 공공재적 가치가 있다. 이른바 '비교역적 요소'(non-tradable concerns)다. 이러한 공공재는 정부가 직접 공급하거나 공급자를 보호·지원해야 한다. 중앙정부는 식료를 확보·공급함으로써 국가안보를 도모하는 기능, 국민의 건강 보호를 위한 위생·검역 기능, 수자원을 확보하고 대기를 정화하는 환경보호 기능, 지역사회와 지역경제를 유지하는 기능 등을 수행해야 한다.

중앙정부는 국내 농업의 비교역적 요소를 보호하는 한편으로, 각국의 비교역적 요소를 효과적으로 보호할 수 있는 국제협력체계를 마련하는 데 적극 노력한다. 예를 들면 동북아식량비축기금, 동북아환경협력회의 등을 정부기구 차원에서 구성하도록 한다. 이러한 비교역적 요소를 위한 협력체계가 구축되고 공통의 이해의 기반이 마련되어야만 무역·투자·금융거래의 확대도 가능할 것이며, 제도적인 협력체계로의 발전도 가능할 것이다.

5. 결론

현재 한국경제의 조건에서 성장의 좌절은 분배의 위기를 동반할 수 있다. 새로운 시장이 필요한 시점에서 수출시장과 내수시장의 중간지역으로서 동북아-동아시아 지역시장에 접근할 필요가 있다. 또 개방화의 심화는 성장촉진 효과도 있으나 교란 요인도 확대하고 있다. 동북아에서 협조적인 씨스템이 구축될 수 있다면, 경제위기에 대한 안정성을 크게 높일 수 있다. 그리고 동북아는 냉전체제가 종식되었음에도 정치적·군사적 긴장이 여전한 상태다. 현재의 대립구도를 평화구도로 전환하고 긴급히 발생할 수 있는 위험에 대비하기 위해서는 역내 국가들 간의 협력관계가 필수적이다.

'동북아-동아시아'의 범위와 여기에서 우리가 취하는 전략은 세개 방향으로 설정할 수 있다. 첫째로, 한국·중국·일본 등 동북아 국민국가에 동남아를 더한 동아시아 지역 공간에서 우리는 '동아시아 경제공동체' 또는 '동아시아 공동시장'을 지향한다. 둘째로, 한반도를 중심으로 인접 지역·지방으로 구성된 동북아 지역 공간에서는 확대된 무역과 물류의 '네트워크+허브' 형성을 주도하고 협력 프로젝트에 적극 참여한다. 셋째로, 동북아-동아시아와 세계로 연결되는 한국 국내 공간에서는 확대된 무역, 금융거래, 산업생산의 '경제 중심' 또는 '허브'를 지향한다.

이와 같이 한국경제의 외연을 '동북아-동아시아'로 확장하는 노력과 함께, 그 내포의 구성을 재정비해야 한다. 지금까지의 재벌체제는 다양한 형태의 대기업과 중소벤처기업의 네트워크체제로 전환하고 정부는 '경쟁과 혁신'을 지원하도록 한다. 또 동북아-동아시아 차원의 협력과 통합이 진전되는 추세와 조응될 수 있도록 노동시장의 유연화와 고용 안정, 농업의 시장화와 비교역적 요소의 보호 사이에서 합리적 균형이 달성될 수 있도록 사회적 합의안이 마련되어야 한다.

글로벌화가 1970년대부터 본격화되었든, 500년 전 또는 5,000년 전부터 글로벌경제가 존재했든 간에(Frank, 1998), 우리가 세계경제의 일원이라는 점은 매우 중요하다. 그런데 동북아의 지형이 크게 변하고 있는 데다가 우리는 분단이라는 족쇄에 묶여 있다. 동북아-동아시아라는 큰 집을 마련하면 비바람을 피하고 원기도 회복하며 발목을 푸는 데 도움이 될 것이다. 이 동북아-동아시아로 가는 길은 우리가 아직 '가지 않은 길'이다. 그러나 무릉(武陵)의 복사꽃 마을이 그랬던 것처럼, 초입은 좁지만 일단 들어서면 후련하게 트여 있을지 모른다.

참고문헌

남주하「공적자금 투입규모의 적정성과 금융구조조정」, 이인실 외, 『공적자금 투입의 중간평가와 과제』, 한국경제연구원 2002.

박해식『국제금융센터의 유형과 우리의 선택』, 한국금융연구원 2002.

서울파이낸셜포럼「아시아 국제금융중심지로서의 한국: 비전과 전략」 2000.

성원용「TKR-TSR 연결의 의의와 파급효과」, 『동북아경제연구』, 2002년(제14권 3호).

안형도「동북아 금융 중심지화 전략」, 『동북아 중심국가 건설 연구』, 경제사회연구회 2003.

오용석「한일중 FTA의 당위성과 동북아 변수」, 『동북아경제연구』 2002년(제14권 3호).

우정은「한국의 미래를 비추는 세개의 거울」, 『창작과비평』 2003년 여름호(제120호).

이상철「동북아 국제협력 및 자금조달 방안」, 미발표 논문(2003).

이일영「개방화 속의 국민경제·민족경제·지역경제」, 『창작과비평』 2002년 봄호(제115호).

이일영「동북아 시대의 한국 농업을 위하여」, 『계간농정연구』 2003년 봄호(제5호).

이일영 외「동아시아 산업정책의 유형」, 이일영 외 『개방화 속의 동아시아: 산업과 정책』, 도서출판한울 2002.

이일영 외「위기와 회복 과정, 그리고 한국경제의 구조전환 가능성」, 한국사회과학연구소 엮음, 『동향과전망』 2003년 7월호(제57호).

임덕순「동북아 R&D 허브 구축방안」, 『동북아 중심국가 건설 연구』, 경제사회연구회 2003.

정인교「한중일FTA 연구」, 『동북아 중심국가 건설 연구』, 경제사회연구회 2003.

하영선 「세가지 위험에 대비하라」, 『중앙일보』 2003.6.19.

Amsden, Alice H., 1996, "Selective Seclusion and Timely Targeting: Taiwan's Industrialization Policies," Government and Market, Conference at Cornell University, May.

Aoki, Masahiko and Masahiro Okuno-Fujiwara, *Comparative Institutional Analysis: A New Approach to Economic System*, University of Tokyo Press 1996; 『기업시스템의 비교경제학』, 기업구조연구회 외 옮김, 연암사 1998.

Frank, Andre Gunder, *ReORIENT: Global Economy in the Asian Age*, University of California Press 1998; 『리오리엔트』, 이희재 옮김, 이산 2003.

Harrison, Selig S., *Korean Endgame: A Strategy for Reunification and U.S. Disengagement*, Princeton University Press 2002; 『코리안 엔드게임』, 이흥동 외 옮김, 삼인 2003.

Stiglitz, Joseph E., *Whither Socialism?*, The MIT Press 1994; 『시장으로 가는 길』, 강신욱 옮김, 도서출판 한울 2003.

5장

동아시아 공동체 문화담론에 대한 비판적 고찰[•]

이욱연(서강대 중국문화과 교수)

1. 머리말

동아시아에 제국주의와 식민주의 시대의 유산, 냉전시대의 유산이 남긴 그늘이 짙다. 적어도 동아시아를 한중일 3국으로 한정하여 볼 때 그렇다. 동아시아 3국 사이에서 인적 교류와 민간 부문의 교류는 예전과 비교할 수 없을 정도로 활발해지고 있지만, 역사적·정치적 갈등은 여전하다. 더구나 한동안 동아시아 지식인사회의 유행 담론이었던 갖가지 형태의 동아시아 공동체 논의도 열기가 식어가고 있다.

제국주의시대와 냉전시대의 유산이 여전히 동아시아의 현안이라고 할 때 동아시아 공동체를 위한 지적·실천적 노력은 여전히 유효하다. 동아시아의 탈제국·탈냉전을 위해서 그렇다. 역사갈등과 영토분쟁, 냉

• 『동아연구』 2007년 2월호(제52집)에 수록된 글을 수정·보완했다.

전적 대립이 증폭될수록 공동번영과 상생을 위한 새로운 동아시아 질서 창출의 필요성은 더욱 절박해진다. 그리고 그럴수록 동아시아 협력과 동아시아 공동체 건설을 위한 이론적·실천적 거점이자 주체로서 한국의 역할과 실천이 보다 더 요구된다. 이를 위한 이론적 선결 작업 중 하나로 한국의 동아시아 구상과 논리를 보다 더 정밀하게 다듬는 일이 필요하다. 그동안 한국에서 나온 동아시아 공동체(혹은 동아시아 네트워크) 건설을 위한 담론들의 쟁점을—주로 문화적 차원에서—비판적으로 점검하며 동아시아의 새로운 질서 구축을 위한 이론적 단초를 모색해볼 것이다.

2. 동아시아의 문화적 공통성과 이질성 문제

그동안 동아시아를, 특히 한중일을 동아시아라는 하나의 단위로 설정하는 주요 이론적 기반 중의 하나로 흔히 동아시아 지역의 문화 전통을 공유하는 문화적 동질성이 거론되어왔다. 한자문화권, 유교문화권 같은 문화적 동질성이 동아시아 공동체의 한 기반이 된다는 것이다. 동아시아에는 타 지역과 다른, 특히 서구와 다른 어떤 문화적 동질성이 존재한다는 믿음 그리고 그동안 망각되고 억눌렸던 그러한 문화적 동질성을 세계에 발현하는 과정에서 동아시아는 비로소 동아시아다움을 지닐 수 있다는 생각은 보수적인 차원이나 진보적인 차원을 막론하고 동아시아 담론에서 꽤나 넓게 퍼져 있다. 이러한 생각은 동아시아의 동질적 전통을 서구 근대의 한계를 보완하여 근대를 더욱 원활히 지속시킬 기제라고 보는 것에서부터 그와는 정반대로 동아시아의 전통과 근대극복을 접목시키는 경우까지 그 스펙트럼이 매우 넓다.

　대표적으로 전자의 차원에서 동아시아론을 제기하는 것은 유교자본주의자들이다.[1] 동아시아 담론에서 유교자본주의자들이 우선 주목하는 것은 경제성장에 따른, 유교적 가치체계 혹은 사회질서와 자본주의라는 경제양식 사이의 관계다. 당연히 둘의 관계는 상호 촉진하고 상호 보완하는 화해로운 관계로 규정된다. 한걸음 더 나아가 유교자본주의자들은 유교가 동아시아 경제발전의 견인차 역할을 하였다고 본다. 이들은 "한중일 세 나라의 경제가 최근 전세계에서 가장 역동적인 자본주의의 모습을 보여주고 있"는 주요 원인을 세 나라의 유교적 전통에서 찾는다. 높은 교육열, 엄격한 노동윤리, 유교적 정치·사회질서 등에 힘입어 동아시아는 다른 후발지역보다 강력하고도 효과적인 모습을 보여주었다는 것이다.

　대표적 유교자본주의론자인 유석춘(柳錫春)에 따르면 "자본주의와 유교는 이미 조화되고 있"고, "유교자본주의는 엄청난 가능성을 가진 경제블록"이다. 왜 그런가? 탈냉전시대의 세계질서는 경제의 세계화와 블록화라는 두가지 상호 대립적인 경향을 동시에 보여주며 전개되고 있다. 동아시아 경제는 서로 상충하는 두가지 세계질서의 흐름이 부딪히는 접점에 위치한 가운데, 지속적·역동적 경제성장을 통해 세계화의 파고를 헤쳐 나아갈 수 있는 경쟁력을 보여주고 있다. 동시에 유교라는 '우산'을 통해 이 지역 경제를 하나의 단위로 묶을 수 있는 가능성을 제시하고 있다.[2] 이렇게 보자면 유교적 전통을 공유한 동아시아가 무한 경쟁 시대인 21세기에 세계경제의 중심축으로 부상할 것이라는 일부의 낙관론도 결코 허언이 아니게 된다.

　유교자본주의 차원의 동아시아론에 비해, 서구 근대문화에 대한 반패권적 관점에서 동아시아의 문화와 가치를 재구성하고 재조명하려는 동아시아론은 새로운 문명적 대안을 모색하는 차원에서 제기된다. 백낙청은 "현존 자본주의 문명에 대한 어떤 근본적인 대안이 필요하다"는 문제의식 속에서 "단순히 생산양식에 대한 얘기가 아니라 현존하는 문명과 질적으로 다른 대안적 문명 구상"을 구체화하는 하나의 매개로서 동아시아를 설정하고 동아시아 전통 문명을 재발견하려 시도했다.[3] 신영복 역시 "신자유주의적 세계화와 패권적 질서의 성격에 대한 문명사적 담론을 정리하고 이 패권적 질서를 넘어서기 위한 대안담론을 모색하는 작업에서 동아시아의 문화와 가치는 특별한 의미를 지닌다"면서, 동아시아 특유의 '화(和)'의 논리와 존재론을 회복하여 근대사회의 동(同)의 논리와 존재론을 대체하여야 한다고 주장한다.[4]

그동안의 동아시아 교류를 돌아보면, 동아시아 내의 이러한 문화적 동질성을 기반으로 한 교류가 가장 큰 성과를 얻었다. 동아시아의 전통 문화 차원에서 동질성을 재발견하고 이를 토대로 공동의 정체성을 추구하는 일련의 문화교류와 동아시아 문화공동체 구상은 우리나라뿐 아니라 동아시아 3국에서 폭넓은 지지를 받고 있다.[5] 1990년대 말부터 중국 지식인들이 주창하는 '문화 동아시아' 구상 역시 공통 문화를 통해 공동의 정체성을 창출하여 동아시아 공동체의 기반으로 삼아야 한다는 주장이다.

'문화 동아시아'나 동아시아 의식을 주창하는 중국학자들은 공동의 정체성은 유럽의 경우와 비교할 때 동아시아에 더욱 절실하다고 말한다. 유럽과 달리 동아시아는 17세기 중엽 이후 정체성이 분열되기 시작하였고, 상호 적대감과 비하, 긴장 등이 심해졌다. 학자들은 한국·일본·중국 사이에 편견과 불신임, 적대감이 충만한 것이 동아시아 공동체 건설의 장애라고 본다.[6] 동아시아는 세계에서 가장 다원적인 문화를 지니고 있는 지역이고, 냉전·이데올로기 갈등·민족주의·영토문제 등으로 다툼과 대결이 끝없이 지속되고 있으며,[7] 유럽처럼 같은 종교문화를 가지고 있지도 않아서[8] 공동체 건설을 위한 토대로서의 공동의 정체성이 크게 결여되어 있다는 것이다.

중국의 '문화 동아시아'론은 이처럼 문화를 통해 동아시아 공동의 가치관과 정체성을 창출하고 동아시아를 정합(整合)하자는 것, 동아시아 의식을 창출하자는 것이다. 즉 "동아시아 의식의 핵심은 문화의식"[9]이라고 보고, "동아시아 문화의 동일성에서 시작하여 동아시아 각국 문화의 공통성을 발굴, 강조하고 동아 각국의 문화교류와 협력을 강화하여 민족을 초월한 동아시아 문화의 정체성을 구축하자"[10]는 것이 '문화 동아시아'론의 골자다. 문화를 통해 동아시아 의식을 창출하는 것은 구성원들에게 일체감을 가져다주는 대내적 차원의 효과만 있는 것이 아니라고 주장하기도 한다. 동아시아 의식은 동아시아인들의 자각적인 의식으로서, 주체의식 혹은 독립적 자주의식을 뜻하기에, 이는 국제사회에서 동아시아의 집단적 지위를 높여줄 것이라고 보는 것이다.[11]

이처럼 문화를 통한 동아시아 의식, 동아시아 공동의 정체성 확립이 중요하다고 할 때, 여기서 가장 문제가 되는 것은 어떤 문화로 동아시아를 정합하느냐다. 이 점에 대해 중국의 여러 '문화 동아시아' 논의들은 거의 일치된 의견을 보이고 있다. 중화문화(다른 이름으로 화하문화), 또는 중화문화를 대표하면서 동아시아가 과거에 폭넓게 공유하였던 유가문화를 내세워야 한다는 것이다. 중국에서 동아시아 공동체를 주장한 주요 인물 가운데 한 사람인 딩 레이(丁磊)가 "유교문화를 핵심으로 한 전통문화의 부활이 중국 동아시아주의의 긴박한 과제이다"[12]라고 주장하는 것은 유교를 동아시아 공동체의 기반으로 삼겠다는 구상에서 나온 것이다. 그런가 하면, '문화 동아시아'라는 개념을 중국 학계에 제기한 대표적 학자 가운데 한 사람인 천 보하이(陳伯海)는 동아시아는 지리적 개념이자 문화적 개념이라고 규정한다. 그는 "화하문명의 확산으로 출현한 동아시아 문화권은 층차와 선후관계의 차이를 지니고 있는데, 중국 본토 문명이 그 기둥 줄기이고, 조선과 월남 문화는 두 날개이며, 일본문화는 그 주변이다"[13]라고 말한다. 성 방허(盛邦和) 역시 중화문화를 중심으로 '문화 동아시아'를 구상하는데, "중화문화는 동아시아 문화의 내핵이자 발원지"이고 "문화 동아시아의 출현은 이 지역의 화해와 이익만이 아니라 경제적 번영과 사회발전을 가져다줄 것"이라고 본다. '동아시아 의식'을 주창하는 대표적 학자 가운데 한 사람인 리 핑(李平)은 동아시아 의식이란 "중국·일본·한국을 주축으로 하는 동아시아 지역에 내재하는 유학을 핵심으로 하는 의식"[14]이라고 정의한다. 유교문화권이 동아시아의 지리적 범주이자 문화적 범주임을 명확히 하고 있는 것이다.

하지만 동아시아의 문화적 동질성, 특히 전통 차원의 문화적 동질성을 상정하는 동아시아론에 대한 비판도 끊임없이 제기되고 있다. 김광억은 동아시아 "담론의 대상이 왜 하필 이 세 나라이고 그중에서도 한국은 왜 이러한 논의의 중심 장이 되어야 하는가?"라고 묻고는 "동아시아 세 나라 사이의 문화적 동질성의 강조는 문화적 이질성을 의식적으로 간과하거나 과소평가하는 행위이다"라고 비판한다.[15] 동아시아의 동질적인 문화전통이 오늘날에도 여전히 동아시아 지역에 영향력을 발휘하고 있다거나 발휘해야 한다고 여기는 것은 동아시아 내부의 문화적 차이를 무시하는 일이라고 보는 것이다.[16] 동아시아 내부의 언어는 유럽보다 훨씬 차이가 크며, 과거 같은 유교문화권이었다고 하더라도 현재 각국에서 유교의 현실적 위상은 많은 차이를 지니고 있다.

사실, 특히 한국과 중국 관계만 놓고 볼 경우 거의 습관적으로 이질성보다 유사성을 먼저 상정하여왔다. 대부분의 한국인들은 습관적으로 한국과 중국 사이의 동질성을 우선적으로 가정하는 가운데 한중관계를 생각한다. 하지만 두 나라는 근대 이후, 특히 냉전 이후 적성국가로 40여년 동안 교류가 단절되었고 상이한 근대의 길을 걸어오면서 서로에게 낯선 상대가 되었으며, 상호 이질감과 적대감이 매우 강하다.[17] 여기에 일본이 포함되면 이는 더욱 두드러진다. 세 나라에는 오랜 교류의 역사에서 비롯된 전통문화의 유사성뿐 아니라 냉전체제 속에서 형성된 심각한 이질성과 대립 역시 존재하는 것이다. 문제는 이러한 이질성과 적대성이 기존의 동아시아 공동체론에서 쉽게 망각되거나 간단히 넘어설 수 있는 것으로 취급되어왔다는 것이다. 이런 손쉬운 오해가 일어나는 이유는 크게 보면 두가지 때문이다. 하나는 전통문화의 동일성이 주는 착시효과 때문이고, 다른 하나는 '동양/서양'의 이분법 속에서 서구라는 타자에 대한 대립항으로서 동아시아를 하나의 공동체로 설정하기 때문이다. 반서구담론의 차원에서 동아시아의 문화적 동질성이 설정되고, 그 상상 속에서 동아시아 내부가 하나로 상상되는 것이다.

하지만 동아시아 동질성에 대한 집착 내지는 손쉬운 오해를 거두고 보면 사정이 달라진다. 사실 동아시아는 너무도 공통성이 없는 지역이고,[18] 동아시아 공동체 형성을 가로막는 최대의 장애물은 동아시아 내부의 이질감이라고 해야 옳다.[19] 이러한 이질감을 극복하는 것이 공동체 형성이라는 프로젝트에서 가장 중요하고도 어려운 과제인 것이다. 그런데 여기서 한가지 주목할 것이 있다. 적어도 근대 이후 동아시아 내부의 이질감·적대감은 동아시아 식민과 냉전의 산물인 까닭에, 이를 극복하는 작업은 단순히 동아시아 공동의 정체성을 회복하는 차원을 넘는다는 것이다. 그 작업은 동아시아 탈식민·탈냉전 작업의 일환이다. 일본의 와다 하루끼가 전세계에서 동북아시아만큼 심각한 갈등을 겪은 지역이 없고, 동북아시아만큼 공통 요소가 적은 동시에 이질적이며 대립적인 지역이 없지만, 바로 그 점에 동북아시아가 '하나로 뭉치는' 것의 '글로벌한 의미'가 있다고 보는 것은[20] 이런 맥락에서 이해되어야 한다.

요컨대 동아시아 공동체 창출을 위한 노력에서 공동의 정체성과 공동의 인식을 확보하려는 노력 못지않게 중요한 것은 동아시아 내부의 문화적 이질성을 직시하고 현실에 존재하는 이질성과 차이의 역사성을 진지하게 검토하는 일이다.[21] "동아시아를 사고한다는 것은 비슷하지만 전혀 다른 역사를 겪어오면서 만들어진 차이를 인정하고 그 차이성을 인식하는 일로부터 시작하는 것"이어야 한다는 백원담의 지적은 귀담아들을 만하다.[22] 또한 장수현의 타당한 지적대로, 동아시아의 문화적 공통성에 대한 신화를 만들어가는 것이 아니라 미래를 구상하는 데 장애로 작용하는 과거와 현재의 문제를 공동의 노력을 통해 진지하게 성찰하고 극복하는 작업이 필요하다.[23]

하지만 그렇다고 해서 동아시아 전통문화에 대한 재평가를 주장하며 동아시아의 문화적 동질성을 창출하려는 노력을 문화로 역사를 넘어서려는 탈역사적 기획으로만 보는 것은 문제다. 관건은 동아시아 공동체 논의에서 전통을 호명하는 것이 동아시아가 과거 하나의 문화적 배경을 지닌 '일가(一家)'였다는 문화적 기억의 소생을 통해 공동의 정체성을 창출하는 데서 그치는 것이 아니라 근대를 넘어선 새로운 문명 원리를 모색하는 지평으로까지 나아갈 수 있는지의 여부다. 그럴 때 동아시아 전통문화에 대한 기억의 소생 작업은 탈역사적 문화 기획 차원을 넘어서게 될 것이다.

3. 동아시아 공동체 건설과 민족주의/탈민족주의

동아시아 공동체 건설의 가장 큰 장애 요인으로 자주 지적되는 것이 바로 동아시아의 민족주의다. 유럽에서는 민족주의가 쇠퇴하고 지역통합이 빠르게 진전되고 있으나 동아시아에서는 때늦은 영토분쟁이 일어나는 가운데 민족주의가 부활하고 있다.[24] 국민국가의 초월과 탈민족주의에 대한 요구는 자연스럽게 동아시아 공동체 건설을 위한 국민 정체성의 초월과 시민 정체성의 요구로 이어진다. 예컨대 윤해동은 동아시아에서 민족·국민·국가·계급을 넘어선 보편적 인간의 존재를 사유하자고 제안하면서, 동아시아 "각국의 시민사회 내에서 의사소통적 합의를 도출하고 공공적 역사를 구성하려는 시도를 통하여 인권과 평화에 기반한 동아시아 시민연대를 구축하는 방향으로 나아가지 않으면 안된다"고 말한다.[25]

대표적으로 동아시아 공동체의 주체로서 시민을 강조하는 것은 동아시아 연대를 지지하는 일본 지식인들이다. 오에 겐자부로는 동아시아 시민들이 국가 단위의 내셔널리즘을 넘어 동아시아 문화라는 것을 만들어야 한다고 강조한다.[26] 1990년대 이후 한국 지성계의 중요한 흐름이라고 하면, 일본 비판적 지식인들의 민족주의·국가주의 비판을 한국 지식인들이 받아들여 한국사회를 비판하는 이론적 무기로 삼는 것인데, 이들 지식인의 경우 국가주의·민족주의를 넘어선 시민주체의 건설을 동아시아 공동체 건설의 기본 전제로 인식하고 있다. 그리고 강상중의 표현대로 민족주의라는 요괴가 한국과 일본, 중국 등 동아시아 곳곳에서 발호하고 있는 상황에서 민족주의의 전압을 낮추는 것이 동아시아 평화와 동아시아 공동체 건설에 절대적으로 중요하다고 할 때,[27] 국민을 넘어서는 시민 정체성이 동아시아인들에게 더욱 긴요해진다.

이렇게 동아시아 공동체 건설의 주체를 탈국민적 시민으로 상정하는 것에 대한 비판도 꾸준히 제기되고 있다. 예컨대 김희교는 동아시아 연대의 주체를 시민으로 상정할 경우 중국에는 연대의 대상이 될 만한 시민적 정체성을 가진 존재가 없고, 중국의 '시민'은 대부분 철저한 자유주의적 시장주의자로서의 정체성을 지니고 있기 때문에 연대가 난관에 부딪힐 수밖에 없다며 시민주체론을 비판하면서 시민을 대신하여 '민중이라는 진부한 주체'를 복원하자고 제안한다.[28] 하지만 중국에서도 최근 들어 우리의 '민간'이라는 용어가 지식인사회의 화두가 되면서 국가 영역 밖의 민간영역이 소생하고 있다는 점을 감안하면 중국의 시민 정체성 부재를 이유로 동아시아 시민연대가 취소될 이유는 없다고 본다.

보다 중요한 것은 공동체 건설을 위해 동아시아 역내 과제를 해결하는 데 있어서 시민적 정체성이 온전히 그것을 감당할 수 있느냐는 것이다. 이와 관련하여 한상일은 동아시아 역내 문제의 경우 시민운동의 영역에서 해결할 수 없는 문제들이 많고 따라서 시민 차원의 연대를 통해 동아시아 문제를 해결할 수 있다고 보는 것은 비현실적인 환상이라고 비판한다.[29] 이남주의 경우는 동아시아 각국의 현실에 비추어볼 때 성숙한 국민국가의 건설이 여전히 중요한 과제라면서,[30] 동아시아 지역 협력체 건설에서 국민국가의 극복에만 초점을 맞출 수 없고 국민국가들 사이의 관계에 초점을 맞추는 복합적 전략이 필요하다고 본다.

사실 동아시아 공동체 건설 작업은 개별 국민국가의 개혁 작업, 즉 개별 국가를 성숙한 국민국가로 만드는 작업과 연관을 지닐 때, 그리고 각국 민중들 삶의 구체적 현장과 지속적으로 연계될 때에만 생명력과 실천력을 지닐 수 있다. 그렇다면 탈국가주의, 탈민족주의 그리고 시민 정체성을 지니는 동아시아판 국제주의만이 동아시아 공동체 건설을 위한 유일한 방략일 수는 없다. 국민국가와 민족주의와 국민을 유일신으로 떠받들지 않되 이에 대한 허무주의에도 빠지지 않는 제3의 길, 국민과 시민이라는 두개의 정체성을 갖는 가운데 이 둘이 서로 제약하고 서로 되비추며 건강한 긴장을 유지하는 이중의 복합적 전략이 필요하다. 이는 동아시아에서 근대지향과 근대극복의 이중과제를 실천하는 작업의 하나임은 물론이다.

4. 동아시아 공동체 건설과 한국인의 (동)아시아 의식

"중국에 아시아가 있는가?"[31] 한국의 대표적 동아시아론자인 백영서는 중국인들의 동아시아 의식과 관련하여 이렇게 물었다. 이처럼 "도발적으로 문제제기"한 이유는 "중국인들에게 주변의 동아시아 민족국가와 사회에 대한 수평적 관심이 결여되어 있지 않은지 묻고" "그들의 중국 중심주의 내지 대국주의 성향을 지적하면서 그로부터 벗어나기 위한 길의 하나로 동아시아에 관심 갖기를 제안"하기 위해서였다. 중국인의 역사적 경험 속에 (동)아시아에 대한 수평적 사고가 결여된 것처럼 보이기 때문에 오늘날 '중국위협론'의 망령이 중국의 주변을 떠돌고 있다고 보고, 그럴수록 동아시아에 대한 수평적 관심이 절실하다고 촉구한 것이다.

중국의 아시아 의식 부재를 질타한다면, 한국인에게도 역시 중국과 일본, 동아시아에 대한 수평적 사고가 존재하는지를 검토하면서 "일본에는, 한국에는 동아시아가 있는가?"라고 질문을 던질 수 있어야 한다.

그렇다면, 한국은 어떠한가? 동북아시대위원회가 정부의 한 기구로서 만들어지고 동아시아 공동체담론의 가장 유력한 생산지이자 동아시아 연대활동이 가장 활발하게 실천되고 있는 한국에서 이렇게 묻는 일은 부질없어 보일 수도 있다. 적어도 한국에서만큼은 동아시아가 생성 중에 있다고 말할 수도 있을 것이기 때문이다.

상황이 이러한데도 "한국에 동아시아가, 중국이, 일본이 있는가?"라고 물어야 하는 것은 한국인들이 가지고 있는 중국과 일본에 대한 상상을 해체적으로 재구성하는 작업이 동아시아 공동체 건설에 중요한 전제가 된다고 보기 때문이다. 중화주의와 대동아공영권이라는 역사적 패권주의 경험에서 자유롭고 대국과 소국의 중간 규모인 한국이 동아시아 공동체 건설에서 주도적인 역할을 자임할수록 더욱 그러하다.

특히 문제가 되는 것은 한국인의 중국에 대한 상상이다. 한국인들의 중국에 대한 상상은 대부분 역사적·문화적 기억의 산물이지 개인의 기억에서 나온 것은 아니다. 근대 이후 우리는 우리 스스로 중국에 대한 이미지를 가져본 적이 없다. 일본과 미국이 제조한 중국 이미지를 흡수하여 우리 것으로 삼아온 것이다. 냉전 이후 중국과의 접촉이 단절되고 적성국가가 되면서 그러한 경향은 더욱 심해졌다. 그런 가운데 한국인들에게 중국은 패권주의를 추구하는 대국의 이미지와 낙후되고 더럽고 인권이 없는 나라라는 극단적인 이미지로 굳어졌다.[32] 그것은 역사적 기억이자 문화적 기억이다. 한중수교 이후, 민간 접촉이 늘어나면서 중국에 대한 개인 기억이 만들어지고 있지만 중국에 대한 역사적 기억, 문화적 기억의 중압은 여전하다.

동아시아 공동체론은 이러한 역사적·문화적 기억을 어떻게 처리할 것인가? 동아시아에 대한 수평의식을 결여한 채 중화주의 재건을 꿈꾸는 중국, 그리고 과거 동양주의에 대한 향수를 버리지 못하고 있는 일본에 대한 대안으로 한국의 주도적 역할을 거론하는 경우, 동아시아 공동체담론 역시 중국과 일본에 대한 종래의 일방적인 역사적·문화적 기억을 재생산하는 데 기여하는 것은 아닌지 자문해볼 일이다. 김희교의 지적대로 중국위협론을 동아시아 공동체론에서 반복하는 것은 아닌지, 지금 중국의 동아시아 전략이 과거 일본의 동아시아주의와 동등하게 평가될 만큼 위험한 것인지, 실제 중국의 동아시아관을 살펴보는 작업이 요구된다.[33] 동아시아 담론이 식민과 냉전의 산물인 역사적·문화적 기억을 어떻게 해체하고 공동체에 기여하는 미래의 기억으로 어떻게 재구성할 것인지에 대한 고민이 필요한 시점이다.

5. 동아시아 공동체 시대의 한국의 문화공간

일본의 이께가미 요시히꼬(池上善彦)는 일본에게 동아시아는 정신을 차리게 하는 장소라고 말한 바 있는데,[34] 한국에게도 동아시아는 그러해야 한다. 동아시아 공동체의 시각에서 우리를 질문하고 되돌아보는 가운데 우리 스스로에게 귀신처럼 서려 있는 식민과 냉전의 어두운 기억들을 해체하고 우리 내부를 동아시아 공동체에 걸맞게 재구성하는 일이 요청되는 것이다. 동아시아적 시각을 견지한다는 것의 의미도 여기에 있을 것이다. 노무현 정부 시절 동아시아 허브론을 내세우면서 금융경제 씨스템 재편을 시도한 바 있지만, 동아시아 공동체 건설을 위한 재편은 다방면에서 이루어져야 한다.

한국이 경제·금융·물류 등의 차원에서보다 문화적 차원에서 동아시아의 거점이 될 가능성이 크다고 할 때,[35] 한국은 문화적 차원에서 어떠한 변화를 꾀해야 할까? 한국이 중국과 일본의 패권주의를 비판할 수 있으려면 먼저 "동아시아 어떤 국가보다 혈통과 언어, 문화 등의 측면에서 강한 동질성을 지니고 있는 한반도가 '단일민족신화'라는 주술에서 벗어나야 한다"[36]는 정선태의 지적은 동아시아 공동체 시대 한국의 문화적 재편의 방향에도 유효하다.

단일민족신화의 주술에서 벗어나자는 제안은 '한민족=한국=한국문화=한국어'로 연결되는 국민국가의 일의적이고 균질적인 씨스템에 균열을 가해 이를 다민족·다언어·다문화적으로 재편하자는 제안이다. 이러한 문화적 구상은 동아시아 공동체 복합국가론의 정치적 구상과 호응하는 것이기도 한데, 한국의 문화적 공간을 동아시아 문화들이 혼재하는 혼성의 공간으로 만들어 다문화적인 특성을 한국문화의 고유성으로 만들자는 것이 그 내용이다. 백지운은 우리 문화가 지닌 다문화적 가능성에 주목하는 것은 한국문화의 순종성을 해치는 것이 아니며, 오히려 이를 통해 아시아문화의 매개이자 문화거점으로서의 가능성을 새롭게 보여줄 수 있다고 말한다.[37]

동아시아 문화공동체란 동아시아 문화가 어떤 하나의 방향성을 가지고 동질적으로 구성되는 것을 의미하지 않는다. 이 공동체는 동아시아 문화가 다원적으로 공존하는 공간이고, 그 다원적 공간 속에서 동아시아 문화는 서로 뒤섞일 것이다. 그리고 그 징후는 이미 대중문화에서 나타나고 있다. K-Pop과 J-Pop, C-Pop이 섞이고 있고, 동아시아 공동의 영화 제작 씨스템이 만들어지고 있다.[38] 가장 활력있는 민주주의를 기반으로 역동적인 문화를 산출하고 있는 한국이 동아시아 문화의 거점 역할을 할 수 있는 가능성은 충분하다. 동아시아 문화를 일상적으로 체험하고 그런 가운데 동아시아적 감성과 정서를 키우는 공동체의 문화적 체험장으로서 한국의 문화공간을 재편하는 것이 필요하다. 동아시아가 대다수 동아시아 민중들의 일상의 감각으로 자리할 때 보다 긴 생명력을 지닐 수 있고, 구체적 현실로 실천될 수 있다는 점에 상도하면, 이는 동아시아 공동체 형성을 위한 느리지만 가장 탄탄한 길일 것이다.

6. 맺음말

원래 문화는 국민국가의 개별성을 강조하는 개념이다.[39] 동아시아 공동체 구상을 위한 문화담론에서 가장 중요한 것은 문화가 어떻게 국민국가의 틀을 넘어 동아시아를 사유하는 기반이 될 것인가의 문제다. 최근 영화와 대중음악, 드라마의 경우 국민국가 사이의 경계가 엷어지면서 동아시아 차원에서 생산, 유통, 소비되는 일이 빈발하고 있다. 이처럼 국민국가의 경계를 넘는 일이 동아시아 각국의 문화 전반으로 확산될 때, 문화는 새로운 동아시아 질서의 군건한 토대로서 작용하게 될 것이다. 이를 위해서는 소통에 기여하는 문화의 역할에 대한 논의가 국가의 경계를 넘어 동아시아 차원으로 확산될 필요가 절실하다.

참고문헌

강상중 『동북아시아 공동의 집을 향하여』, 뿌리와 이파리 2002.

고은, 백낙청 대담 「미래를 여는 우리의 시각을 찾아서」, 『창작과비평』 1993년 봄호(제79호).

니시카와 나가오 『국민이라는 괴물』, 윤대석 옮김, 소명출판 2002.

백영서 「중국에 아시아가 있는가?」, 『동아시아의 귀환』, 창비 2000.

백영서 외 『동아시아의 지역질서』, 창비 2005.

백원담 「和와 동아시아」, 『동아시아문화공동체포럼』 자료집, 2003.2.

백원담 「이병헌 팬싸이트를 통해서 본 동아시아 대중문화소통 현상 연구」, 『동아시아에서 문화교류연구, 어떻게 할 것인가』, 한국중국현대문학학회 정례 학술대회 자료집, 2004년 봄.

백원담 『동아시아의 문화 선택, 한류』, 펜타그램 2005.

신영복 「동아시아의 가치와 연대」, 『아시아 문화의 같음과 다름』, 아시아 전통 예술 페스티벌 발제문, 2004.10.9.

오에 겐자부로, 김우창 대담 「동아시아의 평화비전을 향하여」, 『국민일보』 2006.5.19.

와다 하루키 『동북아시아 공동의 집』, 이웅덕 옮김, 일조각 2003.

왕 샤오링 「한중 사이의 문화적 차이에 대하여」, 『중국의창』 2002년 창간호.

우정은 「한국의 미래를 비추는 세계의 거울」, 『창작과비평』 2003년 여름호(제120호).

유석춘 「동아시아 '유교자본주의' 재해석: 제도주의적 시각」, 『전통과현대』 1997년 겨울호.

이께가미 요시히꼬 「정신을 차리게 하는 장소로서의 동아시아」, 『동아시아의 연대와 잡지의 역할』, 국제심포지움 자료집, 2006.6.9.

이남주 「동아시아 협력론에 대한 비판적 고찰」, 『창작과비평』 2005년 봄호(제127호).

이남주 「중국의 대국전략으로의 전환과 민족주의」, 『철학과현실』 2004년 가을호(제62호).

이수훈 「동북아시아, 갈림길에 섰다」, 『한겨레』 2006.10.20.

임혁백 「동아시아 지역통합의 조건과 제약」, 『아세아연구』 2004년 12월호(제118호).

장수현「한류를 통해서 본 동아시아공동체론」,『인문학연구』, 충남대 2004년 (제31권 제2호).

장수현 외『중국은 왜 한류를 수용하나』, 학고방 2004.

정문길 등 엮음『발견으로서의 동아시아』, 문학과지성사 2000.

정선태「동아시아 담론, 배반과 상처의 기억을 넘어서」,『문학동네』 2004년 여름호(제39호).

정재서 엮음『동아시아 연구』, 살림 1999.

조한혜정「6일간의 시간여행: 아시아, 글로벌, 그리고…」,『당대비평』 2002년 여름호(제19호).

최장집「동아시아 공동체의 이념적 기초」,『아세아연구』 2004년 12월(제118호).

한상일「동아시아 공동체론─실체인가 환상인가?」,『동양정치사상사』 2005년 (제4권 제1호).

丁磊「東亞共同體與中國東亞主義」,『山東社會科學』 2006年 第4期(總第128期).

6장
동아시아론과 대중문화의 초국적 횡단[*]

임춘성(목포대 중어중문학과 교수)

　흔히 '한류'라 불리는 한국 근현대 대중문화는 순혈 이데올로기에 빠진 우리가 오인하고 있는 바와는 다르게 혼종(hybrid) 문화라 할 수 있다. 한국 대중문화가 동아시아에서 유통되는 현상을 분석하기 위해서는 그것이 수용한 타문화와의 문화횡단을 쌍방향적으로 보아야 한다. 신자유주의의 메카인 미국의 대중문화, 중국의 전통문화, 일본문화, 대만·홍콩 문화 등의 한국 수용에 대한 점검이 함께 이루어져야만 한류의 동아시아 소통을 '지구적 차원'에서 제대로 해석할 수 있을 것이다. 이 글은 동아시아 대중문화의 초국적 생산과 유통을 문화횡단과 소통이라는 관점에서 고찰하고자 한다. 그 구체적 사례로 홍콩 대중문화, 특히 진융 무협소설의 한국 수용에 분석 초점을 맞출 것이다.

---

[*] 이 글은 「중국 대중문화의 한국적 수용에 관한 초국가적 연구」(『중국학보』 제57권, 2008)와 「홍콩 무협소설에서 중화 국민문학으로」(『ASIA』 제35권, 2014)를 토대로 새롭게 구성한 것이다.

1. 명명과 방법으로서의 동아시아

동아시아는 서유럽에 의해 명명됐다. 근현대(modern) 이전 동아시아 지역에 '우리 의식'(we-ness)은 찾아보기 어려웠다. 이를테면 임진왜란은 중세 동아시아 역사에서 '조선-명-왜' 삼국이 충돌한 중요한 사건이었지만 당시 세 나라는 스스로 하나의 단위로 인식하지 않았고, 근현대 초입 새로운 동아시아 판도 형성에 중대한 영향을 미쳤던 청일전쟁에서도 '조선-청-일본'의 인식은 크게 달라지지 않았다. 역사적으로 동아시아는 서유럽에 의해 명명된 것으로 보아야 한다. 그들은 무력을 통해 경제적 이익을 도모하고자 동아시아라는 지역 단위를 구성했고 동아시아 각국은 그것을 내면화했다. 서유럽의 동아시아 명명을 범박하게 오리엔탈리즘이라 할 수 있고, 동아시아에서 몇 세대에 걸쳐 "지식인, 학자, 정치가, 평론가, 작가라는 오리엔탈리즘에 꿰뚫린 사람들이 반복 재생산한 표상=대리 표출(representation)에 의해 구성된 현상"[1]을 셀프 오리엔탈리제이션(self-orientalization)이라 할 수 있다.

동아시아와 서유럽의 관계는 역사적으로, 서유럽에 의한 동아시아 명명과 구성, 동아시아에 의한 서유럽 수용과 상상, 동아시아에 의한 서유럽 응시(gaze)와 성찰, 그리고 동아시아에 의한 동아시아 구성과 상상으로 나누어 고찰해볼 수 있다. 근현대 이래 동아시아가 서유럽에 의해 상상되고(imagined), 발명되고(invented), 구성되고(consisted), 조직되었던(organized) 것이라면, 이제 동아시아 스스로 주체적으로 상상하고 발명하고 구성하고 조직해야 한다는 과제가 당면해 있다. 현재로서 동아시아는 실체로서 존재한다기보다 지향되는 가치라고 답변하는 것이 안전할 것이다. 지정학적 실체로서의 동아시아에 접근하려는 시도는 대개 자기모순에 빠진 반면, 그와 거리를 두면서 지식인의 자기반성과 해체의 계기로 삼는 '방법으로서의 아시아'(타께우찌 요시미, 천 광싱), '프로젝트로서의 동아시아'(아리프 딜릭), '지적 실험으로서의 동아시아'(백영서), '태도로서의 동아시아'(쑨 거) 등의 접근은 나름의 성과를 얻었다. 이들과 문제의식을 공유하면서 우리는 동아시아를 '차이의 국면'(dimension of difference)으로 바라볼 필요가 있다. 동아시아를 고정된 실체로 볼 것이 아니라, 각 국가의 차이들이 나타나는 국면, 차이에 기반을 둔 동아시아 정체성, 그리고 그것을 정의하기 위해 동원된 차이들의 부분집합 또는 차이의 절합(articulation)을 자연화하는 과정으로 보자는 것이다. 아울러 '차이의 국면으로서의 동아시아'를 '타협적 평형'(compromise equilibrium)으로 설정하는 것도 필요하다. 이는 각국의 서로 상충하는 이익과 가치가 모순적으로 혼합되어 있는 상태를 가리키는 것으로, 동아시아를 일국 정체성 또는 패권의 '통합력'과 타국 정체성의 '저항력' 사이의 투쟁 또는 각축의 장으로 설정하는 것이기도 하다.[2]

2. 한류와 포스트한류 그리고 초국적 문화횡단

동아시아에서 한류 열풍이 불면서 우리 사회에서도 동아시아 내 대중문화 교류에 대한 관심이 고조됐다. 초기의 한류 평가에는 애국주의적·저널리즘적·선정적 수사가 많았다. 그러나 동아시아 내에서 일류(日流: J-pop)와 칸토 팝(Canto-pop)의 존재를 인지하고 '지구적 문화'(global culture)에 대한 시좌를 획득하면서 한류에 대한 관심은 주로 '초국적(transnational) 문화흐름들'에 초점을 맞추는 방향으로 연구가 진행됐다. '초국적 문화흐름들'이란 현대의 세계주의(cosmopolitanism)적 문화 형태들이 그 속에서 번성하고 경쟁하며, 오늘날 인문과학의 그 많은 진리들을 좌절시키는 바로 그런 방식으로 서로를 먹이로 삼는 흐름들[3]을 가리킨다. 그 배경에는 '탈영토화'(deterritorialization)의 문화적 역학이 존재한다. 탈영토화란 초국적 기업·자본 시장·민족 집단·당파적인 운동·정치적 형성물이 특정한 영토적 경계와 정체성을 초월하는 방식으로 작동하고 그로 인해 문화적 재생산의 토대가 근본적으로 변화되고 있는 상황을 가리킨다.[4] '초국적'이라는 문제의식으로 한류를 보면 초기의 단방향적 영향이라는 평가를 넘어서게 된다. 조한혜정은 한류를 1990년대 아시아 지역에서 일고 있는 '탈경계적' '초국적' 문화 생산 및 유통 상황의 하나로 파악하고 이를 통해 미국 중심의 지구화 이외의 다른 가능성을 모색할 수 있는 대상으로 고찰했고,[5] 김현미는 페미니즘과 '문화 번역'의 관점에서 '신여성주의'와 문화횡단적 '여성담론'을 구축하는 기제라는 독특한 해석을 내놓았으며,[6] 강내희는 1980년대 민주화운동의 맥락과 연결해 '신자유주의 세계화'와의 모순적 관계 속에서 한류를 재해석했다.[7] 이들의 연구는 저급한 민족주의 또는 문화패권주의적 관점에서 한류를 과장 해석한 초기 단계 평가보다 진척된 것이다.

이러한 성찰과 아울러 '포스트한류'의 문제의식에 주목할 필요가 있다. 최원식은 '후기한류'와 '탈한류'의 중층적 의미로서의 '포스트한류'를 설정하면서, 한류에 대한 기존의 문화패권주의적 발상을 기각하고 "한류가 일류와 화류를 매개하여 비로소 동아시아 혹은 아시아를 독자적인 단위로 상상할 수 있게 만든다는 것이 포스트한류의 핵심"[8]이라고 주장했다. 이는 동아시아에 지속적인 관심을 가지고 관찰한 학인만이 깨달을 수 있는 심득으로, "한중일 모두 지금까지 자신의 나라를 이끌어왔던 대중문화에 대한 반발이 한류, 일류, 화류로 나타난 것"[9]이라는 분석은 타국 대중문화를 수용하는 자국 문화의 문맥에 초점을 맞추었다는 점에서 소중하다. 이와 더불어 "타자를 자기의 조건에 억지로 맞추려 하지 않기를 바라는 운동, 오히려 타자를 향해 밖으로 나가는 운동"[10]이 필요하다. 타국 문화를 수용하는 자국 문화의 맥락을 존중하되 그것이 타국 문화를 향해 밖으로 나가는 운동은 문화교류의 쌍방향/다방향적 특성을 인지하고 기존의 국가·성별·인종·세대의 경계를 넘어 상호소통의 희망을 내재할 때 가능한 법이다.

최원식의 문제설정에 근거해 시야를 확대해보면, 동아시아 문화교류와 관련해서 주목할 만한 성과로는 이와부찌 코오이찌(岩渕功一)와 이동연(李東淵)의 연구가 있다. 이들은 자국 '문화연구'를 기반으로 연구 영역을 동아시아 문화소통으로 확전했다는 공통점을 가지고 있다. 이와부찌는 그 어느 때보다도 활발하게 이루어지고 있는 1990년대 이후 동아시아 역내의 대중문화 교류의 원인을 급속한 경제성장과 토착화된 근현대 경험의 교환에서 찾으면서, "아시아 지역의 문화 왕래를 지구화의 탈중심화와 재중심화의 역학 속에서 고찰"[11]하고자 한다. 그는 1990년대 새로 나타난 '아시아다움'은 미국의 대중문화를 소비하면서 형성된 도시문화라는 특징을 지니고 있으며, 중산층의 글로벌리즘의 장으로서 실질성과 공통성을 지니고 있고 아시아 여러 나라들의 중산층은 소비주의와 전자통신 기술의 발달로 인해 문화적으로 강하게 연결되었다[12]고 보았다. '아시아 도시에 퍼진 중산층 문화'는 '참된 아시아의 탄생'을 의미하는 동시에, 1990년대 아시아 대중문화의 유통과 소비를 논할 수 있는 근거이기도 하다. 이와부찌는 한국 대중문화를 분석하지 않았지만 그의 맥락에서 한류를 보면, 한국은 해방 이후 또는 일제시대부터 미국으로부터 직접 또는 일본이라는 1차 변전소를 통해 공급받다가 1990년대 들어 스스로 전압을 조정해서 아시아 각국으로 재송출하는 '2차 변전소'의 역할을 하는 것으로 해석할 수 있다. 다만 한국이라는 변전소는 1차 변전소인 일본으로 역송출하기도 하고 발전소인 미국을 넘보기도 한다는 점이 특이하다.

한편 '비판적 문화연구'의 입장에서 동아시아 대중문화를 글로벌 문화자본의 문제의식과 결합하고 있는 이동연의 논의 또한 주목을 요한다. 그는 '아시아 문화연구 상상'이라는 거대한 프로젝트를 발진(發進)하면서, '산업으로서의 한류'와 '담론으로서의 한류'의 간극에서 비롯된 한류의 과장된 의미작용을 가동시키는 담론이 바로 '국가주의적 혹은 문화민족주의적인 담론'이라 분석한다.[13] 이동연은 한국사회의 '미국화'(americanization) 경향을 '글로벌 문화'의 본질로 파악하면서 글로벌 문화의 민주화·지역화·다원화라는 긍정적인 담론 속에 감추어진 '문화자본'의 논리에 초점을 맞춘다.[14] 이 문화자본의 논리가 '신자유주의 세계화' 논리와 일치한다는 인식은 글로벌 문화를 긍정적으로만 바라볼 수 없게 만든다. '문화다양성의 논리'에서 보면 한류는 미국 중심의 글로벌 문화에 대항하는 대표적인 사례로 꼽힐 수 있다. 또한 국민-국가 문화다양성의 한 예로 한류는 국지화된 글로벌 문화의 다원화·혼종화 현상을 이해하는 데 중요한 연구 사례가 된다.[15] 그러나 한류가 아시아 권역의 글로벌 문화지수를 대변하는 데 있어 완전히 독자적인 지위를 확보하기는 어려운 형세다. 그러므로 이동연은 한류가 문화

자원으로서 기능하기보다는 명백하게 문화자본의 형태로 기능한다고 본다. 한류 문화자본은 '미국화'와 '일본화'가 적절하게 혼합된, 국지적으로 변용된 글로벌 자본을 지향한다는 것이다. 그러므로 금후 한류의 과제는 신자유주의 문화세계화를 넘어서는 것이다.

이와부찌와 이동연의 논의는 동아시아 문화횡단이라는 관점에서 각각 자국 대중문화를 분석하고 있지만 그 전망은 다르다. 이와부찌는 미국 대중문화의 영향을 받은 동아시아 중산층 중심의 도시문화에 소비주의와 미디어 발달로 인해 생성된 문화적 유대감에 주목한다. 반면, 이동연은 한류에 내재한 미국화 욕망과 국가주의의 개입 그리고 문화자본의 논리를 경계한다. 이와부찌의 낙관적 전망과 이동연의 비관적 성찰은 동아시아 문화흐름들 스펙트럼의 양 극단이다.

그동안 숱하게 논의되어온 동아시아 담론은 대중문화 영역에서 그 구체성을 획득하고 있다. 한류에 초점을 맞추어 보면, 미국 대중문화를 수용·소비하는 초기의 모방 단계에서 자기화 과정을 거쳐 1970년대 청년문화를 구성해 자국 내에서 소비했다. 그리고 1980년대 민주화 과정을 거쳐 개방적인 사회 분위기와 미디어 발달에 힘입어 동아시아에서 유통되는 한류가 형성되었다. 주목할 것은 한류의 동아시아 유통이 우연한 계기에 의해 뒷받침되었다는 점이다. 한류에 내장된 중국 전통문화와 일본문화 등의 요소가 현지에서 환영받으면서 동아시아 문화 현상으로 자리매김 된 것이다. 이 글에서는 '지구적'이고 '초국적'인 문화 흐름에 기초하여 동아시아 문화횡단의 시좌와 포스트한류의 문제의식을 수용해, 한류에 각인된 홍콩 대중문화의 흔적을 분석하고자 한다.

3. 홍콩 대중문화의 한국 수용

우리 생활 속에는 의식하지 못하는 가운데 홍콩 대중문화가 자리 잡고 있다. 여기서 홍콩은 중국을 대신한다. 대륙의 사회주의 정권은 대중문화에 대해 적대적이었기에 대중문화는 홍콩과 대만을 중심으로 발전했다. 대중문화 관점에서 보면 '사회주의 30년'은 불모지였고 1978년 개혁개방이 시작되면서 과도기를 거쳐 부활했다. 개혁개방 이전 한국 사회에 수용된 중국 대중문화는 홍콩과 대만의 그것이었던 셈이다.

서울시교육감이 중학교 무시험 입학 제도를 발표한 후 첫 휴일인 1968년 7월 17일, 초등학교 6학년이던 나는 국제극장에서 상영하던 〈황금박쥐〉를 보지 못하고 당시로선 변두리였던 남영동 '금성극장'에서 〈삼인의 협객(邊城三俠)〉(1966)을 관람했다. 이것이 내 '기억' 속의 첫번째 홍콩영화다. 이후 왕우(지미 웡)는 '외팔이 시리즈'와 함께 친숙한 외국배우가 되었고 1970년대의 이소룡(브루스 리)이 그 뒤를 이었으며 그 후 성룡(재키 찬)이 나왔다. 중학교 시절 낙원상가 '허리우드극장'에서 개봉된 리 칭 주연의 〈스잔나(珊珊, Susanna)〉(1967)는 당시 중고등학생들을 사로잡았다. 리 칭은 '스크린의 천사'라는 별명을 얻을 정도로 인기가 많았다. 우리에게 '원 써머 나잇'(One Summer Night)으로 잘 알려진 〈사랑의 스잔나〉(Chelsia My Love, 1976)가 〈스잔나〉의 아류작이라는 평가를 받았을 정도다.

해방 이후 우리 사회는 미국의 대중문화와 그 아류가 독판친 듯 보이지만, 그 이면에는 일본문화가 암류(暗流)로 존재했고, 눈에 띄지 않는 사각(死角)에 홍콩과 대만의 영화와 무협소설이 놓여 있었다. 2004년 개봉된 유하의 〈말죽거리 잔혹사〉는 고등학교 폭력 문제를 정면으로 다루었다는 점에서 사회문화사적 의미를 가지고 있지만, 이 글에서 주목하는 것은 1970년대 홍콩 대중문화의 영향을 솔직하게 재현하면서 그에 대한 '노스탤지어'를 소환하고 있다는 점이다. 이에 대해 신현준은 이렇게 평했다. "'이소룡에서 시작하여 성룡으로 끝나는' 이 영화의 수미의 배치는 홍콩의 대중문화 생산물이 1970년대 성장기를 보낸 세대에게 어느정도의 영향력을 미쳤는지를 보여줌과 동시에 그 영향력이 1980년대 이후에도 지속될 것이라는 점을 예시하고 있다."[16] 사실 유하의 예시는 '현실에서 입증된 예시'다. 모두 알다시피 브루스 리, 재키 찬, 홍금보/사모 홍 등과 4대 천왕, 4소 천왕 등은 지금까지도 한국 팬들의 사랑을 받고 있기 때문이다. 신현준은 이 영화에서 무협 액션 외에 홍콩 대중문화의 멜로적 요소로 홍콩 팝송 '원 써머 나잇'(One Summer Night)과 '그레듀에이션 티어즈'(Graduation Tears)가 모던한 것으로 수용되었음을 지적하면서, '가수 겸 연기자' 모델에 기초하여 형성된 대중문화를 대상으로 삼아 1970~80년대 홍콩 대중문화의 의의를 재조명하고 있다. 그리고 칸토 팝(Canto-pop)을 중심으로 한 홍콩 대중문화의 아시아화 과정을 설득력 있게 분석하고 있다.

사실 홍콩영화는 우리 사회에 일찍부터 수용됐다. 최초로 수입된 홍콩영화는 1956년 고려영화사에서 수입·개봉한 〈해당화(海棠花)〉다. 무협영화 〈방랑의 결투〉(1967)의 흥행 성공을 계기로 한국 영화관객들은 홍콩영화의 주류와 진수들을 접할 수 있었다. 무협과 쿵푸 장르 외에도 '홍콩 느와르'와 SFX물, 그리고 홍콩영화의 특장인 코미디와 멜로드라마 등을 한국인들이 수용함으로써 홍콩과 한국의 영화팬들의 기호는 비슷하다 할 정도로 같은 패턴을 유지해왔다. 또한 한-홍 합작영화는 그 시대에 가장 인기있는 장르와 영합한 영화 관행으로 자리 잡았다.

1957년부터 1982년까지 약 25년간 만들어진 132편의 합작영화[17]는 동아시아 문화교류의 중요한 사례라 할 수 있다.

이처럼 홍콩 대중문화는 냉전으로 인해 대륙과의 왕래가 금지되었던 시기에 한국인의 중국 상상을 달래는 역할을 했다. 한국인은 홍콩 대중문화를 중국의 것으로 여기면서 중국 대륙과의 거리를 의식하지 못한 채 '중국민항기 납치' 사건과 '한중수교'를 맞이했던 것이다. 이는 한편으로는 중국대륙에 대한 거리감을 좁혀주었지만, 다른 한편으로는 사회주의 중국 이해에 장애요소로 작용했다.

4. 진융 소설의 초국적 수용

이치수는 한국의 중국 무협소설 번역·소개의 역사를 '김광주 시대' '와룡생(워룽성) 시대' '김용(진융) 및 기타 시대'의 세 시기로 나누면서, 김광주가 한국에서 중국 무협소설의 독서 붐을 일으키는 데 큰 공헌을 했다[18]고 평했다. 최근 『한국 무협소설사』를 펴낸 이진원은 세밀한 조사를 통해 김광주가 번역한 작품, 워룽성, 쓰마 링(司馬翎), 천 칭윈(陳靑雲), 조약빙 등과 진융(金庸)의 무협소설 번역 현황을 점검해 목록을 만들었다.[19] 워룽성 시대는 1966년 『군협지』(원제 玉釵盟)의 번역으로 비롯되었고 이어 1968년 『무유지』『야적』『비룡』『무명소』 등의 작품이 대량으로 번역 소개됐다. 홍콩에서 활동한 언론인이자 무협소설 작가인 진융은 중국 무협소설 유행의 또 하나의 고조를 대표한다. 1986년에 『영웅문』 시리즈가 출판되면서 그해 가장 많이 팔린 외국 번역소설로 꼽혔고 1986~1989년의 3년간 15편의 작품[20]이 모두 번역됐다. 짧은 기간에 외국작가의 작품이 모두 번역 소개된 것은 그 예를 찾아보기 어려운 경우로, 우리나라의 번역문학사상 특기할 만한 사건이다.[21] 최근 새롭게 출판된 『사조영웅전』(2003), 『신조협려』(2005), 『의천도룡기』(2007)는 판권계약을 통한 번역이라는 측면에서 무협소설 번역의 새로운 지평을 연 것으로 보인다. 더욱이 이전 판본과 달리 원전에 충실한 완역이라는 점이 높이 평가되어야 한다. 그런데 문제는 이른바 '영웅문 키드'가 '원전에 충실한 완역'에 환호하지 않는다는 점이다. 왜 그럴까? 앞당겨 말하면, '영웅문 현상'은 한국의 고유한 현상으로 진융 작품 이해와는 무관한 문화현상이기 때문이다.

'영웅문 현상' 분석에 앞서, 우리는 먼저 진융 문학의 탄생지인 홍콩과 관련해 그의 작품을 고찰할 필요가 있다. 사실 우리에게 홍콩문학은 생소하다. 더구나 1997년 중국으로 편입된 홍콩이기에 지금은 그 의미가 반감될 수 있다. 그러나 홍콩문학은, 독립 개념으로든 중국문학의 하위 개념으로든, 분명 존재했고 지금도 그에 대한 논의가 끊이지 않고 있다. 홍콩문학에 대한 이슈는 두가지다. 하나는 작품이 '홍콩의' 문학인가 '홍콩에서의' 문학인가 하는 공간 문제이고, 다른 하나는 '홍콩 본토의식' 유무다. 본토의식은 홍콩문학의 정체성과 연결된다. 전자의 이슈에 대해 렁 핑콴(梁秉鈞, 필명 也斯)은 화자와 관점에 주의해야 함을 지적하고 있다. '누가 어떤 위치에서 이야기하는가'가 중요한 셈이다. 렁 핑콴은 기존의 두가지 서사 ─ '국제도시 서사'와 '중화국민 서사' ─ 를 단호히 거부한다. 그리고 홍콩에 관한 모든 서사는 홍콩의 맥락에서 벗어나지 않아야 한다고 하면서 "지금 이곳의 우리의 생각"에 기반을 두어야 한다고 주장한다.[22] 중국 편입 이후 재국민화(re-nationalization)가 진행된 지 20년이 되어가는 현재 렁 핑콴의 주장은 설득력이 약화되고 있지만, 진융 문학에 대해서는 여전히 유효하다. 진융 텍스트는 홍콩 콘텍스트와 과연 어떤 관계를 가지고 있을까?

진융은 1955년부터 약 16년간 '홍콩에서' '12편의 장편과 3편의 중편'을 발표했다. 그러나 진융 문학은 홍콩에서 창작되고 발표되었음에도 불구하고 홍콩과 직접적인 관련이 없다. 그의 텍스트들은 내용이나 배경에서 홍콩을 다루고 있는 것이 하나도 없다. 그러므로 앞의 논의에 따르면, 진융 작품은 '홍콩의' 문학이 아니라 '홍콩에서의' 문학인 셈이다. 여기서 반드시 지적해야 할 점은, 진융 소설이 '홍콩에서의' 문학에 속함에도 불구하고 그것이 홍콩과 밀접한 관련을 맺고 있을 뿐 아니라 중국을 대표하고 있다는 점이다. 후자는 대륙에 중화인민공화국이 들어서면서 이른바 '대중문화'를 자본주의의 퇴폐적 산물로 규정하고 모두 금지하면서 영화와 무협소설로 대표되던 대중문화가 대만과 홍콩으로 건너갈 수밖에 없었던 역사와 밀접한 관계가 있다. 그런데 우리가 주목해야 할 또 한가지는 "동아시아의 현대문화는 홍콩영화를 빼놓고는 이야기할 수 없으며, '홍콩문학'이라는 말이 이미 20년 전에 등장한 것처럼, 새로운 동아시아의 도시문학이 이곳에서 탄생했다"[23]는 후지이 쇼오조오(藤井省三)의 말처럼, 홍콩문화는 영화와 문학에서 대중성이라는 특성을 아우르면서 독특한 풍격을 갖추기 시작했다는 점이다. 그 독특한 풍격은 "본지 작가와 외래 작가의 병존, '통속문학'(주로 대중적 취미를 근거로 함)과 '엄숙문학'(내용의 심화와 기교의 창신을 추구)의 병존, 좌파 작가와 우파 작가의 병존, 칼럼의 잡문(雜文)을 주요 장르로 함"[24] 등의 특징을 가지고 있다. 이렇게 볼 때 진융 무협소설은 홍콩문학의 독특한 풍격에 상당한 영향을 받았다. 특히 '통속문학과 엄숙문학의 병존'은 최근 진융 무협소설을 논할 때 자주 언급되는 '아속공상(雅

俗共賞)'의 경지를 일컫는 말인데, 이는 홍콩의 개방적이고 혼종적 분위기에 힘입은 바 크다 할 수 있다.

그런데 한국의 '영웅문 현상'은 진융의 중국적 두터움은 탈각된 채 한국적 맥락에서 수용되었다. 우선 지적할 것은 진융의 작품이 모두 번역되었음에도 불구하고 독자들은 유독 '영웅문'에 집착한다는 사실이다. '영웅문'이라는 이름으로 알려진 '사조삼부곡'이 흥미로운 작품인 것은 틀림없지만, 문화적 측면에서『소오강호』『천룡팔부』『녹정기』로 이어지는 후기 대작들이 훨씬 풍부한 내용을 가지고 있다. 주인공인 협객의 성격만 보더라도, 유가적 협객(원승지·곽정), 도가적 협객(양과), 불가적 협객(장무기)을 거쳐, 협객의 일반적 의미에서 벗어나는 비협(非俠)적 인물(적운·석파천)과 심지어 시정잡배에 가까운 반협(反俠)적 인물(위소보)로 변천해가는 계보만으로도 그 전복적 성격을 미루어 짐작할 수 있다. 뿐만 아니라 진융의 작품은 수많은 역사 사실과 문학작품 그리고 문화적 요소들로 충만하다. 중국 불교에 입문하려면 진융 작품을 읽으라는 천 핑위안(陳平原)의 권고[25]는 과장이 아니고, 송말부터 명 건국까지의 역사를 재미있게 읽으려면 '사조삼부곡'에서 시작하고 명말 청초의 역사 공부는『녹정기』와 함께 하면 좋을 것이라는 권유는 필자의 직접 경험에서 비롯된 것이다. 그러나 이러한 '문화적 두터움'(cultural thickness)은 장르문학으로서의 무협소설 애독자들의 독서를 방해하는 요소로 작용했을 가능성이 크다. 다시 말해 '영웅문 키드'들은 무협지 '영웅문'으로 충분할 뿐, 그 문화적 수준을 향상시켜야 이해할 수 있는 중국의 문사철(文史哲)과 제반 문화, 중국 상상, 전통 만들기, 성별·국족 정체성(gender and national identity) 등의 주제에는 관심이 없을 가능성이 크다는 것이다.

다음으로 지적할 것은 그동안의 한국 내 진융 관련 담론에서 드러난 중국 무협소설에 대한 오해다. 그것은 다름 아닌 '김용 영웅문'을 중국을 대표하는 무협소설로 간주하고 그것을 독파하면 중국 무협소설을 정복한 것으로 착각하는 것이다. 사실 '사조삼부곡'을 번역한『소설 영웅문』은 완역이 아니라 양적으로 70% 수준의 번역이었고 그 문체라든가 문화적 측면까지 평가하면 50% 이하의 조악한 번역물이다. 그러므로 '김용 영웅문'은 '진융 사조삼부곡'과는 별개의 텍스트로, 한국의 문화현상인 셈이다. 김광주의『정협지』를 번안소설이라 한다면, '영웅문' 또한 축약 내지 생략했다는 측면에서 또다른 번안이라 할 수 있다. '영웅문'의 번안·출판은 한국적 맥락에서 이전 단계의 무협지에 대한 통념을 깨뜨린 사건이었음에도 불구하고, 원작의 의미와 재미를 상당히 훼손시켰다는 것이 이 글의 판단이다. 그리고 '김용'에 관한 담론도 '영웅문'(원문 기준 각 4권)에 초점을 맞추고 있고 조금 더 범위를 넓혀『소오강호』(4권),『천룡팔부』(5권),『녹정기』(5권) 등의 대작 장편 정도까지 언급하고 있을 뿐이다. 진융 작품의 '문화적 두터움'이 이들 6부의 대작에 구현되어 있는 것은 분명하다. 그러나『서검은구록』(2권),『벽혈검』(2권),『협객행』(2권),『설산비호』(1권),『비호외전』(2권),『연성결』(1권) 등의 장편과 「월녀검」(30면), 「원앙도」(52면), 「백마소서풍」(104면) 등의 중·단편을 빼고 진융의 작품세계를 운위하는 것은 온당치 못하다. 특히『협객행』의 문자해독능력(literacy)에 대한 신랄한 풍자,『연성결』의 인간의 처절한 욕망에 대한 철저한 해부,『비호외전』의 미완의 종결 등의 '문화적 두터움'은 한국 독자와 연구자들에게 충분히 수용되어야 하고 그에 대한 적절한 평가가 이루어져야 할 것이다.

1990년대부터 진융 소설은 중화권에서 교학과 연구의 대상이 되면서 이른바 '경전화(經典化)' 작업이 진행되었고 전문 연구서만 해도 백 권을 넘게 헤아리면서 '진쉐(金學)'라는 신조어까지 출현하고 있다. 1994년 베이징대학에서 진융에게 명예교수직을 수여하고 같은 해 '싼 롄서점(三聯書店)'에서 『진융작품집』 36권을 출간한 것은 그 징표라 할 수 있다. 베이징대학과 싼롄서점은 역사와 전통을 자랑하는 유수의 대 학이고 출판사이므로 그 문화적 수준이 증명된 셈이다. 중화권에서 진 융의 작품은 무협소설에서부터 애정소설, 역사소설, 문화적 텍스트 등 의 다양한 스펙트럼을 가지고 있다. 한국의 '영웅문 현상'은 그 스펙트 럼에서 무협적 요소를 가져와 조악하게 재구성된 텍스트에 의존한 것 임을 확실하게 인지해야 한다.

5. 에스닉과 네이션 그리고 국가주의

진융 텍스트를 제대로 '번역'하기 위해서는 그 국가주의적 맥락도 함 께 짚어볼 필요가 있다. 진융은 처녀작 『서검은구록』에서부터 에스닉 문제를 의제화하고 있다. 만주족 황제 강희(康熙)는 공식적으로 한족 혈 통이 50퍼센트 섞여 있었다. 강희의 손자인 건륭(乾隆)이 한족 대신의 아들이었다는 민간 전설을 바탕으로 쓴 『서검은구록』은 네이션 개념이 형성되지 않은 상황에서 에스닉을 풍자하고 있다. 좀더 구체적으로 살 펴보면, 청나라의 기반을 안정시킨 강희제는 재위기간이 60년에 달했 다. 당시 강희제의 아들들은 황태자 자리를 차지하려고 알게 모르게 쟁 투를 벌였다. 그러나 강희제는 황태자 선정에 신중하여 황자들의 능력 뿐 아니라 황손의 됨됨이까지 고려했다. 강희 58년 8월 13일, 넷째 황자

윤정(훗날 옹정제)의 측비가 해산했다. 윤정은 기다리던 아들이 아닌 딸을 낳자 매우 실망했다. 며칠 후 한족 대신 진세관이 아들을 낳자 사람을 시켜 데려오라 했다. 안고 들어간 것은 아들이었지만 데리고 나온 것은 딸이었다. 진세관의 아들이 바로 건륭이라는 것이다. 『서검은구록』에서 반청(反淸)단체인 홍화회의 우두머리는 진세관의 둘째 아들인 진가락이다. 그러므로 청 황제 건륭과 반청조직의 우두머리인 진가락은 부모가 같은 친형제인 셈이다. 그러나 이들에게는 '중국 네이션'의 개념이 없다. 오직 한족과 만주족이 있을 뿐이다. 그러므로 동생은 형에게 오랑캐 황제를 관두고 한족 황제를 하라며 핍박하고 형은 마지못해 수락했다가 결국 동생을 배신하고 만주족 황제에 머무른다. 우리는 유전학적으로는 한족인 청 황제가 자신이 한족임을 확인한 후에도 만주족을 선택한다는 줄거리를 통해, 역으로 '에스닉'도 구성된 것이라고 해석할 수 있다.

작품 연대기로는 『서검은구록』보다 나중이지만 시대 배경은 그보다 앞선 『천룡팔부』는 북송 철종(哲宗) 시기 윈난(雲南)의 대리(大理)국을 중심으로 이야기가 전개된다. 한족의 북송, 거란족의 요, 돌궐족의 서하, 그리고 선비족 모용가의 비전으로서의 연까지 오족의 오국이 공간 배경을 이루고 있다. 역사적으로는 북송이 중심이지만 1094년은 북송의 멸망(1126년)까지 30년 남짓 남은 시점으로 북송과 요의 갈등이 극단을 향해 달리고 있었다. 작품의 제1 주인공 교봉은 무림의 최대 조직인 개방 방주로 등장한다. 한인으로 자란 교봉은 알고 보니 거란족 출신의 소봉이었다. 이때부터 그는 극심한 정체성 혼란을 겪는다. 사실 30년 넘게 한족으로 살아온 교봉이 자신을 거란족 소봉으로 조정하는 과정은 간단치 않았다. 처음의 황당함은 점차 포기로 바뀌고 어느 순간부터는 자신의 양부모와 사부를 해친 대악인을 추격하게 된다. 교봉은 우여곡절 끝에 거란족 소봉으로서의 정체성을 인정하지만 그렇다고 다른 거란족처럼 한족을 미워할 수는 없다. 교봉으로 자라서 두개의 네이션/에스닉 정체성 사이에서 혼란을 겪다가 결국 소봉으로 죽는 그는 여전히 다음의 의문을 해결하지 못한다. '한인 중에 선한 사람이 있는 반면 악한 사람이 있고, 거란인 중에도 선한 사람이 있는 반면 악한 사람이 있다. 왜 한인과 거란인으로 나뉘어 서로 살상을 서슴지 않는 것일까?' 그의 죽음은 요의 침략을 막지만 결국 북송은 망하고 남쪽으로 옮겨간 남송은 원에게 멸망함을 우리는 이미 알고 있다. 소봉의 문제제기는 결국 개인 차원에서 해소되었을 뿐이다.

여기서 우리는 다음과 같은 문제를 제기할 수 있다. 『천룡팔부』의 시대 배경인 송 시절에는 아직 네이션 개념이 형성되지 않았다. 그런데 교봉/소봉은 그 출생의 특이함으로 인해 요와 송 양국의 네이션 정체성을 경험하게 된다. 『서검은구록』의 시대 배경인 건륭 시절도 그렇고 아래에서 살펴볼 『녹정기』의 배경인 강희 시절도 마찬가지로 네이션 개념이 존재하지 않았다. 그러므로 우연하게 두개의 네이션/에스닉 정체성을 경험한 교봉/소봉은 시대를 앞선 인물이었고, 그러므로 그가 비극적 결말을 맞이하는 것은 진정한 비극적 영웅의 캐릭터에 부합한다.

진융의 마지막 장편인 『녹정기』는 그 제목부터 풍자적이다. 제1회에서 해설하고 있는 것처럼 '축록중원(逐鹿中原)'과 '문정(問鼎)'은 천하의 주인이 되려는 뜻을 내포하고 있다. 그러나 녹정공(鹿鼎公) 위소보는 평천하(平天下)의 큰 뜻과는 거리가 먼 인물이다. 그가 어려서부터 품었던 '큰 뜻'은 여춘원(麗春院) 옆에 여'하'원, 여'추'원, 여'동'원을 열어 주인이 되는 일이었다. 그는 모십팔을 만나기 전 12~3년 동안 '여춘원적 세계관'을 가지고 살아왔다. 여춘원은 기방이다. 기방이란 여성의 육체와 남성의 금전이 만나는 곳이다. 특히 위소보에게 있어 그곳은 생존 투쟁의 현장이었다. 그런데 우연찮게 들어간 황궁도 위소보에겐 기방과 다를 바 없었다.

『녹정기』 결말 부분은 네이션과 에스닉 차원에서 볼 때 대단히 의미심장하다. 강토를 안정시키려는 만주족 황제 강희와 반청복명(反淸復明)의 천지회 사이에서 거취를 정하지 못하다가, 마침내 일곱 부인과 함께 퇴출하는 위소보는 마지막으로 어머니 위춘방을 찾아간다. 그리고 자신의 생부에 대해 물어보니 위춘방의 대답이 걸작이다. 당시 자신을 찾는 손님이 많아서 누구의 씨인지 모르겠다는 것이다. 그녀에 따르면 위소보는 한(漢)·만(滿)·몽(蒙)·회(回)·장(藏) 가운데 하나이겠지만, 작가는 위소보를 마치 '오족 공화'의 합작품인 것처럼 그리고 있다. 작가는 여기서 리얼리즘의 원칙을 위반하고 있다. 앞서 언급한 것처럼 강희시대에는 네이션 개념이 없었음에도 위소보를 오족 공화의 산물, 다시말해 중화 네이션의 상징으로 내세운 것은 작가의 의식을 작중인물에 불어넣은 것이다. 더구나 위춘방은 '러시아놈이나 서양놈은 없었냐'는 위소보의 질문에 화를 벌컥 내면서 '그놈들이 여춘원에 왔더라면 빗자루로 쫓아냈을 거다'라고 답한다. 이는 오늘날의 상황에 견주어보면 이해가 될 법하지만, 위소보는 만주족이 한족을 학살한 '양주(揚州) 도살'(1645)이 일어난 지 10년 후쯤 태어난 것으로 추정 가능한데, 양주 기방에서 일한 위춘방이 만주족보다 외국인을 더 증오했다는 것은 리얼리즘에 부합하지 않는다.[26] 결국 진융이 『녹정기』에서 에스니시즘을 고의로 국가주의로 전환하고 있음을 알 수 있다.

6. 문화 간 번역

이 글에서는 '한류' 현상을 참조체계로 삼아 '동아시아 대중문화의 교류'라는 큰 틀 속에서 홍콩 대중문화의 한국 수용을 고찰했다. 이는 문화의 속성이 쌍방향이라는 점을 감안한 것이다. 중국인들이 열광하는 '한류' 콘텐츠 가운데는 우리가 수용해 '토착화'시킨 중국적 요소가 있으며, 각 지역이 겪은 '근현대' 토착화 경험의 비교·대조가 가능하다. 이에 대한 효과적 설명을 위해 '동아시아 대중문화의 횡단'이라는 시좌가 요구되고 나아가 '문화 간 번역'의 문제가 대두된다.

초국적 문화횡단과 소통의 시대에 문화 간 번역은 필수적인 과제다. 홍콩문화 수용 사례에서 알 수 있다시피, 한국의 '영웅문 현상'은 진융 텍스트의 두터움을 충분히 번역하지 못하고 그 표층인 무협 층위만을 번역했다. 출판사가 주도했을 표층 번역은 당시 독서시장 요구에 부응했을지라도, 그로 인해 우리는 중국에 대한 심층학습 기회를 놓치고 말았다. 그리고 21세기의 새로운 완역은 독자에게 외면당했다. 우리는 이 지점에서 문화횡단적(transcultural) 교류라는 측면에서 중국영화를 대상으로 민족지 이론을 문화번역 이론으로 보완하려는 레이 초우(Rey Chow, 周蕾)의 문제의식에 주목할 필요가 있다. 그가 보기에 지금까지의 민족지는 불평등한 문화 간 번역이다. 서유럽 관찰자가 비서유럽 관찰대상을 주관적으로 재현[27]했기 때문이다. 시각성(visuality)을 매개로, 그가 제기하는 대안은 그동안 '보여지는' 대상이었던 토착민이 보는 주체로 새로 탄생하는 것이다. 물론 이는 "우리 것이 좋은 것이여!" 식의 방어적 토착주의와는 다르다. 레이 초우의 '문화 간 번역'은 서양과 동양의 불균형적·위계적인 권력관계와, '오리지널'과 '번역'의 불균형적·위계적인 권력관계를 역전[28]시키는 것에 초점을 맞추고 있어, 동아시아 권역 내 '문화 간 번역'에 대한 구체적인 언급은 없다. 그러나 그가 '문화 간 번역'을 "전통에서 근대로, 문학에서 시각성으로, 엘리트 학자 문화에서 대중문화로, 토착적인 것에서 외국의 것으로, 외국의 것에서 토착적인 것으로 등등의 변화를 비롯해서 광범위한 행위 전체를 포함하는 것"[29]으로 설정한 것으로 미루어보아, 동아시아 권역 내 광범한 횡단과 소통을 포괄할 수 있는 것으로 보인다.

　동아시아 권역 내 대중문화의 횡단과 소통이라는 관점에서 볼 때, 동아시아는 우선 자본주의 대중문화의 원산지인 미국을 '하나의 지방'으로 설정하면서 각각 '자기 민족지'(auto-ethnography)를 기록할 필요가 있다. 엄밀하게 말하면 미국 대중문화도 아프리카 흑인문화를 그 기원으로 갖고 있지 않은가? 이제 동아시아는 '오리지널'로서의 '빌보드 차트'에 연연해하지 말고 동아시아 자체를 그리고 자국을 문제화해야 한다. 그 후 동아시아 내부에서 각자의 특수성에 관심을 가지면서 상대방 문화 속으로 끊임없이 들어갔다 나오는 과정을 되풀이해야 한다. 쑨거(孫歌)는 근현대 일본사상사를 고찰하면서 타께우찌 요시미를 따라 일본의 근대로 들어갈 수 있었으며, 그로부터 루쉰에게로 들어갈 수 있는 새로운 시각이 계발되어 다시 중국의 근대로 들어갈 수 있었다.[30] 또한 한국과 지적 연대를 장기간 지속한 소수의 대만인을 자처하는 천 광싱(陳光興)은 "경계 넘기와 교류는 자신이 처한 곳을 잘 보고 제대로 해석하기 위한 것이다"라는 진리를 깨닫고 "서울을 이해하는 만큼 대만을 더 잘 알게 된다는 사실"[31]에 스스로 놀라워한다. 쑨 거가 일본에 깊숙이 들어갔다 나오면서 루쉰을 바라보는 새로운 시야를 획득하고 천 광싱이 서울을 이해하는 만큼 대만을 더 잘 알게 되었듯이, 우리도 중국·일본·대만에 들어가 심층 관찰한 안목으로 한국을 새롭게 해석할 수 있는 학인의 출현이 절실하다.

대중문화에 각인된 문화를 번역하는 일은 단순하지 않다. 앞의 진융 사례에서 알 수 있다시피 상업적 번역은 표층에 머물기 때문이다. 그리고 일단 오역되면 바로잡기가 쉽지 않다. '영웅문 키드'들이 완역된 '사조삼부곡'에 그리 관심을 기울이지 않은 것이 그 증좌다. '문화 간 번역'은 심층 번역이라 할 수 있다. 그것은 대중문화 텍스트에 각인된 타국 문화를 자국 문화 맥락으로 가져오는 일이다. 가져오기 전 반드시 타국 문화 맥락에 들어가는 것이 필수적이다. 동아시아 권역에서의 문화횡단과 소통은 쌍방향/다방향의 들고나는 행위가 반복되고 그 반복의 차이가 축적됨으로써 가능할 것이다.

'거대분단'의 극복과 이상적 동아시아의 가능성: '한중 인문유대 강화'가 지역의 미래에 주는 의미•

장 즈창(중국사회과학원)

1. 머리말: '한중 인문유대 강화' 배후의 난국

2013년 6월, 박근혜 대통령은 '마음과 믿음의 여정(心信之旅)'이라는 표어 아래 중국을 국빈 방문했다. 한 외신은 이 같은 여정을 "진실한 소통과 상호신뢰 증진의 여정"으로 해석하며, 이번 방중의 근본적 의도가 "중국 지도자와의 개인적 신뢰를 더욱 공고히 하고 동시에 중국인의 마음을 얻어 향후 진솔한 대화를 위한 기초를 쌓고자 한 것"에 있다고 보았다. 또한 "이 같은 상호신뢰의 증진은 새로운 지역 질서 건설을 위한 양국의 협력을 뒷받침할 것이며, 미래 동북아의 지정학적 형세에 영향을 주게 될 것"이라고 했다.[1]

이번 방중의 중요한 성과 가운데 하나는 한중 양국이 인문유대를 강

• 중국어 원제는 「'巨型分斷'的超克與理想東亞的可能性: '加强中韓人文紐帶'對于區域未來的意義」이고, 송가배(서울대 중어중문학과 대학원 박사과정)가 번역했다.

화하기 위해 정부 차원의 협조기구인 '한중인문교류공동위원회'를 설립하고, 이와 동시에 역사연구 분야의 상호교류 및 협조를 강화하여 양국 관계의 발전을 도모하기로 결정한 것이다. '한중 인문유대 강화'라는 새로운 제안은 양국 국민 간 상호 오해가 존재하는 상황에서 "한중 양국의 전략적 협력동반자 관계를 한 단계 더 높은 수준으로 발전시키고, 양국 국민 간의 정서적 거리를 좁혀 더욱 튼튼한 신뢰를 구축하기 위해" 제기된 것이라 한다.

'한중 인문유대 강화' 제안은 많은 의미를 내포하고 있다. 우선 박근혜 대통령이 언급한 대로 "한중 양국은 역사와 문화가 서로 통한다"는 점에서 양국 간에 '인문유대'가 존재한다. 하지만 다른 의미에서 보자면 이 제안은 현재 양국 간에 오해 내지 불신이 있음을 인정하는 것이다. 인문유대를 강화함으로써 상호 오해를 불식하고 감정을 돈독히 하며 신뢰를 증진한다는 '한중 인문유대 강화' 제안 속에는 양국 간 감정이 갈수록 소원해지고 신뢰가 약화되고 있는 상황이 반영되어 있다.

오늘날 중국은 한국의 최대 무역 파트너이고 한국은 중국에서 세번째로 높은 비중을 차지한다. 양국 간의 무역액은 1992년 수교 당시와 비교하여 40배 증가했다. 그러나 양국의 활발한 경제교류에도 불구하고 민간 차원에서는 오히려 정서적 거리감과 상호 간의 오해라는 심각한 상황이 발생하고 있다.

'정치는 차갑고 경제는 뜨거운' 이러한 상황은 현재 중국의 대외관계에 보편적으로 존재하는 문제로서, 중국의 주변국, 특히 동아시아 지역에서 두드러지게 나타나고 있다. 한자문화권 혹은 유교문화권으로 지칭되는 동아시아는 문화적 유사성을 지닌 지역으로, 프랑스의 한학자 레옹 반데르미르슈(Leon Vandermeersch)에 따르면 전근대 시기 고도의 응집력[內聚力]을 지녔던 지역이다.[2] 근대에 들어와 동아시아 지역 사람들은 전지구적 제국주의의 억압을 경험하였고, 민족해방 및 근대화 따라잡기(catching-up) 등 유사한 역사적 운명을 겪었다. 이러한 상황으로 인해 동아시아 지역은 문화적·역사적 응집성을 지녔음에도 그에 상응하는 정서적 소통과 이해, 신뢰가 결여되어 있다.

그렇다면 우리는 묻지 않을 수 없다. 이 같은 역설이 어떻게 생겨나게 되었는가?

국제관계의 시각에서 한중관계만 놓고 보았을 때, 한국학자들이 지적한 것처럼 다수의 한국인들은 중국의 미래에 대해 '기대 속의 우려'라는 모순적인 심리를 가지고 있다. 이러한 심리는 바로 북한 문제에서 기인한다. 20여년의 수교 기간에 양국의 관계는 상당한 진전을 이루었지만, 최근의 천안함 및 연평도 사건은 '중국위협론'을 야기했다. 하지만 중국위협론이 구체적 사건에서 촉발된 것이라면 당연히 다른 구체적 사건에 의해 가중되거나 혹은 완화될 수 있을 것이다. 문제는 이러한 사건들이 왜 반복적으로 유사한 우려를 낳는가다. 내가 보기에 역내의 '기대 속 우려'라는 복잡한 심리상태는 구체적인 사건의 결과가 아닐뿐더러, 어떤 사건을 인식하는 태도를 유도하는 일종의 기초적인 사회적 사실(social fact)이다.

인문유대를 강화하기 위해서는 한중 양국 및 동아시아 지역의 인문 전통과 정신세계에 대한 깊은 이해가 필요하다. 그 이해의 깊이는 우리가 당대의 현실을 얼마나 잘 이해하고 있는지, 양국의 관계와 지역의 미래에 대해 얼마나 깊은 관심을 갖고 있는지에 달려 있다. 이를 위해 우리는 먼저 현실을 단순한 인과관계에 기초해 인식하는 태도에서 탈피하여, 인문학이 응당 대면해야 하는 정서와 정신 그리고 역사의 세계로 깊이 들어가 타당한 해석을 제시해야 한다. 또한 역사를 해석함으로써 미래에 대한 원대한 상상까지 이끌어내야 한다. '인문유대 강화'를 위한 이러한 노력들이 바로 한중 양국의 인문학자들에게 주어진 임무라 할 수 있다.

2. 동아시아 내부의 '거대분단': 백낙청의 관점에 대한 해석

2008년, 백낙청은 '동아시아 화해의 장벽'이라는 제목의 대만 강연에서 동아시아 내부에 존재하는 각종 분단 상황에 대해 논했다. 분단 상황은 주로 냉전 종식 이후에도 여전히 해소되지 않은 남한과 북한, 중국 대륙과 대만의 영토분단을 가리킨다. 백낙청은 남북한의 분단 상황을 '분단체제'라는 시각에서 설명한 바 있는데, 이 강연에서는 나아가 '거대분단'(macro-division)이라는 개념으로 동아시아 내부를 설명했다. 그에 따르면 거대분단이란 역사적 연원이 비교적 오래된 대규모의 분단으로, '일본과 그 나머지' 그리고 '중국과 그 나머지' 사이의 분단이 동아시아에서 가장 중요한 두개의 거대분단이다.

'일본과 그 나머지' 사이의 분단은 일본의 메이지유신(明治維新) 이후 탈아입구(脫亞入口)의 국가정책에서 비롯됐다. 탈아(脫亞)는 일본 자신이 위치한 낙후지역에서 벗어나는 것이며, 입구(入口)는 선진지역으로 진입하여 그 구성원이 되는 것을 의미한다. 여기서 '아시아'와 '유럽'은 단순히 지역이라는 지리적 공간에 그치지 않고, 고도의 가치함축적인 이념 기호가 된다. 선진과 낙후, 심지어 문명과 야만이 대립하는 가운데 일본의 '아시아주의'는 애초의 소박한 아시아 정서로부터 대륙주의로 탈바꿈하여, 동아시아를 침략 및 식민지화하는 이데올로기가 되었다. 이 같은 이데올로기는 일본 제국주의 역사가 막을 내린 1945년 이후에도 살아남았다. 다만 일본이 가입하려는 선진 행렬이 유럽에서 미국으로 바뀌었을 뿐이다. 일본은 부단한 따라잡기와 학습을 통해, 소위 선진적 문명세계의 역사적 방향을 대표하는 대리인이 됐다. 이러한 이념이 지속됨으로써 일본과 그 나머지 지역의 분단이 사실상 일종의 '체제'를 구성했다고 볼 수 있다. 이는 남북한의 분단체제와 같이 대립지역이 서로 정치적·경제적·사회적으로 의존하는 공생구조는 아니지만, 일종의 이념구조로서 고착화된 인식론적 '체제'다. 다시 말해 문명과 야만, 선진과 낙후 간의 대립구조는 이념적 가치 기준에 의해 일종의 잠재적인 사유양식으로 고착화되었고, 일원론적 보편주의 아래 흑백논리의 이원대립적 인식론 모델이 됐다. 이러한 이념 영역의 '분단체제'는 근대사학 및 사회과학을 경유한 것으로, 진보사관·실증주의·주체철학·민족주의 등의 사상 장치를 통해 형성되었다. 또한 이 체제는 일본사회의 이념적 전제일 뿐만 아니라 후발 국가 내부에 만연한 자의식이기도 하다. 어떤 측면에서는 '일본과 그 나머지' 사이의 분단이 후발국가의 자의식 분열 현상을 상징적으로 드러낸다고 볼 수 있다(이 같은 자의식 분열은 근대화 이데올로기의 내용이라기보다는 구미 제국주의 정신적 기득권의 산물이라 할 수 있다).

백낙청의 분석에 따르면 '중국과 그 나머지' 사이의 거대분단은 동아시아 역사에서 차지하는 중국의 특수한 지위와 지리 공간의 거대한 규모에서 기인한 것이다. 그에 따르면, 중국은 일반적인 민족국가라고 할 수 없다. 규모·역사·내적 다원성 등의 측면에서 비교할 때 중국은 나머지 동아시아 국가와 같은 개념의 민족국가가 아니며, 또한 같을 수도 없다. 중국이 자신의 고유한 민족주의 특성 등을 지닌 채 일반적인 민족국가의 행동을 취하거나 취하고자 할 때, 중국과 다른 나라 사이의 '같지 않음'은 곧 심각한 부조화와 불균형의 원인이 되고 만다.[3] 민족국가를 기본 구성단위로 하며 국가의 크기에 관계없이 주권 평등의 원칙이 준수되는 근대에, 중국은 자신의 역사와 공간 규모의 특수성으로 인해 사실상 민족국가가 될 수 없으며 또한 타국과 대등한 원칙을 준수함으로써 자신을 완전히 구속할 수도 없다. 이 같은 시각의 이면에는 전통 중국이 중화제국이고 동아시아의 중심에 있기 때문에 그것이 설사 근대 제국주의와는 다를지라도 여전히 제국의 관성으로부터 벗어날 수 없다는, 즉 언제나 제국이 될 잠재적 속성을 갖고 있다는 생각이 존재한다. 민족국가를 기본적인 정치 단위로 하는 근대 동아시아 세계 속에서 중국은 예외, 그것도 위험한 예외일 수밖에 없다. 결론적으로 중국과 그 나머지 지역의 거대분단이란 지리 공간 규모의 비대칭, 전근대적 국가 성격과 근대 민족국가 사이의 부적응 그리고 역사적인 중심-주변 질서와 근대의 탈중심적 국제질서 사이의 부조화라 할 수 있다.

백낙청이 제시한 동아시아 내부의 두가지 거대분단을 종합해보면, '중국과 그 나머지'에서 나머지 지역은 주로 일본과 한반도이며, '일본과 그 나머지'에서는 주로 중국과 한반도다. 즉 동아시아 내부의 거대분단은 실질적으로 중국과 일본 간의 거대분단이라 할 수 있다. 한반도는 그 가운데 미묘한 위치에 놓여 있다. 남한의 경우, 백낙청의 말처럼 친일파와 친미파가 통치계급에서 주도적인 지위를 점했기 때문에 "동아시아 나머지 지역에 대해 남한은" 일본과 마찬가지로 "애매한 태도를 취했다". 다른 한편 북한은 그 근대사에서 드러나듯이 중국과 더 근접해 있었다. 바로 이 점에서 우리는 '중국과 그 나머지'의 분단이 중일 간의 분열로 나타난다고 말할 수 있다. 만약 우리가 '일본과 그 나머지' 분단 뒤에 존재하는 이데올로기적 전제를 '중국과 그 나머지' 분단에 적용한다면, 그것은 선진과 낙후의 분단, 즉 낙후한 중국과 선진적 일본 사이의 분단이 될 것이다. 중국 내부의 근대화론자들은 만청(晩淸) 시기부터 지금까지 줄곧 이러한 시각으로 중일관계를 바라보았다. 심지어 중국이 일본의 침략을 받았던 시기조차 "낙후한 자는 얻어맞아야 한다"는 것을 철저히 증명하는 것이라 보았다.

우리는 '중국과 그 나머지', 특히 일본 및 한국과의 분단에서 또 하나의 중요한 역사적 차원을 간과해서는 안 된다. 그것은 바로 '혁명'으로, 이는 동아시아 지역의 근대사를 이해하는 중요한 키워드다. '혁명'의 차원을 간과해서는 중국과 북한을 이해할 수 없다. 여기서 도출할 수 있는 '중국과 그 나머지' 분단의 또 다른 함의는 역사관의 분단이다. 이는 전근대사뿐만 아니라 근대사에 대한 기본적인 시각의 분단까지 포함한다.

바로 이러한 역사관·가치관·이데올로기의 심각한 불일치로 인해 '중국과 그 나머지' 간의 분단은 쉽게 사라지지 않는 심리적·정서적 장벽이 되었던 것이다. 본래 전근대 동아시아를 응집시켰던 문화적·역사적 요소는 오늘날 인문유대로 작용하기는커녕 오히려 분단의 자원으로 이용되고 있다. 일례로 유교는 지역문화의 상징적 공유자원이었다. 1970~80년대 '일본 모델'과 '아시아 네마리 용'의 성공은 이를 기반으로 한 것이라는 이른바 '유교자본주의'론도 등장했다. 오늘날 중국에 나타난 '유교사회주의'의 사상적 동기 역시 '중국 모델'의 성공 근거를 역사적·문화적 요인에서 찾기 위함이었다. 동일한 문화 자원이 전혀 다른 두가지 이론의 근거로 동원된 것이다. 이는 동일하거나 유사한 문화 전통을 지녔다는 것이 지역 내 구성원들의 유대나 결속을 보장해주지 못함을 증명하는 사례다.

이상의 사실은 지리적 인접이나 유사한 전통의 공유로 인해 감정이 자동적으로 가까워지지 않으며, 설사 가까워졌다 하더라도 지속될 수 없다는 것을 우리에게 일깨워준다. 오직 '느낌으로서 통하는〔感而遂通〕'[4] 감통력(感通力)으로 소통의 길을 열고, 느끼고 통하면서 서로를 이해하며, 그 가운데 깨달은 지혜를 통해 상대방의 역사적 곤경과 고통에 도달할 때 비로소 감정이 봇물처럼 터져나올 수 있는 것이다. 본래 타자의 감정을 이해하는 능력은 타자에 대해 깊은 관심을 가지는 도덕적 감성에서 비롯된다. 따라서 인문유대 강화의 핵심은 감통력을 기르는 것이다. 우리가 상대방의 고통을 이해할 수 있는 능력을 갖추어야만 서로 간의 인식과 이해가 순조롭게 이루어질 수 있다. 유가의 용어를 빌려 표현하자면, 그것은 인(仁)으로부터 지(智)에 도달하며, 지로서 인으로 통하는 경지다. 즉 동아시아 내부의 거대분단을 극복하기 위해서는 먼저 인식론의 변혁이 필요하고, 이를 통해 인지합일(仁智合一)의 감통력을 새롭게 갖추어야 한다.

3. 동아시아 내부의 거대분단을 어떻게 극복할 것인가: '중도주의' 지혜와 이데올로기 비판

백낙청은 '지혜'가 현대 과학지식에 대해 갖는 우월성을 강조했다. 여기서 지혜는 과학을 부정하기 위해 사용된 개념이 아니라 과학 지식을 조정하고 견제하는 능력을 말한다.[5] 즉 지혜는 과학적 인식을 안내하는 도덕 능력이다. 도덕 능력의 인도가 있어야 비로소 과학적 지식은 인류의 생활에 대한 진정한 의미있는 통찰로 이어지기 때문이다. 뿐만 아니라 지혜는 과학이라는 이름으로 생겨난 이데올로기적 관념의 속박을 깨부수는 도구다. 백낙청이 제기한 '변혁적 중도주의'는 바로 이 같은 지혜로서, "지식을 지혜로 전환"한다.

이른바 '중도(中道)'는 불교의 중관(中觀) 사상에서 '희론(戲論, 개념 혹은 이론)'의 집착을 깨기 위해 현실을 정확하게 현시하고 인식하는 방법이다. 따라서 '중도주의'란 이데올로기에 대한 모든 집착을 타파하여 이데올로기의 근원적 성질을 환원하고, 현실의 요구에 따라 이데올로기를 합리적으로 배치하고 운용하는 태도이자 능력이다. 말하자면 중도주의 인식론이란 절대적 진리에 대한 일원론적인 선언을 상대화하여, 그것을 적절하게 배치하는 것인 셈이다. 여기서 '일원화된 절대적 진리를 상대화한다는 것'이 그 진리성을 소거하는 의미가 결코 아님은 물론이다. 우리는 이 같은 중도주의 인식론에 따라 이데올로기가 은폐하고 왜곡한 현실을 넘어 세계를 본모습대로 현시하고 인식해야 한다. 여기서 중도주의 인식론은 더 나아가 현실을 한층 더 높은 수준에서 파악하는 주체를 가능케 한다. 즉 주체는 더욱 고차원적이고 전면적으로 현실을 관조함으로써 가치창조의 능력을 장악하게 되고, 이로써 그 어떠한 이데올로기적 가치의 집착으로부터도 해방된 자주적·자립적 주체가 될 수 있다. 이 같은 주체는 근대철학의 자아긍정을 통한 자기동일적 주체와 다르다. 그것은 무(無)와 유(有)의 변증법적 관계 속에서 무로부터 유를 만들어내는 창조적 존재로서, 부단히 가치를 창조해내는 기능적 주체다. 그것은 미래를 향해 영원히 자신의 가능성을 열어놓으며, 창조를 통해 본성을 다하고〔盡性〕 하늘을 안다〔知天〕.

중도주의 인식론을 근거로 우리는 일찍이 동아시아 지역을 주도했던 이념 권력을 상대화할 수 있다. 선진과 낙후, 문명과 야만의 근대화 이념 속에서 선진과 문명은 자아를 단순히 부정하는 방법으로 실현되었다. 이는 노예가 자신을 개조하여 주인이 되는 과정과 같았다. 동아시아에서 일정한 보편성을 지닌 '탈아입구'의 따라잡기 논리는 내적 긴장을 결여한 채 자아를 단순히 부정하는 발전 모델이다. 중도주의 인식론의 비판적 의의는 단순한 자아부정의 이념을 또다시 단순 부정하는 것이 아니라 그속에서 따라잡기식 발전을 제어할 능력을 지닌 주체를 구해내려 한다는 데 있다. 발전은 필요하다. 다만 그것은 자아를 버리는 것이 아니라, 자아를 발전시킴으로써 실현되어야 하는 것이다.

근대화 이데올로기에 대한 비판적 전환이 야기하는 역사적 효과는, 서구가 선포한 보편주의의 일원론적 세계사 발전모델에서 해방되어 다시 자신의 위치를 확인할 수 있다는 것이다. 즉 아시아 혹은 동양은 더이상 서양 혹은 유럽의 자기확인을 위한 종속적 타자가 아니다. 또 하나의 직접적인 효과는 서구를 보편주의의 일원적 주도자의 위치에서 제자리로 되돌릴 수 있다는 것이다. 오직 서구를 서구로서 대할 때, 동서양은 각자의 문명의 발원지에 서서 다시금 대화와 소통의 가능성을 모색하고, 이를 통해 세계의 미래를 위한 더욱 풍성한 청사진을 제시할 수 있다.

근대화 이데올로기를 비판적으로 전환하면, 지역 내의 각국은 더 이상 보편주의적 가치에 따라 역내 질서를 세우지 않게 될 것이다. 우리는 균형 잡힌 태도로 서로의 발전모델을 바라볼 것이며, 상이한 발전모델은 상이한 주체가 각자의 조건에 따라 확립한 자기발전의 방식임을 알게 될 것이다.

중도주의 인식론은 '저항'을 주제로 한 혁명 이데올로기로 전환될 수 있다. 동아시아 근대사에서 일본의 '탈아입구' 이데올로기와 대조되는, 유럽과 제국에 저항하는 공간으로서의 아시아담론과 그 실천이 등장했다. 그런데 아시아라는 지리적 공간 개념은 본래 유럽이 자신을 확인하기 위해 설정한 타자라는 점에서, 아시아를 본위로 한 저항의 논리는 모순을 지니게 된다. 그것은 유럽이 타자로 설정한 자신을 받아들이면서 동시에 그 설정의 특정 내용에 대해 저항을 시도하는 것이다. 유럽의 타자적 상상으로서의 아시아와 비교할 때, 이러한 관념 속의 아시아는 유럽의 억압으로 인한 망국멸종(亡國滅種)의 위기의식 속에서 저항을 연대하는 연합체, 즉 일종의 '부정적 연합체'(negative unity)다.[6] 공동의 적에 대해 형성된 정치 행동의 연합체라는 점에서, 만약 공동의 적이 사라진다면 정치 행동으로서의 아시아도 그 존재의 근거를 상실하게 된다. 한편 한국 학자 류준필이 지적한 바와 같이 만약 피억압자에 대한 저항 속에 자신에 대한 저항이 없다면, 즉 타자에 대한 부정 속에 자기부정이 없다면 이 저항은 주인과 노예의 변증법에 구속되고 말 것이다. 그것은 노예가 주인의 위치에 오르기 위한 방법으로서, 가치전환적인 창조의 의미를 결여하고 있다. 가치전환적인 창조로서의 저항은 억압자뿐만 아니라 피억압자 자신도 저항의 대상으로 상정함으로써 억압과 피억압의 가치 질서를 철저히 전복해 억압을 제거하고, 나아가 세계 질서의 근본적인 개조를 모색한다. 이를 위해서는 저항 과정에서 일관되게 자기 자신에 대한 각성된 저항 의식을 유지해야 한다.

이러한 이중의 부정을 통해 형성된 주체는 그 자체로 가치와 문화의 원리가 된다. 즉 타자를 자기 성장의 계기로 삼으며 동시에 자신의 성장을 타자의 성장 조건으로 만드는, '이타위자(以他爲自)'의 주체형성 원리다. 그것은 또한 하나의 도덕 원리이기도 하다. 주체는 '이타위자'의 도덕적 상호작용을 통해 부단히 자아를 확대하고 심화하며, 동시에 타자의 형성에 대해서도 마찬가지의 넓이와 두께를 부여한다. 그 결과 진정한 제물평등(齊物平等)의 가치 질서가 실현된다.

'이타위자'의 주체형성 원리는 민족주의 이데올로기의 토대를 근본적으로 와해할 수 있다. 민족주의 이데올로기는 근대화 이데올로기의 파생물로, 근대 주체철학이 민족의 차원에서 전개된 것이다. 절대적 확실성을 지닌 자아에서 출발한 근대의 주체철학은, 비록 중간에 부정의 과정을 거치더라도 결국에는 부정에 대한 부정의 형식으로 한 단계 더 높은 차원에서 자아의 확실성을 재확인한다. 그것은 폐쇄적으로 고립된 나선형 구조로서, 완정성에서 출발해 완정성으로 끝나고, 잠재적 완정성과 실현된 완정성 모두를 내포한다. 이러한 주체는 신과 같다. 따라서 민족주체는 신화다. 또한 이러한 주체나 민족은 역사의 결과가 아니라 전제다. 반면 '이타위자'의 주체는 근원에 대한 부단한 상호질의 과정(源流互質)[7] 속에서 점차 형성되고 변화하는 주체의식에 의해 형성된다. 그것은 역사의 결과이지 전제가 아니다. 왜냐하면 여기서는 시종일관 역사 속에 관철되는, 변하지만 변하지 않는 주체가 역사의 전제로 작용하고 있지 않기 때문이다.

'이타위자'의 주체형성 원리에 따를 때 우리는 역사를 직시하게 된다. 역사가 바로 주체형성의 조건이기 때문이다. 반면 민족주의 이데올로기에서는 민족만이 중요할 뿐, 역사는 그저 민족 신화가 상연되는 무대에 지나지 않는다. 동아시아 지역에서 역사를 직시하는 일은 전근대사와 근대사의 연속성에 주목하는 것으로부터 시작해야 한다. 조선의 역사를 예로 들어보자. 한국의 근대사를 이해하기 위해서는 조선왕조 오백년의 역사를 피할 수 없다. 동아시아 역사에서 오백년 이상 지속된

왕조는 조선왕조가 유일하다. 만약 조선왕조를 이해한다면 14~19세기 동아시아 정치질서의 실질적 변천에 대해 깊이 이해할 수 있을 것이며, 폐쇄적인 민족주의 상상에 갇혀 동아시아의 새로운 질서를 건설할 수 있는 지혜를 잃어버리지 않게 될 것이다. 중국의 경우에도 마찬가지로 삼, 사백년 전으로 거슬러올라가 보아야만 비로소 중국 근대사 변천의 동력을 진정으로 이해할 수 있다. 또한 당대 현실에 대한 이해의 수준은 역사에 진입하는 깊이를 결정한다.

민족주의 이데올로기에 따르면 모든 민족은 동질적이고 폐쇄적이다. 이민족 간의 이질성은 진정한 소통을 불가능하게 한다. 폐쇄적인 동질성의 측면에서 볼 때, 민족들은 귀천을 불문하고 일률적으로 평등하지만, 소통 불가능성의 측면에서 본다면 민족 간의 관계에는 패권의 여지가 존재한다. 그런데 더욱 중요한 문제는 민족 간의 다원주의적 평등이 추상적인 형식적 평등이기 때문에 민족 간의 규모 및 힘의 실질적 불평등을 없애지 못한다는 점이다. 민족 간의 추상적 평등은 그저 국제관계를 조화시키는 국제법상 규범일 뿐, 민족관계를 조화시키는 정치규범이 될 수 없다. 근대적 조건하에서 권력 정치(power politics)가 성행하는 이유도 바로 여기에 있다. 민족주의는 진정으로 공정한 국제정치를 실현할 수 없다. 공정한 국제정치 질서를 실현하기 위해서는 민족 간의 추상적 평등이 지닌 이데올로기적 오류를 제거하고, 정치적 지혜를 통해 규모와 힘의 차이를 직시해야 한다. 차이는 자연적·역사적 사실로서 존재하는 것으로, 무조건 불평등을 의미하지는 않는다. 오히려 그것은 진정한 평등을 가져오기 위한 조건일 수 있다. 엄밀히 말해 진정한 평등은 추상적인 '일률적 평등'을 내세우는 보편적 평등주의가 아니며, 또한 추상적인 '자유로운 평등'을 주장하는 다원주의적 평등주의도 아니다. 그것은 개별적이고 구체적인 차원에서 '같지 않으면서 같은〔不齊而齊〕' 가치대등적인 평등이다. 같지 않기 때문에 평등한 이러한 평등은 '본성에 맞추는〔適性〕' 것이 아니라 '본성을 다하게 하는〔盡性〕' 것이다. 이 두가지의 차이는 개체가 충분히 발전하고 스스로 주재할 조건을 부여받는지, 또한 외재적 질서가 규정한 '본성(性)'의 의미를 수용하고 승인하는지의 여부와 관련된다. 이러한 의미에서의 평등성만이 진정으로 개체의 특수성이라는 가치를 실현할 수 있다.[8] 나아가 차이를 직시하는 것은 윤리적 요구이자 동시에 정치적 지혜다. 규모의 차이를 직시하는 것은 작은 자에 대한 윤리적 요구이기도 하지만, 더욱 중요하게는 큰 자에 대한 윤리적 요구다. '같지 않으면서 같은' 제물평등(齊物平等)의 세계에서 '큰 자'는 매개자로서의 역할이 막중한 만큼 그에 따른 책임도 중대하다. 역사를 직시하는 것은 주체형성의 복잡한 조건을 직시하는 것이며, 차이를 직시하는 것은 차이에 따른 상이한 윤리적 요구를 직시하는 것이다. 역사와 차이에 대한 직시는 정리(情理)에 더욱 부합하는 정치질서를 세울 수 있는 지혜의 원천을 가져올 것이다.

마지막으로 백낙청의 지혜 창조로 다시 돌아오자. 백낙청은 일찍이 제3세계를 정의하는 방식을 제시한 바 있다.

제3세계를 어떻게 정의할지는 아직 확실하지 않다. (…) 내가 보기에 제3세계의 의도는, 또는 제3세계 개념이 제시된 의도는 세계를 셋으로 갈라놓자는 것이 아니라 오히려 한데 묶어서 하나의 전체로 보자는 데에 있다. 하지만 제1세계 또는 제2세계의 강대국의 입장이 아니라, 보통 민중의 관점에서 보자는 것이다. 이것이 내가 제3세계 관점을 세우는 방식으로, 이렇게 한다면 어느 국가가 어느 세계에 속하는지 다툴 필요가 없

어지는 것이다.[9]

　백낙청에 따르면 제3세계는 세계를 구획하는 방식이 아니라 세계 전체를 정의하는 방식으로, 강대국과 다른 시야 및 이에 상응하는 가치로부터 출발해 세계를 정의한다. 제3세계는 새롭게 세계를 바라보는 방식이자 새로운 세계질서를 구성하는 가치관이며 정치관이다. 우리는 동아시아 내부의 거대분단을 극복하고 인문유대를 다시 강화하며 '지식을 지혜로 전환하는' 구체적인 실천 효과가 있는 인식론적 전환을 통해, 이상적인 동아시아를 건설하고 이로부터 이상적 세계 건설로까지 나아가길 기대한다. 이러한 기대들이 바로 '한중 인문유대 강화' 논의가 갖는 의의일 것이다.

참고문헌

단행본

Karl, Rebecca E., "Creating Asia: China in the World at the Beginning of the Twentieth Century," *American Historical Review* no.4, 1998.
Vandermeersch, Léon, *Le nouveau Monde sinisé*, Paris: Presses universitaires de France 1986.
白樂晴 等『白樂晴: 分斷體制, 民族文學』, 臺北: 聯經出版 2010.
張志强 "操齊物以解紛, 明天倪以爲量: 論章太炎 '齊物'哲學的形成及其意趣," 『中國哲學史』2012年第3期.

신문
『聯合早報』(싱가포르)

8장

핵심현장에서 다시 보는 '새로운 보편':
동아시아 분단구조 극복의 길[•]

백영서(연세대 사학과 교수)

1. 왜 '새로운 보편'을 말하는가: '공향(共享)적 보편'과 '소통적 보편성'

필자는 이 글에서 '새로운 보편'을 말하고자 한다. 1990년대 초 우리 논단에서 출현해 서서히 확산되면서 분화 과정을 거쳐 오늘에 이른 (한국발) 동아시아론[1]이 비판적 지역주의로서 적어도 동아시아 차원에서 공유되는 사상적·실천적 자원으로 제구실을 하려면 부단한 이론적 갱신을 감당해야 한다. 그 출현기부터 동아시아 담론의 주창자 가운데 한 사람이었던 필자는 그 과제를 수행하는 길에서 국내외 지식인들과 토

[•] 이 글의 기본골격은 東京大学 '共生のための国際哲学研究センター'(UTCP)주관 국제회의 "東アジアから問う「新しい普遍」"(東京: 2014.4.19)에서 일본어로, 遼寧大學/韓國高等教育財團 주관 2014東北亞論壇 "東北亞的歷史與未來: 交流, 信任與繁榮"(瀋陽: 2014.4.26~27)에서 중국어로 구두 발표된 바 있다. 그 한글저본을 이 책의 취지에 맞추어 대폭 수정했다.

론하면서 '새로운 보편'과 씨름할 필요를 절감해왔다. 우리가 당면한 현실이 우리로 하여금 '새로운 보편'을 구상하도록 촉구하고 있기 때문이다. 현실로부터의 요구는 두개 흐름으로 정리된다.

먼저 거론할 것은, 서양 근대가 체현해온 보편주의의 극복이라는 (이미 되풀이 논의되어왔으나 아직도 제대로 해결되지 않고 있는) 오래된 과제를 새롭게 수행하려는 중국의 의욕적인 시도다. 요즈음 중국 논단은 구미 중심의 보편주의에 대한 대안으로 또 하나의 보편을 모색하는 데 열중하고 있다. 베이징 컨센서스(北京共識, Beijing Consensus)를 넘어선 중국 모델에 대한 논의의 목표가 바로 보편가치가 아닌가. 이 '중국발 보편'을 중국 밖의 지식인이 어떤 관점에서 봐야 하는가는 중국과 이웃한 동아시아의 과제일 뿐 아니라 세계적 규모의 과제이기도 한다.

이것과 더불어 최근 동아시아 국가들 사이에서 벌어지고 있는 상호 혐오감정의 비등, 그리고 그와 연동해 각 국가 내부에서 심각해지는 갈등도 새로운 보편의 탐구를 요구한다. 그저 누적되는 상호 교류와 협력에 힘입은 상호 이해의 증진에 의존해서는 해결되기 어렵고, 한층 더 근본적인 구조의 변화와 그를 설명할 인식의 틀이 필요한 때다.

이렇듯 국경 안에서 또 국경을 가로질러 발생하고 있는 분열을 넘어서게 해줄 보편적인 윤리(와 정치적 지혜)는, 그 실마리를 도대체 어디서 찾을 수 있을까.

다행스럽게도 우리가 '새로운 보편'으로 가는 도정에서 참고할 수 있는 단서가 있다. 이매뉴얼 월러스틴은 '유럽적 보편주의'를 극복할 수 있는 새로운 대안으로 '보편적(즉 지구적) 보편주의'를 제시한다. 그 근거는 "보편적 보편주의의 네트워크와 유사한 다수의 보편주의들"의 존재다. 그는 '보편적 보편주의'가 "더 이상 주는 것이 서구가 아니고 받는 것이 나머지 세계가 아닌 세계에 도달하는 것", 즉 우리 모두가 주고 모두가 받는 '만남의 장소'라고 주장한다.[2]

이것은 필자가 이전에 제기한 바 있는 '소통적 보편성'과 통한다.[3] 보편성이 (진리라기보다) 널리 인정되고 합의된 것이라고 본다면, 합의를 얻기 위한 다수의 인정과 승인이 필수적일 것이고 인식 주체 간의 소통이 그 전제일 것이 틀림없다.[4] 그런데 현실에서는 소통적이지 않은 (따라서 억압적이고 패권적인) 보편성(uncommunicative universality), 아니면 소통 가능성은 있으나 개체로 흩어진 소통적인 개별성(communicative individuality)에 해당하는 사례들을 더 자주 대하게 된다. 어떻게 이들을 극복하고 소통적 보편성(communicative universality)에 도달할 수 있을까.

필자는 소통을 가능케 하는 보편적 요소가 개체 안에 있고 그래서 개체 간의 소통 과정에서 생기는 공감과 상상력의 탄력에 힘입어 보편성을 확보할 수 있다는 점을 강조하고 싶다. 그런데 이 발상이 동아시아 지식인사회에서도 일정한 공명을 이루고 있음을 발견해 반갑다. 동아시아가 서양을 대신하는 별개의 보편을 세우려는 것이 아니라, 동아시아의 고유한 문제를 생각하고 로컬한 이야기를 쓰되 그로부터 광범위한 과제에 도달하려는 작업, 즉 근대의 존재방식을 되묻고 근대비판에 연결되는 논리를 추출하려는 노력이 조금씩 반향을 얻고 있는 것이다.[5] 이보다 더 직접적으로, 다양한 각도에서 대안적 보편성 내지 보편주의를 탐구하는 논의도 동아시아에서 활기를 띠고 있는 것 같다.[6] 이처럼 새로운 보편을 향한 소통 과정은 차근차근 진행되고 있다.

필자는 이러한 움직임에 힘입어 이 글에서 '중국발 보편'인 '신천하주의'의 골자를 주권의 재구성이란 관점에서 검토하려고 한다. 또 하나의 보편에 대한 논의는 자칫 지나치게 추상화될 위험이 있으므로 그로부터 벗어나기 위해 그것을 유동(流動)하는 역사의 특정한 시공간 속에 위치시켜 평가할 것이다. 특히 동아시아 질서의 역사적 모순, 곧 제국과 식민과 냉전의 중첩된 영향 아래 공간적으로 크게 분열되어 갈등이 응축된 장소인 '핵심현장'의 시각에서 검토하려고 한다. 핵심현장[7]에 대해서는 나중에 더 논의될 터인데, 이 글에서는 그 하나인 분단된 한반도에서 제기된 주권의 재구성론인 복합국가론 및 동아시아 (대)분단구조론과 중국발 '신천하주의'를 대조하는 작업이 이루어진다. 핵심현장이라는 개체 안에 소통을 가능케 하는 보편적 요소가 담겨 있을 것으로 기대되기 때문이다.

2. '신천하주의'의 내부 질서와 복합국가론

신천하주의는 중국에서 자유주의파 지식인, 또는 공공지식인으로 불리는 쉬 지린(許紀霖)이 근래 힘써 제창하고 있는 담론이다. 그에 대해서 필자는 이미 다른 글에서 소개와 비평을 한 바 있다.[8] 쉬 지린은 최근 필자의 그 글에 대한 반응도 일부 포함한 좀더 진전된 문장을 준비 중인데, 그 초고에서 신천하주의를 '공유하는 보편(共享的普遍)'이라고 명명한다.[9] 이 같은 그의 새로운 문제제기를 주권의 재구성이라는 시각에서 검토할 것이다. 이 작업이야말로 (월러스틴이 말한) 서로가 주고받는 '만남의 장소'에 다가가는 노력일 터다.

그는 지금 동아시아에서 벌어지는 영토분쟁이나 역사갈등 그리고 중국 내 소수민족의 테러 같은 국내 문제를 우려하면서 중국 현실에 대해 강하게 비판한다. 중국 변강구역의 소수민족에 대한 중국 정부의 정책에 대한족주의(大漢族主義) 경향이 짙게 드리워져 있고, 현 지도부가 주창하는 슬로건인 '중국몽'은 "단지 중화민족의 위대한 부흥만을 추구할 뿐"이라고 지적한다. 또한 지금 세계에는 중국을 적대시하는 풍조가 팽배하다고 꼬집는다. 그리고 그러한 위기를 조성한 근본 원인이 관방(官方)에서 민간까지의 사고를 규제하는 중국의 민족국가 지상주의인데, 자신이 제창하는 신천하주의가 그것을 해소할 수 있는 해결책이라고 제안한다.

우리에게 익숙한 천하주의는 사실 중국 안에서 그 말고도 여러 지식인이 주목하는 가히 유행적인 주제다. 그런데 쉬 지린 논의의 독특함은 '천하주의의 2.0버전(2.0新版)'에 있다. 그는 전통시대의 천하주의가 '보편적이고 인류주의적'인 성격을 가지면서도 그 안에 '등급구조(差序格局)'를 안고 있었는데 그것을 그대로 오늘날에 되살리려 하는 것은 역사의 반동이라고 분명히 말한다. 천하는 화하(華夏)를 중심으로 한 세개의 동심원세계 —— 황제가 직접 군현제로 지배하는 내권(內圈), 책봉(冊封)이나 기미(羈縻) 및 토사(土司)제도로 간접 통제하는 변강(邊疆)인 중권(中圈), 그리고 조공제도로 연결된 국제등급질서 —— 로 구성된 것인데, 그것을 '탈중심(去中心)·탈등급화(去等級化)'함과 동시에 '새로운 보편성'을 창조해낼 때 천하주의는 새롭게 거듭날 수 있다.

그 신천하주의가 오늘날 중국 안팎의 상황에 적용되면 다음과 같은 다섯개 권역에서 중층적인 모습으로 나타난다. 즉 1) 중국 대륙의 핵심구역에서는 '하나의 제도, 서로 다른 모델'을 시행하고, 2) 변강구역에서는 '하나의 국가, 서로 다른 문화'를 실현하고, 3) 홍콩·마카오(澳門)·대만 지역에서는 '하나의 문명, 서로 다른 제도'를 실험하고, 4) 동아시아에서는 '하나의 지역, 서로 다른 이익'을 인정하며, 5)국제사회에서는 '하나의 세계, 서로 다른 문명'을 적용한다. 한마디로 복합형 네트워크(複合型網絡), 즉 민족국가의 동일성의 원리에다 중화제국(특히 청 제국)의 탄력성과 다양성을 존중하는 다중체제의 경험을 보완한 질서다. 이 질서는 국제사회에서의 '공유하는 보편성(共享的 普遍性)'의 구현체다. 그는 그것이 '각종 문명이나 문화의 중첩에 대한 합의(重疊共識)'라는 특성을 갖는다고 설명한다. 한국과 일본에 익숙한 어휘로 바꿔 말하면 '다문화공생'에 해당할 듯하다.

신천하주의에 구현되는 '공유하는 보편성'은 매우 추상 수준이 높은 담론이어서 우리가 논평하기가 쉽지 않은데, 그것을 필자의 '소통적 보편성'과 대조해보는 것도 하나의 방법일 듯하다. 좀더 구체적으로는 그의 구상을 역사 속에 위치시켜 주권의 재구성이라는 시각에서 평가해보고자 한다. 이때 필자의 눈에 띄는 것은 일국양제(一國兩制)다.

잘 알려져 있듯이 일국양제는 중국정부가 반환된 홍콩에 적용한 제도로서 홍콩에 고도의 자치권— 행정관리권, 입법권, 독립적인 사법권 및 대외업무처리권 등— 을 부여하여 자본주의제도와 사회주의제도의 공존을 꾀한 것이다. 그는 이 제도를 과거 제국전통의 '다원치리(多元治理)의 지혜'가 계승된 것으로 파악하면서, 중화라는 '하나의 문명' 안에서 '서로 다른 제도'를 실험하는 예증으로 제시한다. 더 나아가 홍콩·마카오·대만에 적용될 뿐 아니라 변강자치구에까지 확대 적용되기를 기대한다. 이것이 바로 신천하주의의 내부질서다. (그것과 짝을 이루는 외부질서에 대해서는 뒤에 다시 논의할 것이다.)

그런데 그렇게 일국양제가 확대될 때 주권의 문제는 어떻게 처리되는가. 과연 주권의 유연성이 보장되는가. 그가 이 문제를 정면으로 다루고 있지는 않다. 그가 추구하는 것이 '일체이자 다원인 국족(國族)을 건설'하는 일이라는 것과, "'문명국가로 위장한 민족국가'[10] 즉 민족국가의 통치방식으로 방대한 제국을 다스리고 있"는 오늘의 중국을 비판한 대목을 통해 그가 원칙적으로 주권의 유연성을 염두에 두고 있음을 엿볼 수 있을 뿐이다.

필자는 '홍콩·마카오기본법'에 밝혀진 국가형태가 단일형 국가이면서도 동시에 복합형 국가, 특히 연방제(federalism)의 특징을 짙게 갖고 있다는 연구에 주목한다.[11] 그런데 중국 논단에서는 단일제라는 국가형태를 일국양제의 전제로 삼을 뿐 그 구조로부터 탈피하려는 어떠한 이론화도 시도하지 않는 듯하다. 일국양제에서의 두 제도의 본래 의미는 자본주의제도와 사회주의제도를 가리키지만 그 외연을 연방제를 포함한 복합국가 모델로까지 확대할 수도 있다.[12] 이러한 시각을 중국 분열책으로 간주하고 경계하는 것만으로는 신천하주의의 내부원리가 구체화될 수 없다. 일국양제에 있는 복합국가적 요소는 중국 통합의 장애라기보다 오히려 중국 통합에의 길을 확대하는 것으로 볼 수도 있다. 그럴 때 대만해협의 한쪽인 대만 주민과도 의사소통하는 한층 더 유연한 틀을 만들어낼 수 있을 것이다. 이 말은 연방제를 시행하라는 요구라기보다 단일형 국가를 전제하지 말고 주권의 재구성에 대해 적극 관심을 가지라는 뜻이다.

그 작업에 유용한 시사점을 주는 것이 나까지마 타까히로(中島隆博)가 제기한 주권의 재구성 논의다. 그는 자끄 데리다(Jacques Derrida)의 '주권의 빠르따주'(partage, 분할이자 분유)에 기대어 주권의 지고성 내지 분할 불가능성에 도전하면서, 동일 영역에서 복수의 주권이 겹쳐지는 체제를 '다가올 민주주의'의 가능성으로서 전망한다.[13] 이를 위해서 그는 국가주권이나 국민주권이 아닌 인민주권[14] 개념을 도입한다. 정치적으로 완전히 평등한 인민이 스스로 주권자로서 통치주체가 되는 인민주권에 기초하는 한 통치주체가 여럿 될 수 있으니 주(州)와 연방(聯邦)처럼 국가주권을 분할하거나 한층 더 작은 규모의 지역주권을 구상할 수도 있다. 국가를 넘어선 연대까지도 가능해진다. 또한 흔히 동아시아에서 민족자결권으로 번역되는 '인민의 자기결정권'(the right of people to self-determination)에 대해 최근 융통성 있게 해석하는 경향이 나타나는데 이런 경향도 주권에 대해 새로운 논의를 촉진한다. 집단으로서의 인민의 권리를 보장하는 길과 관련해, 분리독립이냐 아니면 탄압과 내전이냐는 단순한 이분법을 넘어 새로운 형태의 자결권에 대한 다양한 아이디어가 제기되어 실험되고 있는 중이다.[15]

이 같은 주권에 대한 새로운 논의가 적극 수용될 때라야 일국양제는 단순한 자치의 고도화를 실험하는 데 그치지 않고, 신천하주의 내부질서 속의 세(위의 1,2,3) 권역을 원활하게 연동시키는 원동력이 될 수 있다. 달리 말해, 중앙이 아닌 주변의 시각에서 다시 생각하면 홍콩·마카오·대만 그리고 변강 소수민족 지구라는 각각 서로 다른 개체 안에 소통을 가능케 하는 보편적 요소가 있음을 찾아낼 수 있다는 것이다. 그렇지 않을 경우 천하주의를 갱신하여 민족국가의 동일성의 원리와 중화제국(특히 청제국) 특유의 관용(탄력성과 다양성의 존중)을 결합함으로써 근대적 주권국가와 구별하려는 쉬 지린의 노력은 공허하게 들리기 쉽다. '공향의 보편성'은 (신천하주의의 세 권역, 아니 외부질서까지 포함하면 다섯 권역이라는) 구체적 현장에서의 소통으로부터 설득력을 갖게 된다. 그것은 전통적 천하주의가 신천하주의로, 그의 비유대로 '2.0버전(2.0신판)'으로 버전 업하기 위해 꼭 거쳐야 할 단계다. (웹

2.0이란 것이 참여와 협력으로 가득한 세계, 서로 연동되는 구성 요소들이 강조된 새롭고 매력적인 웹 환경으로 진화하는 것을 가리키는 용어 아니던가.)

분단된 한반도라는 핵심현장에서 국민국가의 단일성에 대해 질문을 던진 복합국가론과 신천하주의의 대조는 의미있는 시사를 줄 것이다. 복합국가론은 '하나의 민족, 서로 다른 체제·국가'를 통합해가는 과정에서 제기된 주권에 대한 창의적인 실험을 가리킨다. 좀더 구체적으로 말하면 한반도의 통일로 가는 중간단계로서의 '남북연합'(남북한의 국가연합, confederation)을 포함한 평화적·점진적·단계적 과정 전체를 복합국가(compound state)론이 포괄한다. 이러한 과정의 특징 때문에 시민참여의 공간이 열린다. 한반도 전체의 체제를 변혁하면서 그 일부로 남쪽 사회도 총체적으로 개혁하는 데 시민들이 (정부와 더불어) 참여하게 된다. 다른 글[16]에서 이미 상세히 밝힌 바 있어 여기서 자세히 논의할 필요는 없겠는데, 복합국가는 온갖 종류의 국가형태를 포용하는 말하자면 우산과 같이 포괄적인 구상인 동시에 국가 간의 결합 양상이자 국민국가의 자기전환의 양상을 겸한 새로운 국가기구 창안 작업을 가리킨다. 구체적으로 남북한이 평화적 합의에 의한 창의적인 통일국가 형태를 구현하는 과정에서 제기된 방안인데, 그 실현 과정이 동아시아에서 벌어지는 다양한 자치권운동의 진화를 촉진할 수 있을 것으로 기대된다.

한반도 통일에 대한 실질적인 비전 및 통일에 이르는 과정에 대한 로드맵이 담긴 복합국가론과 중국에서 발신하는 신천하주의론이 추구하는 주권의 재구성은 서로 다른 역사적 맥락에서 구상되고 있지만 서로 참조할 가치가 있지 않을까.[17]

3. '신천하주의'의 외부질서와 동아시아 분단구조

'공향적 보편'을 구현하는 신천하주의의 내부질서와 짝을 이루는 것이 민족국가의 주권 개념을 초월한 외부질서다.[18] 쉬 지린에 따르면, 오늘의 중국은 '문명국가로 위장한 민족국가'의 통치방식으로 방대한 제국을 다스리고 있다. 그리고 민족국가를 지상으로 여기는 사유로 국제문제도 처리하기 때문에 중국을 적대시하는 풍조가 세계에 팽배해진다고 그는 비판한다. 이 우려스러운 현실의 해소책으로 천하주의 전통 속에서 찾아낸 핵심적인 자원이 국가 간 호혜호리(互惠互利)의 관계인 조공체제다. 그것을 되살려내 동아시아에서는 '하나의 지역, 서로 다른 이익'을 인정하고, 국제사회에서는 '하나의 세계, 서로 다른 문명'을 적용할 수 있으리라 기대한다. 그 역시 왕 후이(汪暉)와 마찬가지로 중화제국의 원리로부터 21세기 아시아라는 지역공간을 새롭게 상상할 실마리를 구하는 것이다.[19]

필자는 천하주의의 외부질서도 소통적 보편성이라는 기준에서 점검해보고자 한다. 중국 대륙의 이웃들이라는 개체 안에 소통을 가능케 하는 보편적 요소가 있음을 찾아내 적극 대화하려는 자세가 과연 신천하주의론에 충분한가. 쉬 지린은 필자가 이전에 발표한 글을[20] 인용하면서, 왜 중국이 화평굴기라고 하는데도 이웃에서 신뢰를 얻지 못할까 묻는다. 그리고 그 이유로 중국 특유의 '제국이라는 신체(帝國身軀)'와 '민족국가 지상주의'를 든다. 그 진단 자체는 문제될 게 없다. 그러나 그 해결책을 조공체제의 유산에서 찾는 작업 — 예컨대 해양을 공유한 천하주의에 담긴 지혜를 강조하는 것 — 만으로는 그가 기대하듯이 주위의 우려를 씻어내기가 쉽지 않을 것 같다. 중국과 이웃한 타자인 아시아 여러 사회와 국가에 대한 관심보다 현대 중국의 국가정체성에 더 밀착해 있기에 그가 더 나아가지 못하는 게 아닌가 싶다. 그렇다보니 신천하주의가 (그가 우려하는) 동아시아의 갈등하는 현실을 해소할 돌파력을 갖기 힘들다. 그는 동아시아가 '서로 다른 이익'을 추구하되 '하나의 지역'일 수 있는 역사적·현실적 근거를 더 깊이 탐색해야 한다. 왜냐하면 신천하주의의 외부질서가 감당해야 할 현실의 동아시아는 분열되고 갈등하고 있기 때문이다.

우리가 피부로 느끼듯이 현재 역사문제와 영토분쟁으로 동아시아 국가 간 상호 혐오감정이 악순환하고 있다. 그 원인에 대해 이미 적지 않은 분석이 이루어졌다. 그중 각국 내부의 사회적 모순과 불안이 인터넷 발달에 힘입어 인터넷 민족주의를 조장하고 다른 국가를 '가상의 적'으로 만들어 국내 갈등을 전가한다는 해석이 비교적 설득력 있게 유통되는 것 같다.[21] 그런데 일본의 이른바 '넷우익'의 등장과 성장에 대한 새로운 시각의 해석이 눈길을 끈다.[22] 혐한론(嫌韓論)을 전파하는 넷우익이 2002년 한일월드컵을 계기로 등장했는데, 그 원인을 일국적 관점에서 찾아서는 안 되고, 냉전의 해체에 의한 지구적 패러다임의 변화라는 시각에서 다시 봐야 한다는 것이다. 이에 따르면, 탈냉전 이후 국제정세 변화에 따라 한국이라는 국가 자체가 변질한 것에 대한 민감한 반응이 혐한풍조라고 한다. 즉 냉전체제가 붕괴하자 한국이 북한을 같은 민족(동포)으로 보는 한편 반공으로 제휴해온 대만과 단교하면서 반일이란 카드를 들고 나오는 변화를 보임에도 불구하고 일본의 전통적 보수우익이 (냉전기의 관행에 익숙해 있어) 한국에 대해 함구하는 데 대한 반발로 넷우익이 출현했고 그들의 혐한론이 점차 세를 불리고 있다는 것이다. 이 해석이 일본 현실을 얼마나 정확하게 진단하고 있는지를 따질 능력이 필자에게는 없다.[23] 단지 그 해석에서 중시된 탈냉전이라는 역사적 문맥과 혐오감정 대두의 상호 관련성이 이 글의 문제의식과도 통한다는 점만 지적하고 싶다. 일본에서 혐중론(嫌中論)이 대두하기 시작한 것 역시 탈냉전 직후인 1995년부터라는 견해도 필자의 이 같은 문제의식을 뒷받침해준다.[24]

실제로 1990년대 초 이후 세계사적으로 탈냉전기에 진입했지만 동아시아에서는 새로운 대안적 지역질서가 안정적으로 자리 잡지 못한 채 냉전 상황이 엄존하는 전환기의 불안정한 국면이 지속되고 있다. 이 특징을 요즈음 한국의 일부 연구자들은 '동아시아의 (대)분단체제'라는 새로운 개념으로 설명하고 있다.[25] 세계체제와 국민국가의 매개항으로 동아시아라는 지역적 시각을 강조함으로써 국민국가와 민족주의를 상대화하는 동시에, 한반도의 분단체제와 동아시아적 시각을 결합시키려는 노력을 기울여온 필자로서는 적극 활용할 만한 관점이 아닐 수 없다.

동아시아 분단체제론을 여기서 본격적으로 논의할 여유는 없으므로 간략히 소개해보겠다. 그것은 세계사적인 탈냉전 상황에서도 동아시아에 여전히 존재하는 대분단체제, 곧 중국과 미일동맹 사이의 분단과 이같은 지역 차원의 대분단체제와 긴밀하게 연결되면서도 그 자체의 독자성을 가진 소분단체제들(한반도의 분단, 중국의 양안관계 등)로 구성된 중층적 구조를 거시적 관점에서 설명하는 개념이다. 그 체제가 1949년 중화인민공화국의 성립과 더불어 형성되어 한국전쟁으로 고착된 이래 오늘에까지 지속되고 있다는 그 주장자들의 설명에서 드러나듯이, 그 논의에서는 중국의 역할이 매우 중시된다. 미국과 소련이라는 두 초강대국이 주도한 세계 차원의 냉전과 달리 동아시아에서는 중국

이 냉전기부터 미소 간의 대립 속에서 일정한 자율성을 가졌고 그 독자
성이 더욱 강화되어왔다는 것이다.

냉전과 탈냉전이라는 일반적인 틀로는 제대로 설명되지 않는 동아시
아 지역질서의 특성을 그 역사적 연속성에 입각해 규명하는 데 이러한
개념이 유용한 것은 분명하다. 그러나 필자는 동아시아 분단체제론의
문제의식에 상당 부분 공감하면서도 지금으로서는 그것을 전적으로 받
아들이는 데 유보적이다. 그 이유는 첫째 동아시아 대분단체제라는 개
념을 쓰면 그것이 체제인 한은 긴밀한 통합성은 물론이고 재생산 메커
니즘까지 갖춰야 하는데, 아직 그 정도의 설명력을 지녔다고는 판단되
지 않아서다. 또 다른 이유는, 동아시아 대분단체제가 소분단체제(예컨
대 한반도 분단체제)에 대해 지나친 강제력을 갖는 것으로 보게 만들기
십상이기 때문이다. 그런 이유에서 필자는 동아시아 근현대사에 구조
적으로 접근하는 하나의 분석도구로서 '동아시아 분단구조'라는 발상
을 선호한다.

동아시아 분단체제를 지금까지 작동시켜온 요소는 지정학적 긴장,
정치사회체제의 이질성 및 역사심리적 간극이라고 설명된다.[26] 필자는
그중 역사심리적 간극을 중심으로 동아시아 분단구조를 개념화하려고
한다. 말하자면 지난 백여년간 형성된 '중국과 그 나머지' 그리고 '일본
과 그 나머지' 사이에 존재하는 역사감각과 인식론적 차원의 분단선을
중시하는 것이다.[27] 청일전쟁 이래 잇따른 전쟁과 냉전기를 겪으면서
중국과 일본 사이에 역사심리적 분단이 응결되고 확대재생산되어 오
늘에까지 영향을 미치는 것을 '분단구조'라고 부른다.[28] 이를 통해 긴밀
한 통합성과 재생산 메커니즘을 규명해야 하는 부담을 덜면서도 지구
적(global)-지역적(regional)-일국적(national)이라는 세 차원의 모순이

응축되어 중층적으로 분단된 지역질서를 더 효과적으로 설명할 수 있을 것으로 기대된다. 특히 동아시아 대분단체제론이 잘 설명하지 못하는 중층적 분단구조를 해체하는 원동력이 어떻게 형성되는지, 그리고 거기에 시민사회가 어떻게 개입할 수 있는지가 명료하게 드러날 것이다.

이 글의 주제로 좁혀서 볼 때, 동아시아 분단구조가 제국과 식민, 냉전의 중첩으로 인해 존속되고 있다는 점을 가장 잘 보여주는 것은 중국이 (대)분단구조에서 차지하는 위치와 역할이다. 중화제국의 전통에서 비롯된 중국과 그 이웃 간의 역사적 비대칭관계는 중국이 언제나 제국이 될 잠재적 속성을 갖고 있다고 주위에 인식시키기 쉽다. 또한 서구를 추종한 근대화에 성공한 일본제국이 보여준 '선진'(일본)에 대한 '후진'(중국)의 저항이라 할 중국혁명으로 조성된 동아시아에서의 역사관이나 이데올로기의 심각한 불일치도 이 지역의 심리적 갈등과 정서적 분단을 지속시킨다.[29] 그 사정은 대분단의 양쪽에 각각 걸쳐 있는 한반도 남북의 분단체제에서도 그대로 드러난다. 중국과의 비대칭관계는 남북한 각각과 중국의 관계에서 모두 적용되나 그것이 드러나는 양상은 정치사회체제 간의 이질성을 얼마나 인식하느냐에 따라 각각 달라진다. 또한 남북한의 정치사회체제의 차이는 그대로 동아시아 지역 차원의 역사관 및 이데올로기의 분단과 대응한다.

이 같은 동아시아 분단구조에 비추어보면, 현재 동아시아에서 고조되고 있는 상호 혐오감정의 악순환이 단순히 누적되는 시민사회의 상호 교류와 협력만으로 해소되기 어려운 역사적 모순이 누적된 귀결임을 바로 알게 된다. 따라서 갈등 해소를 위해서는 분단구조의 해체가 요구된다. 그런데 그것이 천하주의 2.0판에서 제시된 조공체제라는 유산만으로는 가능할 듯싶지 않다. 분단된 동아시아의 대화해를 위해서는 그 3.0판이 필요하지 않을까.

여기서 우리는 분단구조 해체의 원동력이 어떻게 형성되는지 묻지 않을 수 없다. 그것은 동아시아 분단선의 이쪽저쪽을 넘나드는 지역 차원의 대화해와 더불어 소분단(체제) 내부의 교류와 협력 및 민주화 확대를 통해 이루어지는 것이라고 생각된다.[30]

거시적 시각에서 동아시아 분단구조의 역사를 돌아보면, 비록 그것이 아직까지 존속되나 해체 과정은 더디더라도 이미 진행 중이다. 그 1단계 동요기는 중미수교가 추진된 1970년대다. 그때 한국인과 일본인의 중국에 대한 인식의 변화가 조금씩 나타났다. 2단계 균열기는 한러수교와 한중수교가 이루어진 1990년대 초다. 특히 한중 교류와 협력의 괄목한 확대는 양자의 상호 인식은 물론이고 일본인의 중국 인식에도 변화를 가져왔다. 그러나 3단계라 할 동아시아 평화·공생체제로의 이행기는 아직 멀다. 이와 관련해 필자는 동아시아 지역 차원의 분단구조 해체의 원동력으로서 이 지역의 모순을 집중적으로 겪고 있는 핵심현장에서 소분단의 극복으로 확보될 역동성과 그 파급력에 주목하고 싶다. 양안관계에서의 대만, 그리고 일본 본섬에 작동하는 오끼나와의 역할도 더 깊이 논의되어야 마땅하나,[31] 특히 필자로서는 북미 평화협정, 북일수교, 그리고 남북한의 국가연합을 거친 한반도 통일 과정이 관건적 계기라고 본다. 동아시아 역사에서 전략적 요충으로 작용해온 한반도가 동아시아 분단선의 경계라는 미묘한 위치에 놓여 있기 때문이다.

소분단 내부의 교류와 협력 및 민주화 확대가 중요해지나, 동아시아 분단구조 해체의 원동력이 소분단의 변혁에서만 오는 것은 아니다. 지역 차원의 분단구조의 중요한 당사자 가운데 하나인 중국의 노력과 상호작용해야 그 해체가 그만큼 더 촉진된다. 이 글에서 신천하주의의

'공유하는 보편'이 그 역할을 할 수 있을지 주목한 것은 그런 이유 때문이다. 화평굴기라고 하는데도 그 선의의 의도적 행위가 이웃으로부터 상응한 반응, 즉 신뢰를 이끌어내지 못하면 좌절한 나머지 중국은 세계에 대한 경계심을 강화하고 위기감을 느끼기 쉽다. 그러나 중국이 진정 보편을 말하려면 자신의 '큼'에서 오는 그 이웃과의 비대칭적 관계를 직시하는 것이 매우 중요하다. 그것은 중국이 갖는 매개작용의 큼과 그에 따른 책임의 중대함을 자각한다는 뜻이다.[32] 그 자각은 외부의 이웃 타자는 물론이고 그 내부의 타자에 대해 상대의 역사적 맥락에 서서 상대를 느끼고 이해하는 능력을 키워나가는 것으로 드러날 터다. 그런 능력이야말로 경직화된 것처럼 보이는 적의를 당장 해소할 수 없더라도 적어도 약화시켜 화해의 길로 이끌 수 있다.[33]

이것이 우리를 제약하는 동아시아 분단구조의 폐해의 책임을 중국에만 묻자는 말은 물론 아니다. 그 구조 속의 어디에 위치하든 각 주체가 분단의 극복을 위해 각자의 현장에서 노력하는 일은 모두 소중하다. 그 작업에서 단기적 성취를 이루어 보람을 느낄 때 '새로운 보편'으로 가는 발걸음은 한결 가벼워진다.

4. 글을 마치며: 핵심현장에서 새로운 보편을

이제까지의 논의에서 제대로 언급되지 않은 중요한 문제가 남아 있다. 필자가 검토한 소통적 보편성을 추구하는 동아시아인의 시도가 과연 구미 중심의 보편주의의 극복이라는 오래된 과제를 감당할 수 있을까 하는 점이다. 하지만 월러스틴이 말한 "보편적 보편주의의 네트워크와 유사한 다수의 보편주의들"의 존재, 바꿔 말해 그것들이 서로를 비춰보는 '만남의 장소'를 여기서 확인한 의미는 있다고 본다.

주변에 대한 중심의 지배가 물리적 권력과 담론적 권력의 두 측면에서 이루어진다고 볼 때, 구미 중심의 보편주의의 극복이라는 대항적 담론은 물리적 권력 차원에서의 권력관계의 변화와 함께 하지 않는 한 공허해질 수밖에 없다. 바로 이 지점에서 동아시아 분단구조의 해체가 중대한 의미를 갖게 된다. 그 해체 과정은 분단구조의 작동에 깊숙이 작용하는 미국이 주도하는 위계적인 세계질서의 권력관계(및 그 기반인 자본주의 세계체제)의 재편을 자연스럽게 이끌어낼 것이기 때문이다. 그리고 이러한 물리적 권력관계의 변화가 구미 중심의 보편주의라는 담론의 해체와 '새로운 보편'의 확산을 촉진할 것이 분명하다.

이 글에서 필자는 소분단의 하나인 한반도라는 개체를 핵심현장으로 간주하고 그 속에 소통을 가능케 하는 보편적 요소가 있음을 강조했다. 그런데 따지고 보면, 우리가 살고 있는 삶의 현장은 어디나 핵심현장이 될 수 있다. 단, 수처작주(隨處作主)라는 선가(禪家)의 가르침이 일컫듯이 누구나 자신이 살고 있는 곳에서 주인됨을 실천해야 한다. 좀더 분명하게 말하면, 그곳이 시공간의 모순과 갈등이 응축된 곳이라는 사실을 제대로 인식하고 극복하려는 실천자세를 견지할 때 비로소 그곳이 핵심현장으로 발견되는 것이다. 그 과정에서 서로의 고뇌와 고통을 나눔으로써 일상생활에서 공유되는 새로운 보편성이 그 모습을 드러내리라 기대된다.

필자가 동아시아 인식의 구체성과 실천성을 확보하기 위해[34] 그간 특히 주목해온 핵심현장은 한반도, 대만 그리고 오끼나와로서 동아시아의 소분단에 해당한다. 그곳들과 연동되면서도 또한 다른 양상을 보이는 중국 대륙이나 일본 본토 안에도 제국, 식민 그리고 냉전의 중첩된 영향 아래 공간적으로 크게 분단된 동아시아의 갈등이 응축된 장소들이 있게 마련이다. 그곳을 핵심현장으로 발견하는 작업도 이제 본격화되어야 한다.[35]

| 주 |

제1부 포스트 민족문학론

1장 제3세계 민중의 시각과 민족주의의 내적 극복

1 이에 대한 좀더 자세한 설명으로는 하정일 「80년대 민족문학: 탈식민의 가능성과 좌절」, 『작가연구』 2003년 상반기, 깊은샘 참조.

2 백낙청 「민족문학 개념의 정립을 위해」, 『민족문학과 세계문학』, 창작과비평사 1978, 124~25면.

3 백낙청 「민족문학의 현단계」, 『민족문학과 세계문학 2』, 창작과비평사 1985, 17면.

4 백낙청 「민족문학 개념의 정립을 위해」, 『민족문학과 세계문학』, 창작과비평사 1978, 136~37면.

5 1980년대 말~1990년대 초로 오면서 백낙청이 분단극복 대신 분단'체제'의 극복을 강조한 것은 이에 대한 반성의 결과라 할 수 있을 것이다.

6 백낙청 「역사적 인간과 시적 인간」, 『민족문학과 세계문학』 136~37면.

7 이에 대해서는 『민족문학과 세계문학』 2부에 실린 글들을 참조.

8 백낙청 「80년대 민족문학론의 전망」, 『민족문학과 세계문학 2』 57면.

9 백낙청 「제3세계와 민중문학」, 『인간해방의 논리를 찾아서』, 시인사 1979, 181면.

10 백낙청 「제3세계의 문학을 보는 눈」, 『민족문학과 세계문학 2』 170면.

11 백낙청 「인간해방과 민족문화운동」, 『인간해방의 논리를 찾아서』 111~12면.

12 백낙청 「민족문학 개념의 정립을 위해」, 『민족문학과 세계문학』 137면.

13 백낙청 「제3세계의 문학을 보는 눈」, 『민족문학과 세계문학 2』 169면.

14 백낙청 「제3세계와 민중문학」, 『인간해방의 논리를 찾아서』 178면.

15 백낙청 「제3세계의 문학을 보는 눈」, 『민족문학과 세계문학 2』 170면.

16 백낙청 「제3세계의 문학을 보는 눈」, 『민족문학과 세계문학』 170~71면.

2장 한국문학과 세계문학: 탈근대를 향한 근대 한국문학 연구

1 최원식 「나의 국문학 연구 30년: 내가 그때 살았다면 어떻게 행동했을까?」, 『한국근대문학을 찾아서』, 인하대학교출판부 1999, 368면.

2 박사학위 논문을 관련 논문들과 함께 엮어 출간한 것이 『한국근대소설사론』(창비 1986)이다.

3 최원식 『민족문학의 논리』, 창비 1982, 69면.

4 『창작과비평』, 1994년 여름호(제84호) 263면.

5 최원식 『생산적 대화를 위하여』, 창비 1997, 41면.

6 최원식 「한국문학의 근대성을 다시 생각한다」(1994), 『생산적 대화를 위하여』, 창비 1997, 20~21면.

7 최원식 『생산적 대화를 위하여』 25면.

8 앞의 책 46면.

9 최원식 「일이 결코 기쁨인 나라: 고은의 『전원시편』」, 『소수자의 옹호: 실제비평 1981~97』, 자음과모음 2014, 237~38면.

10 최원식 「고전비평의 탄생: 가람 이병기의 문학사적·지성사적 위치」, 『민족문학사연구』 2012년 8월호(제49호), 79면.

11 최원식 「한 늦깎이의 처녀장편: 이원규 소론」, 『소수자의 옹호』 215면.

12 최원식 「시의 진정성」, 『소수자의 옹호』 267면.

13 최원식 「사람 냄새가 나는 문학: 투병 중인 한남철 선생을 찾아서」, 『소수자의 옹호』 414~15면.

14 임형택·최원식·김명환·김형수 좌담 「통일을 생각하며 북한문학을 읽는다」, 『창작과비평』 1989년 가을호(제65호), 18면, 30면 참조.

15 최원식 「남과 북의 새로운 역사감각들」, 『창작과비평』 2004년 여름호(제124호), 59~67면.

16 최원식 『한국근대소설사론』, 창비 1986, 193~97면

17 최원식 「한국문학의 근대성을 다시 생각한다」, 『생산적 대화를 위하여』 20면.

18 최원식 「한국문학과 영미문학의 접점」, 『안과밖: 영미문학연구』 2001년(제10호), 11~12면.

19 최원식「비교문학 단상」, 『민족문학의 논리』 277면.

20 김영희「서장: 지금 우리에게 세계문학은 무엇인가」, 김영희·유희석 엮음 『세계문학론: 지구화시대 문학의 쟁점들』, 창비 2010, 14면.

21 최원식『민족문학의 논리』 368면.

22 최원식「개화기소설론」, 『민족문학의 논리』 227면.

23 최원식『한국근대소설사론』 172면.

24 최원식·서영채 대담「창조적 장편의 시대를 대망한다」, 『창작과비평』 2007년 여름호 (제136호), 179면.

25 최원식「서구 근대소설 대 동아시아 서사: 심훈 『직녀성』의 계보」, 『동아시아 서사학의 전통과 근대』, 성균관대학교 출판부 2005, 69면. 이 논문이 수록된 단행본은 동명의 국제학술대회에서 발표된 여러 학자들의 논문들을 엮은 저서다.

26 앞의 글 70~72면.

27 앞의 글 72면.

28 다소 거칠지만 날카로운 작품 비판으로는 권희선「중세 서사체의 계승 혹은 애도: 심훈의 『직녀성』 연구」, 『민족문학사연구』 2002년(제20호), 178~207면 참조.

29 심훈『심훈문학전집 2』, 탐구당 1966, 152면.

30 심훈 자신이 17세에 당대의 권세가인 귀족의 딸과 결혼했지만, 결국 이혼하고 여러 해 뒤에 다른 신여성과 결혼하는 우여곡절을 겪었다. 작가에게 절실한 실존적 문제였음에 틀림없기에 이처럼 모더니즘의 세례로부터 안전한 작품의 특성은 무척 아쉽다. 윤극영「심훈시대」, 『심훈문학전집 2』 633~38면 참조; 이상경「근대소설과 구여성: 심훈의 『직녀성』을 중심으로」, 『민족문학사연구』 2001년(제19호), 197면 참조.

31 최원식「문학의 귀환」, 『문학의 귀환』, 창비 2001, 31면.

32 임형택「동아시아 서사학 시론」, 『동아시아 서사학의 전통과 근대』 성균관대학교 출판부 2005, 15면.

33 임형택『한국학의 동아시아적 지평』, 창비 2014, 47~50면 등 참조. 최원식도「한국발 혹은 동아시아발 대안?」, 『문학의 귀환』 377~90면에서 일본의 유명한 영화감독 쿠로사와 아끼라의 영화 〈카게무샤(影武者)〉를 분석하며 동일한 역사관을 피력한다.

34 한국사학계를 오랫동안 지배했지만 최원식도 극복의 필요를 역설하는 '자본주의 맹아론' '내재적 발전론'의 기본구도가 서구중심주의를 비판하면서도 결국은 서구중심주의의 틀에 갇힌 사유라는 점에서 '반서구중심적 서구중심주의'라고 말할 수 있다. 이러한 서구중심주의의 변종에 대한 논의로는 Immanuel Wallerstein, "Eurocentrism and Its Avatars: the Dilemmas of Social Science," *The End of the World As We Know It: Social Science for the Twenty-First Century*, University of Minnesota Press 1999 참조. 우리말 번역으로는 이경덕 옮김「유럽중심주의와 그 화신들: 사회과학의 딜레마들」, 『창작

과비평』 1997년 봄호(제95호).

35 Enrique Dussel, "Beyond Eurocentrism: The World-System and the Limits of Modernity," Ed. Frederic Jameson and Masao Miyoshi, *The Cultures of Globalization*, Duke University Press 1998, 3~4면.

36 Aníbal Quijano and Immanuel Wallerstein, "Americanity as a concept, or the Americas in the modern world-system," *International Social Science Journal 134*, 1992, 549면.

37 강진아 『문명제국에서 국민국가로』, 창비 2009, 21~43면.

38 필립 리처드슨 『쟁점으로 읽는 중국 근대 경제사 1800~1950』, 푸른역사 1999의 2장 「18세기의 유산과 19세기 초의 위기」 48~61면 참조; 기시모토 미오·미야지마 히로시 『조선과 중국 근세 오백년을 가다: 일국사를 넘어선 동아시아 일기』, 역사비평사 2003, 180~97면, 265~73면 등 참조.

39 임형택·최원식·서은혜·성민엽 좌담, 「한국문학과 동아시아문학」, 『민족문학사연구』 1993년(제4호), 30면.

40 졸고 「E.P. 톰슨의 역사연구와 영문학: 『윌리엄 모리스』를 중심으로」 『안과밖』 2012년(제33호), 174면.

41 Marshall Berman, "All That is Solid Melts into Air: Marx, Modernism and Modernization," *Adventures in Marxism*, Verso 1999, 144~48면.

42 E.P. Thompson, *William Morris*, 791면.

43 최원식 『민족문학의 논리』 200면.

44 최원식 『생산적 대화를 위하여』 273면.

45 최원식 『생산적 대화를 위하여』 11면.

46 Robert C. Tucker ed., *The Marx-Engels Reader*, Norton 1978, 476~77면.

47 Eric Hobsbawm, "Introduction," Karl Marx and Friedrich Engels, *The Communist Manifesto*, Verso 1998, 11~12면.

48 Bruce Cumings, *Korea's Place in the Sun*, Norton 1997, 174~84면.

49 최원식 『민족문학의 논리』 200면.

50 최원식 「지식인사회의 복원을 위한 단상」(1998), 『문학의 귀환』 407면.

51 『민족문학사연구』 2011년(제46호), 6~20면.

3장 한국문학의 근대성과 탈근대성

1 창간호 발행주체로 주간에 방현석, 편집위원에 김재용, 기고자에 김지하 등의 이름이 포함되어 있다.

2 『아시아』 2006년 여름 창간호, 2면.

3 여기에 나타나는 민주주의적 지향은 안타깝게도 이 잡지를 재정지원하는 포스코청암

재단에 대한 찬사에 의해 그 빛을 잃는다. "포스코청암재단은 포스코를 세계 최고의 철강기업으로 키우고 기업의 사회공헌을 모범적으로 실천한 창업자 청암 박태준 선생의 철학과 그러한 전통을 계승하고 강화해나가는 포스코 현 집행부의 신념으로 세워졌다."(같은 책 2면) 세계 최고라는 발상도 그러하지만 기업의 사회공헌이라는 것도 기업이 사회로부터 가져간 것의 극히 일부를 사회로 돌려주면서 자신의 착취를 가리려는 이미지 전략 속에서 이루어지는 것이지 않은가?

4 임종국 『친일문학론』, 평화출판사 1978, 469~70면.

5 '국민문학'은 문학을 국민국가의 건설 및 발전과 결부시키는 명명이며 '대동아문학'은 국민문학이 서구문명에 맞서는 대동아문명의 요소임을 강조하는 것이고 '신체제문학'은 대동아건설을 지향하는 황국이 식민지를 억압하고 수탈했던 제국주의시기와는 달리 황국 내부의 민족적·사회적 통합을 통한 총동원 체제로 나아가야 했던 시기에 문학이 수행해야 할 역할을 강조한 것이다.

6 윤대석 『식민지 국민문학론』, 역락 2006, 16면.

7 이 용어는 임종국의 용어이며 윤대석은 그로부터 이 용어를 가져왔다.

8 김재용 『협력과 저항』, 소명출판 2005, 44면.

9 같은 책 185~261면.

10 권명아 『역사적 파시즘』, 책세상 2005, 97~120면 참조.

11 조선의 민족부르주아지가 친일로 기운 과정에 대해서는 윤해동 『식민지의 회색지대』, 역사비평사 2004, 231~59면 참조.

12 신형기 엮음 「좌담: 문학자의 자기비판」, 『해방3년의 비평문학』, 세계 1988, 82~83면.

13 "조연현은 반좌익투쟁의 최전선에서 좌익 측의 역사주의적 합리주의적 계몽주의적 논리에 대항하는 정확히 말하면 그 논리들에 대해 대타적 동일성을 구현하는 독자적 논리를 펼쳐나간다. 즉 논리에 대해서는 생리를, 개념에 대해서는 현실을, 합리에 대해서는 생명을, 상대성에 대해서는 절대성을 내세우는 방식으로 마르크시즘이라는 거대한 체계와 대항해나간 것이다."(김명인 『조연현, 비극적 세계관과 파시즘 사이』, 소명출판 2004, 106면)

14 백낙청 『민족문학과 세계문학 1』, 창작과비평사 1978, 124~25면.

15 김지하 「아시아공동체 구상과 아이덴티티 퓨전」, 『아시아』 2006년 여름 창간호, 76~80면 참조.

16 자연상태와 국가상태의 관계 및 그것들 사이의 순환 메커니즘에 대한 스피노자의 생각을 정리해보면 다음과 같다. 1) 자연권은 만물로 인하여 생겨나는 자연의 여러 법칙, 또는 여러 규칙이다. 그것은 자연의 힘이다. 모든 자연의 하나하나의 자연권은 그 힘이 미치는 곳까지 존재한다. 따라서 한 사람 한 사람이 자기본성의 여러 법칙에 따라 행동하는 것은 모두 최고의 자연권에 의해 행동하는 것이고 그 한 사람 한 사람은 그의 힘

으로 할 수 있는 만큼의 권리를 자연에 대하여 가지고 있는 것이다. 자연상태에서의 인간은 이성보다는 맹목적인 욕망에 의해서 이끌리는 경우가 많다. 따라서 인간의 자연력, 즉 자연권은 이성에 의해서가 아니라 도리어 인간으로 하여금 행동하게 하고 자기를 보존하기 위해 노력하게 하는 여러 충동에 의해 규정되어야 한다. 이런 한에서 개개인은 자연상태에서는 서로의 적이다. 2) 자유라고 말할 수 있는 것은 그가 인간적 본성의 여러 법칙에 따라서 존재하고 활동하는 능력을 가지고 있을 때에 한해서다. 이성에 따르는 인간이 자유롭다. 두 사람이 뜻을 같이하고 힘을 합친다면 그들은 혼자인 경우보다 더 많은 일을 할 수 있다. 두 사람은 더 많은 권리를 자연에 대해 갖는다. 점점 많은 사람들이 친밀관계를 이루게 됨에 따라 더 많은 권리를 모든 사람이 갖게 된다. 인간은 서로의 도움 없이는 생활을 지탱하고 정신을 함양한다는 것이 거의 불가능하다. 인류의 고유한 영역으로서의 자연권은 인간이 공동의 권리를 가지고 살고 일구어놓을 땅을 서로 같이 지니고 자기를 지켜 모든 사람들이 폭력을 배제하며 공동의 의지에 따라서 생활할 수 있을 때만 생각하게 된다. 3) 국가는 마치 하나의 정신에 의해 인도되는 것처럼 결합된 다중(즉 국민)의 힘의 자연권이다. 이것은 주권이라 불린다. 주권은 공동의 의지를 발판으로 나라 일을 배려하는 사람, 즉 법률을 제정하고 해석하고 폐지하며 도시를 방위하고 전쟁과 평화를 결정하는 등의 배려를 하는 사람의 수중에 절대적으로 장악된다. 4) 이 배려가 전체 민중으로 성립된 회의체에 속할 때 그 통치를 민주정치라고 부르고 그 회의체가 약간의 선택된 사람들로 구성되었을 때 이를 귀족정치라 부른다. 끝으로 국사의 배려 즉 주권이 한 사람의 수중에 있을 때 이를 군주정치라고 부른다. 5) 국가에 있어서도 자연권을 유지하고 있는 것들은 모두 적이다. 비국민이나 타국이 그러하다. 상호 간에 맹약을 체결하는 국가가 많을수록 국가 간의 적대는 줄어든다. 6) 국가에게 어떤 약속을 했다 하더라도 그것이 시간의 흐름에 따라 또는 깊이 생각해본 결과 다중의 국민의 공동복리에 해롭다는 것을 알게 되거나 그렇게 생각되었을 때 그는 확실히 그 약속을 해소할 의무를 지니게 된다. 이때 국가는 해체되고 자연상태로 복귀된다. 각자는 국가의 권리로부터 자기의 권리로 돌아간다. 국가는 자연상태에 있어서의 인간이 자기의 권리 아래 있기 위해서, 자기의 적이 되지 않기 위해서는 자기자신을 멸망시키는 것 같은 일을 주의해야만 하는 것과 똑같은 이유로 그것들에게 구속되기 때문이다. 이 때문에 국민국가는 다중의 힘의 자연권리에 의해 구속된다(베네딕트 데 스피노자 『정치론』, 김호경 옮김, 갈무리 2009 참조).

17 김영석 「구국문학의 이론과 실천」, 『해방3년의 비평문학』, 세계 1988, 319~22면.
18 박정희 정권의 민족주의적 성격에 대해서, 그리고 박정희 정권에 대한 저항 엘리뜨의 비판이 어떻게 민족주의의 거울이미지를 투사하는지에 대해서는 김보현 『박정희 정권기 경제개발』, 갈무리 2006 참조.
19 삶문학에 대해서는 조정환 『카이로스의 문학』, 갈무리 2006, 1부 「카이로스의 시간과

삶문학」과 2부 「민족문학을 넘어 삶문학으로」 참조.

4장 동양적 숭고: 일본 제국 풍경 중의 석굴암

1 최원식 『제국 이후의 동아시아』, 창비 2009, 43면

2 川合玉堂 「朝鮮美術展覽會の審査を了へて」, 『朝鮮』 1922.7, 8면, 12~13면.

3 W. J. T. Mitchell, "Introduction," *Landscape and Power*, The University of Chicago Press 2002, 10면.

4 藤島武二 「朝鮮觀光所感」, 『藝術のエスプリ』, 中央公論美術出版 1982, 248면.

5 일본의 식민지 지배와 관련하여 조선미술전람회 출품작들의 향토색을 검토한 연구는 적지 않다. 그중 박계리 「일제시대 '조선 향토색'」, 『한국근대미술사학』 1996년 12월 호(제4집)와 金惠信 『韓國近代美術研究: 植民地期 「朝鮮美術展覽會」にみる異文化支配と文化表象』, ブリュッケ 2005가 특히 유익하다.

6 이인성이 경주에 관심을 가지도록 이끈 사람으로 시라가 주끼찌(白神壽吉)가 언급 되곤 한다. 경북여자고등학교 교장이었던 시라가는 한국 고미술품 수집과 연구에 의 욕이 많았다고 한다. 19세 약관의 나이에 대구 중심의 풍경을 그린 「세모가경」으로 1931년 조선미술전람회 특선작의 영예를 차지하며 두각을 나타낸 이인성에게 일본 유 학의 길을 열어준 사람도 시라가였다(신수경 『한국 근대미술의 천재 화가 이인성』, 아 트북스 2006, 50면, 95면). 시라가처럼 조선인의 경주 이해에 영향을 미친 일본인 식 민자들에 대한 연구가 근래에 성과를 내기 시작했다. 김현숙 「일제 강점기 경주고적보 존회의 발족과 활동」, 정재 김리나 교수 정년퇴임기념 미술사논문집 간행위원회 『시 각문화의 전통과 해석』, 예경 2007에서는 일본인 주도의 경주지역 미술단체가 다루어 졌고, 정인성 「일제강점기 '경주고적보존회'와 모로가 히데오(諸鹿央雄)」, 『대구사학』 2009년 5월호(제95집)에서는 같은 미술단체와 일본인 경주박물관장이, 黃鍾淵 「儒敎 の鄕邑から東洋の古都へ」, 白川豊 譯, 『朝鮮學報』 214, 2010에서는 식민지시대 최초 의 일본인 경주시 행정관이었던 키무라 시즈오(木村靜雄)와 경주보통학교 교장, 경주 박물관 관장을 역임한 오오사까 킨따로오(大坂金太朗)가 각각 다루어졌다.

7 석굴암 불상의 얼굴이 아이의 얼굴을 연상시킨다는 주장은 일제시대에 제기된 적이 있다. 조선총독부 편 『불국사와 석굴암』(1938), 조원영 옮김, 민족문화 영인본 2004, 42면.

8 田山錄彌 『滿鮮の行樂』, 大阪屋號書店 1924, 456면.

9 석굴암을 읊은 양반문인 시의 좋은 예로 오오사까 킨따로오(大坂金太朗)가 이근오(李 覲吾, 1760~1834)의 『죽오유집(竹塢遺集)』에서 췌록한 「석굴암」이 있다. 참고로 원문 과 졸역을 제시한다. "天台西畔有孤菴, 疊石嵌呀忽似龕, 上築高陵莎草遍, 中藏神佛霧 雲含, 窟穸隱隱生光恠, 心靜時時起翠嵐, 當日徒勞雕琢力, 千年古蹟一朝探: 천태산 서

쪽에 외딴 절이 있으니/ 겹겹이 돌무더기 쌓이고 휑하니 골짜기 벌어져 감실(龕室)과 비슷하다./ 쌓아올린 축대와 높다란 언덕은 사초로 뒤덮였고/ 속에 감추어진 신불(神佛)은 안개와 구름에 싸였다./ 굴속은 젖어서 은은하나 괴이한 빛이 나고/ 마음은 고즈넉한데 때때로 푸른 남기가 이는구나./ 그때는 쪼고 닦느라 헛되이 고생했을 터이나/ 아득한 옛날의 자취를 일시에 찾아보게 됐구나."(『考古美術資料 第1輯: 慶州古蹟詩文集』, 考古美術同人 油印本 1962) 조선인 주민들의 석굴암 참배 풍습은 나까무라 료오헤이가 그의 석굴암론 중에 간단하게 언급했다(中村亮平『朝鮮慶州之美術』, 芸艸堂 1929, 31면). 『조선미술대관』, 조선고서간행회 1910 같은 문헌에 따르면, 일본인 중에서도 특히 1909년 석굴암을 순시한 당시의 부통감 소네 아라스께가 석굴암을 발견했다는 주장은 일본인 본위의 강변에 불과하다. 이것이 거짓임을 알려주는 조선시대의 약간의 기록과 도화(圖畵)가 다음 논저에 소개되어 있다. 김상현 「석굴암에 관한 문헌자료의 검토」, 『석굴암의 제문제』, 한국정신문화연구원 1991; 강희정 『나라의 정화, 조선의 표상: 일제강점기 석굴암론』, 서강대학교 출판부 2012, 136~51면.

10 淺川伯教「石窟庵の宿り」, 『朝鮮』 1923.3, 134면.

11 米谷匡史『アジア/日本』, 岩波書店 2006. 특히 제1부(1~73면) 참조.

12 北澤憲昭『眼の神殿』, ブリュッケ 2010, 144~60면.

13 木下直之『美術という見世物』, 平凡社 1993, 15~38면.

14 柳宗悦「石佛寺の彫刻に就て」, 『柳宗悦全集』 6, 筑摩書房 1981, 123면; 야나기 무네요시『조선을 생각한다』, 심우성 옮김, 학고재 1996, 28면. 번역문 수정.

15 야나기는 세끼노 타다시와 함께 석굴암의 사원적 성질을 알아본 최초의 사람에 속한다. 강희정, 앞의 책 152~58면. 강희정은 세끼노와 야나기가 석굴암을 인도에서 유래한 석굴사원으로 간주한 것이 석굴암의 "근대적 재발견"의 핵심이라는 요지의 주장을 펴고 있다. 그러나 그 전파론적 공식이 그들의 석굴암 이해와 평가를 근대적이게 하는 결정적 요소인가는 의문이다. 그들의 미술사적 혹은 미술비평적 언표의 조건을 이루는 예술관, 종교관, 역사관이 어떤 점에서 근대적인가가 검토되지 않으면 안 된다고 생각된다.

16 Kim Brandt, *Kingdom of Beauty: Mingei and the Politics of Folk Art in Imperial Japan*, Duke University Press 2007, 36면.

17 水尾比呂志『評伝 柳宗悦』, 筑摩書房 1992, 55면.

18 「革命の畫家」, 『柳宗悦全集』 1, 筑摩書房 1981, 565면.

19 Charles Taylor, *Sources of the Self: The Making of the Modern Identity*, Harvard University Press 1989, 368~81면.

20 『柳宗悦全集』 4, 筑摩書房 1981, 303~11면. 야나기의 블레이크 연구가 그의 사상 편력에서 가지는 의의는 몇몇 야나기론이 강조한 바 있다. 두드러진 예의 하나가 한국어

로 번역된 나까미 마리(中見真理)의 책이다(『柳宗悅: 時代と思想』, 東京大學出版會 2003;『야나기 무네요시 평전』, 김순희 옮김, 효형출판 2005, 특히 제3장 참조).

21 이 일연의 기록은 야나기 자신이 경주에 갔을 때 지인의 사본을 다시 필사한 것이라고 밝혔다. 그 지인은 오꾸다 야스시(奧田悌, 1867~1933)인 것 같다. 그는 치꾸세이 출생으로 젊은 시절에 나쯔메 소오세끼(夏目漱石)와 함께 한시를 연찬할 만큼 학문이 있었고 제국국회 진출에 실패하고 조선으로 건너온 다음인 1914년에 어떤 경위에서인지는 불분명하나 경주릉도수호(慶州陵都守護)라는 직위에 있었다(桐原光明 「奧田悌の数奇な人生」, 『筑西市立図書館報』 274, 1947.5.18. 참조). 그는 이광수의 「오도답파기」에 이광수가 경주 여행 중에 만난 인물로 출현한다. 야나기는 그의 석굴암론 부기 중에 오꾸다가 경주안내서를 출간할 예정이라고 썼다. 오꾸다의 편서 『新羅舊都慶州誌』, 玉村書店 1920, 160~74면을 보면 편자의 일본어 번역으로 문제의 일연의 글이 실려 있다.

22 「석불사의 조각에 대하여」, 앞의 책 35면, 49면. 김대성이라는 개인의 마음에서 발원한 석굴암의 통일체적 성격은 야나기가 그것을 탁월한 예술품으로 평가하는 결정적 이유다. 야나기는 세끼노 타다시 등이 관여하고 총독부 촉탁 기사 이이지마 겐노스께(飯島源之助)가 감독을 맡아 중수한 결과 석굴암이 새로이 훼손됐다는 주장을 했다. 이것은 석굴암의 "예술적 수법"이 고려되지 않은 채로 그 원래의 "통일성"을 해치는 변경이 가해졌다는 그의 판단에 따른 것이다.

23 「석불사의 조각에 대하여」, 앞의 책 52~53면, 60면.

24 "그리하여 [김대성은] 신림(神林), 표훈(表訓) 두 대성사(大聖師)에게 청하여 두 절 [불국사와 석굴암]의 주지를 맡게 해서 마(魔)를 눌렀고, 나라의 평화를 가져와 군왕의 지위를 세웠으며, 또한 불법 전파의 사명을 다했다." 「석불사의 조각에 대하여」, 앞의 책 33면. [ ]는 인용자 삽입. 번역문 수정.

25 오오사까 킨따로오(大坂金太郎)는 석굴암 주변 동네 사람들이 그곳에 "여아를 남아로 바꿔주는 부처"가 있다고 믿고 천장의 틈으로 들어가 소원을 비는 풍습이 있다고 적었다(大坂六村 『趣味の慶州』 再版, 慶州古蹟保存會 1934, 103면). 오오사까는 야나기가 그의 석굴암론에 참고했다고 밝힌 『新羅古蹟慶州案內』의 편자 "遲遲庵主人"으로 그 부기에 등장한다.

26 이소마에 준이찌에 따르면 릴리전의 번역어에는 '슈우시(宗旨)'처럼 관습적, 실천적 행위에 역점을 둔 것과 '쿄오호오(敎法)'처럼 개념화된 신념체계의 측면을 중심으로 한 것 두 부류가 있었지만 메이지 10년대에 들어 슈우꾜오가 양자를 통일한 번역어로 고정됐다. 磯前順一 『近代日本の宗教言說とその系譜』, 岩波書店 2003, 29~38면.

27 磯前順一, 위의 책 67~96면.

28 「宗敎的 '無'」, 『柳宗悅全集』 2, 14~15면, 21~23면.

29 이 절의 몇 단락은 「아이덴티티의 장소로서의 경주」(『한국문학연구』 제39집, 2010) 라는 논문의 일부로 발표한 적이 있다. 그러나 이태준의 「석양」에 나타난 동양주의 미 학에 대한 논고로서 미흡한 데가 많아 이 절에서 수정의 기회를 갖고자 한다.

30 경주고적보존회의 설립과 활동에 관해서는 김현숙, 앞의 논문 참조. 이 단체가 총독 부의 고적관리사업과 관계가 있었다는 사실, 특히 석굴암 중수사업 보조를 목적으로 하고 있었다는 사실은 오꾸다 야스시의 『新羅舊都慶州誌』(86면) 등에 기록되어 있다.

31 이태준 「석양」, 『이태준전집』 2, 깊은샘 1988, 120~21면. 앞으로 이 책에서 인용할 경 우에는 본문 중에서 인용한 면수만 표시한다.

32 加藤松林人 『朝鮮の美しさ』, 加藤松林人作品頒布會 1958, 151면.

33 김용준 『근원 김용준 전집 2: 조선미술대요』, 열화당 2001, 115면.

34 柳宗悅 「朝鮮の美術」, 『柳宗悅全集』 6, 앞의 책 100~07면.

35 이태준 「동방정취」, 『무서록』, 박문서관 1941, 88면.

36 식민지시기 일본인이 박혁거세 왜인설을 주장한 근거 중 하나는 박혁거세 탄생담이 기록된 『삼국사기』 「신라본기」 제1조의 한 구절이다. "진한사람이 호를 박이라고 칭하 므로 처음 그 크기가 박만 하였기 때문에 성을 박이라 했다(辰人謂瓠爲朴, 以初大卵如 瓠, 故以朴爲姓)." 『삼국사기』, 신호열 옮김, 동서문화사 1976, 31면, 203면. 이 구절은 민주면이 편찬한 『동경잡기』에도 인용되어 있다. 박씨를 포함한 신라시조 삼성(三姓) 의 남방도래설은 일본인들 사이에 널리 퍼져 있었던 듯하다. 오오사까 킨따로오 역시 그 설을 지지하고 있었다. 大坂六村, 앞의 책 26~28면 참조.

37 현진건의 영지설화 변조에 관해서는 황종연 「신라의 발견: 근대 한국의 민족적 상상 물의 식민지적 기원」, 황종연 엮음 『신라의 발견』, 동국대학교출판부 2008, 32~34면.

38 慶州古蹟保存會 編 『新羅舊都 慶州古蹟圖彙』, 慶州古蹟保存會 1939, 101면. 조선총 독부 편 『불국사와 석굴암』, 앞의 책 235면. 번역문 수정. 석굴암 본존불상 주변의 많은 조상 가운데 유독 십일면관음상을 두고 일본인들이 이렇게 유난스럽게 품평한 이유는 그 조상(彫像)의 제작 기술이 우수하다는 데에만 있지 않았을 것이다. 그 이유는 관음 신앙을 중시하는 불교와 불교미술 전통을 그들이 자신의 문화 속에 가지고 있었던 사 정에도 있었을 것이다. 고대부터 여신숭배를 발전시킨 일본에서는 불교의 전래 이후 이른바 신불습합의 과정에서 신도의 여신과 불교의 관음을 일체화하여 독특한 관음숭 배문화를 성립시켰다고 한다. 야마오리 테쯔오는 "카미(神)의 수육화(受肉化)"와 "호 또께(仏)의 비불화(秘仏化)"의 이중 과정이 일본 관음신앙의 발생을 정확하게 설명해 준다고 본다(山折哲雄 「觀音からマリア觀音まで」, 『近代日本人の美意識』, 岩波書店 2001, 189~91면). 강희정은 일본인들이 석굴암 관음상에 주목한 이유로 식민지를 여 성에 비유하는 "제국주의 이데올로기"를 들었다(앞의 책 126면). 그런데 이것은 에드 워드 사이드의 오리엔탈리즘 비판 이후 판에 박힌 논법을 반복한 것에 불과하다. 관음

상, 여성, 식민지를 등치시킨 논의는 제국주의시대의 일본인들이 그들의 역사상 과거로부터 내려온 십일면관음상을 스스로 숭배하고 있었다는 증거 —— 일본정부에서 나라 조린지를 비롯한 많은 절에 안치된 십일면보살상들을 줄줄이 국보로 지정했다거나 『古寺巡禮』의 와쯔지 테쯔로오(和辻哲郎)를 위시한 많은 철학자와 비평가들이 그것들을 일본정신의 고전적 표현으로 평가했다는 사실에 의해 간단히 논파될 수밖에 없다. 말이 나온 김에 덧붙이면, 강희정은 석굴암 관음상의 여성성을 강조한 일본인의 예로 고고학자 토리이 류우조오(鳥居龍藏)를 들었으나 이것은 착오다. 강희정이 인용한 토리이의 발언은 관음상에 대한 것이 아니라 본존불상에 대한 것이다.

39 이도영의 「석굴암의 관음상」 사진은 『조선일보』 1929년 11월 1일자에 실려 있다.

40 안막 시의 전반부는 이렇다. "구라파의 한복판애서/ 조선이 움직이고 있다/ 석굴암의 벽조/ 마음의 장벽을 뚫고 비끼운다/ 백조는 마치 살아 있는 사람처럼/ 불빛 속에 고요히 움직여 나온다."(정병호 「춤추는 최승희」, 현대미술사 2004, 162면) 제5행의 "백조"는 제3행에도 나오는 "벽조(壁彫)"의 오식으로 보인다.

41 정병호, 위의 책 225면에 실린 공연 작품 제목과 개요 참조. 최승희의 석굴암 보살상 차용은 종전에 거론된 적이 있다. 김현숙 「근대 시각문화 속의 석굴암」, 황종연 엮음, 앞의 책, 110~12면.

42 D.T. Suzuki, *Essays in Zen Buddhism*, Rider and Company 1953, 378면.

43 해운대는 부산 개항 이후에 그곳에 진출한 일본인들이 온천을 발굴한 것을 계기로 조성된 휴양지이자 유흥지다. 그 온천 개발은 1887년 일본인 의사 와다 노모(和田野茂)가 시작했다고 한다. 해운대는 그곳의 경관이 좋아서 식민지화 이전에도 명성이 있었다고 하나 경주 같은 고도와 구별되는 일본 상인자본이 만든 신흥 상업구역이다.

44 야나기 무네요시, 앞의 책 53면, 59면.

45 숭고한 것과 종교적인 것의 관계에 대해서는 Andrew Chignell and Matthew C. Halteman, "Religion and the Sublime," edited by Timothy M. Costelloe, *The Sublime: From Antiquity to the Present*, Cambridge University Press 2012, 183~202면 참조.

46 小林秀雄 「慶州」, 『小林秀雄全集 7: 歷史と文學』, 新潮社 1978, 51~52면.

47 최재서 「偶感錄」, 『전환기의 조선문학』, 노상래 옮김, 영남대학교 출판부 2006, 130면.

48 황도불교에 관해서는 Brian Daizen Victoria, *Zen at War*, Rowman & Littlefield 2006, 79~94면 참조.

49 김순석 『일제시대 조선총독부의 불교정책과 불교계의 대응』, 경인문화사 2003, 185~218면.

50 권상노 『臨戰의 朝鮮佛敎』, 漢城圖書 1943, 60~63면, 80~84면; 김영진 「식민지 조선의 황도불교와 공(空)의 정치학」, 『한국학연구』 2010년 5월호(제22집)에 권상노의 논

설 「대동아전쟁과 불교」(1942)를 포함한 조선어 황도불교 텍스트에 대한 비판적 독해가 들어 있다.

51 리오따르에 따르면, 숭고의 경험 속에 현현하는 이성의 이념은 자유, 창조, 변화의 가능성을 믿도록 유인한다. 숭고의 정치 혹은 윤리는 결정된 시간(chronos)보다 결정되지 않은 시간(kairos), 필연(müssen)보다 당위(sollen)를 우위에 두는 인간 행위를 촉진한다. Jean-François Lyotard, *Leçons sur l'Analytique du sublime*, Galiée 1991, 167~74면 참조.

52 예컨대 일제 말기에 널리 보급된 이데올로기 교본의 하나인 『國體의 本義』의 제1장 제1절은 이렇게 시작한다. "대일본제국은 만세일계의 천황 황조의 신칙을 받들어 이를 통치해주신다. 이는 우리 만고불역의 국체다. 그리고 이 대의에 기초하여 일대 가족국가로서 억조가 일심으로 성지를 받들어 모시고 힘을 다해 충효의 미덕을 발휘한다. 이는 우리 국체의 정화로 삼는 바다." (『國體の本義』, 文部省 1937, 9면) 이 텍스트는 일본 파시즘의 숭고 미학과 관련하여 자세하게 분석된 예가 있다. Alan Tansman, *The Aesthetics of Japanese Fascism*, University of California Press 2009, 150~68면 참조.

5장 민족문학과 민중문학을 다시 생각하기: 서발턴은 쓸 수 있는가

1 근래 개발되고 있는 개념사(혹은 관념사)의 방법은 이를 위한 도구가 될 수 있다. 개념사는 단지 개념의 역사를 재구하는 것만이 아니라, 관념과 담론의 배치를 재구·객관화한다. 관련하여 김민정 「리얼리즘의 강박, 증상으로서의 리얼리티: 리얼리즘의 재인식과 전망의 모색」, 『민족문학사연구』 2014년 4월호(제54호) 참조.

2 『오늘의 문예비평』 2014년 봄호의 "다시 리얼리즘이다!" 기획의 변은 아래와 같다. "문학의 정치에 대한 근래의 사유들이 현실적인 개입의 단초를 찾지 못하고, 감각적인 것의 전복이나 선험적 구조와 주체의 파열에 관한 정신분석학적 탐구로 내밀화된 것에 나름의 비판적 입론을 제기할 필요를 느꼈기 때문 (…) 그냥 시대착오라고 해버릴 수 없는 리얼리즘의 그 잉여와 잔여에서 다시 시작할 수 있지 않을까. 패퇴해버린 진보문학의 재구성을 위해선, 리얼리즘의 낡은 망령을 확실하게 애도하는 것과 더불어, 그 잉여와 잔여를 새로운 시작의 단초로 삼아도 좋을 것이다."(20면)

3 '문예'는 '문학'과 '예술'을 종합(?)한 1980년대까지의 특유의 용어였다. '문학'과 '예술'은 1990년대 이후 문학·문화로 분기한다. 이 개념(관념)사도 논의할 만한 것이라 보인다.

4 김명인 「리얼리즘 문제의 재인식(1)」, 『문학예술운동』 1989년 봄호(제3집), 84면; 전승주 「1980년대 문학(운동)론에 대한 반성적 고찰」, 『민족문학사연구』 2013년 12월호(제53호) 재인용.

5 이에 대한 정리는 김한식 「민족문학과 근대성 또는 리얼리즘-모더니즘 논쟁」, 『비평

90년대 문학을 묻다』, 여름언덕 2005 참조.

6 조정환 「내재적 리얼리즘: 리얼리즘의 폐허에서 생각하는 대안리얼리즘의 잠재력」, 『오늘의문예비평』 2014년 봄호(제92호), 43~44면.

7 위의 글 31~32면.

8 윤지관 「90년대 정신분석: 문학담론의 징후읽기」(『창작과비평』 1999년 여름호)와 같은 글은 1990년대 말에도 남은 문학장의 진영론이 무엇인가를 '공격적으로' 보여준다. 이는 1990년대 문학담론의 지배종을 정치·경제체제와 짝을 맞춘 자유주의로 파악하고 자유주의(자)에 대한 "정신분석"을 시도하여 "사회의 보수 회귀와 맥을 같이하는 문학주의로의 선회"에는 "민족문학을 위시한 진보적 문학에 대한 부담감이라는 정서 복합이 작용하고 있다"라고 주장한다. 자유주의는 1980년대를 통해 "민중세력에 대한 도덕적 열등감"과 "오랫동안 파시즘적 정치체제를 유지해온 한국사회의 지배이데올로기"로서의 자괴감이라는 '이중의 피해의식'에 시달려오다가 1990년대가 오자 '억눌린 것의 귀환'을 명분 삼아 진보 문학에 대한 공격에 나섰다는 것이다.

9 이와 관련하여 조정환은 "재현은 재현의 이름 아래에서 실행된 일종의 실재조작, 즉 시뮬라시옹의 한 형태에 다름 아니며 그것이 구현한 실재성은 시뮬라시옹이 산출하는 파생실재와 원리적으로 다른 것이 아니다. 차이는 정도에서만 나타나는데, 그것은, 포스트모던 시뮬라시옹에서 실재성이 의식에 의한 조작을 넘어 순수하게 기호적으로 조작된 것으로 나타나며 심지어 기호 그 자체로 대체된다는 점이다. 우리는, '시뮬라크르는 실재보다 더 실재적이다'라는 보드리야르의 포스트모더니즘적 생각을 바로 이런 의미로 받아들일 수 있다"고 한다(조정환, 앞의 글 37면).

10 『오늘의 문예비평』 기획의 변, 22면.

11 권성우 「리얼리즘의 품격과 아름다움」, 『자음과모음』 2014년 봄호(제23호), 175면.

12 그런데 문학에서의 '리얼한 것'(매개)과 다른 시각예술에서의 '리얼한 것'이 등질적일 수 있는 것일까? 그 동질성과 차이에 대해 '80년대'는 전혀 의식한 바 없고, 리얼리즘론 또한 그랬다. 차라리 1930년대 리얼리즘론이 이를 의식했던 듯하다.

13 제이 볼터·리처드 그루신, 이재현 역 『재매개』, 커뮤니케이션북스 2006, 66면.

14 이를테면 황정아는 "라깡적 실재의 일관된 규정은, 그것이 상징계로서의 현실이 내포하는 빈곳일 뿐이지만, 그것에 의지하여 상징계가 일관성을 유지하고 그것과의 조우를 피하려는 시도를 통해 상징계가 작동한다는 점에서 상징계 자체를 성립시키는 공백이라는 것이다. 그러므로 실재의 불가능성이란 곧 상징계가 노정하는 불가능성이며, 실재의 재현이란 상징계의 불가능성 혹은 공백을 재현하는 것이다"라고 하여 실재와 리얼리즘의 개념을 확장한다. 황정아 「리얼리즘과 함께 사라진 것들: 운동으로서의 '총체성'」, 『창작과 비평』 2014년 여름호(제164호), 20면.

15 관련하여 김성호 「존재 리얼리즘을 향하여: 최근의 총체성과 리얼리즘 논의에 부쳐」

(『창작과 비평』 2014년 가을호)는 총체성 등 리얼리즘의 기율을 포기하지 않으면서 "포스트모던하거나 알레고리적인 리얼리즘이 가능하다"고 주장한다.

16 다음과 같은 말이 더 설득력 있다고 생각된다. "현실사회주의 체제는 민주적이지도 않았을 뿐더러 자본주의와의 성장 경쟁에서도 뒤처져 버렸다. 이제 인민들의 눈에는 자본주의와는 다른 방식으로 자본주의의 성취를 달성하려 하느니 그냥 자본주의의 길을 걷는 쪽이 나아 보였다. 결국 소련, 동유럽의 인민들 스스로 이런 '사회주의'를 포기해버렸다. 지난 세기말, 이 '사회주의'는 대안의 가치와 의의를 잃고 말았다. 더불어 사회주의 이념-운동 전체의 위신도 추락했다./ 그래서 지금 우리에게는 '20세기 사회주의'보다는 오히려 그것이 등장하는 과정에서 억압된 '다른' 선택지들을 환기하는 것이 더 중요하다." 장석준『사회주의』, 책세상 2013, 83면.

17 관련하여 전승주의 최근 논문 「1980년대 문학(운동)론에 대한 반성적 고찰」은 민중·민족문학론에 대한 적절한 정리와 의미 깊은 논의를 담고 있어 토론의 좋은 자료가 된다. 이 논문의 논지에 대체로 동의가 되지만, 민중·민족문학론의 민족주의의 경향과 그것이 낳은 효과를 비판하면서도 논의 자체는 큰 틀에서 민족문학론의 자장 안에 있는 것으로 보인다.

18 전승주, 위의 글 391면.

19 이를테면 '5·18 문학'을 재평가하기 위해서 5·18항쟁을 재평가해야 한다. 이런 점에서 차원현의 작업은 주목된다. 최정운, 김상봉 등 5·18에 대한 소론에 대한 평가 등에서 부분적으로 동의할 수 없는 면이 있지만, 지젝 등을 원용하여 5·18 민중항쟁에 대한 새로운 해석에 도달하고 있다. 차원현 「5·18과 한국소설」, 『한국현대문학연구』 2010년 8월호(제31집) 참조.

20 김도연 「장르 확산을 위하여」, 『한국문학의 현단계 3』, 창작과비평사 1984.

21 80년대의 민족문학론 이외에 현재까지 1970~80년대 노동자·민중의 글쓰기에 대한 연구는 김준 「1970년대 여성노동자의 일상생활과 의식」, 윤해동 외『근대를 다시 읽는다』, 역사비평사 2006; 홍성식 「민중문학의 주체와 노동자 수기」, 『한국문예비평연구』 2008년(제26호); 김원『여공 1970 그녀들의 反역사』, 이매진 2006; 신병현 「70년대 지배적인 담론구성체들과 노동자들의 글쓰기」, 『산업노동연구』 2006년(제12권 제1호); 유경순 「구로동맹파업과 노동자 자기역사쓰기」, 『역사연구』 2008년 12월호(제18호) 등을 참조. 이중 특히 김성수 「문학운동과 논픽션 문학」, 『1980년대 문학: 작가연구』 2003년(제15호)이 논픽션 문학의 문학사적 의의를 적극적으로 평가하고자 했다. 김성수는 당대의 문학운동의 '유격적' 필요성 때문에 이들 논픽션이 고평되었으며, 문학주의적 장르체계를 위협하기는 했으나 새로운 대안적 장르가 될 만큼 '미적 감응력'을 갖추지는 못했다고 평가했다.

22 이를 마치 서발터니티나 포스트콜로니얼리즘을 고민한 역사학자들이 (근대) 역사학

을 비판한 것에 유비할 수 있을까? 그러나 오늘날 '민중사(학)'와 '민중문학'은 그 위상이 다르다. 사학자들 사이에서 전자는 여전히 일정한 (내적) 권위를 갖고 있는 것으로 보인다.

23 과거 민족문학론의 전개 과정은 결국 '민중문학⊂민족문학'을 증명하는 과정이기도 했다. 1980년대 말 민족문학론 논쟁은 사회주의 이념의 몰락과 함께 급진적이고 계급적인 문학(론)이 패퇴·소멸하고 『창비』 등의 민족문학론이 살아남은 것으로 귀결되었다. 이상갑 「예술성과 운동성의 길항관계, 그리고 민족문학의 역사성」(『1980년대 문학: 작가연구』 제15호)의 '기억 방법'을 보라. 이는 『창비』 등의 민족문학론이 가진 '폭'(늑모호함·포괄성)과 일부 계급적 민족문학론자들의 이른 청산 덕분일 터다.

24 유경순 「구로동맹파업과 노동자 자기역사쓰기」, 『역사연구』 2008년 12월호(제18호).

25 신병현 「70년대 지배적인 담론구성체들과 노동자들의 글쓰기」, 『산업노동연구』 2006년(제12권 제1호), 191면.

26 이런 비슷한 서사구조는 운동가가 아닌 노동자들의 수기에서도 전형적으로 반복된다 한다. 이에 대해서는 후술.

27 유경순, 앞의 논문 197면.

28 김원, 앞의 책 758~59면에서 이 자기재현물이 다른 노동자들에게 확산되는 과정은 이렇게 묘사되어 있다. "노동자 수기는 여성노동자들이 가장 많이 읽던 책 중의 하나였다. (주)서통의 배옥병의 기억을 보자. / 『어느 돌멩이의 외침』, 그런 책들을 접하게 되면서, 인제 정말 그것을 보게 되면서 참 충격적이었고, 막 힘이 생겼던 것 같아요. '그래, 이렇게 사는 거야'라는. 야학 교사가 전해준 삼원섬유 유동우 선배 『어느 돌멩이의 외침』을 읽고, 그 다음에 전태일 열사의 일기장을 복사본으로 읽으면서, 몇날 며칠 울었어요. 그러면서, '나는 노동운동을 하는데 이제 결혼하기는 틀렸구나'라고 생각했어요."

29 표준국어사전에서의 뜻풀이다.

30 졸고 「문자문화 매트릭스와 한국 근대문학: '근대문학의 종언' 시점에서 생각해보는 근대문학 형성에 대한 몇가지 단상」, 서울대학교 한국어문학연구소 창립 기념 국제학술대회 "전환기의 한국어와 한국문학", 2011.1.28~29.

31 졸저 『근대의 책 읽기』, 푸른역사 2003, 2장 참조.

32 랑시에르는 글쓰기를 위시한 지적 능력의 사고 방식을 뒤집는 '앎의 해방' '해방하는 앎'에 대해 논급하며, 학교 공교육과 지배 교육의 체계가 쓰기 등을 위시한 지적 능력을 민중으로부터 앗아가, 그들을 둔하고 불가능한 존재로 고정하려 한다. 자크 랑시에르 『무지한 스승』, 양창렬 옮김, 궁리 2008 참조.

33 이에 대해서는 졸고 「교양·교양주의」, 한림대 한림과학원 『제4회 한림과학원 '일상 개념총서' 편찬 워크숍 발표 자료집』 2011.9.30; 최기숙 「대학생의 인문적 소양과 교양

'지(知)'의 형성」,『한국인문학의 형성』, 한길사 2011; 서은주「문학개론과 '지(知)'의 표준화」,『한국인문학의 형성』, 한길사 2011 등을 참조.

34 이에 대해서는 졸고「'전태일이야기'와 영화〈아름다운 청년 전태일〉의 제작·수용 과정」, 연세대 미디어아트연구소 편『한국 뉴웨이브의 정치적 기억』, 연세대 출판부 2007; 김원「전태일 분신과 '노동열사' 탄생의 정치」,『2010 역사학연구소·전태일재 단 공동주최 심포지엄 "청계피복 노동운동과 전태일의 재현"』 2010.11.6 등을 볼 것.

35 졸고「민중운동과 영성: 민주주의의 윤리적 형성 과정에 관한 메모」, 역사문제연구소 민중사반 워크샵 발표문, 2010.12.18.

36 김성환「1970년대 논픽션과 소설의 관계 양상 연구」,『상허학보』 2011년 6월호(제 32집), 13~61면.

37 한진중공업 '85호 크레인'으로 유명한 김진숙의『소금꽃 나무』에는 이 문제에 관한 한개의 에피소드가 있다. 김진숙과 한 국졸(중학 중퇴) 학력의 한 노동자가 대화를 나 눈다. 그 노동자는 자기의 낮은 리터러시를 뼈아프게 인식하고 있다. 그는 일기 쓰기가 자식들에게 '못 배운 설움'을 물려주지 않을 좋은 방법이라 생각한다. "내가 원체 배움 이 짧아여. 중핵교 2학년 댕긴 게 끝이니까. 그걸 밑천이라구 가지구 사회에 나오니까 참 아쉰 게 한두가지가 아니대여. 말두 벤벤히 못허구 글두 제대루 못 쓰구 사람들두 자꾸 날 열등감으루 보는 것 같구. 생각적으루다 자꾸 그러니까 즘즘 더 오그라드는 거 같구. 그땜 행펜이 그랬응게 핵교 못 댕긴 건 누구 원망헐 일두 아니구. 그때버텀 차래 리 일기래두 꼬박꼬박 쓰는 걸 습관으루 디렸으면 문장두 즘 생기구 말두 즘 늘구 그랬 을 건데. 그게 한이 돼서 내가 아들만 둘인데 가이들헌텐 성적으루보담두 일기루다 습 관을 디리라구 만날 노래를 불러여. 어짜피 대핵교 보내기두 심들 거 같구⋯⋯." 김진 숙『소금꽃 나무』, 후마니타스 2007, 70~71면.

38 1973년 노동청이 조사한 당시 여성 노동자들의 학력 조사에 의하면, 300인 이상 사업 체의 여성 노동자 중 국졸·국중퇴자는 전체의 32.3%, 중졸·중중퇴자는 48.4%, 고졸· 고중퇴자는 18%였다. 이에 비해 50~150인 규모 사업체의 여성 노동자 중 국졸·국중 퇴자는 전체의 63.8%, 중졸·중중퇴자는 33.3%, 고졸·고중퇴자는 1%였다. 이상 장미 경「근대화와 1960~70년대 여성 노동자」, 이종구 외『1960~70년대 노동자의 생활세 계와 정체성』, 한울 2005, 287면, 296면.

39 이는 당대의 용어다. 김성수, 앞의 논문 참조.

40 김준의 연구가 대표적이라 한다. 김준, 앞의 논문.

41 1960년대 말, 1970년대 초의 대저서읽기 운동과 (마을)문고 운동 등을 가리킨다. 이 시기의 독서장려운동에 대해서는 윤금선「1970년대 독서 대중화 운동」,『국어교육연 구』 2007년(제20호) 등의 논의를 참조.

42 1980년대의 노동소설가 중 한 사람인 정인화의 경우다. "지난 76년 7월 현대중공업

생산직노동자로 입사한 정씨는 동료들과 함께 '여울문학회'란 문학서클을 만들었"으며 '근로자 정서 순화'의 수준에 있었지만, 시 쓰는 일에 대단한 자부심을 가졌고 회사 측으로부터도 "상당한 재정적 지원이 있었"다고 술회한 바 있다. 「작가 정인화씨 "6월 抗爭 문학으로 형상화"」, 『경향신문』 1988.11.29.

43 광주노동자문학회 '글맥'(1988), 구로노동자문학회(1988), 마창노동자문학회 '참글'(1989), 부천노동자문학회 '글나눔'(1989), 성남노동자문학회 '고개마다 피는 꽃'(1988), 인천노동자문학회 '글터'(1989) 등이 활발하게 활동했다 한다. 한편 '모범 노동자' 수기도 이 시기에도 자본과 국가를 통해 수집되었다. 1984년 『한국인』 창간 1주년 기념 공모 '근로자의 글', 1980년대부터 1990년대로 이어지는 근로복지공사 노동문화제 입상작품집 『노동문화』 등이 있다. 역사학연구소 『노동자, 자기 역사를 말하다』, 서해문집 2005.

44 석정남 「인간답게 살고 싶다」, 『대화』 1976년 11월호, 188면; 김원 『여공 1970 그녀들의 反역사』 761면에서 재인용.

45 같은 곳.

46 홍성식 「민중문학의 주체와 노동자 수기」, 『한국문예비평연구』 2008년(제26호).

47 김도연 「장르 확산을 위하여」, 『한국문학의 현단계 3』, 창작과비평사 1984.

48 김병익 「민중문학론의 실천적 과제」, 자유실천문인협회 편 『문학의 자유와 실천을 위하여 5』, 1985.

49 「사설」, 『경향신문』 1984.12.11.

50 김준의 논의도 이와 유사한 결과다. 모범 노동자 수기 텍스트들은 "빈곤한 가정에서 출생했거나, 어릴 때는 유복한 가정이었지만 아버지의 돌연한 사망, 사고로 인한 노동력 상실" 등 "돌연한 몰락이 그들의 불행의 원인을 이루고" 있으며, 학교의 중퇴, 식모살이, 가족을 위한 희생, 근면 절약, 숙련형성과 사측의 인정으로 인한 자부심, 그리고 배움에 대한 한(恨) 등"이 거의 공통적인 화소다. 김준, 앞의 글.

51 신병현, 앞의 논문 213~14면.

52 최근의 검열 연구가 이를 실제적인 차원에서 증명해 보여주고 있다 생각한다.

53 한국에서 자서전(또는 회고록) 쓰기란 기본적으로는 자신이 시간과 세계의 중심에 서 있었다고 생각하는 남성 지배계급 문화가 아닐까. 흥미로운 점은 이들 남성지배계급이야말로 '스스로' 자서전을 쓰지는 못한다(않는다)는 것이다. 그런 성격의 거의 모든 자서전은 고용된 전문적인 작가(?)에 의해 '대필'된다. 결국 자서전(회고록) 규모의 '수기'를 직접 쓸 수 있는 존재는 훈련받은 쁘띠부르주아 지식인이다.

54 T.W. 아도르노의 『미학이론』에서 '새로움의 역사 철학' 절을 참고.

55 기얀 프라카쉬 「포스트 식민주의적 비판으로서의 서발턴 연구」, 역사학연구소 『식민지 경제구조와 사회주의 운동』, 풀빛 1998 또는 김택현 『서발턴과 역사학 비판』, 박종

철출판사 2003, 187~88면.

56 그러나 '민중'과 민중주의를 '담론적 구성물'과 '재현의 정치'로 간주하는 연구 경향 (예를 들면 Namhee Lee, *The Making of Minjung: Democracy and the Politics of Representation in South Korea*, Cornell 2009)에 대해 전면 찬동하는 것은 아니다. 오히려 '구성된 것으로서의 민중'이라는 경향에 대해 일정하게 반대하고(단지 언어적 실천으로 다른 현상과 재현을 환원하는 점에 대해), 일정하게 보완하면서(담론과 윤리는 이데올로기를 매개로 관련되니까) 민중과 민중주의를 담론과 '윤리적 수행(실천)의 실제적 효과'로 보아야 한다고 생각한다.

57 김원『잊혀진 것들에 대한 기억: 1980년대 한국 대학생의 하위문화와 대중정치』, 이후 1999; 오하나『학출』, 이매진 2010 등이 이에 관한 답의 일단을 제시하고 있다.

58 김진숙『소금꽃 나무』, 후마니타스 2007, 7~8면.

59 랑시에르『무지한 스승』.

60 김원『여공 1970』이나 김진숙『소금꽃 나무』에는 여성 노동자들이 유동우나 전태일의 책을 읽고 어떻게 의식의 변화를 겪었는지가 잘 묘사되어 있다. 이러한 자기재현이 계몽주의 이상의 힘을 얻게 되는가 하는 문제는 또다른 논의거리가 될 만하다.

61「아직도 이루지 못한 '난장이의 꿈': 조세희 '난쏘공' 출간 30주년」,『경향신문』 2008.11.11.

62 황지우「민중문학」,『동아일보』1985.3.9.

63 이를테면 시와 소설의 근본적 차이를 거부하며 전형성과 총체성 등을 미학의 규준으로 삼은 리얼리즘 시론 등도 이와 밀접한 문제의식을 가진 것이었다. 최두석「리얼리즘의 시정신」,『리얼리즘의 시정신』, 실천문학사 1990을 보라.

64 용산참사 이후 전개된 소위 '문학과 정치' 담론 또한 그 시작점에서의 건강성에도 불구하고 귀결이 우파적인 것이었다고 생각한다. 한국 평단이 '현실'과 상당히 괴리되어 있음을 역설적으로 보여준 일이 아닌가 생각된다.

65 신승엽「현단계 노동소설의 경향과 발전 전망」,『사상문예운동』1991년 여름호; 임홍배「현실주의 논쟁의 교훈과 노동소설의 진로」,『창작과비평』1991년 여름호(제72호) 등을 참조.

6장 민족문학론과 최원식

1 최원식 외에도 백낙청, 하정일 등을 들 수 있으며, 필자 역시 이 범주 안에 든다고 할 수 있다.

2 이 회통(會通)이란 말은 최원식이 근자에 즐겨 쓰기 시작한 말이지만 사실은 그의 비평 초기부터 이어진 그의 방법론의 핵심이며 어쩌면 그의 세계관과도 잇닿아 있는 말일 것인즉 그것이 근자에 비로소 제 표현을 얻은 것이라 봄이 정확할 것이다. 어떻게

보면 절충론적 사유이자 방법처럼 보이기도 하지만, 한편으론 대립물의 상호 침투라고 하는 원리와 관련된 변증법적 사유와 방법이 그에게서 이와 같은 표현을 얻은 것으로 보이기도 한다.

3 1970년대 민족문학론에 대한 이런 성격 규정에는 약간의 이견이 있다. 1970년대 민족문학론이 그가 주장하듯 문학성과 사회성의 통일을 고민하고 자본주의와 현존 사회주의를 넘어서는 대안을 추구했던 측면이 있었다는 점은 부정할 수 없다. 하지만 1980년대의 정치적·사회적·문화적 상황에서 1970년대 민족문학론은 그런 측면을 적극적인 실천을 통해 드러내지 못하고, 잠재적 유보적 상태로 머물러 오히려 그런 측면들이 1970년대 민족문학론의 상대적 보수성과 상대적 비실천성을 노정하는 양상으로 나타났던 것은 아닌가 생각해볼 필요가 있다. 그 시기는 후일의 평가가 어떠했든 분단 이후 가장 격렬했던 미증유의 혁명적(또는 의사혁명적) 시기였고 후일 개량화됐다 하더라도 민중의 역사 전면으로의 진출이 눈부셨던 시기였다고 할 수 있다. 이런 시대적 특징이 각 부문에서 그에 상응하는 실천적 이론의 등장을 강제했으며 1980년대의 급진비평은 그 결과라고 할 수 있다. 만일 1970년대 민족문학론이 그 시기에 진정 민족·민중운동의 한복판에서 좌편향적이지 않은 대안적 이론을 보다 적극적으로 산출해냈다면 1980년대 비평이 그처럼 고삐 풀린 듯 급진화했을까? 1980년대에 민족문학론이 전반적으로 수동적이고 관조적인 태도를 지녔다는 사실은 부인할 수 없을 것이다. 그리고 급격하게 전개되는 현실과 민족문학론의 그런 미진한 대응 사이의 벌어진 거리를 이른바 급진비평들이 내달았던 것은 아닌지 생각해보아야 할 것이다. 후일 민족문학론이 결과적으로 옳은 자리에 있었다는 점은 자타가 인정하는 것이긴 하지만 과연 당시에 민족문학론이 최선의 실천을 했다고 할 수 있을까. 1970년대 민족문학론의 노선이 옳았다고 말할 때에는 이런 맥락에 대한 일정한 반성적 성찰을 동반해야 할 것이라고 생각한다.

4 유종호 「리얼리즘과 모더니즘의 회통」, 『현대한국문학 100년』, 민음사 1999.

5 최원식 「탈냉전시대와 동아시아적 시각의 모색」, 『제국 이후의 동아시아』, 창비 2009, 154면.

6 고세현 「통일운동론의 몇가지 쟁점에 대하여」, 『창작과비평』 1992년 가을호; 최원식, 같은 글, 같은 책 149면에서 재인용.

7 최원식 「비서구 식민지 경험과 아시아주의의 망령」, 같은 책 104~133면; 「한국發 또는 동아시아發 대안?」, 같은 책 275~89면 등 두 글에 이러한 문제의식이 잘 펼쳐져 있다.

8 최원식 「천하삼분지계로서의 동아시아론」, 같은 책 75~78면.

9 동아시아론의 구조와 전모에 대한 본격적인 분석은 추후의 작업으로 미루고 여기서는 다분히 인상적인 관견을 통한 그 일반적인 양상과 문제점에 대한 거친 파악과 지적으로 한정하고자 한다.

10 최원식 「동아시아 국제주의의 이상과 현실」, 『2012년의 동아시아, 대안적 발전모델의 모색』, 동아시아 비판적 잡지회의 발표자료집 2012.6.29, 18면.

11 최원식, 같은 글, 같은 자료집 24면.

12 최원식, 같은 글, 같은 자료집 22~23면. "동아시아 국제주의는 대승인가? 전인류적 해방의 대합창이 폭발하는 '그날'에 대해 판단정지한다는 점에서 대승이 아니다."

13 최원식, 같은 글, 같은 자료집 17면.

14 최원식 「동북아의 평화를 위한 비망기」, 『제국 이후의 동아시아』 43면.

제2부 동아시아론

1장 동아시아 담론의 형성과 이행

1 홍원식 「동아시아 담론의 어제와 오늘」, 『오늘의동양사상』 2006년 봄호(제14호) 50면.

2 최원식 「탈냉전시대와 동아시아적 시각의 모색」, 『창작과비평』 1993년 봄호(제79호) 204면.

3 위의 글 212면.

4 같은 글 224면.

5 같은 글 214면.

6 같은 글 219면.

7 최원식 「민족문학론의 반성과 전망」, 『한국민족문학론 연구』, 창작과비평사 1982.

8 진영은 엄밀한 학술적 용어일 수 없으나 창비 편집위원들이라고 부르기에는 특히 최원식·백영서·백낙청의 역할이 두드러졌고, 창비 측 논자들이라고 부른다면 셋의 상호 연관성이 뚜렷하게 드러나지 않을 우려가 있기에 진영으로 명명하기로 한다.

9 신정완 「학문 주체화로 가는 항해 길에 배를 띄우며」, 『우리 안의 보편성』, 한울아카데미 2006, 5면.

10 김석근 「아시아적 가치와 불교 : 새문명의 모색과 지적 유산의 재발견」, 『전통과현대』 2000년(제14호) 161면.

11 유용태 「집단주의는 아시아 문화인가: 유교자본주의론 비판」, 『경제와사회』 2001년 봄호(제49호) 266~71면.

12 이수훈 「동아시아 자본주의와 유교」, 『동아시아비평』 1998년 창간호 89~92면.

13 최배근 「유교자본주의론의 위기와 상상력의 빈곤」, 『경제와사회』 1998년 가을호(제39호).

14 강수돌 「아시아적 가치와 경영경제 현상」, 『오늘의동양사상』 1999년 11월호(제2호).

15 최장집 「아시아적 가치는 대안인가」, 『중앙일보』 1998.12.1.

16 김영명 「유교적인 것이 동아시아와 한국의 자본주의를 설명할 수 있는가?」, 『동향과 전망』 2001년 3월호(제48호), 68~74면.

17 임반석 「아시아적 가치와 유교자본주의 담론의 함정」, 『동향과전망』 1999년 11월호(제43호), 248~58면.

18 편집부 「동아시아 특집을 내면서」, 『사상』 2002년 12월호(제55호), 3~4면.

19 김대중 「2001년 아세안+3 정상회의 기조연설」, 『김대중 대통령 연설문집 제4권』, 대통령비서실 2002, 534면.

20 이 특집에는 임지현의 「한반도 민족주의와 권력 담론: 비교사적 문제제기」 외에 왕후이의 「세계화 속의 중국, 자기 변혁의 추구: 근대 위기와 근대 비판을 위하여」, 강상중의 「혼성화 사회를 찾아서: 내셔널리티 저편으로」, 우까이 사또시의 「국민이란 무엇인가: '시민 캘리번' 혹은 에르네스트 르낭의 정신의 정치학」이 수록되었다.

21 유용태 『환호 속의 경종: 동아시아 역사인식과 역사교육의 성찰』, 휴머니스트 2006, 481~82면.

22 이정훈 「비판적 지식담론의 자기비판과 동아시아론」, 『중국현대문학』 2007년 여름호(제41호) 8면.

3장 분단체제론과 동아시아론

1 최원식 「탈냉전시대와 동아시아적 시각의 모색」, 『창작과비평』 1993년 봄호(제79호)를 동아시아 담론의 본격적 대두를 알린 시점으로 본다. 이후 동아시아 담론의 다양한 전개 양상에 대해서는 윤여일 「탈냉전기 동아시아 담론의 형성과 이행에 관한 지식사회학적 연구」, 서울대학교 박사논문 2015 참조.

2 장인성 「한국의 동아시아론과 동아시아 정체성」, 『세계정치』 2005년(제26집 2호) 참조.

3 이것은 한국 사회 인식을 두고 '87년체제'와 '97년체제'라는 관점의 대립으로 표현되기도 한다. 김종엽 「87년체제론에 부쳐」, 김종엽 엮음 『87년체제론』, 창비 2009, 15~19면 참조. 관련 논의들 몇편이 같은 책에 포함되어 있다.

4 어찌 보면 최근 4~5년간은 동아시아 담론의 '거품'이 빠지는 시기라 할 수 있다. '동아시아적 시각'을 견지하면서 이런 상황에 대한 분석과 대응을 겸한 노력으로 백영서 『핵심현장에서 동아시아를 다시 묻다』, 창비 2013을 들 수 있다.

5 최원식 「탈냉전시대와 동아시아적 시각의 모색」, 『제국 이후의 동아시아』, 창비 2009, 149~50면.

6 최원식 「세계체제의 바깥은 없다」, 『제국 이후의 동아시아』 88~97면.

7 백영서 「동아시아론과 근대적응·근대극복의 이중과제」, 이남주 엮음 『이중과제론』, 창비 2009, 84~85면.

8 최태욱 엮음 『신자유주의 대안론』, 창비 2009 참조.

9 미야지마 히로시『나의 한국사 공부』, 너머북스 2013; 임형택『한국학의 동아시아적 지평』, 창비 2014 등과 같이 동아시아적 시야에서 한국 및 동아시아의 역사적 양상과 인식을 다룬 학문적 논의도 적지 않지만, 여기서는 일단 다루지 않기로 한다.

10 그 대표적인 경우로 백영서『핵심현장에서 동아시아를 다시 묻다』를 들 수 있다. 개인적 판단이지만, 백영서의 논의들은 '창비담론'의 차원에서뿐만 아니라 현단계 한국 동아시아론의 가장 진전된 성취라 할 만하다. 담론의 자기 갱신과 심화를 보여주는 드문 사례다.

11 백낙청의 '변혁적 중도주의'는 2010년 이전까지는 비교적 명시적으로 제안되다가 2012년의 선거 국면에서는 전면화되지 못했다. 이에 대해 "2013년체제론의 핵심개념에 해당하는 '변혁적 중도주의'는『2013년체제 만들기』에서 거의 실종되다시피 했"다고 백낙청 스스로가 밝혔는데, 당대 현실에 대한 인식을 가다듬는 과정에서 다시 본격적으로 거론하기 시작했다는 점에서, 여전히 유효한 개념이라 할 수 있다(백낙청「큰 적공, 큰 전환을 위하여」,『창작과비평』2014년 겨울호, 20면, 56~62면).

12 백낙청「통일작업과 개혁작업」,『한반도식 통일, 현재진행형』, 창비 2006, 133~35면. 이러한 백낙청의 시각은 나름의 장구한 일관성을 유지하고 있으니,「분단체제의 인식을 위하여」,『분단체제 변혁의 공부길』, 창작과비평사 1994, 23~24면에서도 확인되는 바다.

13 백낙청「분단체제와 '참여정부'」,『한반도식 통일, 현재진행형』45면.

14 백낙청「분단체제와 '참여정부'」46면.

15 보다 구체적인 설명으로는 백낙청「분단체제극복운동의 일상화를 위해」,『흔들리는 분단체제』, 창작과비평사 1998, 19~22면.

16 백낙청「변혁적 중도주의와 한국 민주주의」,『한반도식 통일, 현재진행형』59면.

17 백낙청「변혁적 중도주의와 한국 민주주의」60면. 최장집에 대한 비판 내용이다.

18 백낙청『흔들리는 분단체제』, 창작과비평사 1998, 9면, 19면.

19 백낙청「남남갈등에서 한반도 선진사회로」91~92면.

20 백낙청「한반도에 '일류사회'를 만들기 위해」,『한반도식 통일, 현재진행형』참조.

21 백낙청『2013년체제 만들기』, 창비 2012, 27면;「큰 적공, 큰 전환을 위하여」 44~55면.

22 '변혁적 중도주의'라는 직접적인 용어는 아니더라도 동일한 의미를 활용해온 과정에 대해서는「변혁적 중도주의와 한국 민주주의」58면 참조.

23 백낙청「6·15시대의 대한민국」,『한반도식 통일, 현재진행형』30면;「남남갈등에서 한반도 선진사회로」,『어디가 중도며 어째서 변혁인가』96면.

24 백낙청「큰 적공, 큰 전환을 위하여」56면.

25 백낙청「6·15시대의 대한민국」30~31면;「큰 적공, 큰 전환을 위하여」55~56면.

26 백낙청「변혁적 중도주의와 한국 민주주의」,『한반도식 통일, 현재진행형』, 창비 2006, 62~63면;「남남갈등에서 한반도 선진사회로」,『어디가 중도며 어째서 변혁인 가』, 창비 2009, 79~80면. 전자는 최장집에 대한 비판이고, 후자는 박세일에 대한 비판 이다.

27 아울러 이러한 인식은 박정희 시대에 대한 평가에 나타나는데, 5·16이 4·19를 계승 한 측면을 부분적으로 인정하는 한편, "경제개발과 통치체계 정비 등으로 대한민국이 불량국가의 티를 어느정도 벗은 것"도 유신 이전의 박정희 시대에 이루어졌다고 본다 (백낙청「큰 적공, 큰 전환을 위하여」28면).

28 백낙청「남남갈등에서 한반도 선진사회로」84~90면 참조. 여기서 때로는 명시적으 로 때로는 암시적으로 안병직과 손호철의 시각이 양 편향의 사례로 비판되고 있다. 6·15선언 직후의 상황에서는 '분단체제=냉전체제'라는 인식의 문제점을 지적하면서 유사한 언급을 한 바 있다. 자세한 내용은 백낙청「통일작업과 개혁작업」,『한반도식 통일, 현재진행형』133~35면.

29 백낙청「시민참여형 통일 과정은 안녕한가」,『어디가 중도며 어째서 변혁인가』 55~57면.

30 백낙청「2013년체제와 변혁적 중도주의」,『창작과비평』2012년 가을호(제157호), 22~23면;「큰 적공, 큰 전환을 위하여」58~61면.

31 백낙청「큰 적공, 큰 전환을 위하여」62면.

32 백낙청「다시 지혜의 시대를 위하여」,『한반도식 통일, 현재진행형』114~15면.

33 백낙청「동북아와 한반도의 평화체제는 가능한가」,『한반도식 통일, 현재진행형』 230~32면.

34 백낙청「다시 지혜의 시대를 위하여」118~19면, 126면 등.

35 위의 글 126~28면.

36 백낙청「남남갈등에서 한반도 선진사회로」91면.

37 백낙청「6월항쟁 20주년에 본 87년체제」,『어디가 중도며 어째서 변혁인가』 161~63면.

38 백낙청「한반도의 통일시대와 한일관계」,『한반도식 통일, 현재진행형』40~41면.

39 백낙청「한반도에서의 식민성 문제와 근대 한국의 이중과제」, 이남주 엮음『이중과제 론』, 창비 2009, 35~39면.

40 백낙청「2009년 분단현실의 한 성찰」,『어디가 중도며 어째서 변혁인가』274~76면.

41 백낙청은「남남갈등에서 한반도 선진사회로」85면에서 "국가안보와 경제성장이라는 보수진영 고유의 과제"를 보수진영이 제대로 감당할 수 없다고 했고, 이남주는「전지 구적 자본주의와 한반도 변혁」,『이중과제론』51~53면에 걸쳐 "보수에 의한 진보 의제 의 점유"라는 현상을 분석하고 있다. 분단체제론의 시각에 따른다면, 이 또한 분단체제

해체기의 독특한 양상이라고 할 수 있겠다.

42 백낙청 「21세기 한국과 한반도의 발전전략을 위해」, 『한반도식 통일, 현재진행형』 256면.

43 위의 글 256~58면.

44 최원식 「동아시아 공동어를 찾아」, 『제국 이후의 동아시아』 55면.

45 백영서 「동아시아론과 근대적응·근대극복의 이중과제」, 『이중과제론』 76~78면, 86~87면.

46 이남주 「동아시아협력론에 대한 비판적 검토」, 백영서 외 『동아시아 지역질서』, 창비 2005 참조.

47 백영서 「동아시아론과 근대적응·근대극복의 이중과제」 95면.

48 백영서, 위의 글 97면.

49 최태욱 「미국발 금융위기와 동아시아의 대응」, 『신자유주의 대안론』 281~91면.

50 이일영 「위기 이후의 대안, '한반도경제'」, 『창작과비평』 2009년 가을호(제145호), 66~67면.

51 최원식 「동북아 평화를 위한 비망기」 43면.

52 백영서 「주변에서 동아시아를 본다는 것」, 『주변에서 보는 동아시아』, 문학과지성사 2004; 백영서 「동아시아론과 극대극복·근대적응의 이중과제」 84~85면, 97~98면; 최원식 「주변, 국가주의 극복의 실험적 거점」, 『제국 이후의 동아시아』 224~26면.

53 백영서 「'핵심현장'에서 찾는 동아시아 공생의 길」, 『핵심현장에서 동아시아를 다시 묻다』 33면.

54 위의 글 17면.

55 백영서 「복합국가와 '근대의 이중과제': 20세기 동아시아사 다시 보기」 167~81면.

56 위의 글 181면.

57 분단체제론의 가장 근본적인 약점은, 식민지시기의 한국을 적극적으로 포함하지 못한다는 데 있다. 1953년 이후를 중심으로 분단체제론을 제시하기 때문에 동아시아적 계기를 내포하기에는 다소 부적절하다.

4장 '동북아-동아시아'로 가는 길: 국민경제와 글로벌경제를 넘어

1 일본은 기초생활에 필요한 인프라는 구축된 선진국이지만, 장기불황을 거치면서 분배 구조가 크게 악화되었으며, 구조개혁도 지체되고 있다. 중국의 경우에도 고도성장을 계속하고 있지만, 금융 및 국유기업의 부실, 실업 증가, 지역격차 확대 등 구조적 문제가 내재해 있다.

2 또한 무디스의 부사장은 "북한이 플루토늄을 재처리하거나 탄도미사일을 발사할 경우 이를 한국의 신용등급 조정에 반영하겠다"고 공언했다(연합뉴스, 2003.4.3).

3 종래에는 미국이 주도하는 군사적 질서가 동북아의 평화를 위협하지 않도록 하는 것이 중요한 과제였다. 그러나 이제는 중국의 대국화에 따라 미국과 중국의 군사력 경쟁이 긴장을 격화시킬 가능성도 배제할 수 없게 됐다.

4 서울이 꼭 상하이와 경쟁하여 중심이 되어야 한다는 발상은 필요하지도 않고 현실성도 없다. 좀 거칠게 비유한다면, 명동이나 강남이 아니더라도 잠실 정도의 역할을 수행하면 된다는 것이다. 우정은(2003)은 이를 "3등급 '관문' 거점도시"로 묘사하고 있는데, 중국의 중심성을 지나치게 강조하는 점만 제외한다면 적절한 표현이라고 생각된다.

5 일례를 들면, 항구도시들 사이에 통관절차를 통합한 공동통관터미널을 설치하면 국가 간 무역 및 물류를 효율화할 수 있을 것이다.

6 이 때문에 우정은(2003)은 동아시아에서는 민족국가들을 형식적으로 조직한 공식적 지역경제공동체란 가능하지 않다고 보았다. 대신 전통적인 중화세계 질서에 속하는 지역들로 포괄된 국가들이 광대한 중국시장에 통합되는 것을 동아시아 지역에서의 독특한 지역조직 형태로 보았다. 그러나 스스로도 인정하듯이 미국과 일본이 이를 용인하지 않으리라는 점을 감안하면 중화-동아시아 경제권 논의는 발전의 역사적 과정이 결여된 이념형에 가깝다고 할 수 있다. 또 중국 내부의 사정, 즉 공산당 영도하의 정치체제와 시장경제화하는 경제체제 사이의 모순, 국유부문-농업부문-외자·사영부문 사이의 갈등과 구조조정 문제, 극심한 연해-내륙 간 확대와 지역 간 분열 등을 생각하면 중국의 장래를 반드시 낙관할 수도 없다.

7 하영선(2003)은 21세기는 중심을 강조하는 허브(hub)의 세기가 아니라 탈중심을 강조하는 노드(node)의 세기라고 주장한다. 따라서 동북아의 허브 되기가 중요한 것이 아니라 동아시아 그물망을 지구 그물망과, 그리고 그물망 국가들과 어떻게 연결시키느냐가 중요하다는 것이다. 이는 한편으로는 21세기의 탈중심을 주장하지만, 역시 20세기의 중심질서가 현실적으로 중요하다는 것, 지역화보다는 역시 글로벌화의 과제가 보다 중요하다는 것을 강조하고 있다고 할 수 있다.

8 북한이 '수도꼭지'를 잠글 위험성 때문에 가스관은 북한을 우회해야 한다는 논의가 많다. 해저 가스관 방식으로 개발이 이루어지면, 북한은 체제 보장에 얽매여 있는 동안 또 하나의 중요한 기회를 잃는 셈이다. 시간이 지체되면 북한의 낙후를 극복할 기회는 점점 줄어든다.

9 협력사업의 추진을 위해서는 국제 공적자금 공급체계가 마련되는 것이 바람직하고, 따라서 동북아개발은행(NEADB)이 설립되어야 한다는 논의가 나오고 있다. 그러나 자금의 주요한 공급자로 역할해야 할 일본과 미국 정부가 이에 대해 비우호적인 입장을 취하고 있다. 따라서 민간차원에서 공감대를 넓힐 수 있는 사업을 꾸준히 전개하는 한편, 민간자금을 유치하는 프로젝트 파이낸싱이 가능한 사업을 발굴하여 추진해야 한다.

10 싱가포르나 상하이는 비거주자 사이의 역외금융거래에 대해 다양한 금융서비스를 제공하는 역외국제금융센터(offshore international financial center)이다(안형도, 2003).

11 재벌체제는 이미 다양한 유형으로 분기되고 있다. 이제는 금융의 자율적 자원배분기능을 통하여 대기업에 대한 모니터링이 일상적으로 수행되도록 해야 한다. 정부는 경쟁체제가 유지되도록 감시하는 데 주력하는 방향으로 모니터링 메커니즘을 재정비해야 한다.

12 1980년 이후 한국의 산업정책은 개방의 진전과 함께 그 이전의 전형적인 '한국형 산업정책'으로부터 조금씩 변화를 모색했다. Amsden(1996)은 이를 '후기산업정책' (post-industrial policy)이라고 부르고, 그러한 변화의 동인을 개방화 압력보다는 산업구조의 성숙화 압력에서 찾고 있다. Amsden의 '후기산업정책'은 산업구조의 다양화 및 고도화를 위해 '중위기술부문'에 대한 투자를 다양한 방법으로 지원하는 것을 핵심 내용으로 한다.

13 중국의 풍부한 연구인력, 비교적 높은 기초과학기술 수준, 초국적기업들의 중국에 대한 R&D 투자를 고려하면 한국이 동북아의 R&D 허브가 된다는 것은 실현가능성이 높지 않을 수도 있다(임덕순, 2003). 그러나 중소벤처기업의 경우, 정보통신부문은 물론 단백질응용분야, 나노입자응용분야, 생물정보분야 등에서는 상당한 잠재력을 보유하고 있다.

14 근본적으로는 문맥적 숙련(contextual skills)보다는 기능적 숙련(functional skills)이 축적되도록, 학습에서 나아가 혁신을 주도할 수 있는 방향으로 교육·재교육 시스템이 재편성되어야 한다. 즉 '경쟁과 혁신'을 더욱 제고하는 방향으로 중등·고등 교육의 개혁이 이루어져야 한다.

15 식생활의 외부화·서비스화에 따른 식품가공업과 외식산업의 확대, 할인점 등의 유통비중 증대, 수입상사와 다국적기업의 개발수입 확대 등은 피하기 어려운 추세다. 값싸고 안정적인 원재료를 확보하려는 이들 업체의 구매행동은 필연적으로 동북아 역내의 농산물 무역의 확대를 가져올 것이다.

5장 동아시아 공동체 문화담론에 대한 비판적 고찰

1 유교자본주의론자들의 입장에 대한 언급은 기본적으로 졸고 「동아시아론의 지형학」, 『철학과현실』 2000년 여름호(제45호), 180~94면의 내용을 가져왔다.

2 유석춘 「동아시아 '유교 자본주의' 재해석: 제도주의적 시각」, 『전통과 현대』 1997년 겨울호, 126면.

3 고은과의 대담에서 백낙청의 발언, 「대담: 미래를 여는 우리의 시각을 찾아서」, 『창작과비평』 1993년 봄호, 26~27면.

4 신영복 「동아시아의 가치와 연대」, 『아시아 문화의 같음과 다름』, '2004년 아시아 전통

예술 페스티벌' 발제문, 2004.10.9.

5 중국의 경우 유교문화권을 중심으로 한 동아시아 공동체를 구상하며 전통문화의 부활, 특히 유교문화의 부흥을 강조하면서 "유교문화를 핵심으로 한 전통문화의 부활이 중국 동아시아주의의 긴박한 과제이다"라고 주장하기도 한다. 丁磊「東亞共同體與中國東亞主義」, 『山東社會科學』 2006年第4期(總第128期), 137면.

6 邵業樓「文化認同與東亞共同體的構建」, 『寧波廣播電視大學學報』 2007年12月(第5卷第4期), 109면.

7 丁磊「東亞共同體與中國東亞主義」, 『山東社會科學』 2006年第4期, 136면.

8 孫加韜「東亞一體化的制約因素及發展方向」, 『亞太經濟』 2004年3期, 57면.

9 周玉淵「東亞意識與東亞秩序」, 『東南亞研究』 2007年第5期, 27면.

10 邵業樓, 앞의 논문 110면.

11 兪新天「東亞認同感的胎動–從文化的視角」, 『世界經濟與政治』 2004年第6期, 23면 참조.

12 丁磊「東亞共同體與中國東亞主義」, 『山東社會科學』 2006年第4期(總第128期), 137면.

13 陳伯海「東亞文化與文化東亞」, 『上海社會科學院學術季刊』 1997年第1期, 135면.

14 周玉淵「東亞意識與東亞秩序」, 『東南亞研究』 2007年第5期, 27면에 거론된 중국의 대표적인 '동아시아 의식' 주장들 참조.

15 김광억「동아시아 담론의 실체: 그 분석과 해석」, 정재서 편 『동아시아 연구』, 살림 1999, 166~75면.

16 다음의 글들이 대표적으로 그렇다. 김은실「동아시아 담론의 문화정체성에 대한 문제제기」, 정문길 등 편 『발견으로서의 동아시아』, 문학과지성사 2000, 255~75면; 박병석「동북아문화공동체형성의 장애요인과 극복방안」, 『中華文化與韓流』 현대중국학회 자료집, 2004.10.16~17; 장수현「중국의 한류를 통해서 본 동아시아공동체론」, 『인문학연구』(충북대) 2004년(제31권 2호).

17 한중 사이에서 문화적 동질성에 집착한 나머지 더 큰 문화적 갈등이 조성되고 있다면서 문화적 이질성에 주목해야 한다는 주장에 대해서는 왕 샤오링「한중 사이의 문화적 차이에 대하여」, 『중국의 창』 2002년 창간호 참조.

18 우정은「한국의 미래를 비추는 세계의 거울」, 『창작과비평』 2003년 여름호, 21면.

19 최장집이 동아시아 공동체 건설에서 냉전시기 이 지역을 갈라놓았던 적대적 대립관계의 유산이 중요하다면서 냉전시기의 구조가 온존하고 있다는 사실이 동아시아 공동체 형성을 가로막는 직접적 요소라고 보는 것도 이 맥락이다. 최장집「동아시아 공동체의 이념적 기초」, 『아세아연구』 2004년 12월호(제47권 4호), 106~07면.

20 와다 하루키 『동북아시아 공동의 집』, 이웅덕 옮김, 일조각 2003, 105면.

21 이와 관련 신현준(2003)은 "동아시아 문화 공동체의 소통 불가능"을 지적하면서, "동아시아 3국 사이의 문화적 교류를 위해서는 '서양화를 통한 잡종화를 각자 어떻게 이루었는가'의 문제부터 짚어볼 필요가 있다"고 제안한다. 『말』 2002년 3월호.

22 백원담 「和와 동아시아」, 『동아시아문화공동체포럼』 자료집, 2003.2.

23 장수현 「중국의 한류를 통해서 본 동아시아공동체론」, 『인문학연구』(충남대) 2004년 (제31권 2호).

24 임혁백 「동아시아 지역통합의 조건과 제약」, 『아세아연구』 2004년 12월호(제47권 4호), 131면.

25 윤해동 「억압된 주체와 맹목의 권력: 동아시아역사논쟁과 국민국가」, 『당대비평』 2002년 특별호 『기억과 역사의 투쟁』, 삼인 2002, 52면.

26 오에 겐자부로-김우창 대담 「동아시아의 평화비전을 향하여」, 『국민일보』 2006.5.19.

27 강상중 『동북아시아 공동의 집을 향하여』, 뿌리와이파리 2002, 40면.

28 김희교 「한국의 동아시아론과 '상상된' 중국」, 『21세기 동아시아와 한반도의 선택』, 역사문제연구소 학술회의 자료집 2002.9.23.

29 한상일 「동아시아 공동체론: 실체인가 환상인가?」, 『동양정치사상사』 2005년(제4권 1호), 21면.

30 이남주 「동아시아 협력론에 대한 비판적 고찰」, 『창작과비평』 2005년 봄호 참조.

31 백영서 「중국에 아시아가 있는가?」, 『동아시아의 귀환』, 창작과비평사 2000, 48~66면 참조.

32 근대 이후 한국인의 중국의식, 중국인관에 대해서는 백영서와 류장근, 박광희의 입장을 따랐다. 백영서 『동아시아의 귀환: 중국의 근대성을 묻는다』 창작과비평사 2000, 166~98면 참조. 유장근 「수교 이후 한국인의 중국여행기에 나타난 중국관」, 동양사학회 2002년 발표문; 박광희 「한국인의 중국 문화인식: 여행기 분석을 중심으로」, 『문화관광연구』 제5권 1호 참조.

33 김희교, 앞의 글 참조.

34 이께가미 요시히꼬 「정신을 차리게 하는 장소로서의 동아시아」, 『동아시아의 연대와 잡지의 역할』 국제심포지움 자료집, 2006.6.9, 65면.

35 대표적으로 우정은(2003)이 그러한데, 한국이 동아시아의 거점이 될 수 있는지를 경제, 금융, 물류의 차원에서 검토한 뒤 이것이 "한국으로서 이룰 수 없는 일이라고는 생각하지 않지만 한반도의 분단으로 쉴새없이 야기되는 긴장을 만족할 만하게 해결하지 못하는 한, 한국이 그 일을 해내기 어렵다"고 결론내는데, 문화적 거점은 가능하다고 본다. 우정은 「한국의 미래를 비추는 세개의 거울」, 『창작과비평』 2003년 여름호, 19면, 24~25면 참조.

36 정선태 「동아시아 담론, 배반과 상처의 기억을 넘어서」, 『문학동네』 2004년 여름호,

409면.

37 백지운 「동아시아 지역질서 구상과 민간연대의 역할」, 백영서 외 『동아시아의 지역질서』, 창비 2005, 386면.

38 이러한 동아시아 대중문화의 융합 현상에 대해서는 신현준의 입장에 주로 의지했다. 신현준 「중국 대중문화의 세가지 역사적 형세들에 관한 하나의 시선」, 『중국현대문학』 2004년 9월호(제30호); 「1970~80년대 홍콩 대중문화의 형성과 국제적 전파」, 『중국현대문학』 2006년 3월호(제36호) 참조.

39 니시카와 나가오 『국민이라는 괴물』, 윤대석 옮김, 소명출판 2002, 108면.

6장 동아시아론과 대중문화의 초국적 횡단

1 고모리 요이치 『포스트콜로니얼: 식민지적 무의식과 식민주의적 의식』, 송태욱 옮김, 삼인 2002, 12면.

2 이 부분은 「동아시아인의 정체성 형성, 장애와 출구: 비판적 동아시아 담론을 중심으로」, 『문화/과학』 2010년 3월호(제61호)에서 발췌 요약했다.

3 아르준 아파두라이 『고삐풀린 현대성』, 차원현 외 옮김, 현실문화연구 2004, 90면.

4 아르준 아파두라이, 같은 책 91면.

5 조한혜정 외 『'한류'와 아시아의 대중문화』, 연세대학교 출판부 2005, 2~3면.

6 김현미 『글로벌시대의 문화번역: 젠더, 인종, 계층의 경계를 넘어』, 또하나의문화 2005.

7 강내희 「신자유주의와 한류: 동아시아에서의 한국 대중문화의 문화횡단과 민주주의」, 『중국현대문학』 2007년 9월호(제42호).

8 최원식 「포스트한류시대의 입구에서」, 『플랫폼』 2007년(제7호), 20면.

9 최원식, 같은 글 21면.

10 Jean Laplanche, "The Wall and the Arcade," in *Seduction, Translation, Drives: a dossier*, compelled by John Fletcher & Martin Stanton, with trans. by Martin Stanton, London: Institute of Contemporary Arts 1992, 201면. 여기서는 레이 초우 『원시적 열정: 시각, 섹슈얼리티, 민족지, 현대중국영화』, 정재서 옮김, 이산 2004, 282면에서 재인용.

11 이와부치 『아시아를 잇는 대중문화: 일본, 그 초국가적 욕망』, 히라타 유키에·전오경 옮김, 또하나의문화 2004, 11면.

12 이와부치, 같은 책 88면.

13 이동연 『아시아 문화연구를 상상하기: 문화민족주의와 문화자본의 논리를 넘어서』, 그린비 2006, 187면.

14 이동연, 같은 책 23면.

15 같은 책 43면.

16 신현준「1970~80년대 홍콩 대중문화의 형성과 국제적 전파: '칸토팝 스타'를 중심으로」,『중국현대문학』2006년 3월호(제36호), 134면.

17 조영정「황금기에서 암흑기까지, 한국합작영화약사」, 허문영 외『아시아 영화 네트워크의 뿌리를 찾아서: 한-홍 합작시대』, 부산국제영화제 조직위원회 2004 참조.

18 이치수「중국무협소설의 번역 현황과 그 영향」,『무협소설이란 무엇인가』, 예림기획 2001, 73면.

19 이진원『한국 무협소설사』, 채륜 2008, 120면, 128~29면, 186~87면, 190~91면, 194면, 268~71면의 표 참조.

20 창작연도 순으로 보면 다음과 같다.『서검은구록』(1955),『벽혈검』(1956),『설산비호』(1957),『사조영웅전』(1957),『신조협려』(1959),『비호외전』(1959),『의천도룡기』(1961),「백마소서풍」(1961),「원앙도」(1961),『천룡팔부』(1963),『연성결』(1963),『협객행』(1965),『소오강호』(1967),『녹정기』(1969),『월녀검』(1970).

21 이치수, 위의 글 77~78면.

22 也斯,『香港文化』(*Hong Kong Culture*), 靑文書屋 1995, 11면.

23 후지이 쇼조『현대 중국 문화 탐험: 네 도시 이야기』, 백영길 옮김, 소화 2002, 7~8면.

24 黃維樑「香港文學的發展」, 王賡武 主 編『香港史新編』下冊, 三聯書店有限公司 1997, 548면.

25 陳平原『千古文人俠客夢: 武俠小說類型硏究』, 人民文學出版社 1992.

26 田曉菲「從民族主義到國家主義─《鹿鼎記》, 香港文化, 中國的(後)現代性」, 吳曉東 · 計璧瑞 編『2000'北京金庸小說國際硏討會論文集』, 北京大學出版社 2002, 2장 참조.

27 레이 초우『원시적 열정: 시각, 섹슈얼리티, 민족지, 현대중국영화』, 정재서 옮김, 이산 2004, 266면.

28 레이 초우, 같은 책 286면.

29 레이 초우, 같은 책 같은 곳.

30 쑨 꺼『아시아라는 사유공간』, 류준필 외 옮김, 창비 2003, 51면.

31 천 광싱「경험으로 본 한국: 대만의 지적 교류와 연대」, 최원식 · 백영서 엮음『대만을 보는 눈: 한국-대만, 공생의 길을 찾아서』, 창비 2012, 277면, 280면.

7장 '거대분단'의 극복과 이상적 동아시아의 가능성: '한중 인문유대 강화'가 지역의 미래에 주는 의미

1 "朴槿惠訪華加强中韓互信",『聯合早報』(싱가포르) 2013.7.1.

2 (옮긴이 주) Léon Vandermeersch는 그의 저서 *Le nouveau Monde sinisé*(1986)에서 한자문화권은 중국에서 전파된 한자라는 공동의 문화를 기초로 매우 강한 응집력을 보여주고 있다고 했다.

3 白樂晴「東亞和解的路障」, 白樂晴 等『白樂晴: 分斷體制, 民族文學』, 聯經出版 2010, 270면.

4 (옮긴이 주)『주역(周易)』「계사 상전(繫辭 上傳)」의 "(아무런 마음과 작위도 없이) 고요히 움직이지 않다가, 감응하여 마침내 (사물의 모든 원리에) 통하게 되었다[寂然不動, 感而遂通]"라는 구절에서 인용한 것이다.

5 한국 학자 류준필의 말.

6 Rebecca E. Karl, "Creating Asia: China in the World at the Beginning of the Twentieth Century," *American Historical Review*, no.4, 1998, 1103면.

7 (옮긴이 주) '원류호질(源流互質)'은『문사통의(文史通義)』의 중요한 사학 비평방법 중 하나다. 저자 장학성(章學誠, 1738~1801)은 후세의 학자가 근원을 망각하는 것을 비판했으며, 고대 사학 등을 연구할 때 근원을 추적하는 방식을 채택했다.

8 張志強「操齊物以解紛, 明天倪以爲量: 論章太炎 '齊物' 哲學的形成及其意趣」,『中國哲學史』2012年第3期.

9 白樂晴「全球化時代的第三世界及民族文學槪念」, 白樂晴 等『白樂晴: 分斷體制, 民族文學』191면.

8장 핵심현장에서 다시 보는 '새로운 보편': 동아시아 분단구조 극복의 길

1 한국 동아시아담론의 역사적 궤적에 대한 심층적인 분석은 윤여일,「동아시아 담론의 형성과 이행: 학술지를 중심으로」,『아세아연구』, 2004년 12월호(제158호) 참조. 이 글은 그의 박사학위논문「탈냉전기 동아시아담론의 형성과 이해에 관한 지식사회학적 연구」(서울대 대학원 사회학과, 2015.2)의 일부다. 한국발 동아시아론이 그 내부에 깊이 각인된 민족주의의 국한성을 높은 차원에서 극복하기 위해 자기쇄신하는 일은 앞으로의 긴요 과제다. 이정훈은 그 추동력을 다름 아닌 '동아시아지역 내부의 생산적 대화'라고 보고 그 가능성의 일단을 최원식의 최근 논의에서 발견한다. 이 책에 실린 글 참조.

2 Immanuel Wallerstein, *European Universalism: The Rhetoric of Power*, The New Press 2006, 80면, 84면. 한국어판 이매뉴얼 월러스틴『유럽적 보편주의: 권력의 레토릭』, 김재오 옮김, 창비 2008, 139면, 145~46면.

3 졸저『思想東亞:韓半島視覺的歷史與實踐』, 臺北: 臺社 2009, 287~88면; 北京: 三聯書店 2011, 345~46면. 졸저『사회인문학의 길: 제도로서의 학문, 운동으로서의 학문』, 창비 2014의 제7장「자국사와 지역사의 소통」에서 처음 논의되었다.

4 강정인은 보편성이란 시공간을 초월해서 유효한 진리·가치·문화라기보다는 '널리 통용되는 또한 적용 가능한' 진리·가치·문화라고 이해한다. 그런 뜻에서 그가 말하는 '보편성(wide applicability)'은 그람시(Gramsci)가 말하는 헤게모니라는 의미와도 통

한다. 그렇기 때문에 이성적 토론 못지않게 물리적 힘과 헤게모니 역할이 중시된다. 강정인 「논평: 우리 안의 보편성」, 『경제와사회』 2006년 겨울호.

5 丸川哲史/鈴木將久 對談 「東アジアの思想的連帶を求めて」, 『週刊讀書人』 2014년 2월 7일자. 대만의 鄭鴻生의 저서 일역본 鄭鴻生 『台湾68年世代, 戒厳令下の青春』, 丸川哲史 譯, 作品社 2014에 담긴 대만대학 속의 로컬한 이야기, 그리고 중국대륙의 賀照田의 일역 평론집 賀照田 『中國が世界に深く入りはじめたとき』, 鈴木將久編 譯, 青土社 2014에 실린 중국대륙의 일견 미세하게 보이는 로컬한 현상으로부터 보편적 의미를 위의 두 일본인 연구자가 읽어내고 있다.

6 필자가 직접 확인한 것만 해도 중국의 陳嘉映 『普遍性種種』(修訂版), 華夏出版社 2013이 있다. 그는 보편성 논의는 다분히 상승이라는 고도의 추상작용을 중시하는 경향이 있다고 말하며, 추상적 차원에서 부단히 상승하여 도달하는 보편성은 현실문제를 은폐하고 오히려 문제 해결을 방해할 수 있다고 비판한다. 그래서 그는 상승이 아닌 수평을 통해 도달하는 보편성(즉 平移到普遍性)을 말한다. 그것이 그가 말하는 '일종의 통(通)의 활동'에 의해 얻어지는 보편성이다(특히 162면). 그밖에 東京大 CPAG 랩업·심포지엄 「"新しい普遍性"をめぐる東アジア三方對話」(東京: 2014.11.14)에서 일본 측 참여자들은 대체로 중국의 보편주의 논의가 다소 추상적이라고 비판하면서 지상의 인간의 고통을 중시하는 보편성 논의가 되어야 한다고 강조했다. 그 과정에서 '하향하는 보편성' '다가오는 보편성' '과정으로서의 보편성'이 거론되기도 했다.

7 핵심현장에 대한 본격적인 논의는 졸저 『핵심현장에서 동아시아를 다시 묻다: 공생사회를 위한 실천과제』, 창비 2013, 특히 프롤로그 참조.

8 졸고 「中華帝國論在東亞的意義: 探索批判性的中國研究」, 『開放時代』 2014년1期; 위의 졸저 200~203면.

9 許紀霖 「新天下主義與中國的內外秩序」, 許紀霖, 劉擎 主編, 知識分子論叢 第13輯 『新天下主義在當代世界』, 上海人民出版社 2015(근간). 이 원고의 이전 본의 제목은 '共享的普遍性: 新天下主義論綱'으로서 '共享的普遍性'이 매우 강조되었다. 이 두 수고본(手稿本)을 미리 보여줘 토론의 기회를 제공한 쉬 지린 교수에게 감사드린다.

10 그의 이 주장은 예컨대 甘陽처럼 오늘의 중국의 과제를 '문명국가'를 건설하는 것으로 제시하는 입장과 선을 긋고 있다. 문명국가론에 대한 설명은 위의 졸저 2013, 295~99면 참조.

11 홍콩·마카오기본법은 1) 헌법은 아니나 그 구조는 헌법의 일반적 특징을 갖추고 있고 2) 특별행정구와 중앙권력의 관계가 연방권력과 구성국가의 권력과의 관계와 유사하게 규정되어 있다. 金永完 『中國における「一國二制度」とその法的展開: 香港·マカオ·臺灣問題と中國の統合』, 國際書院 2011.

12 같은 책 313면, 319면에서는 일국양제를 일종의 연방제로 본다.

13 中島隆博「主權のパルタージュ分割にして分有: 原子力と主權」, 연세대 국학연구원/토오꾜오대학 철학센터(UTCP) 공동주최 국제학술회의 "공생과 공공성: '현장'에서 되묻기"(서울: 2013.6.13~14) 발표문.

14 인민주권은 국가주권과 다른 것은 물론이고 국민주권과도 약간 다르다. 국민주권은 사람들을 '국민'으로 편성한 상태에서 그 주권자인 국민이 스스로의 대표자를 선출하고, 그 대표자에 의한 통치를 받아들이는 것이 기본이다. 인민주권은, 인민은 정치적으로 완전히 평등하고 인민 스스로가 주권자로서 통치한다는 것이다. 따라서 대표제를 취하는 경우에도 선출된 대표는 선거권자의 의향대로 행동해야 하고, 그것을 어길 경우에는 해임된다. 中島隆博, 앞의 글.

15 조효제「민족자결권을 다시 생각한다」, 『한겨레』 2014.4.30.

16 위의 졸저 2013, 73~78면, 160~61면, 179면, 306~309면에 복합국가에 대한 좀더 상세한 논의가 있다. 복합국가론의 일부 요소인 남북연합이 통일의 최종목표인가에 대해서는 진보진영 안에서도 약간의 견해 차이가 있다. 예를 들면, 이승환은 남북연합을 "남과 북, 시민사회가 다층적으로 결합되는 복합적인 통일공동체이고, 또 그 자체로 이미 '최종적인 통일국가'의 한 형식"으로 간주한다(「시민단체 일부 '남북연합'을 과도기가 아닌 최종형으로 제시」, 『한겨레』 2014.2.24). 이에 대해 그간 통일의 1단계로서의 남북연합의 의미를 특히 중시해온 백낙청은 그것이 통일로 가는 한 중간단계일 뿐이지 "통일의 완성이거나 최종형태"는 아니라고 잘라 말한다(백낙청 교수 인터뷰「통일은 단계적으로, 그 과정서 시민참여가 가장 중요」, 『한겨레』 2014.3.11). 필자는 중간단계로서의 남북연합을 그 일부로 포함한 평화적·점진적·단계적 과정 전체를 복합국가의 내용으로 보고, 통일의 최종형태는 그 과정에서 선택될 열린 것으로서 아마도 '정상적'인 단일형 국민국가는 아니리라 예상한다.

17 이에 대한 좀더 상세한 논의는 각주 8)의 중문 졸고 91~93면 및 졸저(2013) 309~13면 참조. 여기서 특히 다시 한번 강조해두고 싶은 것은, 주권의 재구성을 통해 공유된 보편성을 실현하는 데 적합한 국가체제를 수립하기 위해 각국 내부의 개혁작업이 동시에 추진되어야 한다는 전제. 이 점에서 볼 때 쉬 지린이 주 9)의 글에서 필자가 이전에 쓴 글 白永瑞「東亞地域秩序: 超越帝國走向東亞共同體」, 『思想』(臺北) 第3期2006年을 직접 인용하면서 필자가 주장한 중국위협론을 불식시키는 데 필요한 민주적인 사회발전 모델 건설을 위한 내부개혁을 서방식 민주주의로 축소해 인식하고, 그로부터 더 나아가 "비록 중국이 비민주적이고 질서있는 국가(良序國家)라 할지라도 내부적으로 법치질서를 지키고 외부적으로 일반적인 국제법칙을 준수하면" 동아시아공동체 건설에 참여할 수 있다고 본 것은 논란의 여지가 있다.

18 천하라는 개념 자체는 원리적으로 내외가 없는 대일통의 질서이므로 쉬 지린처럼 신

천하주의의 외부질서와 내부질서를 구분하는 중국 지식인의 천하담론에 문제가 있다고 지적할 수도 있다. 그러나 이념적 영역의 중국과 현실적 지배영역의 중국의 경계가 구별되나 유동적이었다고 보는 필자로서는 그 논의에 깊이 들어가기보다 쉬 지린의 논지에 따라 양자를 차례로 검토하려고 한다.

19 왕 후이는 조공-책봉질서라는 중화제국의 원리로부터 21세기 아시아라는 지역공간을 새롭게 상상할 실마리를 찾는데, 그의 주장은 아시아 자체에 대한 관심보다 현대 중국의 국가정체성 및 이해관계에 더 밀착해 있다. 백지운은 "변경문제와 소수민족, 그리고 사회주의체제 등 서구 근대의 민족국가의 틀로는 충분히 설명되지 않는 중국의 국가체제를 정당화하려는 노력이 그의 아시아론에 투영되어 있"다고 명료하게 비판하고 있다. 백지운 「근대 중국 아시아 인식의 문제성」, 『중국현대문학』 2012년 12월호(제63호), 19면.

20 각주 8)의 중문 졸고.

21 일본에 대해서는 이원경 「일본 인터넷 민족주의의 전개와 한국에 대한 함의」, 『동아연구』 2013년 8월호(제32권 2호). 한중일의 사정에 대해서는 高原基彰 『不安型ナショナリズムの時代:日韓中のネット世代が憎みあう本當の理由』, 洋泉社 2006; 다카하라 모토아키 『한중일 인터넷 세대가 서로 미워하는 진짜 이유』, 삼인 2007 참조.

22 古谷經衡 「嫌韓とネット右翼はいかに結びついたにか」, 安田浩一, 古谷經衡 外 『ヘイトスピーチとネット右翼』, オークラ出版 2013, 66~67면.

23 일본에서 활동하는 한국인 연구자 황성빈(黃盛彬)은 넷우익이 특정한 주의나 주장을 가진 가시적 정치세력이 아니라 감정적 공감에 기반을 둔 유동적인 집단이고, 보수와 리버럴 가릴 것 없이 기존 미디어가 그들의 출현과 배외주의적 내셔널리즘 확산에 무관심한 것이 오히려 그들의 승인 욕구를 촉진했다고 해석한다. 그리고 앞으로 기존 미디어의 여론 공간에서 사회적 토론의 대상이 되면서 그 입지가 위축될 가능성이 높다고 전망한다. 황성빈 「넷우익과 반한류, 배외주의의 여론」, 『일본비평』 2014년 2월호(제10호), 162면. 이 주장은 이 글에서 제시된 필자의 견해와 다소 거리가 있다.

24 일본 일간지에서 혐중이란 표현이 포함된 기사는 1995년에 처음 등장했고, 그 빈도수가 2000년대 이후 급속히 높아져 점차 확산되어갔다는 해석은 藤野彰 『「嫌中」時代の中國論』, 柏艪舍 2013, 10면.

25 동아시아 분단체제에 대한 논의는 한국에서 이제 막 시작되었다. 대표적인 연구성과로는 이삼성 「동아시아 국제질서의 성격에 관한 일고: '대분단체제'로 본 동아시아」, 『한국과국제정치』 2006년 겨울호(제22권 4호); 정영진 「동아시아 분단체제와 안보분업구조의 형성: 동아시아 전후 국가형성 연구를 위한 하나의 접근」, 『사회와역사』 2012년 6월호(제94집); 정근식 「동아시아 냉전·분단체제의 형성과 해체: 지구적 냉전하의 동아시아를 새롭게 상상하기」, 임형택 엮음 『한국학의 학술사적 전망』 제2권, 소

명 2014가 있다.

26 이삼성「분단체제 개념, 동아시아에 적용하려면 '대분단체제'가 적절」,『한겨레』 2013.3.20.

27 위의 이삼성이 말한 동아시아 분단체제를 작동시키는 세 요인의 결합의 정도는 시기별로 다르다. 필자가 보기에, 가장 잘 결합된 시기는 냉전시기이고, 탈냉전시기에는 상호 교류와 의존의 심화로 지정학적 긴장과 정치사회체제의 이질성이 대폭 완화되어 그 결합이 느슨해졌다. 그럼에도 역사심리적 간극은 청일전쟁 이래 식민과 냉전의 역사 경험이 중첩되면서 줄곧 지속되었다. 따라서 각 시기별로 지정학적 긴장이나 정치사회체제의 이질성과의 결합 양상이 변함에 따라 리드미컬한 변주를 보여왔지만 긴 시간대에서 지속적으로 작동해온 것이 역사감각과 인식론적 분단이기에 필자는 그것을 중심으로 동아시아 분단구조를 파악하려고 한다. 동아시아의 긴 역사 속에서 형성된 '대분단'(macro-divisions)을 '일본과 그 나머지' 그리고 '중국과 그 나머지' 사이에 형성된 인식론적 단절로서 설명하는 백낙청의 견해도 있다. Paik, Nak-chung, "Barriers to reconciliation in East Asia: the case of two Koreas and its regional implications", *Inter-Asia Cultural Studie*, Vol.11, No.4, 2010.12, 503~504면.

28 필자는 동아시아 분단구조의 전개 과정을 전기와 후기로 구분한다. 전기는 청일전쟁·러일전쟁을 거쳐 한일강제병합으로 중화권과 일본제국권의 분단선의 윤곽이 드러난 시기부터 일본제국이 붕괴된 1945년까지를 가리키고, 후기는 그에 이은 냉전의 도래로 자유진영과 공산진영으로 분단이 고착되었다가 점차 해체 과정을 겪고 있는 지금까지의 시기를 가리킨다. 두 시기는 누적적으로 연속되지만, 전기가 비교적 유동적인 분단인 데 비해 후기는 한층 경직된 분단이라는 차이를 보인다.

29 장 즈창(張志强)「'거대분단'의 극복과 이상적 동아시아의 가능성: '한중인문유대 강화'가 지역의 미래에 주는 의미」,『통일과평화』 2013년(제5집 2호), 59~60면. 그는 각주 27)의 백낙청의 글 중문판을 원용해 자신의 논지를 펴고 있다. 장 즈창의 이 글은 이 책에 수록됨.

30 정근식, 위의 글 70~73면에서 시사받았다.

31 양안관계는 한반도의 분단에 비해 중국대륙과 대만의 비대칭성이 두드러지나 대만 논단에서 진행되는 중국을 새롭게 보려는 새로운 시도의 다양한 갈래는 주목할 가치가 있다. 또한 일본의 국민국가의 특성을 비판적으로 보는 오끼나와인의 이론적·실천적 작업은 이미 한국 안팎에서도 중시되고 있다.

32 물론 중국의 이웃인 작은 나라도 비대칭적 관계에서 형성된 차이를 직시해야 한다. 그 차이의 직시는 양자 모두에게 적용되는 '윤리적 요구이자 정치적 지혜'다. 이에 대한 발상은 장 즈창(張志强)의 위의 글, 69면에서 시사받았다.

33 賀照田, 위의 책 114~15면. 徐進鈺「海峽兩岸的自我他者化:兩岸的糾結」"東亞危機

下的國家感覺與國際感覺" 會議(2014年7月6~7日, 金澤) 발표문. 이 자료를 제공해준 이남주 교수에게 감사드린다.

34 이 책에 실린 글 285~86면에서 류준필은 필자가 "'핵심현장'을 열쇠말로 삼아 동아시아 인식의 구체성과 실천성을 부각한다"고 평하고 있다. 그는 더 나아가 "한반도의 복합국가 구상을 동아시아적 시각으로 재인식"하는 실험을 통해 "한국의 동아시아론이 동아시아가 공유하는 사상적·실천적 자원이 되는 방향"을 가늠할 수 있을 것으로 전망한다.

35 위의 졸저, 2013에 대한 서평논문에서 이정훈은 필자에게 기존 동아시아론의 '판올림'을 수행하기 위해 핵심현장으로서 중국을 새롭게 인식할 필요성을 환기시켜주었다(이정훈 「동아시아 담론, 온 길과 갈 길」, 『창작과비평』 2014년 봄호, 406면). 필자도 중국이 미래 '세계사의 운명의 결정적인 매듭의 한 알맹이'임을 자각하고 있으며 그에 대한 분석을 본격화할 참이다. 중국에서 진행되는 보편에 대한 논의에 자극받아 쓴 이 글은 그를 향한 하나의 시도다.

민족문학론에서 동아시아론까지
최원식 정년기념논총

초판 1쇄 발행 / 2015년 3월 27일

엮은이 / 백영서 김명인
펴낸이 / 강일우
책임편집 / 박대우 김정희
펴낸곳 / (주)창비
등록 / 1986년 8월 5일 제85호
주소 / 413-120 경기도 파주시 회동길 184
전화 / 031-955-3333
팩시밀리 / 영업 031-955-3399 편집 031-955-3400
홈페이지 / www.changbi.com
전자우편 / human@changbi.com

ISBN 978-89-364-8274-9 93300